Scheinselbständigkeit bei Honorarärzten
am Beispiel der Anästhesie

Europäische Hochschulschriften

European University Studies

Publications Universitaires Européennes

Reihe II **Rechtswissenschaft**

Series II Law

Série II Droit

Band/ Volume **6041**

Verena Weiss-Bölz

Scheinselbständigkeit bei Honorarärzten am Beispiel der Anästhesie

PETER LANG

Bibliografische Information der Deutschen Nationalbibliothek
Die Deutsche Nationalbibliothek verzeichnet diese Publikation in der Deutschen Nationalbibliografie; detaillierte bibliografische Daten sind im Internet über http://dnb.d-nb.de abrufbar.

Zugl.: Leipzig, Univ., Diss., 2018

D15
ISSN 0531-7312
ISBN 978-3-631-76955-3 (Print)
E-ISBN 978-3-631-77041-2 (E-PDF)
E-ISBN 978-3-631-77042-9 (EPUB)
E-ISBN 978-3-631-77043-6 (MOBI)
DOI 10.3726/b14773

Peter Lang – Berlin · Bern · Bruxelles · New York · Oxford · Warszawa · Wien

Diese Publikation wurde begutachtet.

www.peterlang.com

Meinen Eltern

Vorwort

Die vorliegende Arbeit wurde im Wintersemester 2016/2017 von der Juristenfakultät der Universität Leipzig als Dissertation angenommen. Das Manuskript wurde im Januar 2017 abgeschlossen. Gesetzesänderungen, Literatur und Entscheidungen sind bis zu diesem Zeitpunkt berücksichtigt. Die öffentliche Verteidigung der Dissertation fand am 01.02.2018 in Leipzig statt.

Meinem Doktorvater, Herrn Prof. Dr. Boemke, danke ich herzlich für die Betreuung und zügige Erstellung des Erstgutachtens. Ebenfalls danken möchte ich Herrn Prof. Dr. Cord Meyer für das Zweitgutachten sowie Herrn Prof. Dr. Justus Meyer für den Vorsitz in der öffentlichen Verteidigung.

Ein kollegiales Dankeschön gilt auch Frau Dr. Reiserer, die mich in dem Entschluss zu promovieren bestärkt hat und immer als wertvolle Diskussionspartnerin zur Seite stand.

Herzlichst bedanken möchte ich mich bei meinem Mann Michael, der mich mit seiner Motivation und Geduld – auch in stressigen Phasen – immer bedingungslos unterstützt hat. Mein besonderer Dank gilt schließlich meiner Familie, meinen Eltern und meiner Schwester, für all ihre Unterstützung während meiner akademischen Ausbildung. Ohne sie wäre diese Arbeit nicht möglich gewesen.

Inhaltsverzeichnis

ERSTES KAPITEL: Einleitung

I. Problemstellung und Ziel der Arbeit

Das Problem der Scheinselbständigkeit gibt es schon seit langer Zeit, es ist aber insbesondere in den letzten Jahren wieder verstärkt in den Fokus der Politik geraten und spielt auch in der juristischen Praxis nach wie vor eine große Rolle. Unter Scheinselbständigkeit versteht man im Allgemeinen die Tätigkeit eines „Selbständigen", der tatsächlich aber Arbeitnehmer bzw. abhängig Beschäftigter ist. Gemeint sind damit also Erwerbstätige, die vertraglich als Selbständige bezeichnet und damit rechtlich auch so behandelt werden – also formal Selbständige sind –, die de facto aber wie abhängig Beschäftigte arbeiten und sich hinsichtlich ihrer sozialen Schutzbedürftigkeit nicht von ihnen unterscheiden.

1. Entwicklung der Scheinselbständigkeitsproblematik

Während hingegen früher besonders die niedrig bezahlteren Bereiche im Fokus standen, betrifft die Scheinselbständigkeit heute auch und vor allem den Bereich der Besserverdiener bzw. Akademiker; so beispielsweise auch die Honorarärzte. Ein weiterer signifikanter Unterschied in der heutigen Diskussion um die Scheinselbständigkeit zu den früher diskutierten Bereichen ist der Umstand, dass die Selbständigkeit von beiden Parteien bewusst gewählt und gewollt ist, so dass sich beide Vertragsparteien gleichberechtigt gegenüber stehen. Das damals diskutierte Kräfteungleichgewicht, was ausgeglichen werden sollte, besteht in diesen Fällen gerade nicht. Dies trifft auch für die Branche der Honorarärzte zu. Insofern kommt der ursprüngliche Vorwurf, nämlich die Umgehung gesetzlicher Schutzvorschriften insbesondere auf Veranlassung einer Partei – meist dem Unternehmer – hier weniger zum Tragen.

Obgleich seit jeher die entscheidenden Abgrenzungsfragen bestehen, so ist es heute nicht zuletzt aufgrund der vielgestaltigen Ausprägungen unterschiedlicher Tätigkeiten mit immer größeren Schwierigkeiten verbunden, eine umfassende und korrekte Abgrenzung zwischen abhängiger Beschäftigung einerseits und selbständiger Tätigkeit andererseits vorzunehmen. Hinzu kommt der Umstand, dass die Grenzen zwischen abhängiger Beschäftigung und Selbständigkeit immer mehr verschwimmen. Im Gegensatz zum früheren Arbeitnehmer, der klassischerweise im Betrieb unter Weisungen seines Vorgesetzten tätig war, werden dem heutigen Arbeitnehmer vielfach mehr Freiheiten und Flexibilisierungsmöglichkeiten zuerkannt. So ergibt sich beispielsweise die Möglichkeit des Home Office, was den Status des Tätigen als Arbeitnehmer aber nicht in Zweifel zieht. Demgegenüber wird der Selbständige heutzutage – insbesondere im Dienstleistungsbereich – oft selbst im Unternehmen tätig, so dass die Bereiche immer mehr ineinander übergehen und die Grenzen fließend sind.

2. Die Scheinselbständigkeit bei Honorarärzten, insbesondere Anästhesisten

Auch im medizinischen Bereich spielt die Scheinselbständigkeit in den vergangenen Jahren eine große Rolle, da eine Vielzahl von Ärzten nicht angestellt, sondern selbständig tätig sind, die sog. Honorarärzte. Der Honorararzt ist eine relativ neue Erscheinungsform und ein vieldiskutiertes Thema. Er ist aber nicht als bloße Modeerscheinung anzusehen. Es ist anzunehmen, dass die Verbreitung von Honorarärzten in jedem Fall als Tätigkeitsform fortbestehen bleiben wird, auch wenn das Risiko der Scheinselbständigkeit wie ein Damoklesschwert über den Parteien – vor allem aber den Kliniken – schwebt. Diese Annahme lässt sich insbesondere darauf stützen, dass durch Honorarärzte derzeit der erhebliche Fachärztemangel gedeckt wird bzw. in Zukunft auch gedeckt werden kann, darüber hinaus für beiden Seiten große Flexibilisierungsmöglichkeiten bestehen, die besonders von den Ärzten sehr geschätzt wird. Für Kliniken besteht durch den Einsatz von Honorarärzten somit die Möglichkeit, den Fachkräftemangel zu beheben und dies auch noch in einer kurzfristigen und flexiblen Art und Weise.

Die Honorararzttätigkeit hatte vor einigen Jahren stark zugenommen, auch wenn nach neuesten Erkenntnissen die Zahlen derzeit wieder etwas rückläufig sind, hauptsächlich aufgrund des Risikos der Scheinselbständigkeit.[1] Nach Schätzungen unter anderem des Berufsverbandes der Honorarärzte aus dem Jahre 2010 schwanken die Angaben zwischen 1.500 bis 6.000 Ärzte und Ärztinnen, die in Deutschland hauptberuflich oder in Teilzeit als Honorarärzte in Krankenhäusern tätig sein sollen.[2] Aus den Berichten der entsprechenden Kliniken und Ärzte ergibt sich, dass gerade im Bereich der Anästhesie hauptsächlich Honorarärzte tätig sind.[3] So wurde im Jahr 2016 festgestellt, dass etwa 46% aller Honorarärzte im Fachbereich der Anästhesie tätig sind.[4]

---

1 Fakten-Daten-Meilensteine, Honorarärzte in Deutschland, S. 2, abrufbar unter https://www.bv-honoraraerzte.de/live/bv-honoraraerzte/content/e160/e6323/160724UpdateFAKTENHA.pdf (zuletzt abgerufen am 25.08.2016).

2 Fakten-Daten-Meilensteine, Honorarärzte in Deutschland, S. 1, abrufbar unter https://www.bv-honoraraerzte.de/live/bv-honoraraerzte/content/e160/e6323/160724UpdateFAKTENHA.pdf; Teske, DÄBl. 2010, A-1093; BÄK/KBV, Honorarärztliche Tätigkeit in Deutschland, S. 10 f. (zuletzt abgerufen am 25.08.2016); Ricken, NZS 2011, 881.

3 BÄK/KBV, Honorarärztliche Tätigkeit in Deutschland, S. 11; Fakten-Daten-Meilensteine, Honorarärzte in Deutschland, S. 2, abrufbar unter https://www.bv-honoraraerzte.de/live/bv-honoraraerzte/content/e160/e6323/160724UpdateFAKTENHA.pdf (zuletzt abgerufen am 25.08.2016).

4 Fakten-Daten-Meilensteine, Honorarärzte in Deutschland S. 2, abrufbar unter https://www.bv-honoraraerzte.de/live/bv-honoraraerzte/content/e160/e6323/160724UpdateFAKTENHA.pdf (zuletzt abgerufen am 25.08.2016).

3. Divergierende Rechtsprechung und Fehlen einer konkreten gesetzlichen Regelung

Viele Versuche gesetzliche Regelungen zur Bekämpfung der Scheinselbständigkeit zu implementieren, blieben bislang erfolglos. Durch die Neuregelungen im Zusammenhang mit dem Gesetz zur Änderung des Arbeitnehmerüberlassungsgesetzes und anderer Gesetze[5] ist zwar eine gesetzliche Definition des Arbeitsvertrages in § 611a BGB vorgesehen, es wird aber bezweifelt, dass dadurch das Risiko der Scheinselbständigkeit minimiert werden kann. Aufgrund der prekären Situation im Bereich der Honorarärzte wurden jüngst in der Politik Lösungsansätze konkret für die im Rettungsdienst tätigen Honorarärzte diskutiert. Danach könnten nebenberufliche ärztliche Tätigkeiten im Rettungsdienst von der Sozialversicherungspflicht ausgenommen werden.[6]

Höchstrichterliche Entscheidungen zur Tätigkeit der Honorarärzte bestehen bislang noch nicht und die Rechtsprechung der Instanzgerichte könnte uneinheitlicher nicht sein, was zu großen Unsicherheiten in der Praxis führt. Angesichts dieser misslichen Lage haben die entsprechenden Vereinigungen der Honorarärzte mit der Rentenversicherung bereits versucht, zu einem gemeinsamen Konsens in der praktischen Handhabe zu gelangen. Dies blieb jedoch ohne Erfolg, so dass die Sozialversicherungsträger nach wie vor in der Regel von einer abhängigen Beschäftigung des Honorararztes ausgehen.

4. Ziel der Arbeit

Aufgrund des weiterhin bestehenden Bedarfes an Honorarärzten sollte in Zukunft eine rechtssichere Möglichkeit für die selbständige Tätigkeit des Honorararztes gegeben sein. Der Honorararzt will selbst häufig ausdrücklich nur als Selbständiger tätig werden, so dass sich in diesen Fällen beide Vertragsparteien über die Gestaltung der selbständigen Tätigkeit bewusst sind und die Wahl des freien Dienstvertrages auch in diesem Bewusstsein getroffen haben. Die Gerichte sowie die Sozialversicherungsträger müssten die entscheidenden Abgrenzungskriterien unter Berücksichtigung der Besonderheiten der Honorararzttätigkeit korrekt und sachgerecht anwenden. Diese sollen in der vorliegenden Untersuchung konkret herausgearbeitet werden.

Insgesamt müsste demnach erkannt werden, dass es im Bereich der Honorarärzte entscheidende Unterschiede und Besonderheiten zu den ursprünglich typischen Fallgestaltungen der Scheinselbständigkeit gibt. Während es früher vorrangig um die Bekämpfung der bewussten Umgehung von Schutzvorschriften ging und diese Gruppe auch schutzbedürftig war, so dürfte dies im Falle der Honorarärzte anders zu beurteilen sein. Auch wenn sich die Abgrenzung nicht anhand der Schutzbedürftigkeit

5 BT-Drs. 18/9232 i.d.F. von BT-Drs.18/10064.

6 Vgl. dazu näher unter 4. Kapitel I.3.c).

der Tätigen beurteilt[7], so ist zu untersuchen, ob dies bei der heutigen Diskussion und den aktuellen Fallgestaltungen, in denen sich beide Vertragspartner gleichberechtigt gegenübertreten, nicht doch eine gewisse Berücksichtigung – insbesondere bei der Gesamtbetrachtung – finden muss. Unter Umständen könnte diese andere Ausgangssituation im Unterschied zu den klassischen Scheinselbständigkeitsfällen zumindest aber mittelbaren Einfluss auf die Kriterien bzw. deren Auslegung haben. Schließlich wird untersucht, inwieweit der Parteiwille der Vertragsparteien aufgrund der bestehenden Privatautonomie bei der Statusfeststellung in diesen Fällen der akademischen Tätigkeiten eine Rolle spielt und ob die Gerichte diesem Willen größere Bedeutung beimessen müssten.

II. Gang der Untersuchung

Angesichts fehlender gesetzlicher Regelungen und mangels höchstrichterlicher Entscheidung sowie der bestehenden divergierenden instanzgerichtlichen Rechtsprechung in Bezug auf Honorarärzte und im Speziellen in Bezug auf Anästhesisten ist eine wissenschaftliche Auseinandersetzung diesbezüglich von erheblichem Interesse. Für eine konkrete Untersuchung ist es zunächst erforderlich, die Grundlagen sowie die Rechtsfolgen der Scheinselbständigkeitsproblematik darzustellen sowie die unterschiedlichen Begrifflichkeiten des Arbeitnehmers, abhängigen Beschäftigten und der Arbeitnehmerähnlichen herauszuarbeiten und die Zusammenhänge zwischen den unterschiedlichen Rechtsgebieten zu erläutern, was im ZWEITEN KAPITEL dargestellt wird. Nach Aufzeigen der Entwicklung der gesetzlichen Regelungen, die für die Abgrenzung maßgeblich sind, insbesondere der im Sozialrecht zentralen Norm des § 7 SGB IV, soll im DRITTEN KAPITEL die Bedeutung der vertraglichen Vereinbarung für die Statusbeurteilung näher untersucht werden. Im Anschluss daran werden die von der Rechtsprechung in zahlreichen Entscheidungen und unterschiedlichen Fallgruppen entwickelten allgemeinen Abgrenzungskriterien in Bezug auf eine selbständige bzw. abhängige Tätigkeit untersucht und klar strukturiert, um die ausschlaggebenden Abgrenzungskriterien festzustellen, die auch mit den gesetzlichen Regelungen und den Grundrechten in Einklang stehen. Hierbei werden auch die Unterschiede der sozialgerichtlichen zu der arbeitsgerichtlichen Rechtsprechung herausgearbeitet. Die erlangten Erkenntnisse werden dann schließlich im VIERTEN KAPITEL in einer Schwerpunktbetrachtung auf den Bereich der Honorarärzte unter Berücksichtigung der Besonderheiten dieser Tätigkeitsbereiche übertragen. Es gilt zu untersuchen, inwieweit die allgemeinen Kriterien unter Berücksichtigung der Besonderheiten der Tätigkeit der Honorarärzte Anwendung finden können und wie diese Abgrenzung von der Rechtsprechung bislang vorgenommen wurde.

---

7 Boemke, ZfA 1998, 285, 299; LAG Düsseldorf, Urt. v.04.09.1996 - 12 (6) (5) Sa 909/96, juris; LSG Berlin-Brandenburg, Urt. v.14.03.2013 – L 22 R 881/10, juris; LAG Köln, Urt. v.04.05.2012 - 4 Sa 56/12, juris; anders hingegen noch BAG, Urt. v.23.04.1980 – 5 AZR 426/79, juris.

Eine detaillierte Auseinandersetzung der divergierenden Rechtsprechung der Sozialgerichte zur honorarärztlichen Tätigkeit in der Anästhesie bildet den weiteren Schwerpunkt dieser Arbeit. Durch die neuerliche gesetzliche Regelung zur Abrechnung von Tätigkeiten der Honorarärzte hatten manche Praktiker gehofft, die Problematik der Scheinselbständigkeit in diesem Bereich sei ebenfalls gelöst. Dies ist jedoch nicht der Fall, so dass eine wissenschaftliche Auseinandersetzung nach wie vor von juristischen wie auch praktischem Interesse ist. Die Gefahr der Scheinselbständigkeit und die damit verbundenen erheblichen Rechtsfolgen führen in der Praxis zu großen Unsicherheiten, so dass manche allein aufgrund dieser Risiken von der Gestaltungsform der selbständigen Tätigkeit Abstand nehmen.

Insbesondere bei Anästhesisten, die den größten Fachbereich der Honorarärzte darstellen, ist die Sachlage derzeit besonders prekär, da keine einheitliche Rechtsprechung besteht und die Sozialgerichte konträre Entscheidungen treffen. Insofern ist zu untersuchen, ob diese Form der Arzttätigkeit de facto überhaupt als selbständige Tätigkeit erbracht werden kann und ob die jeweiligen Abgrenzungskriterien unter Berücksichtigung der Eigenart der Anästhesietätigkeit richtig angewendet werden oder ob nicht eine differenziertere Betrachtung aufgrund der Eigenart der Tätigkeit sowie der Besonderheiten der Anästhesieleistungen durch die Rechtsprechung geboten wäre.

Die in dieser Arbeit gewonnenen Erkenntnisse und Schlussfolgerungen werden schließlich im FÜNFTEN KAPITEL in Thesen zusammengefasst.

ZWEITES KAPITEL: Scheinselbständigkeit

I. Einführung in die Problematik der Scheinselbständigkeit

1. Der Begriff der Scheinselbständigkeit

Der Begriff der Scheinselbständigkeit ist nach allgemeiner Meinung kein Rechtsbegriff[8], sondern eher ein politischer Begriff.[9] Bei der Scheinselbständigkeit geht es um Fälle, die nur scheinbar der Selbständigkeit unterfallen, tatsächlich aber der Kategorie der abhängigen Beschäftigung angehören. Insofern gibt es nur die Rechtsbegriffe des Arbeitnehmers bzw. der abhängigen Beschäftigung sowie des Selbständigen, nicht hingegen den Begriff des Scheinselbständigen.[10] Auch in gesetzlichen Regelungen findet sich der Begriff der Scheinselbständigkeit nicht[11], er wird allenfalls in Gesetzesbegründungen erwähnt.[12] In rechtlicher Hinsicht geht es bei der Scheinselbständigkeit einzig und allein um die Frage des jeweiligen Status des „Scheinselbständigen“, also letztlich um die Abgrenzung zwischen Arbeitnehmer und Selbständigem.[13]

Unter Scheinselbständigkeit versteht man im Allgemeinen den Abschluss eines Vertrages, in dem ein Erwerbstätiger vertraglich als Selbständiger behandelt und die Ausführung von Tätigkeiten als Selbständiger vereinbart wird, dessen tatsächliche Situation jedoch mit der eines klassischen Arbeitnehmers vergleichbar ist.[14] Gemeint sind damit also Erwerbstätige, die vertraglich als Selbständige bezeichnet und damit rechtlich auch so behandelt werden - also formal Selbständige sind -, die de facto aber wie abhängig Beschäftigte arbeiten und sich hinsichtlich ihrer sozialen Schutzbedürftigkeit nicht von ihnen unterscheiden.[15] In der Politik wird die Scheinselbständigkeit als „Tätigkeit einer Person, die zwar formal selbständig ist, tatsächlich aber vom vermeintlichen Auftraggeber wie ein Arbeitnehmer beschäftigt wird“[16] beschrieben bzw. „als solche Erwerbstätige, die vertraglich als Selbständige

---

8 Vgl. auch Kreikebohm/*Berchtold*, § 7 SGB IV Rn. 5; Exner, S. 3.
9 Bauer/Baeck/Schuster, S. 19.
10 So auch Kreikebohm/*Berchtold*, § 7 SGB IV Rn. 5.
11 Hohmeister, NZA 1999, 337; Dörner/Baeck, NZA 1999, 1136.
12 So beispielsweise beim Gesetz zu Korrekturen in der Sozialversicherung und zur Sicherung der Arbeitnehmerrechte, BT-Drs. 14/45, S. 2, 15, 19.
13 Bauer/Baeck/Schuster, S. 19.
14 Schmidt/Schwerdtner, S. 117; Reiserer, DStR 2003, 292.
15 Schmidt/Schwerdtner, S. 117; vgl. auch BT-Drs.17/8444, S. 5; Seel, NZS 2011, 532; Reiserer, DStR 2003, 292.
16 Antwort der Regierung auf eine Kleine Anfrage der Fraktion Bündnis 90/Die Grünen, BT-Drs.17/8444.

behandelt werden, die jedoch tatsächlich wie abhängig Beschäftigte arbeiten"[17]. Der Mitarbeiter ist in Wahrheit also wie ein Arbeitnehmer in den Betrieb des „Auftraggebers" eingegliedert, erhält Weisungen seines Vorgesetzten und hat bestimmte Arbeitszeiten und sonstige Vorgaben einzuhalten. „Die Selbständigkeit besteht also nur zum Schein".[18] Dann erst entsteht das Problem der Scheinselbständigkeit und die Sozialversicherungsträger fühlen sich um die Beiträge zur Sozialversicherung betrogen.[19]

2. Die Problematik der Scheinselbständigkeit

a) Frühere Problematik

Früher betraf das Problem der Scheinselbständigkeit vor allem Personen, die einfachere Tätigkeiten ausübten. Gerade bei diesen Personen war die Situation besonders prekär, da durch die Scheinselbständigkeit sozialversicherungsrechtliche und auch arbeitsrechtliche Schutzvorschriften (bewusst) umgangen wurden und die Personen somit in dieser Hinsicht schutzlos waren.[20] Die Scheinselbständigen waren demnach gegen viele soziale Risiken nicht abgesichert. Auch die Sozialversicherungskassen strengten Verfahren an, denn durch die Scheinselbständigkeit wurden dem Sozialversicherungssystem Beiträge in erheblicher Höhe entzogen. Zum anderen bestand der Vorwurf, dass Scheinselbständige ihre sozialen Risiken auf die Allgemeinheit abwälzen. Angesichts dieser Diskussionen wurden insbesondere um die Jahrtausendwende mehrere Gesetzesentwürfe zur Bekämpfung der Problematik der Scheinselbständigkeit vorgelegt und zum Teil – wenn auch nur vorübergehend – auch verabschiedet.[21] Die Scheinselbständigkeit wurde von den Vertragsparteien oftmals allein aufgrund der Motivation des Auftraggebers mit dem Ziel vereinbart, dass dieser keine sozialversicherungsrechtlichen Beiträge abführen musste. Bei der Scheinselbständigkeitsproblematik geht es im klassischen Sinne also auch darum, an sich Schutzbedürftige dem Schutz der gesetzlichen Sozialversicherung zuzuführen.[22]

b) Heutige Problematik

Diese Gesichtspunkte der Scheinselbständigkeit sind zwar auch heute noch gegeben, allerdings betrifft die aktuelle Diskussion nicht mehr nur einfachere Tätigkeiten,

---

17 Beschlussempfehlung und Bericht des Ausschusses für Arbeit und Sozialordnung (11. Ausschuss), BT-Drs.13/10269.

18 Reiserer, DStR 2003, 292.

19 Vgl. auch Reiserer/Freckmann, S. 3 Rn. 3.

20 Vgl. so etwa Brand, NZS 1997, 552.

21 Insbesondere durch das Gesetz zu Korrekturen in der Sozialversicherung und zur Sicherung der Arbeitnehmerrechte, BGBl I 1998, S. 3843, 3846; Gesetz zur Förderung der Selbständigkeit, BGBl 2000 I, S. 2; Zweites Gesetz für moderne Dienstleistungen am Arbeitsmarkt, BGBl. I,4621, 4623; vgl. dazu auch 3. Kapitel II. 2. d).

22 Vgl. so etwa Brand, NZS 1997, 552, 554.

sondern auch und vor allem komplexere und höhere Tätigkeiten von Akademikern, wie beispielsweise die eines Honorararztes oder IT-Experten. Auch deshalb geht es heute nicht mehr vorrangig um die oben aufgezeigte soziale Schutzbedürftigkeit an sich, denn diese Personen sind in sozialer Hinsicht in der Regel durch eigene Versicherungen oder andere Leistungen abgesichert, so dass das Risiko der Abwälzung auf die Allgemeinheit in diesen Bereichen eher weniger zum Tragen kommt. Ein Beitragsentzug zum Sozialversicherungssystem verbleibt aber gleichwohl auch in diesen Fällen. Die Parteien wollen in den jüngst diskutierten Fallgestaltungen aber im Unterschied zu der ursprünglichen Diskussion um die Scheinselbständigkeit gleichermaßen bewusst eine selbständige Tätigkeit vereinbaren und diese auch tatsächlich leben und ausgestalten.

3. Die „neue Selbständigkeit“

a) Begriff der neuen Selbständigkeit

Unter dem Begriff der sog. neuen Selbständigkeit wird das Problem der Scheinselbständigkeit noch weiter vertieft. Diese neue Selbständigkeit entspringt den Entwicklungen des Erwerbslebens der letzten Jahrzehnte. Mit den Neuen Selbständigen sind in der Regel Personen gemeint, die anfangs die Arbeitsleistung in einem abhängigen Beschäftigungsverhältnis erbracht haben, sodann aber in die Selbständigkeit entlassen werden.[23] Es besteht hierbei die Befürchtung, dass diese Tätigkeiten wie bisher im Rahmen von Arbeitsverhältnissen erbracht werden, lediglich formal aber als selbständiges Dienstverhältnis deklariert werden.[24]

Grundsätzlich ist es nach der Rechtsprechung des Bundesarbeitsgerichts zwar von der unternehmerischen Entscheidungsfreiheit gedeckt, wenn der Arbeitgeber sich entschließt, bisher durch Arbeitnehmer erbrachte Leistungen fortan an Selbständige zu vergeben und deshalb betriebsbedingte Kündigungen gegenüber den Arbeitnehmern ausspricht.[25] Voraussetzung hierfür ist allerdings, dass die Tätigkeit fortan auch als selbständige Tätigkeit erbracht wird. Es dürfen also keine verkappten Arbeitsverhältnisse vorliegen.[26] Gleichwohl besteht durch diese Möglichkeit und Vorgehensweise vermehrt das Risiko der Scheinselbständigkeit.

Insbesondere im Bereich des Transportwesens, des Kurierdienstes und generell im Rahmen von Subunternehmerleistungen sind solche Entwicklungen zu beobachten

---

23 ErfK/*Preis*, § 611 BGB Rn. 98; Uffmann, ZfA 2012, 1, 10; Gastell, S. 37, der den Begriff der neuen Selbständigkeit unter dem Gesichtspunkt diskutiert, dass dadurch die tatsächlich vorhandene Selbständigkeit ausgedrückt werden solle, in lediglich einer „neuen“ Form.

24 Boemke, ZfA 1998, 285, 288.

25 BAG, Urt. v.13.03.2008 - 2 AZR 1037/06, NZA 2008, 878; BAG, Urt. v.09.05.1996 - 2 AZR 438/95, NZA 1996, 1145.

26 BAG, Urt. v.13.03.2008 - 2 AZR 1037/06, NZA 2008, 878; BAG, Urt. v.09.05.1996 - 2 AZR 438/95, NZA 1996, 1145.

gewesen.[27] Darüber hinaus ergibt sich jüngst aber auch im medizinischen Bereich die Tendenz zur neuen Selbständigkeit. Es werden in vielen medizinische Einrichtungen und Kliniken Honorarärzte und Honorarpflegekräfte auf selbständiger Basis eingesetzt, so dass auch bei dieser Form unter Umständen von neuer Selbständigkeit gesprochen werden kann.[28]

b) Stellungnahme

Bei der gesamten Diskussion um die sog. neue Selbständigkeit ist zu berücksichtigen, dass es sich dabei um nichts anderes als die bereits ursprünglich bestehende Problematik der Scheinselbständigkeit handelt, nunmehr lediglich unter anderer plakativer Bezeichnung. Bei der Diskussion um die neue Selbständigkeit geht es letztlich ebenfalls einzig und allein um die Frage der Abgrenzung zwischen abhängiger Beschäftigung und selbständiger Tätigkeit.[29] Bei der neuen Selbständigkeit hingegen ist meines Erachtens aber noch strenger zu prüfen, ob nun tatsächlich eine selbständige Tätigkeit vorliegt, da zuvor genau diese Tätigkeit von Arbeitnehmern verrichtet wurde. Insoweit müssen sich in der Ausgestaltung der Tätigkeit Unterschiede ergeben und auch erkennen lassen.

Im Ergebnis geht es demnach auch bei der Debatte zur neuen Selbständigkeit um die klassische Abgrenzungsfrage zwischen Arbeitsverhältnis bzw. abhängiger Beschäftigung einerseits und selbständiger Tätigkeit andererseits.

4. Scheinselbständigkeit als Scheingeschäft im Sinne des § 117 BGB?

Bei der Scheinselbständigkeit stellt sich schon begrifflich die Frage, ob damit auch zugleich ein Scheingeschäft im Sinne des § 117 Abs. 1 BGB vorliegt. Nach allgemeiner Auffassung liegt ein Scheingeschäft vor, wenn der Erklärende im Einverständnis mit dem Erklärungsempfänger nur den äußeren Schein einer Willenserklärung hervorruft, ohne die mit ihr verbundenen Rechtswirkungen eintreten lassen zu wollen.[30] Die Parteien wollen also bei einem Scheingeschäft nach außen den Anschein eines Rechtsgeschäfts setzen, das zwischen ihnen in dieser Art und Weise aber nicht gelten soll.

Bei der Scheinselbständigkeit hingegen wollen beide Parteien – oder zumindest eine der beiden Vertragsparteien – das vereinbarte Rechtsgeschäft. Ein Scheingeschäft im Sinne des § 117 Abs. 1 BGB liegt demnach nicht vor. Von einem solchen wäre allenfalls auszugehen, wenn beide Parteien wissen, dass eigentlich eine arbeitsrechtliche Beziehung zwischen ihnen besteht. Dann wäre ein Fall des

27 ErfK/*Preis*, § 611 BGB Rn. 99.
28 Uffmann, ZfA 2012, 1, 10.
29 So auch Porten, NZS 2016, 456.
30 BGH, Urt. v.25.10.1961 – V ZR 103/60, NJW 1962, 295, 297; MüKo BGB/*Armbruster*, § 117 BGB Rn. 1; Boemke, DStR 2000, 1694.

§ 117 Abs. 2 BGB gegeben. Im Hinblick auf die Tätigkeit des Honorararztes wird besonders deutlich, dass kein Scheingeschäft vorliegt, da die Parteien in diesen Fällen in der Praxis bewusst den Abschluss eines Honorararztvertrages und damit eines Dienstleistungsvertrages beabsichtigen. Sowohl der Honorararzt als auch die Klinik wollen die selbständige Tätigkeit des Honorararztes mit den damit verbundenen Rechtsfolgen.

Im Übrigen soll sich der Status der jeweiligen Person nach der Rechtsprechung im Zweifel ohnehin nach den tatsächlichen Verhältnissen bestimmen, also wie das Vertragsverhältnis gelebt wird. Allein die Bezeichnung des Vertragsverhältnisses durch die Parteien ist insoweit letztlich nicht entscheidend.[31] Nach den allgemeinen Grundsätzen des Zivilrechts – hier dem Grundsatz der falsa demonstratio non nocet – ist eine vom Inhalt der Vereinbarung abweichende Bezeichnung der Parteien unbeachtlich, wenn die Parteien tatsächlich etwas anderes vereinbaren wollten.[32] Eine selbständige Tätigkeit liegt demnach immer vor, wenn sowohl der Vertrag als auch die tatsächliche Vertragsdurchführung der einer selbständigen Tätigkeit entspricht. Widersprechen sich Vertrag und tatsächliche Durchführung, so soll nach der ständigen Rechtsprechung des BSG und BAG letztere maßgebend sein.[33] Dieser Grundsatz wird im Rahmen dieser Arbeit noch näher untersucht.[34]

II. Arbeitnehmer, Arbeitnehmerähnliche und Selbständige

1. Derzeit fehlende gesetzliche Definitionen

In der juristischen Praxis gibt es insbesondere drei Gruppen von Tätigen, die es voneinander abzugrenzen gilt: Die Arbeitnehmer und die Selbständigen sowie dazwischen die Arbeitnehmerähnlichen. Es gibt aber, gleich ob im Arbeitsrecht oder Sozialrecht, bislang weder eine Legaldefinition des Arbeitnehmers, des Selbständigen noch des Arbeitnehmerähnlichen. Diese Begriffe werden vielmehr an unterschiedlichen Stellen der Gesetze vorausgesetzt und es findet sich allenfalls eine Umschreibung der Begriffe, jedoch keine gesetzliche Definition.

31 BAG, Urt. v.03.06.1998 - 5 AZR 656/97, NZA 1998, 1165.

32 Boemke, DStR 2000, 1694.

33 Ständige Rechtsprechung des BSG, vgl. bspw. BSG v.25.01.2006 - B 12 KR 30/04 R, ZIP 2006, 678; BSG, Urt. v.01.12.1977 – 12/3/12 RK 39/74, juris und des BAG, vgl. bspw. BAG, Urt. v.27.03.1991 - 5 AZR 194/90, NZA 1991, 933; BAG, Urt. v.20.01.2010 – 5 AZR 106/09, AP Nr. 120 zu § 611 BGB Abhängigkeit; BAG, Urt. v.25.05.2005 - 5 AZR 347/04, AP Nr. 117 zu § 611 BGB Abhängigkeit.

34 Vgl. unter 3. Kapitel III. 4.

a) *Beschreibungen in den Gesetzen*

So ist beispielsweise in § 2 Satz 1 BUrlG geregelt, dass Arbeitnehmer im Sinne des Gesetzes Arbeiter und Angestellte sowie die zu ihrer Berufsausbildung Beschäftigten sind. Eine gleich lautende Regelung findet sich in § 5 ArbGG. In § 5 Abs. 1 Satz 1 BetrVG ist beschrieben, wer als Arbeitnehmer im Sinne des Betriebsverfassungsgesetzes anzusehen ist. Danach sind Arbeitnehmer im Sinne des Gesetzes alle Arbeiter und Angestellte einschließlich der zu ihrer Berufsausbildung Beschäftigten, unabhängig davon, ob sie im Betrieb, im Außendienst oder mit Telearbeit beschäftigt werden. Anhaltspunkte für den Arbeitnehmerbegriff lassen sich aber auch aus § 121 GewO entnehmen, da dort geregelt ist, dass „Gesellen und Gehilfen verpflichtet (sind), den Anordnungen der Arbeitgeber in Beziehung auf die ihnen übertragenen Arbeiten und auf die häuslichen Einrichtungen Folge zu leisten...".

In § 2 Satz 2 BUrlG wird schließlich auch noch auf die Arbeitnehmerähnlichen Bezug genommen, so dass klargestellt wird, dass als Arbeitnehmer im Sinne dieses Gesetzes auch Personen gelten, die wegen ihrer wirtschaftlichen Unselbständigkeit als arbeitnehmerähnliche Personen anzusehen sind. Auch § 12a Abs. 1 Nr. 1 TVG nimmt auf Arbeitnehmerähnliche Bezug und bestimmt, dass die Vorschriften dieses Gesetzes entsprechend für Personen gilt, die wirtschaftlich abhängig und vergleichbar einem Arbeitnehmer sozial schutzbedürftig sind (arbeitnehmerähnliche Personen), wenn sie auf Grund von Dienst- oder Werkverträgen für andere Personen tätig sind, die geschuldeten Leistungen persönlich und im Wesentlichen ohne Mitarbeit von Arbeitnehmern erbringen und überwiegend für eine Person tätig sind oder ihnen von einer Person im Durchschnitt mehr als die Hälfte des Entgelts zusteht, das ihnen für ihre Erwerbstätigkeit insgesamt zusteht.

In zahlreichen Gesetzen ist somit der Arbeitnehmer zwar beschrieben bzw. werden zum Teil auch Nichtarbeitnehmer in den Schutz- und Anwendungsbereich des entsprechenden Gesetzes einbezogen, eine gesetzliche Definition der Begriffe existiert aber bislang nicht.

b) *Ursprünglich geplante Arbeitnehmerdefinition in § 611a BGB-E*

Selbst der entscheidendste Begriff unter ihnen – der des Arbeitnehmers – wird bislang nicht legal definiert.[35] Der Arbeitnehmerbegriff wird vielmehr in den jeweiligen Gesetzen immer vorausgesetzt. Um eine klare Abgrenzung in der Praxis vornehmen zu können, ist jedoch eine Definition der einzelnen Begriffe – insbesondere des Arbeitnehmers – unerlässlich.

In dem ursprünglichen Gesetzesentwurf zur Änderung des Arbeitnehmerüberlassungsgesetzes und anderer Gesetze (Stand 30.05.2016) war auch eine Definition des Arbeitnehmerbegriffs vorgesehen.[36] Aufgrund der Gesetzessystematik in dem entsprechenden Abschnitt des BGB wurde aber letztlich auf eine Legaldefinition des

---

35 Vgl. auch MüKo BGB/*Müller-Glöge*, § 611 BGB Rn. 170.
36 BT-Drs.18/9232 S. 12.

Arbeitnehmers verzichtet und vielmehr der Arbeitsvertrag definiert.[37] Unabhängig davon, ob der Arbeitnehmer oder der Arbeitsvertrag legaldefiniert werden, soll damit nur die von der Rechtsprechung bislang entwickelte Definition gesetzlich normiert werden, damit also keine neue Definition oder Änderung herbeigeführt werden.[38] Betont wird in der Gesetzesbegründung auch weiter, dass zu dem ursprünglichen Gesetzesentwurf auch deshalb keine Änderungen bestehen, da die Begriffsbestimmung zum Arbeitsvertrag den Arbeitnehmer als dessen Vertragspartei mit umfasst.[39]

c) Stellungnahme

Obgleich es derzeit keine gesetzlichen Definitionen der einzelnen Begriffe gibt, so lässt sich doch aus den gesetzlichen Regelungen zweifelsfrei eine Dreiteilung der Tätigkeitsformen erkennen, die sowohl der Gesetzgeber sowie auch die Rechtsprechung verfolgen.[40] Neben dem Arbeitnehmer und dem dazu stehenden Gegenpol des Selbständigen stehen dazwischen die Arbeitnehmerähnlichen, die teilweise in den Anwendungsbereich der Gesetze einbezogen werden.

2. Gesetzliche Anknüpfung für die Abgrenzung der unterschiedlichen Tätigkeitsformen

a) Grundsatz der Gesetzesbindung und Vorbehalt des Gesetzes

Durch die Einordnung eines Rechtsverhältnisses als Arbeitsverhältnis wird die Geltung sämtlicher Schutzvorschriften des Arbeitsrechts ausgelöst, so dass der Arbeitnehmerbegriff zentrale Bedeutung hat. Die Einordnung des Rechtsverhältnisses als Arbeitsverhältnis mit den damit verbundenen weitreichenden Rechtsfolgen – das gesamte Arbeitnehmerschutzrecht – tangiert somit die verfassungsrechtlich garantierte Vertragsfreiheit aus Art. 12 GG. Darüber hinaus gilt im Deutschen Recht der Grundsatz der Gesetzesbindung sowie des Vorbehalts des Gesetzes nach Art. 20 Abs. 3 GG, so dass der Gesetzgeber die für die Grundrechtsverwirklichung maßgeblichen Regelungen selbst zu treffen hat.[41] Anknüpfungspunkt für die Abgrenzung des Arbeitnehmers vom Selbständigen müssen damit immer der gesetzliche Rahmen sowie die bestehenden gesetzlichen Vorgaben sein. Dem Gesetzgeber muss es somit vorbehalten bleiben, wann das Arbeitsrecht auf ein Rechtsverhältnis Anwendung findet und wann nicht.[42]

---

37 BT-Drs.18/9232 i.d.F. von BT-Drs. 18/10064.

38 BT-Drs.18/9232 S. 31, bestätigt durch BT-Drs. 18/10064; vgl. hierzu auch unter 3. Kapitel, II. 3. c) cc) (2).

39 BT-Drs.18/10064 S. 16.

40 Vgl. auch Henrici, S. 78.

41 BVerfG, Urt. v.24.09.2003 - 2 BvR 1436/02, BeckRS 2003, 30328988.

42 Boemke, ZfA 1998, 285, 290.

Anhaltspunkt für eine etwaige Begriffsbestimmung des Arbeitnehmers, Selbständigen sowie des Arbeitnehmerähnlichen ist somit immer, dass diese mit den gesetzlichen Regelungen in Einklang stehen und von diesen gedeckt sein müssen.

b) § 84 Abs. 1 Satz 2 HGB

Im Gesetz lassen sich vor allem in § 84 Abs. 1 Satz 2 HGB Anhaltspunkte für die Abgrenzung vom Arbeitsverhältnis zur selbständigen Tätigkeit finden. Danach ist als Handelsvertreter selbständig, „wer im wesentlichen frei seine Tätigkeit gestalten und seine Arbeitszeit bestimmen kann". Wer, ohne selbständig im Sinne des § 84 Abs. 1 HGB zu sein, ständig damit betraut ist, für einen Unternehmer Geschäfte zu vermitteln oder in dessen Namen abzuschließen, gilt als Angestellter (§ 84 Abs. 2 HGB).

c) Allgemeine gesetzgeberische Wertung des § 84 Abs. 1 Satz 2 HGB

Die Regelung des § 84 Abs. 1 Satz 2 HGB gilt unmittelbar nur für den Handelsvertreter und den abhängig beschäftigten kaufmännischen Angestellten. Nach der Rechtsprechung des Bundesarbeitsgerichts enthält diese Norm aber eine darüber hinausgehende allgemeine gesetzgeberische Wertung, die auch bei der Abgrenzung des Arbeitnehmers vom Selbständigen zu beachten ist.[43] Insbesondere ist dies eine konkrete Norm, die typische Abgrenzungskriterien enthält, so dass jegliche Begriffsbestimmung damit in Einklang stehen muss.[44]

Ebenso erkennt das Sozialrecht erkennt im Hinblick auf die über das Handelsrecht hinausgehende Wertung des § 84 Abs. 1 Satz 2 HGB als gewichtigen Umstand für die Abgrenzung die Verfügungsmöglichkeit über die eigene Zeit an.[45] So führt das BSG aus, dass die Begriffe der Selbständigkeit und der Abhängigkeit zwar unterschiedliche Funktionen im Handelsrecht einerseits und im Sozialversicherungsrecht andererseits haben, da sie im Handelsrecht dazu dienen, bestimmte mit Vermittlungsdiensten betraute Personen jeweils einem besonderen Normenbereich mit entsprechenden privatrechtlichen Ansprüchen zuzuordnen, wohingegen im öffentlichen Recht die genannten Begriffe dazu dienen, eine Abgrenzung von versicherungsfreien und versicherungspflichtigen Tätigkeiten und den damit verbundenen Rechtsfolgen vorzunehmen.[46] Gleichwohl haben sie nach Auffassung des BSG weitgehend gleichen Inhalt, so dass auch das Sozialversicherungsrecht insoweit zumindest bedingt an die entsprechenden Regeln des Privatrechts anknüpfen

---

43 BAG, Urt. v.19.11.1997 – 5 AZR 653/96, AP Nr. 90 zu § 611 BGB Abhängigkeit; BAG, Urt. v.26.07.1995 - 5 AZR 22/94, NZA 1996, 477, 478; BAG, Urt. v.22.06.1994 – 7 AZR 286/93, NZA 1995, 462 ff.; auch Seel, NZS 2011, 532.

44 BAG, Urt. v.21.02.1990 - 5 AZR 162/89, AP Nr. 57 zu § 611 BGB Abhängigkeit; BAG, Urt. v.16.03.1994 - 5 AZR 447/92, NZA 1994, 1132; Hromadka, NJW 2003, 1847, 1848.

45 Kreikebohm/*Berchtold*, § 7 SGB IV Rn. 23 „Vertrag".

46 vgl. BSG, Urt. v.29.01.1981 – 12 RK 63/79, AP HGB § 92 Nr. 4.

kann.[47] Insofern spielen die Wertungen des § 84 Abs. 1 Satz 2 HGB sowohl in der arbeitsrechtlichen wie auch in der sozialversicherungsrechtlichen Bewertung eine maßgebliche Rolle.[48]

d) Stellungnahme

Aus den gesetzlichen Regelungen lässt sich also das Merkmal der Weisungsgebundenheit für eine angestellte Tätigkeit entnehmen, welches somit das typische und allgemeine, nicht speziell für Handelsvertreter bestimmte Abgrenzungsmerkmal in diesem Zusammenhang darstellt. Entscheidend ist demnach für die Abgrenzung vom Arbeitnehmer zum Selbständigen nach der gesetzlichen Vorschrift des § 84 HGB der Umfang der Weisungsgebundenheit in zeitlicher Hinsicht und bezüglich der inhaltlichen Gestaltung der Tätigkeit. An diesen wesentlichen Merkmalen würde sich auch durch Einführung einer Definition des Arbeitnehmers oder aber des Arbeitsvertrages in § 611a BGB nichts ändern. Im Sozialversicherungsrecht ist § 7 SGB IV entscheidend. Dieser liefert aber lediglich Anhaltspunkte für die Merkmale einer abhängigen Beschäftigung.[49]

3. Begriffsbestimmungen durch Rechtsprechung und Literatur

a) Arbeitnehmer und Selbständige im Arbeitsrecht

aa) Verschiedene Ansätze für einen Arbeitnehmerbegriff

Angesichts der entscheidenden Bedeutung des Arbeitnehmerbegriffs haben sich sowohl die Rechtsprechung als auch die Literatur eingehend damit beschäftigt, einen für die Abgrenzung zum Selbständigen und Arbeitnehmerähnlichen konkreten Arbeitnehmerbegriff zu erarbeiten. Insbesondere auch im Hinblick auf die Scheinselbständigkeitsproblematik wurden verschiedene Ansätze verfolgt, den Arbeitnehmerbegriff auch unter diesem Aspekt konkret zu gestalten.[50] Man hatte zeitweise versucht, das Problem der Scheinselbständigkeit durch die Entwicklung eines neuen Arbeitnehmerbegriffs zu lösen. Es gab sogar eine großangelegte Untersuchung des Instituts für Arbeitsmarkt- und Berufsforschung der Bundesanstalt für Arbeit, die den Status der neuen Selbständigen überprüfen wollte.[51] Zur Abgrenzung wurden neben dem klassischen Arbeitnehmerbegriff, den das Reichsarbeitsgericht bereits verwendete und das BAG im Wesentlichen übernommen hat, auch der weitere von

---

47 Vgl. etwa BSG, Urt. v.29.01.1981 – 12 RK 63/79, AP HGB § 92 Nr. 4; BSG, Urt. v.22.06.2005 – B 12 KR 28/03 R, juris.
48 So ausdrücklich BSG, Urt. v.12.12.1990 – 11 Rar 73/90, juris; BAG, Urt. v.09.05.1984 - 5 AZR 195/82, AP Nr. 45 zu § 611 BGB.
49 Vgl. hierzu noch ausführlich im 3. Kapitel.
50 Münchener Handbuch zum Arbeitsrecht/*Richardi*, § 16 Rn. 35 m. w. N..
51 Empirische Befunde zur „Scheinselbständigkeit“, IAB, Werkstattbericht Nr. 7/1996, NZA 1997, 590; Hromadka, NZA 1997, 569.

Wank entwickelte Arbeitnehmerbegriff – das Alternativmodell[52] – sowie ein von den Spitzenverbänden der Sozialversicherungsträger entwickelter Begriff – das Verbandsmodell[53] – herangezogen. Letzterer erwies sich aber bei der Untersuchung zur Abgrenzung als untauglich, so dass er in der Literatur keine weitere Beachtung fand und auch hier nicht weiter vertieft wird.[54] Gleichwohl haben auch diese Bemühungen bis heute nicht zu einer Veränderung des Arbeitnehmerbegriffs geführt, weil auch mit den in der Literatur vorgeschlagenen Begriffen und Änderungen des Arbeitnehmerbegriffs keine Lösung der Scheinselbständigkeitsproblematik einherging. Die Gerichte und auch die herrschende Meinung in der Literatur halten vielmehr an dem klassischen Arbeitnehmerbegriff fest, der nunmehr auch gesetzlich verankert werden soll.

bb) Klassischer Arbeitnehmerbegriff der Rechtsprechung

(1) Entwicklung in der Rechtsprechung

Die Rechtsprechung hatte schon früh einen entsprechenden allgemeinen Arbeitnehmerbegriff definiert. Die vom Reichsarbeitsgericht[55] bereits verwendete Definition des Arbeitnehmers wird vom Bundesarbeitsgericht bis heute grundsätzlich fortgeführt. Das Reichsarbeitsgericht hatte allerdings zunächst angenommen, dass auch auf die wirtschaftliche Abhängigkeit abzustellen ist.[56] Später erkannte es, dass es entscheidend auf die persönliche Abhängigkeit ankommt und führte aus, dass das Maß der persönlichen Abhängigkeit aber auch in der wirtschaftlichen Abhängigkeit hervorzutreten pflegt.[57] Nach Auffassung des BAG ist die wirtschaftliche Abhängigkeit vom Arbeitgeber für die Arbeitnehmereigenschaft weder erforderlich noch ausreichend, so dass es auch ausschließlich auf die persönliche Abhängigkeit des Arbeitnehmers abstellt.[58] Arbeitnehmer ist nach der ständigen Rechtsprechung des Bundesarbeitsgerichts somit, „wer aufgrund eines privatrechtlichen Vertrages im

---

52 Wank, Arbeitnehmer und Selbständige, 1988.

53 Empirische Befunde zur „Scheinselbständigkeit“, IAB, Werkstattbericht Nr. 7/1996, NZA 1997, 590, 592.

54 Vgl. auch Hromadka, NZA 1997, 569.

55 RAG, Urt. v.10.08.1932 – RAG 267/32, RAGE 15, 550, 552; RAG, Urt. v.02.07.1932 – RAG 179/32, RAGE 15, 505.

56 Vgl. RAG, Urt. v.07.11.1928 – RAG 167/28, RAGE 4, 143; RAG, Urt. v.23.07.1930 – RAG 169/30, RAGE 9, 513; einschränkend aber für die Abgrenzung des Handlungsgehilfen vom Handlungsagenten in RAG, Urt. v.15.02.1930 – RAG 371/29, RAGE 8, 451.

57 RAG, Urt. v.10.08.1932 – RAG 267/32, RAGE 15, 550, 552; RAG, Urt. v.02.07.1932 – RAG 179/32, RAGE 15, 505.

58 Ständige Rechtsprechung des BAG, vgl. etwa BAG, Urt. v.08.06.1967 - 5 AZR 461/66, NJW 1978, 1982; BAG, Beschl. v.30.10.1991 - 7 ABR 19/91, NZA 1992, 407 m.w.N.; BAG, Beschl. v.17.09.2014 – 10 AZB 43/14, juris; BAG, Beschl. v.17.03.2015 – 1 ABR 62/12 (A), BeckRS 2015, 68729.

Dienste eines anderen zur Leistung weisungsgebundener, fremdbestimmter Arbeit in persönlicher Abhängigkeit verpflichtet ist".[59]

(2) Ausprägung der Rechtsprechung

Die herrschende Literatur[60] folgt ebenfalls der Rechtsprechung des BAG, da durch den klassischen Arbeitnehmerbegriff insbesondere die gesetzlichen Vorgaben berücksichtigt werden.[61] Entscheidend ist der Grad der persönlichen Abhängigkeit, wobei dieser anhand der typischen Abgrenzungsmerkmale des § 84 Abs. 1 Satz 2 HGB bestimmt wird. Es kommt also entscheidend darauf an, ob die Tätigkeit im Wesentlichen frei gestaltet werden kann oder ob Zeit, Ort und Dauer der Ausführung der vereinbarten Dienstleistung einem umfassenden Weisungsrecht des Auftraggebers unterliegt.[62] Darüber hinaus hat die Rechtsprechung zur Konkretisierung der Abgrenzungskriterien eine Reihe weiterer Abgrenzungsmerkmale entwickelt.[63] Dabei geht die Rechtsprechung aber davon aus, dass es sich bei dem Arbeitnehmerbegriff nicht etwa um eine starre Begriffsdefinition handelt, sondern dieser wurde vielmehr als Typusbegriff entwickelt.[64] Es kommt dabei immer auf eine Gesamtwürdigung aller im Einzelfall maßgebenden Umstände an, ohne dass dabei stets sämtliche als idealtypisch erkannten, d.h. den Typus kennzeichnenden Merkmale (Indizien) vorliegen müssten.[65] Diese können jeweils in unterschiedlichem Maße und verschiedener Intensität gegeben sein und haben je für sich genommen nur die Bedeutung von Anzeichen oder Indizien. Maßgeblich ist jeweils ihre Verbindung, also die Intensität und die Häufigkeit ihres Auftretens im konkreten Einzelfall; im Ergebnis kommt es auf das Gesamtbild der jeweiligen Vertragsgestaltung und Vertragsdurchführung an.

(3) Stellungnahme

Die Ansicht der Rechtsprechung stützt sich somit maßgeblich auf die gesetzliche Regelung des § 84 Abs. 1 Satz 2 HGB, auf den aufgrund seiner allgemeinen gesetzgeberischen Wertung auch bei der Abgrenzung von Arbeitnehmern und Selbständigen

59 Ständige Rechtsprechung des BAG, vgl. BAG, Urt. v.10.04.1991 - 4 AZR 467/90, Nr. 54 zu AP § 611 BGB Abhängigkeit; BAG, Beschl. v.16.02.2000 - 5 AZB 71/99, NZA 2000, 385; BAG, Urt. v.24.10.2001 - 5 AZR 33/00, NJOZ 2002, 1074.

60 Münchener Handbuch zum Arbeitsrecht/*Richardi*, § 16 Rn. 17; Hromadka, NZA 1997, 569, 570.

61 Boemke, ZfA 1998, 285, 298.

62 Ständige Rechtsprechung, BAG, Urt. v.06.05.1998 - 5 AZR 247/97– NZA 1999, 205; BAG, Urt. v.19.11.1997 - 5 AZR 653/96 – NZA 1998, 595; BAG, Urt. v.17.04.2013 – 10 AZR 272/12, NJW 2013, 2984; BAG, Urt. v.22.08.2001 - 5 AZR 502/99, NZA 2003, 662.

63 Vgl. dazu ausführlich 3. Kapitel IV.

64 Bspw. BAG, Urt. v.23.04.1980 - 5 AZR 426/79, AP BGB § 611 Abhängigkeit Nr. 34.

65 Ständige Rechtsprechung, vgl. etwa LAG München, Urt. v.09.04.2013 – 6 Sa 605/12, juris; BAG, Urt. v.09.06.2010 - 5 AZR 332/09, NZA 2010, 877; auch BVerfG, Beschl. v.20.05.1996 – 1 BvR 21/96, NZA 1996, 1063.

zurückgegriffen werden kann.[66] Der klassische Arbeitnehmerbegriff ist somit von den gesetzlich bestehenden Regelungen gedeckt, so dass den verfassungsrechtlichen Grundsätzen der Gesetzesbindung einerseits sowie des Vorbehalts des Gesetzes andererseits Rechnung getragen wird.

cc) Stärkste Literaturmeinung zum Arbeitnehmerbegriff von Wank

Es gibt aufgrund der zentralen Bedeutung des Arbeitnehmerbegriffs viele Ansätze in der rechtswissenschaftlichen Literatur, die versuchen, eine präzisere Abgrenzung zu finden bzw. einen von der Rechtsprechung abweichenden Begriff zu definieren, der sämtliche Gesamtkomplexe des Arbeitsrechts abdeckt. Trotzdem verbleibt es seither bei dem von der Rechtsprechung entwickelten Begriff und der entsprechenden Abgrenzung, so dass auch diese Betrachtungsweise der vorliegenden Arbeit zugrundeliegt. Der Vollständigkeit halber soll aber gleichwohl der stärkste Ansatz in der Literatur – die Auffassung von Wank – skizziert werden, um zu erläutern, warum dieser Arbeit der klassische Arbeitnehmerbegriff zugrunde gelegt wird.

Wank hatte bereits 1988 in seiner Habilitationsschrift[67] ein Alternativmodell entwickelt, wonach es bei der Abgrenzung zwischen Arbeitnehmer und Selbständigem auf die Übernahme des Unternehmerrisikos ankomme. Unternehmer ist demnach der, der freiwillig ein Unternehmerrisiko übernimmt und Arbeitnehmer demgegenüber derjenige, bei dem das Berufs- und Existenzrisiko weitgehend von anderen getragen wird.[68] Für Wank sind demnach für einen Arbeitnehmer Merkmale wie eine auf Dauer angelegte Tätigkeit, nur für einen Auftraggeber und Leistung in eigener Person maßgeblich, also Personen, die ohne Mitarbeiter, im Wesentlichen ohne eigenes Kapital und im Wesentlichen ohne eigene Organisation tätig werden.[69] Grundlegende Kritik von Wank an dem klassischen Arbeitnehmerbegriff war, dass er keinen Sinnzusammenhang zwischen den Merkmalen auf Tatbestandsseite - Weisungsgebundenheit und Eingliederung - und der Anwendung des Arbeitsrechts auf Rechtsfolgenseite gesehen hat.[70] Mittlerweile räumte Wank allerdings einen gewissen mittelbaren Zusammenhang zwischen Weisungsgebundenheit und Arbeitnehmereigenschaft ein, so dass er seine These dahingehend modifiziert hat, dass er die persönliche Abhängigkeit nunmehr in Verbindung mit unternehmerischen Chancen und Risiken sehen will.[71]

---

66 Vgl. etwa BAG, Urt. v.26.07.1995 - 5 AZR 22/94, NZA 1996, 477, 478; auch Seel, NZS 2011, 532.

67 Wank, Arbeitnehmer und Selbständige, 1988.

68 Wank, S. 122, 127 f.

69 Vgl. auch MüKo BGB/*Müller-Glöge*, § 611 BGB Rn. 171.

70 Wank, S. 34.

71 Wank, DB 1992, 90, 91.

dd) Stellungnahme

Das Alternativmodell, welches lediglich Arbeitnehmer den Selbständigen gegenüberstellt, stellt eine Rechtsfortbildung contra legem dar, da die gesetzlichen Regelungen von einer Dreiteilung ausgehen.[72] Die Auffassung von Wank ist somit mit den geltenden gesetzlichen Regelungen nicht vereinbar.[73] Zwischen den Gegenpolen Arbeitnehmer und Selbständigem mit Chancen und Risiken am Markt stehen noch die Arbeitnehmerähnlichen, die ebenfalls in den Gesetzen Einklang gefunden haben, von Wank jedoch in dieser Weise nicht berücksichtig werden. Er geht vielmehr von einem dualen System aus. Damit widerspricht sein duales System dem dreigeteilten System des Gesetzes.[74] Die Arbeitnehmerähnlichen stehen nämlich zwischen dem Arbeitnehmer und dem Selbständigen, da sie mit letzteren die Selbständigkeit gemeinsam haben, mit den Arbeitnehmern aber die Schutzbedürftigkeit aufgrund ihrer wirtschaftlichen Abhängigkeit.[75] Diese berücksichtigt die Auffassung von Wank nicht. Darüber hinaus führt die Auffassung von Wank nicht zu einem konkreteren bzw. exakteren Ergebnis als unter Zugrundelegung des klassischen Arbeitnehmerbegriffs[76], so dass letzterem der Vorzug zu geben ist. Insbesondere können Arbeitnehmer auch heute mehrere Teilzeitbeschäftigungen für mehrere Auftraggeber nebeneinander ausführen oder aber auch ein oder mehrere Teilzeitarbeitsverhältnisse neben ihrer selbständigen Berufsausübung ausüben, so dass die von Wank aufgeführten Kriterien für sich nicht den heutigen Arbeitsformen gerecht werden.[77] Gleichwohl ist auch das BSG der Auffassung, dass das Unternehmerrisiko bei der Abgrenzung dennoch eine gewisse Rolle spielt, denn die selbständige Tätigkeit zeichne sich zusätzlich auch durch ein gewisses Unternehmerrisiko aus.[78] Insofern spielt für das BSG das Unternehmerrisiko zumindest eine gewisse Rolle, wobei es auch nach dem BSG entscheidend auf die persönliche Abhängigkeit ankommt.[79]

---

72 Vgl. auch Hromadka, NZA 1997, 569, 576; Bauer/Baeck/Schuster, S. 32 Rn. 36.

73 Hromadka, NZA 1997, 569, 576.; Boemke, ZfA 1998, 285, 321 f.; Buchner, NZA 1998, 1144.

74 MüKo BGB/*Müller-Glöge*, § 611 BGB Rn. 171; Hromadka, NZA 1997, 569, 576.

75 Hromadka, NZA 1997, 569, 576.

76 Vgl. auch Bauer/Baeck/Schuster, S. 32 Rn. 36; Griebeling, NZA 1998, 1137, 1143.

77 Vgl. auch MüKo BGB/*Müller-Glöge*, § 611 BGB Rn. 171.

78 Ständige Rechtsprechung BSG, vgl. etwa BSG, Urt. v.30.10.2013 - B 12 KR 17/11 R, juris; BSG, Urt. v.21.04.1993 – 11 Rar 67–92, NJW 1994, 341; auch Boemke, DStR 2000, 1694, 1695.

79 Ständige Rechtsprechung des BSG, vgl. etwa BSG, Urt. v.30.10.2013 - B 12 KR 17/11 R, juris; BSG, Urt. v.29.08.2012 - B 12 KR 25/10 R, juris; BSG, Urt. v.28.09.2011 - B 12 R 17/09 R, juris.

ee) Arbeitnehmerbegriff im europäischen Kontext

(1) Europarechtliche Normen

Im europarechtlichen Kontext wurde der Arbeitnehmerbegriff ebenfalls nicht legal definiert.[80] Der Arbeitnehmerbegriff wird vielmehr auch dort in verschiedenen Normen vorausgesetzt, wie beispielsweise der wichtigen, mittlerweile in Art. 45 AEUV geregelten Arbeitnehmerfreizügigkeit (früher Art.39 EGV) oder aber auch in zahlreichen Verordnungen. Nach Auffassung des EuGH und in dessen ständiger Rechtsprechung ist aber der Begriff des Arbeitnehmers im Sinne von Art. 45 AEUV nach Gemeinschaftsrecht zu bestimmen und nicht eng auszulegen. Andernfalls wären die Bestimmungen "jeglicher Bedeutung beraubt" und die Ziele des Vertrags wären "ernsthaft gefährdet, wenn es dem nationalen Recht freistünde, den Inhalt des fraglichen Ausdrucks einseitig festzulegen und zu verändern".[81] Arbeitnehmer ist danach jede Person, die eine tatsächliche und echte Tätigkeit ausübt, wobei Tätigkeiten außer Betracht bleiben, die einen so geringen Umfang haben, dass sie sich als völlig untergeordnet und unwesentlich darstellen. Das wesentliche Merkmal des Arbeitsverhältnisses besteht darin, dass jemand während einer bestimmten Zeit für einen anderen nach dessen Weisung Leistungen erbringt, für die er als Gegenleistung eine Vergütung erhält.[82]

(2) Stellungnahme

Auch das Europarecht enthält somit keine gesetzliche Definition des Arbeitnehmers, stellt aber ebenfalls wesentlich bei der Abgrenzung zum Selbständigen auf die Weisungsabhängigkeit ab. Die Definition ist aber weiter als im deutschen Recht und der Arbeitnehmerbegriff bestimmt sich dort allein nach Gemeinschaftsrecht, so dass etwa auch Beamte Arbeitnehmer in diesem Sinne wären.[83] Aufgrund dieser weiten Sichtweise des EuGH kann es im Vergleich zum nationalen Recht zu einer anderen Beurteilung kommen, so dass nach nationalem Recht ein freies Dienstverhältnis vorliegt, die Personen aber Arbeitnehmer im Sinne des Unionsrechts sind. Die Einstufung nach nationalem Recht ist somit nicht maßgebend für das Unionsrecht.[84]

Im Ergebnis hilft auch der Blick in das Unionsrecht für die Begriffsbestimmung des Arbeitnehmers im deutschen Arbeitsrecht nicht weiter, so dass es bis zu einer gesetzlichen Legaldefinition dabei verbleibt, mit der ständigen Rechtsprechung und der herrschenden Lehre vom klassischen Arbeitnehmerbegriff auszugehen. Es kann aber aufgrund der aktuellen Entwicklung und Diskussion nicht ausgeschlossen

80 Vgl. auch Groeben/Schwarze/Hatje, Vorbemerkung zu Art. 45 bis 48 AEUV Rn. 21.

81 EuGH, Urt. v.19.03.1964 – Rs 75/63, FHArbSozR 11 Nr. 4773 (Leitsätze); Bauer/Baeck/Schuster, S. 38 Rn. 56.

82 EuGH, Urt. v.03.07.1986 - Rs 66/85, NVwZ 1987, 41; EuGH, Urt. v.23.03.2004 - C-138/02, EuZW 2004, 507; EuGH, Urt. v.17.07.2008 – C-94/07, NZA 2008, 995.

83 So auch Gerber, KHR 2009, 186, 187.

84 Vgl. beispielsweise EuGH, Urt. v.11.11.2010 – C-232/09, NZA 2011, 143.

werden, dass der unionsrechtliche Arbeitnehmerbegriff sich künftig verstärkt auf das nationale Arbeitsrecht auswirken wird.[85]

ff) Selbständige

(1) Verwendete Begrifflichkeiten

Der Selbständige ist in der Praxis mit vielen Bezeichnungen vertreten, so etwa wird der Vertragspartner oft als Unternehmer, Auftragnehmer oder aber insbesondere auch als freier Mitarbeiter bezeichnet. Im Folgenden wird die Bezeichnung Selbständiger verwendet, der sämtliche Fallgestaltungen der selbständigen Tätigkeit einschließen soll.

(2) Merkmale des Selbständigen

In Abgrenzung zu den Arbeitnehmern stehen die Selbständigen, deren Tätigkeit bereits nach dem gesetzlichen Vorbild des § 84 HGB durch die freie Ausgestaltung der Tätigkeit gekennzeichnet ist. Selbständig ist somit derjenige, der im Wesentlichen seine Tätigkeit frei gestalten und seine Arbeitszeit frei bestimmen kann (§ 84 Abs. 1 Satz 2 HGB). Eine umfassende Definition des Selbständigen existiert aber ebenso wenig wie die des Arbeitnehmers. Auch hier bietet lediglich § 84 HGB Anhaltspunkte. Die selbständige Tätigkeit ist demnach geprägt durch die freie Verfügung über die eigene Arbeitskraft verbunden mit der Befugnis, übernommene Verpflichtungen selbst zu erledigen oder durch Dritte erledigen zu lassen, die weitgehend frei gestaltete Tätigkeit und beliebige Arbeitszeit sowie einen frei gewählten Arbeitsplatz, soweit die zu erbringende Leistung dies zulässt. Des Weiteren spricht nach der sozialgerichtlichen Rechtsprechung die uneingeschränkte Befugnis, gleichzeitig für andere Auftraggeber tätig zu sein und das Tragen eines eigenen wirtschaftlichen Risikos für den Erfolg der Arbeit, das sog. Unternehmerrisiko, für die selbständige Ausübung der Tätigkeit.[86]

Der Selbständige wird bis auf wenige Ausnahmen anders als der Arbeitnehmer und aber auch zum Teil der Arbeitnehmerähnliche nicht in die Schutzvorschriften des Arbeits- und Sozialversicherungsrechts einbezogen und hat im Wesentlichen die Risiken, aber auch die Chancen seiner Arbeitsleistung mit den dazugehörigen Folgen selbst zu tragen.[87] Demgegenüber bestimmt er seine eigene Arbeit aber auch selbst, insbesondere kann er seine Arbeitsorganisation und die sonstigen Arbeitsbedingungen frei und ohne jegliche arbeitsrechtliche Weisungen von Seiten seines

---

85 Vgl. EuGH Rechtsprechung, etwa EuGH, Urt. v.11.11.2010 – C-232/09, juris (Danosa); EuGH, Urt. v.09.07.2015 – C-229/14, juris (Balkaya); LAG Rheinland-Pfalz, Urt. v.12.03.2015 – 3 Sa 437/14, juris.

86 Vgl. etwa BSG, Urt. v.01.12.77 - 12/3/12 RK 39/74, BSGE 45, 199; Krauskopf/*Baier*, § 7 SGB IV Rn. 12.

87 Vgl. auch Henrici, S. 146 f; zum Unternehmerrisiko: BSG, Beschl. v.19.03.2012 - B 12 KR 91/11 B, BeckRS 2012, 68468.

Auftraggebers festlegen. Für die Tätigkeit des Selbständigen gelten nicht die Schutzvorschriften des Arbeitsrechts, sondern vielmehr aufgrund des Dienstvertrags die allgemeinen Regelungen des Zivilrechts.[88] Die Rechtsfolgen der Einordnung als Arbeitnehmer einerseits oder Selbständiger andererseits sind somit sehr unterschiedlich, so dass eine exakte Abgrenzung und Statusfeststellung im konkreten Einzelfall der Tätigkeit entscheidend und unerlässlich ist.

b) Abgrenzung der selbständigen Tätigkeit von der abhängigen Beschäftigung im Sozialversicherungsrecht

Im Sozialversicherungsrecht wird hingegen nicht auf den Arbeitnehmer abgestellt, sondern maßgebende und zentrale Bedeutung hat hier der Beschäftigte. Die Beschäftigung ist in allen Bereichen der Sozialversicherung die jeweils grundsätzliche Voraussetzung für die Versicherungspflicht.[89] Nach § 2 Abs. 2 Nr. 1 SGB IV sind in allen Zweigen der Sozialversicherung nach Maßgabe der besonderen Vorschriften für die einzelnen Versicherungszweige die Personen, die gegen Arbeitsentgelt oder zu ihrer Berufsausbildung beschäftigt sind, versichert. Für die Beschäftigung wird in § 7 Abs. 1 SGB IV – als der zentralen Norm im Sozialversicherungsrecht – in diesem Zusammenhang weiter ausgeführt, dass darunter die nichtselbständige Arbeit, insbesondere in einem Arbeitsverhältnis, zu verstehen ist. Nach § 7 Abs. 1 Satz 2 SGB IV sind Anhaltspunkte für eine Beschäftigung die Tätigkeitserbringung nach Weisungen und eine Eingliederung in die Arbeitsorganisation des Weisungsgebers.

aa) Verfassungsmäßigkeit von § 7 Abs. 1 SGB IV

Obgleich in § 7 Abs. 1 SGB IV eine gewisse Legaldefinition der Beschäftigung enthalten ist[90], kamen angesichts der nicht aussagekräftigen Umschreibung in § 7 Abs. 1 SGB IV Zweifel an der Verfassungsmäßigkeit dieser Norm auf, da die versicherten Personen eben nicht im Detail definiert, sondern ausgehend vom Normalfall in der Form eines Typus beschrieben werden.[91] Es war insbesondere fraglich, ob die Norm dem grundgesetzlich verankerten Bestimmtheitsgebot entspricht. Das BVerfG hat jedoch in seinem Beschluss vom 20.05.1996 klargestellt, dass § 7 Abs. 1 SGB IV nicht wegen Unbestimmtheit verfassungswidrig ist.[92] Es betont insbesondere, dass „gewisse Unsicherheiten und auch eine dem jeweiligen Rechtsgebiet spezifische unterschiedliche Auslegung bestimmter Vorschriften durch die Gerichte verschiedener Instanzen und verschiedener Gerichtszweige jeder Auslegung von Rechtsvorschriften immanent“[93]

---

88 Rumpenhorst, NZA 1993, 1067, 1068.
89 Kasseler Kommentar/*Seewald*, § 7 SGB IV Rn. 2.
90 BSG, Urt. v.27.06.2000 - B 2 U 21/99 R, NZS 2001, 429; Kasseler Kommentar/*Seewald*, § 7 SGB IV Rn. 5; BeckOK SGB IV/*Rittweger*, § 7 SGB IV Einleitung.
91 ErfK/*Rolfs*, § 7 SGB IV Rn. 4.
92 BVerfG, Beschl. v.20.05.1996 – 1 BvR 21/96, NJW 1996, 2644.
93 BVerfG, Beschl. v.20.05.1996 – 1 BvR 21/96, NJW 1996, 2644.

sei. Das BVerfG hat aber ohne Weiteres gesehen, dass gerade Rand- und Übergangsbereiche, insbesondere die unzähligen Zwischenstufen zwischen Beschäftigung, die der Versicherungspflicht unterliegt und sonstigen Tätigkeitsformen Probleme bereiten können. Es ist aber der Auffassung, dass es „gerade der Verwendung der Rechtsfigur des Typus zu verdanken ist, dass die Vorschriften über die Versicherungspflicht und die Beitragspflicht trotz ihres Festhaltens an Begriffen, wie Angestellte, Arbeiter, Arbeitsverhältnisse oder Beschäftigungsverhältnisse in Verbindung mit ihrer Konkretisierung durch Rechtsprechung und Literatur über Jahrzehnte hinweg auch bei geänderten sozialen Strukturen ihren Regelungszweck erfüllen und insbesondere die Umgehung der Versicherungs- und Beitragspflicht zum Nachteil abhängig beschäftigter Personen (...) verhindern konnten".[94] Es bedarf also eines flexiblen Instrumentariums, so dass es ohne Weiteres möglich ist, sich am klassischen Leitbild des Industriearbeiters zu orientieren und so eine typologische Umschreibung statt tatbestandlich konkrete Begriffe zu verwenden.[95]

Insofern bestehen seit der Entscheidung des Bundesverfassungsgerichts aus dem Jahre 1996 keine Zweifel mehr an der Verfassungsmäßigkeit der Norm, so dass diese zentraler Ausgangspunkt der sozialversicherungsrechtlichen Beurteilung der abhängigen Beschäftigung in Abgrenzung zur selbständigen Tätigkeit ist.

bb) Begriff der abhängigen Beschäftigung

Im Sozialversicherungsrecht wird somit grundsätzlich auf den Beschäftigtenbegriff und nicht auf den Arbeitnehmerbegriff abgestellt, wobei nach der gesetzlichen Regelung Beschäftigte solche Personen sind, die insbesondere in einem Arbeitsverhältnis stehen. Die gesetzliche Regelung zeigt damit, dass der Begriff des Beschäftigten weiter geht als der des Arbeitnehmers, so dass von dem Beschäftigtenbegriff auch noch andere Personen als Arbeitnehmer erfasst sein können. Arbeitnehmer sind aber in jedem Fall auch Beschäftigte im Sinne des Sozialversicherungsrechts.[96] Unter dem Beschäftigungsverhältnis versteht man die planmäßige und dauerhafte, auf die Verfügung über die Arbeitskraft des Beschäftigten gerichtete Beziehung zwischen Arbeitgeber und Beschäftigtem, die durch die Eingliederung des Beschäftigten in den Betrieb des Arbeitgebers sowie seine grundsätzliche Weisungsgebundenheit begründet wird.[97] Die Nichtselbständigkeit ist das entscheidende Merkmal der Beschäftigung im Sinne des Sozialversicherungsrechts. Arbeit ist dabei jede planmäßige Betätigung der körperlichen oder geistigen Kräfte oder sonstigen Fähigkeiten, die zur Befriedigung eines Bedürfnisses dient, wobei es nicht darauf ankommt, ob der Zweck ein materieller oder ideeller ist.[98] Durch die Nichtselbständigkeit kommt zum

94 BVerfG, Beschl. v.20.05.1996 – 1 BvR 21/96, NJW 1996, 2644.
95 So auch Kreikebohm/*Berchtold*, § 7 SGB IV Rn. 5.
96 BT-Drs.7/4122 S. 31; BSG, Beschl. v.17.10.1990 –11 BAr 39/90, juris; Hauck/Noftz/*Knopse*, § 7 SGB IV Rn. 25.
97 Hauck/Noftz/*Knospe*, § 7 SGB IV Rn. 27.
98 Hauck/Noftz/*Knospe*, § 7 SGB IV Rn. 10.

Ausdruck, dass es sich bei der abhängigen Beschäftigung um eine fremdbestimmte Arbeit handeln muss.[99]

cc) Anhaltspunkte der abhängigen Beschäftigung

Anhaltspunkte für die Nichtselbständigkeit werden seit 1999[100] auch im Gesetz, konkret in § 7 Abs. 1 Satz 2 SGB IV verankert, die das Merkmal der persönlichen Abhängigkeit konkretisieren. Neben dem Wortlaut der Norm, der bereits ausdrücklich regelt, dass es sich lediglich um Anhaltspunkte handelt, betonte der Gesetzgeber aber auch in der Gesetzesbegründung ausdrücklich, dass diese Kriterien lediglich Anhaltspunkte darstellen und dass es sich nicht um abschließende Bewertungskriterien handele.[101] Es sollten lediglich typische Merkmale einer abhängigen Beschäftigung im Gesetz normiert werden.[102] Es wurde bewusst darauf verzichtet, die Beschäftigung in § 7 Abs. 1 SGB IV durch bestimmte Tatbestandsmerkmale definitiv abzugrenzen, es sollen vielmehr im Einzelfall die jeweiligen Gesamtumstände berücksichtigt werden. Begründet wird dies damit, dass sonst die Gefahr bestanden hätte, sozialpolitisch sinnvolle Lösungen der Praxis und Rechtsprechung bei der Beurteilung der Versicherungspflicht zu verhindern, auch vor dem Hintergrund, dass sich durch die zunehmende Technisierung der Arbeitswelt die berufliche Stellung des Arbeitnehmers einerseits sowie auch die gesellschaftliche Erscheinungsformen andererseits stetig wandeln.[103]

c) Arbeitnehmerähnliche Selbständige

Zwischen dem Arbeitnehmer und dem Selbständigen stehen die sog. Arbeitnehmerähnlichen. Hierbei ist allerdings zu beachten, dass es im Arbeitsrecht die arbeitnehmerähnlichen Personen gibt, die aufgrund ihrer wirtschaftlichen Abhängigkeit und der einem Arbeitnehmer vergleichbaren sozialen Schutzbedürftigkeit in gewisse arbeitsrechtliche Schutzvorschriften einbezogen werden. Darüber hinaus gibt es im Sozialversicherungsrecht die arbeitnehmerähnlichen Selbständigen, die lediglich der Rentenversicherungspflicht unterliegen. In der Praxis werden sie beide jedoch zumeist als arbeitnehmerähnliche Selbständige bezeichnet, so dass auch auf diese Gruppe kurz eingegangen werden soll, da sie in der gesetzlichen Dreiteilung zwischen dem Arbeitnehmer und dem Selbständigen stehen. Die arbeitnehmerähnlichen Selbständigen stehen im Arbeitsrecht als eigene Gruppe zwischen dem Arbeitnehmer und dem Selbständigen. In sozialversicherungsrechtlicher Hinsicht sind die arbeitnehmerähnlichen Selbständigen lediglich in den Schutzbereich der

---

99 Hauck/Noftz/*Knospe*, § 7 SGB IV Rn. 10.
100 BGBl 2000 I S. 2.
101 BT-Drs. 14/1855 S. 6.
102 BT-Drs.14/1855 S. 6.
103 Hauck/Noftz/*Knospe*, § 7 SGB IV Rn. 3.

Rentenversicherung einbezogen, sind aber nach wie vor selbständig, so dass hier lediglich eine zwingende Zweiteilung angenommen wird.[104]

aa) Arbeitsrecht

(1) Der Arbeitnehmerähnliche in den arbeitsrechtlichen Vorschriften

Da der Arbeitnehmerähnliche in gewisser Weise wie der Arbeitnehmer schutzbedürftig ist, hat dieser im Arbeitsrecht bzw. den arbeitsrechtlichen Normen Einklang gefunden. Der Gesetzgeber erwähnte diesen Begriff 1926 zum ersten Mal in der gesetzlichen Regelung des § 5 Abs. 1 Satz 2 ArbGG.[105] Später wurde er auch in weiteren Gesetzen, beispielsweise in § 12a TVG, § 2 Satz 2 BUrlG erwähnt. Er wird als Selbständiger aufgrund seiner wirtschaftlichen Abhängigkeit zum Teil den arbeitsrechtlichen Schutzbestimmungen unterworfen. So können ihre Arbeitsbedingungen beispielsweise durch Tarifvertrag festgelegt werden (§ 12a TVG), darüber hinaus haben sie Anspruch auf bezahlten Urlaub nach § 2 BUrlG und für ihre Klagen gegen den Auftraggeber sind die Arbeitsgerichte nach § 5 Abs. 1 Satz 2 ArbGG zuständig. In Anlehnung an diese Normen handelt es sich bei den Arbeitnehmerähnlichen um Personen, die ohne Arbeitnehmer zu sein, auf Grund von Dienst- oder Werkverträgen für Andere tätig, von diesen wirtschaftlich abhängig und vergleichbar sozial schutzbedürftig wie Arbeitnehmer sind.[106] Die Arbeitnehmerähnlichen sind somit zwar immer Selbständige und weisungsunabhängig. Sie sind auch nicht aufgrund eines Arbeitsvertrages, sondern aufgrund eines freien Dienstvertrages oder eines sonstigen Rechtsverhältnisses tätig.[107] Da sie aber zum Teil wie Arbeitnehmer sozial schutzbedürftig sind, werden sie in bestimmte Schutzvorschriften des Arbeitsrechts einbezogen.

(2) Wirtschaftliche Abhängigkeit

Arbeitnehmerähnliche Personen sind wegen einer fehlenden Eingliederung in eine betriebliche Organisation und im Wesentlichen freien Zeitbestimmung nicht persönlich abhängig wie Arbeitnehmer, jedoch wirtschaftlich unselbständig.[108] Die wirtschaftliche Abhängigkeit ist somit eine Voraussetzung für die Eigenschaft als Arbeitnehmerähnlicher. Wirtschaftliche Abhängigkeit ist regelmäßig gegeben, wenn der Betroffene auf die Verwertung seiner Arbeitskraft und die Einkünfte aus

---

104 Vgl. Kasseler Kommentar/*Seewald*, § 7 SGB IV Rn. 2.

105 Vgl. Henrici, S. 127; Hromadka, NZA 1997, 1249, 1251.

106 BGH, Beschl. v.21.10.1998 - VIII ZB 54/97, NZA 1999, 110; Boemke, ZfA 1998, 285, 317; MüKo BGB/*Müller-Glöge*, § 611 BGB Rn. 214; Schaub, § 10 I Rn. 3.

107 Boemke, ZfA 1998, 285, 317; Hromadka, NZA 1997, 1249, 1253.

108 BAG, Urt. v.17.10.1990 - 5 AZR 639/89, NZA 1991, 402; BAG, Beschl. v.15.04.1993 - 2 AZB 32/92, NZA 1993, 789.

der Dienstleistung zur Sicherung seiner Existenzgrundlage angewiesen ist.[109] Für die Arbeitnehmerähnlichen ist kennzeichnend, dass diese im Wesentlichen nur für einen Auftraggeber tätig sind und die sich daraus ergebende Vergütung die Existenzgrundlage darstellt. Eine arbeitnehmerähnliche Person kann aber auch für mehrere Auftraggeber tätig sein, wenn die Beschäftigung für einen von ihnen überwiegt und die daraus fließende Vergütung die entscheidende Existenzgrundlage darstellt.[110] Keine wirtschaftliche Abhängigkeit besteht hingegen, wenn weder die Hälfte der Arbeitszeit für einen Auftraggeber erfolgt, noch die Hälfte der Gesamteinkünfte bei einem Dienstgeber erzielt wird.[111]

(3) Soziale Schutzbedürftigkeit

Darüber hinaus muss der wirtschaftlich Abhängige auch sozial schutzbedürftig sein, damit die Arbeitnehmerähnlichkeit gegeben ist.[112] Dies ist in Anlehnung an § 12a Abs. 1 TVG dann der Fall, wenn der Beschäftigte die geschuldeten Leistungen persönlich und im Wesentlichen ohne Hilfe von eigenen Mitarbeitern erbringt. In diesem Zusammenhang kommt es darauf an, ob eine mit einem Arbeitsverhältnis vergleichbare vertragliche Bindung vorliegt und ob der Mitarbeiter aus dieser Vertragsgestaltung im Wesentlichen seinen Lebensunterhalt bestreitet.[113] Entscheidend ist nach der Rechtsprechung, ob das Maß der Abhängigkeit, welches sich nach der Verkehrsauffassung bestimmt, einen solchen Grad erreicht, wie er im Allgemeinen nur in einem Arbeitsverhältnis vorkommt und die geleisteten Dienste nach ihrer soziologischen Typik mit denen eines Arbeitnehmers vergleichbar sind.[114] Da in § 12a TVG unbestimmte Rechtsbegriffe wie die soziale Schutzbedürftigkeit oder die wirtschaftliche Abhängigkeit durch den Gesetzgeber verwendet worden sind, steht es den Tarifvertragsparteien frei, diese unbestimmten Rechtsbegriffe selbst zu definieren, so lange sie sich am Leitbild des § 12a TVG orientieren.[115] Insofern finden sich in der Praxis auch verschiedene Definitionen dieser unbestimmten Rechtsbegriffe. Ob jemand eine arbeitnehmerähnliche Person ist oder nicht, bestimmt

---

109 BAG, Urt. v.17.01.2006 - 9 AZR 61/05, NJOZ 2006, 3821; BAG, Beschl. v.26.09.2002 – 5 AZB 19/01, NZA 2002, 1412.

110 BAG, Beschl. v.21.12.2010 – 10 AZB 14/10, NZA 2011, 309; LAG Köln, Beschl. v.16.09.2013 – 11 Ta 331/12, juris.

111 BAG, Urt. v.17.10.1990 – 5 AZR 639/89, NZA 1991, 402.

112 Vgl. ständige Rechtsprechung des BAG; BAG, Beschl. v.21.12.2010 - 10 AZB 14/10, NZA 2011, 309; BAG, Beschl. v.30.08.2000 – 5 AZB 12/00, NZA 2000, 1359.

113 Ständige Rechtsprechung des BAG, vgl. etwa BAG, Urt. v.17.10.1990 – 5 AZR 639/89, NZA 1991, 402; BAG Beschl. v.30.08.2000 – 5 AZB 12/00, NZA 2000, 1359.

114 BAG, Urt. v.02.10.1990 – 4 AZR 106/90, NZA 1991, 239; BAG, Urt. v.17.01.2006 - 9 AZR 61/05, NJOZ 2006, 3821.

115 BAG, Urt. v.15.02.2005 - 9 AZR 51/04, NZA 2006, 223.

sich nach den gesamten Umständen des Einzelfalls unter Berücksichtigung der Verkehrsanschauung.[116]

(4) Ergebnis

Im Arbeitsrecht werden demnach bestimmte arbeitsrechtliche Bestimmungen auch auf arbeitnehmerähnliche Personen erstreckt, obgleich sie selbständig und somit nicht weisungsgebunden sind.

bb) Sozialversicherungsrecht

(1) Grundsätzliches

Mit dem Gesetz zu Korrekturen in der Sozialversicherung und zur Sicherung der Arbeitnehmerrechte vom 19.12.1998[117] wurde mit Wirkung zum 1.1.1999 die Rentenversicherungspflicht auf arbeitnehmerähnliche Selbständige in § 2 Satz 1 Nr. 9 SGB VI ausgeweitet.[118] Dabei handelt es sich allerdings nicht um das Pendant zu den arbeitnehmerähnlichen Personen im Arbeitsrecht.[119] Für den sozialversicherungsrechtlichen Begriff der Beschäftigung ist es unerheblich, ob eine Person arbeitsrechtlich als arbeitnehmerähnlich bezeichnet wird. Entscheidend ist, ob die Merkmale des § 7 SGB IV erfüllt sind. Arbeitnehmerähnliche Personen im Sinne des Arbeitsrechts können nämlich unter den Begriff der Beschäftigung im Sinne des Sozialversicherungsrechts fallen, so dass diese nicht Selbständige im Sinne des Sozialversicherungsrechts sind und damit auch nicht arbeitnehmerähnliche Selbständige nach § 2 Satz 1 Nr. 9 SGB VI.[120] Entscheidend für die Rentenversicherungspflicht ist vielmehr allein, ob die Voraussetzungen des § 2 Satz 1 Nr. 9 SGB VI gegeben sind. Es kommt also ausschließlich auf die Voraussetzungen des § 2 Satz 1 Nr. 9 SGB VI an, so dass der Selbständige bei deren Vorliegen die entsprechenden Beiträge zur Rentenversicherung alleine aufbringen muss.[121]

(2) Auffangposition des § 2 Satz 1 Nr. 9 SGB VI

Mit der Einführung des rentenversicherungspflichtigen Selbständigen in § 2 Satz 1 Nr. 9 SGB VI hat der Gesetzgeber eine Auffangposition geschaffen. Erst wenn feststeht, dass die Voraussetzungen des § 7 SGB IV, also eine abhängige Beschäftigung, nicht vorliegen, ist weiter zu prüfen, ob die Voraussetzungen

116 BAG, Beschl. v.16.07.1997 - 5 AZB 29/96, NZA 1997, 1126; BAG, Beschl. v.11.04.1997 - 5 AZB 33/96, NJW 1997, 2404; Hromadka, NZA 1997, 569.

117 BGBl I 98, 3843.

118 Vgl. auch Hohmeister, NZA 1999, 337, 342.

119 Bauer/Baeck/Schuster, S. 107 Rn. 196; Bauer/Diller/Lorenzen, NZA 1999, 169.

120 Moll/*Reiserer*, § 5 Rn. 9; Küttner, Arbeitnehmerähnliche Personen Rn. 27; Henrici, S. 203; Buchner, DB 1999, 2514.

121 Seel, NZS 2011, 532, 533; Reiserer, BB 1999, 366, 370.

des § 2 Satz 1 Nr. 9 SGB VI vorliegen, der insoweit subsidiär ist.[122] Die beiden Regelungen stehen somit in einem Alternativverhältnis zueinander.[123] Beschäftigung im Sinne des § 7 SGB IV und arbeitnehmerähnliche Selbständigkeit nach § 2 Satz 1 Nr. 9 SGB VI schließen sich somit aus. Ziel des Gesetzes war es, der zunehmenden Erosion des in der Rentenversicherung versicherten Personenkreises durch die wachsende Überführung von Beschäftigungsverhältnissen in arbeitnehmerähnlich Tätige entgegenzuwirken.[124] Es wurde weiter argumentiert, dass diese Regelung erforderlich gewesen sei, weil viele Selbständige sich zwar krankenversichert, aber bei der nötigen Altersvorsorge gespart haben.[125] Dass in solchen Fällen die Sozialhilfe und der Staat im Alter einspringen müssen, war seitens der Regierung nicht länger hinzunehmen, so dass die entsprechende Norm eingeführt wurde.[126] Damit sodann auch bei diesen Selbständigen eine gewisse Absicherung im Alter gewährleistet ist, wurde § 2 Satz 1 Nr. 9 SGB VI eingeführt. Die Versicherungspflicht besteht danach aber nur in der Rentenversicherung, hinsichtlich der anderen Versicherungszweige sind sie nach wie vor versicherungsfrei.

(3) Voraussetzungen der Rentenversicherungspflicht für Selbständige

Die Versicherungspflicht nach § 2 Satz 1 Nr. 9 SGB VI tritt nicht ein, wenn der selbständig Tätige im Zusammenhang mit seiner selbständigen Tätigkeit regelmäßig einen versicherungspflichtigen Arbeitnehmer beschäftigt, dessen Arbeitsentgelt aus diesem Beschäftigungsverhältnis regelmäßig 450 € übersteigt (§ 2 Satz 1 Nr. 9 a) SGB VI).

Die Versicherungspflicht nach § 2 Satz 1 Nr. 9 SGB VI tritt demgegenüber nach § 2 Satz 1 Nr. 9 b) SGB VI nur dann ein, wenn der Selbständige auf Dauer und im Wesentlichen nur für einen Auftraggeber tätig ist. Entscheidend hierbei ist, ob der Auftragnehmer nach seinem Unternehmenskonzept die Zusammenarbeit mit mehreren Auftraggebern anstrebt und dies nach den tatsächlichen und rechtlichen Gegebenheiten Erfolg verspricht.[127] Nach Auffassung der Sozialversicherungsträger ist der Selbständige im Wesentlichen nur für einen Auftraggeber tätig, wenn er mindestens fünf Sechstel seiner gesamten Einkünfte aus selbständigen Tätigkeiten allein aus dieser Tätigkeit erzielt.[128]

---

122 Vgl. Bauer/Baeck/Schuster, S. 44 Rn. 76.
123 Hohmeister, NZA 1999, 337.
124 BT-Drs. 14/45 S. 20.
125 Scheinselbständigkeit und Arbeitnehmerähnliche Selbständige, BMAS S. 15.
126 Scheinselbständigkeit und Arbeitnehmerähnliche Selbständige, BMAS S. 16.
127 BT-Drs. 14/1855 S. 7.
128 Bspw. Rundschreiben der Spitzenverbände v.20.12.1999, Ziff. 3.5.2, NZS 2000, 184, 185.

(4) Ergebnis

Der arbeitnehmerähnliche Selbständige zeichnet sich also im Gegensatz zur arbeitnehmerähnlichen Person im Arbeitsrecht nicht durch bloße wirtschaftliche Abhängigkeit aus.[129] Im Sozialversicherungsrecht kommt es ausschließlich auf die beiden im Gesetz genannten Voraussetzungen an, um eine Rentenversicherungspflicht zu begründen.

4. Sind bestimmte Tätigkeiten nur in abhängiger Beschäftigung möglich?

Es stellt sich die Frage, ob bestimmte Tätigkeiten per se nur im Rahmen einer abhängigen Beschäftigung erbracht werden können oder ob vielmehr jede Tätigkeit sowohl im Rahmen eines Arbeits- bzw. Beschäftigungsverhältnisses sowie auch als selbständige Tätigkeit ausgeübt werden kann.

a) Rechtsprechung

Das BAG bringt zum Ausdruck, dass eine Vielzahl von Tätigkeiten zwar sowohl als Arbeitsverhältnis als auch als Dienstverhältnis ausgestaltet sein können, es gebe aber auch Tätigkeiten, die nur im Rahmen eines Arbeitsverhältnisses erbracht werden können. Das BAG betont diesen Gesichtspunkt immer wieder vor allem bei einfacheren Tätigkeiten, wie etwa der des Zeitungszustellers.[130] Es führt aus, dass eine Anzahl von Tätigkeiten zwar sowohl im Rahmen eines Arbeitsverhältnisses als auch im Rahmen eines freien Dienstverhältnisses (freien Mitarbeiterverhältnisses) erbracht werden könnten. Umgekehrt gebe es aber auch Tätigkeiten, die für andere regelmäßig nur im Rahmen eines Arbeitsverhältnisses ausgeübt werden können. Insbesondere bei untergeordneten, einfachen Arbeiten gelte der Grundsatz, dass hier eher eine Eingliederung in die fremde Arbeitsorganisation anzunehmen sei als bei gehobenen Tätigkeiten. Gerade bei einfacheren Tätigkeiten bestehe von vornherein nur eine geringe Gestaltungsmöglichkeit. Das Bestehen eines Arbeitsverhältnisses könne sich also auch aus Art oder Organisation der zu verrichtenden Tätigkeiten ergeben.[131]

In der jüngeren Rechtsprechung des BAG ist zu erkennen, dass diese Rechtsprechung zwar weiter verfolgt wird, aber eingeschränkter, so dass das Gericht

129 Bauer/Baeck/Schuster, S. 107 Rn. 197.

130 BAG, Urt. v.16.07.1997 – 5 AZR 312/96, NZA 1998, 368.

131 BAG, Urt. v.20.07.1994 - 5 AZR 627/93, NZA 1995, 161; BAG, Urt. v.16.03.1994 – 5 AZR 447/92, NZA 1994, 1132; BAG, Urt. v.24.06.1992 – 5 AZR 384/91, NZA 1993, 174 (Lehrkräfte); BAG, Urt. v.11.03.1998 - 5 AZR 522/96, NZA 1998, 705 (Rundfunkmitarbeiter); BAG, Urt. v.27.03.1991 - 5 AZR 194/90, NZA 1991, 933; auch MüKo BGB/*Müller-Glöge*, § 611 BGB Rn. 139.

ausführt, dass es gewisse Tätigkeiten gibt, die *regelmäßig* nur im Rahmen eines Arbeitsverhältnisses erbracht werden.[132]

Das BSG stellt sich bei jeder Statusentscheidung ebenfalls die Vorfrage, ob eine Tätigkeit sowohl im Rahmen von Beschäftigungsverhältnissen als auch im Rahmen freier Dienstverhältnisse ausgeübt werden kann.[133] Die Rechtsprechung ist demnach der Auffassung, dass es Tätigkeiten gibt, die grundsätzlich von vornherein nur im Rahmen eines Arbeitsverhältnisses bzw. Beschäftigungsverhältnisses erbracht werden können.[134]

Insofern betont die Rechtsprechung – sowohl das BAG wie auch das BSG – in Entscheidungen über die Abgrenzung einer selbständigen Tätigkeit von einer abhängigen Beschäftigung oftmals in ihren rechtlichen Ausführungen zunächst, dass eine Tätigkeit in dem der Entscheidung zugrundeliegenden Fall sowohl als abhängige sowie auch als selbständige Tätigkeit möglich sei.[135]

b) Deutsche Rentenversicherung Bund

Auch die Deutsche Rentenversicherung Bund katalogisiert in ihrer Praxis und den zahlreichen Veröffentlichungen bestimmte Tätigkeiten und Berufsgruppen, in dem sie für bestimmte Tätigkeiten davon ausgeht, dass diese grundsätzlich nur in einem abhängigen Beschäftigungsverhältnis erbracht werden können.[136] Nach dieser Eingruppierung erfolgt oftmals in der Praxis auch die entsprechende Statusbeurteilung, was nicht selten zu einer juristisch nicht korrekten Entscheidung führt, da der konkrete Einzelfall unberücksichtigt bleibt.

c) Stellungnahme

Es gibt keine Tätigkeiten, die aus rechtlicher Sicht per se nur im Rahmen einer abhängigen Beschäftigung bzw. eines Arbeitsverhältnisses erbracht werden

132 Bspw. BAG, Urt. v.09.06.2010 - 5 AZR 332/09, NZA 2010, 877.

133 Für Pilotentätigkeit etwa BSG, Urt. v.28.05.2008 – B 12 KR 13/07 R, juris; BSG, Urt. v.28.09.2011 – B 12 R 17/09 R, juris.

134 Offen gelassen für die Pflegetätigkeit: LSG Hamburg, Urt. v.10.12.2012 – L 2 R 13/09, juris unter Bezugnahme auf weitere instanzliche Rechtsprechung, die zum einen die selbständige Tätigkeit bejahen, zum anderen ablehnen.

135 Vgl. etwa BAG, Urt. v.16.03.1994 – 5 AZR 447/92, NZA 1994, 1132; BAG, Urt. v.24.06.1992 – 5 AZR 384/91, NZA 1993, 174 (Lehrkräfte); BAG, Urt. v.11.03.1998 - 5 AZR 522/96, NZA 1998, 705 (Rundfunkmitarbeiter); BAG, Urt. v.27.03.1991 - 5 AZR 194/90, NZA 1991, 933; so auch BSG, Urt. v.28.05.2008 – B 12 KR 13/07 R, juris; BSG, Urt. v.28.09.2011 – B 12 R 17/09 R, juris.

136 Anlagen zum Gemeinsamen Rundschreiben des GKV zur Statusfeststellung von Erwerbstätigen vom 13.04.2010, abzurufen unter http://www.deutsche-rentenversicherung.de/Allgemein/de/Inhalt/3_Infos_fuer_Experten/02_arbeitgeber_steuerberater/01a_summa_summarum/04_rundschreiben/2010/april_rs_selbstaendigkeit_pdf.pdf?__blob=publicationFile&v=5 (zuletzt abgerufen am 09.09.2016).

können.[137] Es liegt vielmehr ausschließlich an der Ausgestaltung der jeweiligen Tätigkeit, ob diese in rechtlicher Hinsicht auf der Grundlage eines Arbeitsvertrages oder eines freien Dienstverhältnisses erbracht wird. Ein Vorrangverhältnis des Arbeitsvertrages gibt es nicht.

Aus der Art der geschuldeten Dienstleistung kann sich demnach nicht entnehmen lassen, ob eine abhängige Beschäftigung oder eine selbständige Tätigkeit vorliegt. Die Art der Tätigkeit lässt keinen Rückschluss auf die rechtliche Ausgestaltung und Weisungs(un)abhängigkeit zu.[138]

aa) Heranziehung der Rechtsprechung zur Fremdvergabe

Durch die Rechtsprechung des BAG zu betriebsbedingten Kündigungen bei Fremdvergabe gewisser Tätigkeiten wird diese Auffassung ebenfalls bestätigt. Danach unterliegt es der freien Unternehmerentscheidung, ob jemand eine Tätigkeit im Rahmen eines Arbeitsverhältnisses oder im Rahmen eines freien Dienstverhältnisses erbringen lassen will.[139] So kann es grundsätzlich einen betriebsbedingten Kündigungsgrund darstellen, wenn der Unternehmer fortan bestimmte Tätigkeiten nicht mehr im Rahmen eines Arbeitsverhältnisses erbringen lassen will, sondern diese Tätigkeiten fremd vergibt und von freien Mitarbeitern ausführen lässt. Das BAG hat in mehreren Entscheidungen[140] klargestellt, dass es sich dabei nicht um eine willkürliche Entscheidung des Unternehmers handelt, zumindest dann nicht, wenn er den zu kündigenden Arbeitnehmern anbietet, die Tätigkeiten fortan als freie Mitarbeiter ausführen zu können. Die Ausgestaltung der Tätigkeit muss sodann auch den tatsächlichen Anforderungen an ein freies Dienstverhältnis entsprechen und es darf sich nicht lediglich um „verkappte“ Arbeitsverhältnisse handeln.

Mit dieser Rechtsprechung bringt das BAG zum Ausdruck, dass grundsätzlich jede Tätigkeit im Rahmen eines Arbeitsverhältnisses wie auch im Rahmen eines freien Dienstverhältnisses erbracht werden kann. Diese Auffassung ist auch sachgerecht, da es allein auf die Ausgestaltung der jeweiligen Tätigkeit ankommt und danach zu beurteilen ist, ob ein Arbeitsverhältnis oder eine selbständige Tätigkeit vorliegt.

bb) Wesen eines Arbeitsvertrags

Das Wesen eines Arbeitsvertrags liegt darin, dass jemand in persönlicher Abhängigkeit im Dienste eines anderen weisungsgebundene Arbeiten verrichtet, also unselbständige Dienste für einen anderen leistet.[141] Entscheidend und prägend für ein

137 Boemke, ZfA 1998, 285, 315; Kreikebohm/*Berchtold*, § 7 SGB IV Rn. 16.

138 Boemke, DStR 2000, 1702; Uffmann, ZfA 2012, 1, 18.

139 BAG, Urt. v.09.05.1996 – 2 AZR 438/95, NZA 1996, 1145; BAG, Urt. v.13.03.2008 – 2 AZR 1037/06, NZA 2008, 878.

140 BAG, Urt. v.09.05.1996 – 2 AZR 438/95, NZA 1996, 1145; BAG, Urt. v.13.03.2008 – 2 AZR 1037/06, NZA 2008, 878.

141 Klassischer Arbeitnehmerbegriff der ständigen Rechtsprechung des BAG, vgl. etwa BAG, Urt. v.29.08.2012 – 10 AZR 499/11, NZA 2012, 1433.

Arbeitsverhältnis ist somit die persönliche Abhängigkeit, so dass die vertragliche Verpflichtung in der Regel unter Eingliederung in den Betrieb des Arbeitgebers und unter Weisungen geleistet wird und die arbeitsvertragliche Leistungsverpflichtung auch eine höchstpersönliche Arbeitspflicht ist.[142] Dies kommt auch in dem neuen § 611a BGB zum Ausdruck, der ab 01.04.2017 gelten soll.[143]

cc) Wesen eines Dienstvertrags

Für den Dienstvertrag nach § 611 BGB ist demgegenüber charakteristisch, dass Auftragnehmer und Auftraggeber eine Vereinbarung über eine bestimmte Dienstleistung treffen, die der Auftragnehmer sodann in eigener Verantwortung zu erbringen hat.[144] Wie dieser die Dienstleistung im Einzelnen genau erbringt, ist allein Sache des Auftragnehmers. Aber auch dem Dienstvertrag ist es nicht fremd, dass der Auftragnehmer an bestimmte Vorgaben und beschränkte Weisungen gebunden ist. So hat auch ein Auftragnehmer bestimmte Vorgaben seines Auftraggebers zu beachten. Diese Vorgaben machen aus einem freien Dienstvertrag aber noch keinen Arbeitsvertrag, wenn sich aus den sonstigen Umständen die Selbständigkeit ergibt.

dd) Stellungnahme

Aus der Art der geschuldeten Dienste können somit keine Rückschlüsse auf die Weisungsabhängigkeit gezogen werden, so dass es keine arbeitnehmertypischen Dienstleistungen gibt.[145] In rechtlicher Hinsicht kann somit grundsätzlich jede Tätigkeit als Arbeitsverhältnis oder als freies Dienstverhältnis ausgestaltet sein.[146] Allerdings müssen die Vertragsverhältnisse in der Praxis auch entsprechend gelebt werden, was je nach Art und Weise der Tätigkeit zu mehr oder weniger großen Schwierigkeiten führen kann. Es gibt demnach in keinem Tätigkeitsbereich einen allgemeinen Grundsatz, dass bestimmte Tätigkeiten nur im Rahmen eines abhängigen Beschäftigungsverhältnisses erbracht werden können[147], so dass die oftmals im Verwaltungsverfahren im Rahmen einer Betriebsprüfung oder eines Statusfeststellungsverfahrens praktizierte Vorgehensweise ohne nähere Einzelfallprüfung eine abhängige Beschäftigung anzunehmen, in jedem Fall abzulehnen ist.

---

142 MüKo BGB/*Müller-Glöge*, § 611 BGB Rn. 169ff.

143 Vgl. BT-Drs. 18/10064 S. 6.

144 So etwa MüKo BGB/*Müller-Glöge*, § 611 BGB Rn. 77f.

145 Boemke, DStR 2000, 1694.

146 Vgl. auch Boemke, DStR 2000, 1694; ders. ZfA 1998, 285, 315; Zöllner/Loritz/Hergenröder, § 4 III 5 d; Kreikebohm/*Berchtold*, § 7 SGB IV Rn. 16.

147 SG Duisburg, Beschl. v.22.03.2013 – S 21 R 1532/12 ER, juris.

III. Unterschiedliche Auslegung der Begrifflichkeiten in den Rechtsgebieten

1. Unterschiedliche Anknüpfung im Arbeits- und Sozialrecht

Wie oben bereits aufgezeigt, handelt es sich beim Arbeitnehmer- und Beschäftigtenbegriff nicht um identische Begriffsbestimmungen, auch wenn sich diese im Wesentlichen überschneiden. Der sozialversicherungsrechtliche Beschäftigungsbegriff ist vielmehr weiter als der Begriff des Arbeitnehmers, da ersterer zwar auch die Arbeitnehmer umfasst, aber eben auch weitere Gruppen erfasst sein können, wie die arbeitnehmerähnlichen Personen oder auch GmbH-Geschäftsführer.[148] Dies ergibt sich bereits aus dem Wortlaut des § 7 Abs. 1 SGB IV, der davon spricht, dass eine Beschäftigung die nichtselbständige Arbeit ist, „insbesondere in einem Arbeitsverhältnis". Durch das Wort „insbesondere" geht hervor, dass auch weitergehende Personengruppen dem Beschäftigtenbegriff des Sozialversicherungsrechts unterfallen können. Das Arbeitsverhältnis ist aber der häufigste Fall eines Beschäftigungsverhältnisses, so dass dieses auch ausdrücklich Eingang in das SGB IV gefunden hat und deshalb in § 7 Abs. 1 SGB IV erwähnt wird.[149]

a) Unterschiedliche Rechtsinstitute

aa) Grundsätzliches

Die Grundlagen der Anknüpfung sowie auch die wesentlichen Abgrenzungskriterien sind zwar in beiden Rechtsgebieten gleich, jedoch mit einigen Besonderheiten, die in der vorliegenden Arbeit ebenfalls herausgearbeitet werden sollen. Insbesondere was das Merkmal der persönlichen Abhängigkeit anbelangt, unterscheidet sich die Rechtsprechung des BAG sowie des BSG nicht.[150] Ein Mindestmaß an gewissen Übereinstimmungen und grundsätzlich gleiche Anknüpfung ist auch geboten, weil nicht selten bestimmte Ansprüche im Sozialrecht häufig an arbeitsrechtliche Ansprüche anknüpfen bzw. die beiden Rechtsgebiete auch im Übrigen miteinander verzahnt sind. Gleichwohl bestehen aber gewisse Unterschiede, die im jeweiligen Einzelfall auch zu divergierenden Entscheidungen führen können. Der Arbeitnehmerbegriff im Arbeitsrecht ist eigenständig zum Beschäftigtenbegriff im Sozialversicherungsrecht, das haben sowohl das BAG[151] sowie auch das BSG[152] mehrfach

---

148 Vgl. Henrici, S. 202; ErfK/*Rolfs*, § 7 SGB IV Rn. 3; Reiserer/Freckmann, S. 42 Rn. 148.

149 BT-Drs. 7/4122 S. 31; BeckOK SGB IV/*Rittweger*, § 7 SGB IV Rn. 4.

150 Henrici, S. 202; BSG, Beschl. v.19.03.2012 - B 12 KR 91/11 B, BeckRS 2012, 68468; BSG, Urt. v.21.04.1993 – 11 Rar 67/92, NJW 1994, 341; BAG, Urt. v.10.04.1991 - 4 AZR 467/90, Nr. 54 zu AP § 611 BGB Abhängigkeit; BAG, Urt. v.16.02.2000 - 5 AZB 71/99, NZA 2000, 385.

151 Vgl. etwa BAG, Urt. v.30.09.1998 - 5 AZR 563/97, NZA 1999, 374; auch Schmidt/Schwerdtner, S. 311 Rn. 953; MüKo BGB/*Müller-Glöge*, § 611 BGB Rn. 191 m.w.N.

152 BSG, Beschl. v.17.10.1990 – 11 BAr 39/90, juris; auch ErfK/*Rolfs*, § 7 SGB IV Rn. 2.

betont. Auch aus der Gesetzesbegründung zu § 7 SGB IV ist ersichtlich, dass es sich um unterschiedliche Rechtsinstitute handelt. Darin wird ausgeführt, dass die Begrifflichkeiten des Beschäftigten und Arbeitnehmer nicht identisch sind.[153] Es handelt sich demnach um zwei unterschiedliche und selbständige Rechtsinstitute.

bb) Dogmatik

Aufgrund der überwiegend gleichartigen Kriterien, die von der sozial- und arbeitsrechtlichen Rechtsprechung entwickelt wurden[154], stimmen aber die Statusentscheidungen in der Praxis in beiden Rechtsgebieten häufig überein. Aus § 7 SGB IV – wie eine Mindermeinung, die hauptsächlich von Wank[155] vertreten wird, annimmt – nicht nur den Beschäftigtenbegriff, sondern auch den Arbeitnehmerbegriff herzuleiten, wird von der Rechtsprechung sowie auch von weiten Teilen der Literatur zu Recht abgelehnt.[156] Es verbietet sich insbesondere bereits nach dem Wortlaut eine solche Sichtweise, weil in § 7 SGB IV ausdrücklich normiert ist, dass eine Beschäftigung eine abhängige Tätigkeit darstellt, insbesondere in einem Arbeitsverhältnis. Dieser letzte Halbsatz wäre obsolet, wenn Beschäftigung mit dem Arbeitnehmer gleichzusetzen wäre. Es wird in § 7 Abs. 1 S. 1 SGB IV lediglich die häufigste Beschäftigungsform ausdrücklich erwähnt, nämlich das Arbeitsverhältnis. In keinem Fall aber soll damit der ausschließliche rechtliche Rahmen festgelegt werden, es wird nur der in der Praxis bestehende Regelfall einer abhängigen Beschäftigung aufgezählt.[157] Der Beschäftigtenbegriff kann also in sozialversicherungsrechtlicher Hinsicht auch noch andere Personen als Arbeitnehmer betreffen, dies wird durch das „insbesondere“ auch dogmatisch ausgedrückt. So sind beispielsweise GmbH-Geschäftsführer keine Arbeitnehmer, werden aber in sozialversicherungsrechtlicher Hinsicht regelmäßig als Beschäftigte im Sinne des § 7 SGB IV angesehen.[158] Im Sozialversicherungsrecht ist demnach ausschließlich die abhängige Beschäftigung maßgeblich und im Arbeitsrecht demgegenüber der Arbeitnehmer.

cc) Rechtsprechung

Das BSG führt aus, dass die Begriffe zwar im Grundtatbestand weitestgehend übereinstimmen, so dass der sozialversicherungsrechtlichen Beurteilung eines bestimmten Sachverhalts für dessen arbeitsrechtliche oder aber auch steuerrechtliche Beurteilung eine gewisse Indizwirkung zukomme, die genannten Rechtsinstitute

---

153 BT-Drs. 7/4122, S. 31.

154 Vgl. so ausdrücklich auch LSG Hessen, Urt. v.06.10.2016 – L 8 KR 101/14, juris.

155 Wank, AuR 2001, 291, 297 ff; auch Greiner, NZS 2009, 657, 663 ff.

156 BSG, Urt. v.10.08.2000 - B 12 KR 21/98 R, NJW 2001, 1965; BAG, Urt. v.26.05.1999 - 5 AZR 664/98, NZA 1999, 983; ErfK/*Rolfs*, § 7 SGB IV Rn. 2.

157 So auch Krauskopf/*Baier*, § 7 SGB IV Rn. 6.

158 Bspw. BSG, Urt. v.14.12.1999 - B 2 U 48/98 R, juris; BSG, Urt. v.18.12.2001 - B 12 KR 10/01 R, juris.

des Sozialversicherungsrechts, des Arbeitsrechts und des Steuerrechts seien aber nicht vollständig deckungsgleich.[159]

b) Unterschiedliche Schutzzwecke der Rechtsgebiete

Dass es sich um zwei unterschiedliche Rechtsinstitute handelt wird auch deutlich, wenn man die verschiedenen Schutzzwecke des Sozialversicherungsrechts einerseits und des Arbeitsrechts andererseits betrachtet.

aa) Sozialversicherungsrecht

Im Vordergrund des Sozialversicherungsrechts steht heute nunmehr der Schutz wirtschaftlich abhängig Tätiger. Das Sozialrecht dient auch entsprechend § 1 Abs. 1 Satz 1 SGB I der Verwirklichung sozialer Gerechtigkeit und sozialer Sicherheit. Dieses Ziel wird im Sozialversicherungsrecht durch soziale Umverteilung realisiert. Allgemeine Lebensrisiken des Einzelnen werden durch versicherungsrechtliche Lösungen sozialisiert.[160] Das Risiko der Gemeinschaft wird durch Beiträge der Versichertengemeinschaft abgedeckt. Darüber hinaus werden auch die Kassen der öffentlichen Hand entlastet, weil hier die Risiken des Einzelnen durch das Umlageverfahren innerhalb der Gruppe potenziell Betroffener verbleibt. Andernfalls müssten diese Risiken von der Allgemeinheit getragen werden.[161] Die Sozialversicherung knüpft als Zwangsversicherung an den Tatbestand der abhängigen Beschäftigung an. Es besteht insoweit auch eine Ausfall- und Kompensationsfunktion, wonach die Sozialversicherung dann greift, wenn keine Arbeit mehr geleistet werden kann, also bei Ausfall der Arbeitskraft.[162]

Im Sozialversicherungsrecht besteht im Gegensatz zum Arbeitsrecht auch ein Amtsermittlungsgrundsatz nach § 20 SGB X, der bei der Statusfeststellung eines Tätigen uneingeschränkt Anwendung findet. So wurde in der Gesetzesbegründung zum Gesetz zur Förderung der Selbständigkeit vom 20.12.1999 auch nochmals explizit ausgeführt, dass hinsichtlich der Feststellung der Kriterien zur Abgrenzung der Selbständigkeit von einer abhängigen Beschäftigung uneingeschränkt der Amtsermittlungsgrundsatz gilt.[163]

---

159 BSG, Beschl. v.17.10.1990 – 11 BAr 39/90, juris; BSG, Beschl. v.19.03.2012 – B 12 KR 91/11 B, juris; Kreikebohm/*Berchtold*, § 7 SGB IV Rn. 17; ErfK/*Rolfs*, § 7 SGB IV Rn. 2.

160 Boemke, DStR 2000, 1694 (1697); auch Kasseler Kommentar/*Seewald*, § 7 SGB IV Rn. 2; Reiserer/Freckmann, S. 41 Rn. 147 f.

161 Boemke, DStR 2000, 1694 (1697); auch Kasseler Kommentar/*Seewald*, § 7 SGB IV Rn. 2; Reiserer/Freckmann, S. 41 Rn. 147 f.

162 Vgl. Preis, NZA 2000, 914, 916.

163 BGBl 2000 I S. 2.

bb) Arbeitsrecht

Im Arbeitsrecht hingegen geht es um die Schaffung angemessener Rahmenbedingungen für die Realisierung der Berufsfreiheit im Rahmen eines Arbeitsverhältnisses. Es steht also der individuelle Interessenausgleich im Vordergrund, nicht hingegen die Absicherung allgemeiner Lebensrisiken, wie es im Sozialversicherungsrecht der Fall ist. Durch gesetzliche Bestimmungen wird in Bezug auf die Vertragsgestaltungsfreiheit ein bestimmter Vertragsinhaltsschutz gewährleistet und bezüglich der Ausführung der Arbeit ein Mindesttätigkeitsschutz.[164] Das Arbeitsrecht ist von dem Grundgedanken geprägt, dass sich nicht zwei gleich starke Vertragspartner gegenüberstehen, sondern der Arbeitnehmer dabei vielmehr der schwächere darstellt, so dass er eines Schutzes bedarf und die Arbeitnehmerschutzvorschriften dieses Kräfteungleichgewicht ausgleichen sollen.

c) Stellungnahme

Angesichts der unterschiedlichen Schutzrichtungen, die beide Rechtsgebiete verfolgen, kann nicht von einem Gleichlauf der Begriffe gesprochen werden, selbst wenn man in den Neuregelungen des § 7 Abs. 1 a) SGB IV eine weitere Annäherung des Beschäftigungsverhältnis zum Arbeitsverhältnis sehen will, weil hier das arbeitsvertragliche Band zumindest für eine gewisse Zeit ausreicht, um auch das sozialversicherungsrechtliche Beschäftigungsverhältnis aufrecht zu erhalten.[165] Wie bereits der Beschäftigtenbegriff zeigt, ist dieser viel weiter als der des Arbeitnehmers, so dass auch dies letztlich dazu beiträgt, dass die Abgrenzung in beiden Gebieten nicht gänzlich gleich ausfallen kann. Auch die Schutzrichtung prägt die Abgrenzung, so dass sich auch daraus Unterschiede ergeben. Es kann damit festgehalten werden, dass die Abgrenzung in beiden Rechtsgebieten in der Praxis oftmals aufgrund der ähnlich gelagerten Abgrenzungskriterien gleich ausfällt, denkbar sind jedoch auch Fälle, in denen beide Rechtsgebiete zu unterschiedlichen Ergebnissen gelangen. Dies ist aufgrund der Tatsache, dass es sich um zwei unterschiedliche Anknüpfungsbegriffe handelt – dem Arbeitnehmer einerseits und dem abhängig Beschäftigten andererseits –und im Arbeitsrecht sowie im Sozialversicherungsrecht unterschiedliche Schutzrichtungen bestehen, auch sachgerecht, obgleich die in der Praxis vorzufindende Ausweitung der Versicherungspflicht auf Personen, die keine Arbeitnehmer sind, den ursprünglichen Funktionen der Sozialversicherung keine Rechnung mehr tragen.

---

164 Münchener Handbuch zum Arbeitsrecht/*Richardi*, § 3 Rn. 30ff.

165 so etwa Greiner, S. 9, 19.

2. Umgang der Gerichte mit der unterschiedlichen Anknüpfung

a) Vielzahl von Abgrenzungskriterien

Auch wenn es sich grundsätzlich um zwei unterschiedliche Rechtsinstitute im Sozialversicherungsrecht und Arbeitsrecht handelt, so haben sowohl die Arbeitsgerichte als auch die Sozialgerichte eine Vielzahl von Abgrenzungskriterien entwickelt, anhand derer sie die jeweilige Statusbestimmung der Tätigkeit im Einzelfall vornehmen. Diese Abgrenzungskriterien decken sich in beiden Rechtsgebieten häufig, so dass die Gerichte – sowohl das BAG als auch das BSG – auf überwiegend gleiche, zumindest aber ähnliche Abgrenzungskriterien abstellen. Insofern sind die Rechtsgebiete nicht völlig getrennt voneinander zu betrachten. In bestimmten Bereichen und Tätigkeitsformen findet aber eine andere Gewichtung und Würdigung der einzelnen Kriterien statt, so dass sich eine Divergenz der bestehenden Kriterien ergeben kann. Insbesondere auch aufgrund der Vielzahl der Kriterien und der Gesamtwürdigung besteht bei den Gerichten ein großer Spielraum, so dass es deshalb bei den Sozialgerichten auf der einen Seite und den Arbeitsgerichten auf der anderen Seite zu unterschiedlich ausgestalteten Entscheidungen kommen kann. In der Praxis bestehen deshalb in zahlreichen Bereichen divergierende Entscheidungen, sowohl in der eigenen Gerichtspraxis als auch in den unterschiedlichen Rechtsgebieten.

b) Keine Bindungswirkung

Obwohl die Abgrenzungskriterien zwischen Arbeitsverhältnis einerseits und selbstständiger Tätigkeit andererseits im Arbeitsrecht und im Sozialversicherungsrecht im Wesentlichen vergleichbar sind, gibt es aber keine rechtliche Bindungswirkung zwischen den verschiedenen Rechtsgebieten.[166] Entscheidungen der Arbeitsgerichte haben somit für die Rechtsprechung der Sozialgerichte und der Finanzverwaltung allenfalls präjudizielle Wirkung, jedoch keine rechtliche Bindungswirkung.[167] Sofern das Arbeitsgericht also beispielsweise im Rahmen eines Kündigungsschutzprozesses das Bestehen eines Arbeitsverhältnisses verneint, schließt dies das Vorliegen eines sozialversicherungspflichtigen Beschäftigungsverhältnisses nicht aus.[168]

Aufgrund der zumindest teilweise bestehenden Unterschiede in der Abgrenzung ist eine Erstreckung der für ein Rechtsgebiet getroffenen Entscheidung auf das andere Rechtsgebiet demnach ausgeschlossen.[169] Die sozialversicherungsrechtliche Einordnung eines Beschäftigungsverhältnisses ist damit beispielsweise unabhängig

---

166 BAG, Urt. v.26.05.1999 - 5 AZR 469/98, NZA 1999, 983, 984; Kreikebohm/*Berchtold*, § 7 SGB IV Rn. 17; Hauck/Noftz/*Knospe*, § 7 SGB IV Rn. 3.

167 Reiserer/Freckmann, S. 48 Rn. 163; BFH, Urt. v.02.12.1998 - X R 83–96, DStR 1999, 711.

168 BAG, Urt. v.26.05.1999 – 5 AZR 664/98, NZA 1999, 987, 989.

169 BSG, Beschl. v.17.10.1990 – 11 BAr 39/90, juris.

von der Entscheidung der Finanzbehörden zu treffen.[170] Somit kann die sozialversicherungsrechtliche Beurteilung einer bestimmten Tätigkeit grundsätzlich keine Geltung für deren arbeitsrechtliche Beurteilung beanspruchen. Das BSG erachtet arbeitsgerichtliche Urteile für das sozialversicherungsrechtliche Leistungsrecht nicht als bindend, da die Sozialverwaltung den wahren Sachverhalt von Amts wegen zu erforschen hat und sich die Arbeitsvertragsparteien z.B. nicht auf Kosten der Bundesanstalt für Arbeit einigen können sollen.[171] Die sozialgerichtliche Rechtsprechung betont hierbei, dass sich die persönliche Abhängigkeit nicht nach einzelnen Merkmalen oder der Behandlung in einem anderen Rechtsgebiet, wie im Steuer- oder Arbeitsrecht richte, sondern ausschließlich danach, ob die Merkmale des § 7 SGB IV vorliegen.[172] Dann bestehe ein Beschäftigungsverhältnis. Da gewisse Unterschiede in der Beurteilung bestehen, handele es sich deshalb auch nicht um ein einheitliches Rechtsinstitut, so dass keine Bindungswirkung bestehe.[173]

3. Keine Bindungswirkung der Gerichte an die Rundschreiben der Sozialversicherungsträger

a) Rundschreiben der Sozialversicherungsträger

Die Sozialversicherungsträger sowie die Spitzenverbände der gesetzlichen Krankenversicherung veröffentlichen ihre Rechtsauffassung bezüglich der Einordnung der verschiedenen Tätigkeiten häufig in sog. Rundschreiben.[174] Darin bringen sie zum einen ihre Auffassung bezüglich der einzelnen Abgrenzungskriterien zum Ausdruck, zum anderen nehmen sie anhand einer Katalogisierung bestimmter Tätigkeiten häufig eine pauschale Einordnung hinsichtlich des rechtlichen Status dieser Tätigkeiten vor. Dies kann als eine Art Leitfaden für die Praxis angesehen werden, insbesondere für die zuständigen Behördenmitarbeiter, da sich diese bei der Statusentscheidung – etwa in einem Statusfeststellungsverfahren – an diesen Stellungnahmen und Rundschreiben orientieren. Es stellt sich aufgrund dieser Praxis somit die Frage, ob diese Rundschreiben auch eine gewisse Bindungswirkung der Gerichte nach sich ziehen.

---

170 BSG, Beschl. v.17.10.1990 – 11 BAr 39/90, juris; BSG, Urt. v.27.03.1980 – 12 RK 26/79, juris; BSG, Beschl. v.19.03.2012 – B 12 KR 91/11 B, juris; BSG, Urt. v.12.12.1990 – 11 RAr 73/90, juris.

171 BSG, Urt. v.9.5.1995 – 10 RAr 5/94, juris; Freckmann, DB 2013, 459, 463.

172 LSG Sachsen, Urt. v.06.03.2012 – L 5 KR 152/10, juris.

173 So auch Freckmann, DB 2013, 459, 463.

174 Vgl. dazu etwa zuletzt Rundschreiben der DRV und der Spitzenverbände vom 13.04.2010, abzurufen unter abzurufen unter http://www.deutsche-rentenversicherung.de/Allgemein/de/Inhalt/3_Infos_fuer_Experten/02_arbeitgeber_steuerberater/01a_summa_summarum/04_rundschreiben/2010/april_rs_selbstaendigkeit_pdf.pdf?__blob=publicationFile&v=5 (zuletzt abgerufen am 09.09.2016).

b) Keine Bindungswirkung

Dies hat die Rechtsprechung allerdings verneint und hierzu bereits klar ausgeführt, dass solche Rundschreiben keinerlei Rechtsnormqualität im Sinne des § 162 SGG besitzen, so dass die Gerichte an derartige Abgrenzungs- und Auslegungshilfen der Sozialversicherungsträger nicht gebunden sind.[175] Sie treffen ihre Entscheidung also völlig unabhängig von etwaigen Rundschreiben und Rechtsauffassungen der Sozialversicherungsträger, sondern ausschließlich nach den von der Rechtsprechung zur Abgrenzung zwischen selbständiger Tätigkeit und abhängiger Beschäftigung entwickelten Abgrenzungskriterien.

4. Stellungnahme und Betrachtungsgrundlage der vorliegenden Arbeit

Obgleich die Abgrenzungskriterien im Arbeits- und Sozialversicherungsrecht in weiten Teilen übereinstimmen und somit in der Praxis zumeist auch keine unterschiedlichen Auswirkungen haben, handelt es sich um unterschiedliche Rechtsinstitute, die keinerlei Bindungswirkung für das andere Rechtsgebiet auslösen. Auch etwaige Rundschreiben der Sozialversicherungsträger sind für die Gerichte nicht bindend, so dass die Statusbestimmung allein anhand der im jeweiligen Rechtsgebiet bestehenden Abgrenzungskriterien in der für diese maßgebende Weise vorgenommen wird. In der vorliegenden Untersuchung soll insbesondere die sozialversicherungsrechtliche Beurteilung ausschlaggebend sein. Da aber die enge Verknüpfung zum Arbeitsrecht ebenfalls eine Rolle spielt und die unterschiedliche Betrachtung auch Aufschluss über die abweichende Behandlung im Sozialversicherungsrecht geben kann, sollen etwaige arbeitsrechtliche Unterschiede aufgezeigt werden.

IV. Rechtsfolgen der Scheinselbständigkeit und Statusfeststellungsverfahren

1. Einführung

Da die Scheinselbständigkeit erhebliche Risiken birgt, werden die Auswirkungen einer falschen Statusbeurteilung oder aber auch einer falschen Bewertung durch die Verwaltung oder die Gerichte im Folgenden dargestellt. Im Falle des Feststellens der Scheinselbständigkeit und damit einer abhängigen Beschäftigung bzw. eines Arbeitsverhältnisses drohen massive Rechtsfolgen für den in tatsächlicher Hinsicht bestehenden Arbeitgeber bestehen. Vor allem in sozialversicherungsrechtlicher-, aber auch in arbeitsrechtlicher Hinsicht sind die Rechtsfolgen besonders schwerwiegend. Darüber hinaus besteht auch ein strafrechtliches Risiko, da im Falle der Scheinselbständigkeit Sozialversicherungsbeiträge nach § 266a StGB vorenthalten wurden.

175 BSG, Urt. v.18.12.2001 - B 12 KR 8/01 R, BeckRS 2003, 04180; auch Kreikebohm/*Berchtold,* § 7 SGB IV Rn. 17.

2. Sozialversicherungsrecht

Im Sozialversicherungsrecht bestehen die größten (finanziellen) Auswirkungen der Scheinselbständigkeit, so dass diese in der vorliegenden Arbeit im Fokus stehen.

a) Pflicht zur Zahlung von Sozialversicherungsbeiträgen in der Zukunft

Sofern im Rahmen einer Betriebsprüfung festgestellt wird, dass der freie Mitarbeiter in Wirklichkeit nicht im Rahmen eines freien Dienstverhältnisses für den Auftraggeber tätig war und ist, sondern dass ein abhängiges Beschäftigungsverhältnis vorliegt, muss das Unternehmen, da es tatsächlich Arbeitgeber des abhängig Beschäftigten ist, fortan grundsätzlich wie in jedem anderen Beschäftigungsverhältnis Sozialversicherungsbeiträge in sämtlichen Zweigen der Sozialversicherung für die Zukunft abführen (§ 28 e Abs. 1 Satz 1 SGB IV). Der Arbeitgeber hat sodann künftig – wie bei abhängigen Beschäftigten generell – den Arbeitgeberanteil zur Sozialversicherung zu zahlen.

b) Pflicht zur Nachzahlung von Sozialversicherungsbeiträgen für die Vergangenheit

Es besteht auch für die Vergangenheit die Pflicht Sozialversicherungsbeiträge nachzuzahlen. Denn nach § 28e Abs. 1 SGB IV schuldet der Arbeitgeber auch für den zurückliegenden Zeitraum, für den ein sozialversicherungspflichtiges Beschäftigungsverhältnis festgestellt worden ist, die angefallenen Gesamtsozialversicherungsbeiträge. Der Nachentrichtungsanspruch bezieht sich grundsätzlich auch auf alle Bereiche der Sozialversicherung sowie auf den Arbeitgeber- wie auch den Arbeitnehmeranteil. Der Arbeitgeber hat hier also – anders als sonst im Beschäftigungsverhältnis – für den zurückliegenden Zeitraum den kompletten Betrag zur Sozialversicherung alleine zu tragen. Damit haftet ausschließlich der Arbeitgeber gegenüber den Sozialversicherungsträgern für die Gesamtsozialversicherungsbeiträge. Anders als im Steuerrecht gibt es im Sozialversicherungsrecht keine Gesamtschuldnerhaftung von Arbeitgeber und Arbeitnehmer.

aa) Verjährung, § 25 SBG IV

Die Beitragsansprüche verjähren grundsätzlich in 4 Jahren nach Ablauf des Kalenderjahres, in dem sie fällig geworden sind (§ 25 Abs. 1 S. 1 SGB IV). Bei vorsätzlichem Verhalten, also wenn bewusst und mindestens billigend in Kauf nehmend keine Beiträge abgeführt wurden, verjähren die Beitragsansprüche allerdings erst in 30 Jahren nach Ablauf des Kalenderjahres, in dem sie fällig geworden sind (§ 25 Abs. 1 S. 2 SGB IV). Bedingter Vorsatz, der insoweit ausreichend ist, wird bejaht, wenn der Zahlungspflichtige seine Beitragspflicht nur für möglich gehalten, die Nichtzahlung der Beiträge aber billigend in Kauf genommen hat.[176]

176 BSG, Urt. v.21.06.1990 12 RK 13/89 - BeckRS 1990, 3073447.

bb) Begrenzte Regressmöglichkeiten gegenüber dem Arbeitnehmer, § 28g SGB IV

(1) Regressmöglichkeit bezüglich der Arbeitnehmeranteile

Ein Rückgriff wegen der Arbeitgeberbeiträge beim Beschäftigten ist nicht möglich, da diese als Eigenanteil ohnehin vom Arbeitgeber und nicht vom Beschäftigten zu tragen sind. Nach § 28g S. 1 SGB IV besteht aber zumindest eine beschränkte Rückgriffsmöglichkeit für den Arbeitnehmeranteil. Gemäß § 28g S. 2 SGB IV kann der unterbliebene Abzug des Arbeitnehmeranteils vom Arbeitgeber grundsätzlich aber nur zeitlich befristet, nämlich mit den nächsten drei Lohn- oder Gehaltszahlungen beim abhängig Beschäftigten nachgeholt werden (§ 28g S. 3 SGB IV).

Nach Ablauf der 3-Monats-Frist ist ein Abzug vom Entgelt nur noch dann möglich, wenn der Abzug ohne Verschulden des Arbeitgebers unterblieben war. Schuldlos ist der Abzug, wenn er auf Grund einer unzutreffenden Auskunft der zuständigen Stelle im Sinne des § 28h Abs. 2 SGB IV unterblieben ist.[177] Zuständig für eine verbindliche Auskunft ist die Einzugsstelle (§ 28h Abs. 2 SGB IV, §§ 14, 15 SGB I). Unterlässt der Arbeitgeber die vom Gesetzgeber vorgesehene Auskunftseinholung, gilt ein entsprechender Rechtsirrtum grundsätzlich als verschuldet mit der Folge, dass der Rückgriff nur auf die 3-Monats-Frist begrenzt ist.[178] Bei dem Abzugsverfahren hat der Arbeitgeber ferner die Pfändungsfreigrenzen der §§ 850 ff. ZPO zu beachten.

Das Lohnabzugsverfahren scheidet hingegen gänzlich aus, wenn das Beschäftigungsverhältnis bereits beendet ist.[179]

(2) Unwirksamkeit anderweitiger Abmachungen

Es ist angesichts der zwingenden gesetzlichen Regelungen auch nicht möglich, mit dem Beschäftigten eine abweichende Regelung zu treffen, um das finanzielle Risiko des Auftraggebers für den Fall der Scheinselbständigkeit abzusichern. Eine solche, von zwingenden gesetzlichen Regelung abweichende Vereinbarung wäre nach § 32 SGB I unwirksam. Im Ergebnis verbleibt demnach das große Risiko der Nachzahlungsverpflichtung allein beim Unternehmer.

c) Besonderheiten bei speziellen Berufsgruppen am Beispiel des Honorararztes

Bei der Tätigkeit des Honorararztes, der in dieser Arbeit besonders untersucht werden soll, gelten gewisse Besonderheiten, die auch bei anderen freiberuflichen Tätigkeiten zu beachten sind. Diese ergeben sich zum einen durch das Überschreiten der Jahresarbeitsentgeltgrenze, zum anderen aber unter Umständen zusätzlich auch durch die Mitgliedschaft in einem berufsständischen Versorgungswerk.

177 Kasseler Kommentar/ *Wehrhahn*, § 28g SGB IV Rn. 11.
178 LAG Köln, Urt. v.21.2.2006 – 9 Sa 1164/05, AR Blattei ES 1400 Nr. 77.
179 BT-Drs. 11/2221, 24; auch Kasseler Kommentar/*Wehrhahn*, § 28g SGB IV Rn. 13.

Diese Besonderheiten können im günstigsten Fall zu einer Verringerung des Nachzahlungsrisikos bei der Scheinselbständigkeit führen.

aa) Überschreiten der Jahresarbeitsentgeltgrenze

Bei Beschäftigten, deren Einkünfte über der Jahresarbeitsentgeltgrenze liegen, ist das Nachzahlungsrisiko des Arbeitgebers verringert. Es entfällt die Pflicht zur gesetzlichen Krankenversicherung bei Überschreiten der jeweiligen Beitragsbemessungsgrenze (§ 6 Abs. 1 Nr. 1 SGB V). Mangels bestehender Versicherungspflicht sind sodann für den Zweig der Krankenversicherung nämlich auch keine Nachzahlungen zu leisten. Der Tätige trägt in einem solchen Fall ohnehin den gesamten Beitrag selbst. Er könnte aber – bei Feststellung einer abhängigen Beschäftigung – nach § 257 SGB V, § 61 SGB XI einen Anspruch auf Beitragszuschüsse zur Kranken- und Pflegeversicherung gegenüber seinem Auftraggeber – jetzt Arbeitgeber – geltend machen. In diesem Fall wäre der Arbeitgeber dann nicht gegenüber der Rentenversicherung, sondern gegenüber dem Tätigen zur Zahlung eines Beitragszuschusses verpflichtet. Von Seiten der Behörden ist aber in diesen Fällen mit keiner Forderung zur Nachzahlung der Gesamtsozialversicherungsbeiträge zu rechnen.

bb) Befreiung von der gesetzlichen Rentenversicherung

Darüber hinaus kann bei Honorarärzten, wie auch bei verschiedenen weiteren Berufsgruppen, eine Befreiung in der gesetzlichen Rentenversicherung nach § 6 Abs. 1 Nr. 1 SGB VI wegen Mitgliedschaft in einer berufsständischen Versorgungseinrichtung vorliegen, so dass auch in der gesetzlichen Rentenversicherung bei diesen keine Versicherungspflicht besteht. Dies hat zur Folge, dass in diesem Zweig ebenfalls keine Sozialversicherungsbeiträge bei Feststellung einer Scheinselbständigkeit nachzuzahlen wären. Allerdings hat der Beschäftigte auch in diesem Fall Anspruch auf einen Beitragszuschuss zum Versorgungswerk gegenüber seinem Arbeitgeber nach § 172a SGB VI.

Eine Befreiung von der Rentenversicherungspflicht kann aber nur dann erfolgen, wenn der Freiberufliche Mitglied einer berufsständischen Versorgungseinrichtung und zugleich kraft gesetzlicher Verpflichtung Mitglied einer berufsständischen Kammer ist. Das Risiko der verringerten Nachzahlung besteht für den Arbeitgeber auch nur dann, wenn eine wirksame Befreiung vorliegt. Aufgrund der jüngsten Rechtsprechung des BSG[180] hierzu ist die Befreiungspraxis strenger geworden. Das BSG hat entgegen der bisherigen Verwaltungspraxis entschieden, dass bei jeder Änderung der Tätigkeit ein erneuter Befreiungsantrag von der gesetzlichen Rentenversicherungspflicht notwendig sei. Danach ist nunmehr für jede neue Beschäftigung, also grundsätzlich auch bei jedem Arbeitgeber- oder Tätigkeitswechsel ein neuer

180 BSG, Urt. v.31.10.2012 - B 12 R 8/10 R, juris; BSG, Urt. v.31.10.2012 - B 12 R 3/11 R, juris; BSG, Urt. v.31.10.2012 - B 12 R 5/10 R, juris.

Befreiungsantrag zu stellen.[181] Insbesondere bei der honorarärztlichen Tätigkeit, die meist nur kurzzeitig für einen Auftraggeber ausgeübt wird, ist diese neue Rechtsprechung ausschlaggebend, da von beiden Parteien verstärkt auf eine aktuelle und wirksame Befreiung von der Rentenversicherungspflicht für die entsprechende Tätigkeit geachtet werden müsste.

cc) Schlussfolgerung

Im Ergebnis ergeben sich bei der Tätigkeit des Honorararztes in der Praxis zum Teil verringerte Nachzahlungsrisiken für den Auftraggeber, da diese zumeist selbst privat für die Fälle von Krankheit und Altersrente abgesichert sind und teilweise auch keine gesetzliche Versicherungspflicht besteht.

3. Sonstige Auswirkungen der Scheinselbständigkeit

a) Arbeitsrechtliche Rechtsfolgen

Im Falle der Scheinselbständigkeit ist der Selbständige also in Wahrheit kein Selbständiger, sondern Arbeitnehmer im Sinne des Arbeitsrechts. Insofern besteht zwischen den Parteien tatsächlich ein Arbeitsverhältnis und kein freies Dienstverhältnis, so dass sämtliche Arbeitnehmerschutzvorschriften zwingend Anwendung finden.[182] Der Arbeitnehmer genießt demnach vor allem auch den gesetzlichen Kündigungsschutz und kann sich auf weitere Schutzbestimmungen, wie etwa nach dem Mutterschutzgesetz, dem Teilzeit- und Befristungsgesetz oder aus dem Recht der Schwerbehinderten berufen. Eine ausgesprochene Kündigung kann nach § 102 BetrVG mangels Anhörung des Betriebsrats unwirksam sein und der Arbeitnehmer kann auch Entgeltfortzahlung im Krankheitsfalle oder während der Urlaubszeit verlangen. Auch Altersversorgungsansprüche, die sich aus betrieblichen Rentensystemen ergeben, kann der Mitarbeiter, der seinen Arbeitnehmerstatus feststellen ließ, geltend machen. Insgesamt kann er sich auch in vollem Umfang auf die im betrieblichen Alltag wesentlichen Grundprinzipien der so genannten betrieblichen Übung sowie des arbeitsrechtlichen Gleichbehandlungsgrundsatzes berufen.

b) Steuerrechtliche Rechtsfolgen

In steuerrechtlicher Hinsicht ist zu beachten, dass der bisherige Auftraggeber im Falle der Scheinselbständigkeit nach § 42d Abs. 3 S. 1 EStG für die bisher nicht abgeführte Lohnsteuer haftet. Dabei wird die abzuführende Lohnsteuer auf der Grundlage der dem Beschäftigten zugeflossenen Einnahmen berechnet.[183]

---

181 BSG, Urt. v.31.10.2012 - B 12 R 8/10 R, juris; BSG, Urt. v.31.10.2012 - B 12 R 3/11 R, juris; BSG, Urt. v.31.10.2012 - B 12 R 5/10 R, juris.

182 Henrici, S. 239; Bauer/Baeck/Schuster, S. 152 ff.; Schmidt/Schwerdtner, S. 43 f.

183 BFH, Urt. v.23.04.1997 – VI R 12/96, VI R 99/6 - BFH BFH/NV 1997, 656.

Gemäß § 38 Abs. 2 EStG ist Schuldner der Lohnsteuer grundsätzlich der Arbeitnehmer. Daneben haftet der Arbeitgeber gemäß § 42d Abs. 1 Nr. 1 EStG. Die Haftung erstreckt sich darauf, dass die Lohnsteuer im Rahmen des Steuerabzugsverfahrens richtig einbehalten und abgeführt wird.[184] Arbeitgeber und Arbeitnehmer sind somit hinsichtlich der Lohnsteuer grundsätzlich Gesamtschuldner (§ 42 d Abs. 3 S. 1 EStG). Anders als im Sozialversicherungsrecht kann der Arbeitgeber bezüglich der nachzuentrichtenden Lohnsteuer den Arbeitnehmer in vollem Umfang in Regress nehmen, wenn er von der Finanzbehörde in Anspruch genommen wird. Dies ist eine Folge des gesamtschuldnerischen Haftungsverhältnisses, wonach der leistende Schuldner grundsätzlich berechtigt ist, vom befreiten Schuldner Ersatz für seine Aufwendungen zu verlangen (§ 426 BGB).

c) Strafrechtliche Rechtsfolgen

In strafrechtlicher Hinsicht kann die Scheinselbständigkeit ebenfalls Sanktionen nach sich ziehen. Wer als Arbeitgeber Beiträge des Arbeitnehmers zur Sozialversicherung vorenthält, macht sich im Falle des vorsätzlichen Handelns nach § 266a StGB strafbar. Durch die Scheinselbständigkeit werden Sozialversicherungsbeiträge des Arbeitnehmers vorenthalten, was nach § 266a StGB mit Freiheitsstrafe bis zu fünf Jahren oder mit Geldstrafe bestraft werden kann.

Täter des § 266a StGB können nach der gesetzlichen Regelung nur der Arbeitgeber bzw. die weiteren im Gesetz genannten Personen sein. Der Tatbestand ist sozialrechtsakzessorisch ausgestaltet[185], da die „vorenthaltenen“ Beiträge nur solche sein können, die nach materiellem Sozialversicherungsrecht auch geschuldet sind. Die Einordnung der Tätigkeit des (Schein-) Selbständigen in sozialversicherungsrechtlicher Hinsicht ist demnach auch von entscheidender Bedeutung für eine mögliche Strafbarkeit des Auftraggebers.

Eine Strafbarkeit kommt allerdings nur in Betracht, wenn der Auftraggeber vorsätzlich handelt, bedingter Vorsatz genügt dabei. Ein vorsätzliches Vorenthalten von Sozialversicherungsbeiträgen setzt dabei das Bewusstsein und den Willen voraus, die geschuldeten Beiträge bei Fälligkeit nicht abzuführen. Der Arbeitgeber muss daher die Pflicht zur Abführung der Beiträge kennen und wollen oder wenigstens billigend in Kauf nehmen, dass diese Pflicht nicht erfüllt wird.[186]

4. Statusfeststellungsverfahren nach § 7a SGB IV

a) Grundsätzliches

Angesichts dieser massiven und für viele Unternehmen kostenintensiven Rechtsfolgen und Risiken bietet sich in der Praxis häufig die Einleitung eines

---

184 Blümich/*Wagner*, § 42d EStG Rn. 49.

185 Vgl. Fischer StGB, § 266a Rn. 9a.

186 BGH, Urt. v.01.10.1991 – VI ZR 374/90, NJW 1992, 177.

Statusfeststellungsverfahrens nach § 7a SGB IV an. Dieses besondere Anfrageverfahren wurde mit dem Gesetz zur Förderung der Selbständigkeit vom 26.12.1999 eingeführt und damit ein Vorschlag der Dieterich-Kommission umgesetzt.[187] Dadurch soll es den Parteien ermöglicht werden, bei Unsicherheit über den Status der betroffenen Person durch die Stellung eines schriftlichen Antrags eine schnelle Klärung der Statusfrage erreichen zu können. Das Anfrageverfahren wurde bei einer zentralen Stelle, der Clearingstelle der Deutschen Rentenversicherung Bund in Berlin gebündelt, um divergierende Entscheidungen zu verhindern.[188] Dieses Verfahren hat sich bis heute als ein wichtiges Instrument in der Praxis im Bereich der Scheinselbständigkeit erwiesen.

b) Statusfeststellungsverfahren nach § 7a Abs. 1 SGB IV

aa) Unterschiedliche Statusfeststellungsverfahren

Das Statusfeststellungsverfahren kann sowohl als obligatorisches wie auch als optionales Statusfeststellungsverfahren geführt werden. Das obligatorische Anfrageverfahren wird von der Einzugsstelle initiiert, wenn der Arbeitgeber bei der Einzugsstelle die Beschäftigung eines Ehegatten/Lebenspartners, Abkömmlinge des Arbeitgebers oder GmbH-Gesellschafter-Geschäftsführers anmeldet.

Das in der Praxis weitaus wichtigere, weil von den Beteiligten initiierte Antragsverfahren ist aber das optionale Anfrageverfahren. Bei diesem Anfrageverfahren können das Unternehmen sowie der Selbständige gemeinsam oder aber auch nur einer der Beteiligten schriftlich eine rechtsverbindliche Entscheidung beantragen, ob eine abhängige Beschäftigung vorliegt oder Selbstständigkeit (§ 7a Abs. 1 Satz 1 SGB IV).

bb) Optionales Anfrageverfahren

Nur der Auftraggeber und der Auftragnehmer sind Beteiligte im Antragsverfahren, nicht hingegen andere Versicherungsträger. Sofern der Antrag nur von einem der Beteiligten gestellt wird, hat die Clearingstelle den anderen Beteiligten notwendig nach § 12 Abs. 1 Satz 2 SGB X in das Verfahren einzubeziehen, da eine Entscheidung nur einheitlich gegenüber beiden Beteiligten ergehen kann.

Ein Statusfeststellungsverfahren ist aber nach § 7a Abs. 1 HS 2 SGB IV ausgeschlossen, wenn bereits ein Verfahren zur Feststellung des Status des Betreffenden von Seiten der Einzugsstelle oder eines anderen Versicherungsträgers eingeleitet worden ist, beispielsweise durch Ankündigung oder gar Durchführung einer Betriebsprüfung.

Das Statusfeststellungsverfahren nach § 7a Abs. 1 SGB IV kann ohne Einhaltung einer Frist jederzeit eingeleitet werden. Dadurch kann zumindest für die Zukunft Rechtssicherheit hergestellt werden.

---

187 BGBl. I 2000, 2.
188 BT-Drucks 14/1855, S. 6.

Bei dem Statusfeststellungsverfahren handelt es sich um ein Antragsverfahren, welches also nicht von Amts wegen durchgeführt wird. Bevor die Clearingstelle ihre rechtsverbindliche Entscheidung als Verwaltungsakt trifft, hat sie – wie vor Erlass eines jeden Verwaltungsaktes – die Beteiligten anzuhören und ihnen Gelegenheit zur Stellungnahme zu geben (§ 7a Abs. 4 SGB IV). Wird eine abhängige Beschäftigung sodann durch Bescheid festgestellt, so besteht die Versicherungspflicht grundsätzlich in allen Zweigen der Sozialversicherung von Beginn der Tätigkeit an. Es gehen also rückwirkende Zahlungsverpflichtungen des Arbeitgebers einher.

c) Statusfeststellungsverfahren nach § 7a Abs. 6 SGB IV

Einige Begünstigungen gelten nach § 7a Abs. 6 SGB IV allerdings, wenn das Statusfeststellungsverfahren innerhalb eines Monats nach Aufnahme der Tätigkeit gestellt wird. Die Versicherungspflicht tritt dann frühestens mit Bekanntgabe der Statusentscheidung ein. Mit der rechtzeitigen Einreichung eines Statusfeststellungsantrags unter Beachtung der weiteren Voraussetzungen des § 7a Abs. 6 SGB IV kann demnach eine rückwirkende Zahlungsverpflichtung verhindert werden.

Um in den Genuss der Begünstigungen zu kommen, müssen jedoch neben der Antragsstellung innerhalb eines Monats nach Aufnahme der Tätigkeit noch weitere Voraussetzungen gegeben sein. So muss der Betroffene grundsätzlich mit dem späteren Eintritt der Versicherungspflicht einverstanden sein (§ 7a Abs. 6 Nr. 1 SGB IV) und er muss für den Zeitraum zwischen Aufnahme der Tätigkeit und Bekanntmachung der Entscheidung der Deutschen Rentenversicherung Bund eine Absicherung gegen das finanzielle Risiko von Krankheit und zur Altersvorsorge vorgenommen haben, die der Art nach den Leistungen der gesetzlichen Krankenversicherung und der gesetzlichen Rentenversicherung entsprechen (§ 7a Abs. 6 Nr. 2 SGB IV).

d) Stellungnahme

Im Ergebnis ist das Statusfeststellungsverfahren in der Praxis ein wichtiges Instrument, um die Risiken und Gefahren der Scheinselbständigkeit für Unternehmen zu minimieren bzw. bestenfalls sogar gänzlich zu verhindern. Vor allem wenn das Anfrageverfahren innerhalb eines Monats nach Aufnahme der Tätigkeit gestellt wird und die weiteren Voraussetzungen des § 7a Abs. 6 SGB IV vorliegen, kann das Risiko der Scheinselbständigkeit minimiert bzw. sogar ausgeschlossen werden. Wenn der Tätige lediglich im Rahmen eines kurzzeitigen Auftrags oder zur Auslastung von Spitzenzeiten beauftragt wird – kann ein Anfrageverfahren nach § 7a Abs. 6 SGB IV dazu führen, dass das Risiko der Scheinselbständigkeit gänzlich ausgeschlossen ist, da die Versicherungspflicht frühestens mit Bekanntgabe des Bescheides eintreten würde, die Tätigkeit zu diesem Zeitpunkt bestenfalls aber bereits beendet ist.

DRITTES KAPITEL: Allgemeine Anknüpfungspunkte und Abgrenzungskriterien der sozialgerichtlichen Rechtsprechung

I. Einleitung

Bevor die Abgrenzungskriterien der sozialgerichtlichen Rechtsprechung näher untersucht werden und herausarbeitet wird, welches die juristisch entscheidenden Abgrenzungskriterien zur Bestimmung einer abhängigen oder selbständigen Tätigkeit sind, ist zunächst ein Blick auf die zentrale Norm im Sozialversicherungsrecht diesbezüglich unerlässlich, nämlich § 7 SGB IV. Hier gilt es auch unter historischer Betrachtung der Entwicklungen des § 7 SGB IV sowie den politischen Diskussionen um eine gesetzlich konkretere Regelung den Sinn und Zweck der Vorschrift darzulegen. Danach lässt sich darstellen, welches der maßgebliche Ausgangspunkt der Statusprüfung ist und welche Rolle die vertraglichen Regelungen hierbei spielen bzw. nach der Dogmatik spielen müssten. Schließlich erfolgt die konkrete Auseinandersetzung mit den von der Rechtsprechung entwickelten und angewendeten Abgrenzungskriterien, unter kritischer Betrachtung des Sinn und Zwecks der Regelung sowie den gesetzlichen Anknüpfungspunkten, um so die juristisch entscheidenden Kriterien herauszuarbeiten. Dabei werden konkrete Unterschiede zur arbeitsrechtlichen Rechtsprechung aufgezeigt.

II. Historie der gesetzlichen Regelung des § 7 SGB IV

1. Einführung

Im zweiten Kapitel wurde bereits ausgeführt, dass § 7 SGB IV die zentrale Norm für die Abgrenzung der abhängigen Beschäftigung von der selbständigen Tätigkeit im Sozialversicherungsrecht darstellt.[189] Diese zentrale Norm hat seit ihrer Einführung im Jahre 1977 zahlreiche Änderungen erfahren, die es insbesondere auch hinsichtlich der heutigen Rechtslage zu berücksichtigen gilt. Im Folgenden werden deshalb zunächst die wesentlichen Änderungen seit Inkrafttreten der Norm (vgl. unter 2.) sowie die heutige Regelung mit den derzeit bestehenden politischen Diskussionen und Vorhaben (vgl. unter 3.) dargestellt und sodann wird auf den Sinn und Zweck der Norm näher eingegangen (vgl. unter 4.), damit seine Bedeutung erkannt und herausgearbeitet werden kann. Es stellt sich auch heute nach wie vor die Frage, ob durch eine Änderung des § 7 SGB IV auf die aktuellen Problemgestaltungen

189 Vgl. 2. Kapitel, II. 3 b).

im Hinblick auf die Scheinselbständigkeit reagiert werden könnte. Aufgrund der Rückschau in die Vergangenheit kann so untersucht werden, ob eine gesetzliche Änderung den heutigen Problemgestaltungen entgegenwirken könnte.

2. Bisherige wesentliche Änderungen des § 7 SGB IV

a) Inkrafttreten der Norm und Entwicklung

Seit dem Inkrafttreten des § 7 SGB IV mit Gesetz vom 23.12.1976[190] zum 01.07.1977 blieb die zentrale Norm des Sozialversicherungsrechts viele Jahre unverändert. Mit der Regelung in § 7 Abs. 1 SGB IV sollte die notwendige, aber bisher fehlende Begriffsabgrenzung eingebracht werden, ohne damit zugleich die Versicherungspflicht regeln zu wollen.[191] Nach der Gesetzesbegründung stellt die Vorschrift zunächst klar, „dass eine Beschäftigung dann vorliegt, wenn eine Arbeit unselbständig, d.h. mit dem Weisungsrecht eines Arbeitgebers ausgeübt wird“[192]. Bereits zum Inkrafttreten der Norm war die Beschäftigung umschrieben als „nichtselbständige Arbeit, insbesondere in einem Arbeitsverhältnis“.[193]

Nachdem sich die Unternehmen aber vermehrt gewisse Flexibilisierungsstrategien überlegt hatten, etwa in dem sie Arbeitnehmer entlassen und sodann als Subunternehmer bzw. Selbständige wieder beauftragt hatten und damit versucht wurde, die zwingenden Schutzvorschriften des Arbeitsrechts zu umgehen[194], war der Druck gesetzlicher Neuregelungen zur Verhinderung solcher Umgehungstatbestände groß. Besonders nach dem Regierungswechsel 1998 erfolgten vielerlei Änderungen bzw. Versuche gesetzliche Neuregelungen bezüglich der Problematik der Scheinselbständigkeit zu implementieren. Man wollte dem Arbeitgeber, der sich für die Scheinselbständigkeit entscheidet, um die gesetzlichen arbeits- und sozialrechtlichen Schutzvorschriften zu umgehen, entschieden entgegentreten.

b) Gesetz zu Korrekturen in der Sozialversicherung und zur Sicherung der Arbeitnehmerrechte

Die Bekämpfung der Scheinselbständigkeit sollte konkret mit dem Gesetz zu Korrekturen in der Sozialversicherung und zur Sicherung der Arbeitnehmerrechte vom 19.12.1998[195] erfolgen.

---

190 BGBl I 1976, S. 3845.
191 BT-Drs.7/4122 S. 31.
192 BT-Drs.7/4122 S. 31.
193 BGBl I 1976, S. 3845, 3846.
194 Henrici S. 173; Wank, DB 1992, 90.
195 BGBl I 1998, S. 3843, 3846.

aa) Gesetzesentwurf der Fraktion SPD und BÜNDNIS 90/DIE GRÜNEN

Die Fraktionen SPD und BÜNDNIS 90/DIE GRÜNEN reichten dazu einen Gesetzesentwurf ein. Grund für den Gesetzesentwurf vom 17.11.1998[196] war für diese unter anderem, dass Formen der Selbständigkeit nach deren Auffassung zunehmend missbraucht wurden, was insbesondere der verschärften Wettbewerbs- und Arbeitsmarktsituation in den letzten Jahren geschuldet sei. Der Lösungsvorschlag mit dem Gesetzesentwurf verfolgte die Absicht, scheinselbständige Arbeitnehmer in der Sozialversicherung leichter zu erfassen und arbeitnehmerähnliche Selbständige einer Versicherungspflicht in der gesetzlichen Rentenversicherung zuzuführen.[197] Intention der Politik war es laut der Gesetzesentwurfsbegründung, durch das Gesetz dem Missbrauch der Scheinselbständigkeit in allen Zweigen der Sozialversicherung entgegenzuwirken.[198] Dadurch sollte die Scheinselbständigkeit angesprochen werden, ohne jedoch im Gesetz ausdrücklich Erwähnung zu finden[199], so dass lediglich im Gesetzesentwurf der Regierungsfraktion der Begriff auftaucht.[200]

bb) Gesetzliche Neuregelungen

In die Vorschrift des § 7 SGB IV wurde somit insbesondere ein Absatz 4 eingefügt, der bei Vorliegen von zwei der im Gesetz genannten vier Kriterien eine Vermutungsregel zugunsten der abhängigen Beschäftigung enthielt. Die in § 7 Abs. 4 SGB IV eingefügten Kriterien waren zum einen, dass die Personen im Zusammenhang mit ihrer Tätigkeit mit Ausnahme von Familienangehörigen keine versicherungspflichtigen Arbeitnehmer beschäftigen (Nr. 1), zum anderen regelmäßig und im Wesentlichen nur für einen Auftraggeber tätig sind (Nr. 2), darüber hinaus für Beschäftigte typische Arbeitsleistungen erbringen, insbesondere Weisungen des Auftraggebers unterliegen und in die Arbeitsorganisation des Auftraggebers eingegliedert sind (Nr. 3) oder nicht aufgrund unternehmerischer Tätigkeit am Markt auftreten (Nr. 4). Handelsvertreter, die ihre Tätigkeit im Wesentlichen frei gestalten, wurden ausdrücklich von der Regelung ausgenommen.[201]

Durch die Neuregelung war eine widerlegliche Vermutungsregelung begründet, so dass sowohl der Betroffene sowie auch sein Auftraggeber/Arbeitgeber diese Vermutung widerlegen konnten. Es sollte aber zumindest eine Beweislastumkehr stattfinden.[202] Für die Widerlegung kamen nach der Gesetzesbegründung sämtliche Tatsachen in Betracht, „die die Selbständigkeit des Betroffenen belegen".[203] Dies dürfte als Hinweis insbesondere auf die bislang von der Rechtsprechung und Literatur

196 BT-Drs.14/45 S. 1.
197 BT-Drs. 14/45 S. 2.
198 BT-Drs.14/45 S. 15 (unter A.I.2).
199 vgl. auch Zwischenbericht Kommission „Scheinselbständigkeit", NZA 1999, 1145.
200 Vgl. BT-Drs. 14/45 S. 19.
201 BGBl I S. 3843, 3846.
202 BT-Drs.14/45 S. 19.
203 BT-Drs.14/45 S. 19.

entwickelten Abgrenzungskriterien zu verstehen gewesen sein. Im Rahmen einer Gesamtbetrachtung war zu prüfen, ob nicht doch entgegen der Vermutung eine selbständige Tätigkeit vorlag. Durch die Neuregelungen sollte die Versicherungspflicht nicht etwa erweitert werden, es sollte lediglich eine Erleichterung der Einordnung der Tätigkeit für die Sozialversicherungsträger ermöglichen.[204]

cc) Auseinandersetzung mit den Neuregelungen in der Literatur und Stellungnahme

Einig war man sich zumindest in der überwiegenden Literaturmeinung darüber, dass die Vermutungsregelung nur im Sozialversicherungsrecht eine Rolle spielte, jedoch nicht auch für das Arbeitsrecht maßgebend war.[205] Entscheidend für die Vermutungsregelung war nach dem Sinn und Zweck der Regelung allein die sozialversicherungsrechtliche Absicherung des „Scheinselbständigen".[206] Auch aus der Gesetzesbegründung ergibt sich, dass es durch die Einführung der Vermutung nur den Sozialversicherungsträgern erleichtert werden sollte, künftig Scheinselbständige leichter und schneller zu erfassen.[207]

Zu beachten ist aber, dass es sich bei den eingeführten Merkmalen nicht (ausschließlich) um klassische Merkmale der persönlichen Abhängigkeit handelte, sondern dass auch wirtschaftliche Aspekte zum Tragen kamen.[208]

Angesichts des Umstandes, dass die Regelung nur von kurzer Dauer war, muss die Intention des Gesetzgebers zum damaligen Zeitpunkt an dieser Stelle nicht näher untersucht werden. In der Literatur wurde der Kriterienkatalog heftig kritisiert[209] und zum Teil sogar gänzlich als ungeeignet abgelehnt[210], da er bei einer Vielzahl von Einzelfällen zu nicht sachgerechten Lösungen führte.

c) Gesetz zur Förderung der Selbständigkeit

Da das Gesetz zu Korrekturen in der Sozialversicherung und zur Sicherung der Arbeitnehmerrechte sowohl in der Wirtschaft als auch bei vielen Berufsverbänden auf starke Kritik gestoßen war[211] und zu einer heftigen rechtspolitischen

---

204 Beschlussempfehlung und Bericht des Ausschusses für Arbeit und Sozialordnung, BT-Drs. 13/10269.

205 Reinecke, NZA 1999, 729, 735; Hohmeister, NZA 1999, 337, 338; Bauer/Diller/Lorenzen, NZA 1999, 169, 174; Reiserer, BB 1999, 366, 368; Leuchten/Zimmer, DB 1999, 381; Boemke, DStR 2000, 1694, 1697; Schiefer, DB 1999, 48, 51.

206 So etwa Leuchten/Zimmer, DB 1999, 381.

207 BT-Drs. 14/45, S. 2, 19.

208 Reinecke, NZA 1999, 729; Bauer/Diller/Lorenzen, NZA 1999, 169, 170.

209 So etwa Reiserer, BB 1999, 366, 368; Bauer/Diller, NZA 1999, 745.

210 So etwa Bauer/Diller/Lorenzen, NZA 1999, 169, 173.

211 Vgl. etwa Bauer/Diller, NZA 1999, 745; Reiserer, DStR 2003, 292; Hohmeister, NZA 1999, 337.

sowie juristischen Diskussion führte[212], kam nach einigen Monaten bereits – am 20.12.1999 – ein weiteres Gesetz zu Tage, das „Gesetz zur Förderung der Selbständigkeit"[213], welches sogar rückwirkend zum 01.01.1999 in Kraft getreten ist.

aa) Dieterich – Kommission

Kurz nach der Einführung des Gesetzes zur Bekämpfung der Scheinselbständigkeit – im April 1999 – initiierte die Bundesregierung angesichts der bestehenden Kritik eine Expertenkommission „Scheinselbständigkeit"[214], welche die aufgeworfene Kritik überprüfen und ggf. Vorschläge bezüglich einer Änderung der Gesetzeslage ausarbeiten sollte.[215] Den Vorsitz dieser Kommission hatte der ehemalige Präsident des Bundearbeitsgerichts, Herr Prof. Dr. Thomas Dieterich, inne, weshalb auch oftmals von der „Dieterich-Kommission" die Rede ist.[216]

Kurze Zeit nach Abschluss der Beratungen der Dieterich-Kommission folgte ein Gesetzesentwurf für ein Gesetz zur Förderung der Selbständigkeit, welcher fast alle Vorschläge der Kommission umsetzte.[217] Nach Verabschiedung im Bundestag trat das Gesetz rückwirkend zum 01.01.1999 in Kraft.

An der grundsätzlichen Idee einer Vermutungsregelung wurde aber auch nach der Gesetzesänderung festgehalten. Diese wurde allerdings dahingehend geändert, dass die Vermutungsregelung nur noch Geltung beanspruchen konnte, wenn die Beteiligten ihrer Informations- und Mitwirkungspflichten nicht nachgekommen waren. Darüber hinaus wurde der Kriterienkatalog konkretisiert und um einen weiteren Punkt ergänzt. Es mussten nach der Änderung für das Greifen der Vermutungswirkung fortan also drei von fünf Kriterien vorliegen. An der Vermutungsregelung hielt jedoch auch die Kommission fest, weil sie der Auffassung war, dass die Grundidee einer Vermutungswirkung dem Problem der Scheinselbständigkeit zumindest insoweit entgegentreten konnte, dass die Informations- und Mitwirkungspflichten verschärft würden.[218] Durch die Vermutungswirkung sei nach Auffassung der Kommission ein entsprechendes „Druckmittel" gegeben, da die Beteiligten dieser vor allem dadurch entgehen konnten, in dem sie ihrer Mitwirkungs- und Informationspflicht nachkamen.[219]

---

212 Krebs, DB 1999, 1602; Schmidt, NZS 2000, 57.

213 BGBl 2000 I S. 2.

214 Vgl. etwa Mitteilung in NZA 1999, 443; Zwischenbericht der Kommission „Scheinselbständigkeit", NZA 1999, 1145; auch BT-Drs.14/1855 S. 6; Reiserer, BB 2000, 94.

215 Zwischenbericht der Kommission „Scheinselbständigkeit", NZA 1999, 1145.

216 So etwa Bauer/Diller, NZA 1999, 745; Schmidt, NZS 2000, 57.

217 Reiserer, BB 2000, 94.

218 Zwischenbericht der Kommission „Scheinselbständigkeit", NZA 1999, 1145.

219 Zwischenbericht der Kommission „Scheinselbständigkeit", NZA 1999, 1145, 1146.

bb) Konkrete Änderungen des § 7 Abs. 4 SGB IV

Der kurz zuvor erst eingeführte Punktekatalog des § 7 Abs. 4 SGB IV wurde durch die Neuregelung also erheblich modifiziert und gemildert. Es sollte so insbesondere die Rechtsposition eines Auftraggebers gestärkt werden, der nicht in bösem Glauben war.[220] Eine erste Milderung bestand darin, dass nun nicht mehr zwei aus vier Kriterien die Vermutungswirkung zur Folge hatten, sondern drei aus fünf Kriterien. Vielfach waren nämlich durch die alte Regelung Personen, an deren Selbständigkeit nicht gezweifelt wurde, auch von der Vermutungsregelung erfasst worden.[221] So wären Existenzgründer nach der alten Regelung oftmals allein deshalb bereits von dieser Regelung erfasst gewesen, weil diese in der Anfangszeit oft nur einen festen Auftraggeber haben und bis das selbständige Unternehmen aufgebaut ist, zu Beginn auch noch keine eigenen Mitarbeiter beschäftigen.[222]

(1) Vermutungswirkung nur noch bei fehlender Mitwirkung

Die Vermutungsregelung galt nunmehr nur noch dann, wenn den Sozialversicherungsträgern eine vollständige Sachverhaltsaufklärung deshalb nicht möglich war, weil der Betroffene keine Auskünfte erteilt und keine Informationen zugänglich gemacht hat, also generell bei der Aufklärung des Sachverhalts trotz Aufforderung nicht mitgewirkt hat.223 Auf die Vermutungskriterien konnte somit nur dann zurückgegriffen werden, wenn eine Entscheidung aufgrund der Gesamtabwägung aller Umstände des Einzelfalls nicht möglich war, weil die aus der Amtsermittlung folgenden Tatsachen dafür nicht ausreichend waren und die Beteiligten ihrer Mitwirkungs- und Mitteilungspflicht nicht nachgekommen sind.[224] Bei Handelsvertretern im Sinne des § 84 Abs. 1 HGB war die Vermutungsregelung aber weiterhin ausgeschlossen.[225]

(2) Kriterienkatalog des § 7 Abs. 4 SGB IV

Statt der bislang vier Kriterien wurde nun noch ein weiteres fünftes Kriterium in § 7 Abs. 4 SGB IV aufgenommen. Das fünfte Kriterium war nach der gesetzlichen Regelung des § 7 Abs. 4 Nr. 5 SBG IV, ob die Tätigkeit dem äußeren Erscheinungsbild nach der Tätigkeit entspricht, die die tätige Person für denselben Auftraggeber zuvor aufgrund eines Beschäftigungsverhältnisses ausgeübt hat. Durch die Aufnahme dieses weiteren Kriteriums bzw. auch durch die Präzisierung des bisherigen

220 BT-Drs.14/1855, S. 6.
221 Möllering, S. 9.
222 So auch Bauer/Diller/Lorenzen, NZA 1999, 169, 174.
223 Vgl. auch Reiserer, DStR 2003, 292.
224 So auch Buchner, DB 1999, 2514, 2515; Sommer, NZS 2003, 169; Gemeinsames Rundschreiben der Spitzenverbände zum Gesetz zur Förderung der Selbständigkeit vom 20.12.1999, im Wesentlichen abgedruckt in NZS 2000, 184, 185.
225 BGBl 2000 I, S. 2.

Kriterienkatalogs sollten Umgehungsversuche besser einzudämmen sein, so dass bei einem Wechsel von abhängiger Tätigkeit zu behaupteter Selbständigkeit darauf abgestellt wurde, ob das äußere Erscheinungsbild sich verändert.[226] Da es die Ausnahme darstellte, dass die Beteiligten ihrer Mitwirkungspflicht nicht nachkamen, verblieb es für den Normalfall bei den von der Rechtsprechung bislang bereits entwickelten Abgrenzungskriterien.

cc) Ergänzung von § 7 Abs. 1 SGB IV

Für die Abgrenzung zwischen einem abhängigen Beschäftigungsverhältnis und einer selbständigen Tätigkeit war demnach für den Normalfall wieder auf die Kriterien der Rechtsprechung zurückzugreifen. Deutlich wird dies auch durch die weitere Neuregelung in § 7 Abs. 1 Satz 2 SGB IV. Der Gesetzgeber fügte ergänzend zu § 7 Abs. 1 Satz 1 SGB IV den Satz 2 hinzu, wonach „Anhaltspunkte für eine Beschäftigung ... eine Tätigkeit nach Weisungen und eine Eingliederung in die Arbeitsorganisation des Weisungsgebers“[227] sind. Es wurden somit die beiden wesentlichen, von der Rechtsprechung zur Abgrenzung von abhängiger Beschäftigung und selbständiger Tätigkeit herangezogenen Kriterien in den Gesetzeswortlaut aufgenommen[228], ohne jedoch damit den Anspruch auf eine abschließende Regelung ausdrücken zu wollen.[229] Es sollten lediglich typische Merkmale einer abhängigen Beschäftigung im Gesetz normiert werden, welche aber nur Anhaltspunkte, und nicht abschließende Bewertungskriterien darstellen.[230] Durch die Ergänzung sollte also ein klarer Bezug zur Rechtsprechung hergestellt und § 7 SGB IV als zentrale Norm im SGB für zahlreiche Tatbestände stärker in den Vordergrund gerückt werden.[231] Diese Empfehlung kam vor allem auch aus der Dieterich-Kommission „Scheinselbständigkeit“.[232]

dd) Stellungnahme

Durch das Gesetz zur Förderung der Selbständigkeit kam den Vermutungskriterien nach § 7 Abs. 4 SGB IV im Vergleich zum vorangehenden Gesetz zu Korrekturen in der Sozialversicherung und zur Sicherung der Arbeitnehmerrechte nur noch ergänzende Funktion zu. Maßgebend kam es demnach auf die Abgrenzung nach § 7 Abs. 1 SGB IV und den allgemeinen von der Rechtsprechung entwickelten Abgrenzungskriterien an, was durch den Gesetzgeber auch durch das Einfügen eines Satzes 2 in § 7 Abs. 1 SGB IV verdeutlicht wurde, der typische Abgrenzungsmerkmale als Anhaltspunkte für die Praxis normiert. Insgesamt verbleibt es damit

---

226 BT-Drs.14/1855, S. 7; auch im Zwischenbericht der Kommission NZA 1999, 1145, 1147.
227 BT-Drs.14/1855 S. 3.
228 Vgl. Reiserer, BB 2000, 94.
229 BT-Drs. 14/185 S. 6.
230 BT-Drs.14/1855 S. 6.
231 Schmidt, NZS 2000, 57.
232 NZA 1999, 1145, 1147; Schmidt, NZS 2000, 57.

für die Statusprüfung bei der Regelung des § 7 Abs. 1 SGB IV und dem durch § 20 SGB X in der Sozialversicherung normierten Amtsermittlungsgrundsatz im sozialgerichtlichen Verfahren. Die Gerichte haben somit grundsätzlich im Rahmen ihrer Amtsermittlungspflicht selbst alle Tatsachen und Umstände zu ermitteln, die für die Beurteilung, ob eine abhängige Beschäftigung oder selbständige Tätigkeit vorliegt, erforderlich sind und anschließend im Rahmen einer Gesamtbetrachtung unter Berücksichtigung der Umstände des Einzelfalls zu prüfen.[233]

d) Zweites Gesetz für moderne Dienstleistungen am Arbeitsmarkt

aa) Gesetzliche Änderungen

Eine wesentliche Änderung erfuhr § 7 Abs. 4 SGB IV durch das „Zweite Gesetz für moderne Dienstleistungen am Arbeitsmarkt“[234] vom 23.12.2002. Da auch die nach dem Gesetz zur Förderung der Selbständigkeit geschaffene Fassung des § 7 Abs. 4 SGB IV als wenig praktikabel empfunden wurde und sich auch in der Praxis als solches herausgestellt hatte, wurde die in § 7 Abs. 4 SGB IV enthaltene Vermutungsregel mit Wirkung zum 01.01.2003 komplett gestrichen. Stattdessen wurde vielmehr eine Vermutung zugunsten der Selbständigkeit (Ich-AG) eingeführt.[235] Diese war so ausgestaltet, dass eine widerlegbare Vermutung der selbständigen Tätigkeit für Personen galt, die für diese selbständige Tätigkeit einen Zuschuss nach § 421 SGB III beantragen.

bb) Gründe und Intention der Streichung der Vermutungskriterien

Über die Intention der erneuten Änderung des § 7 Abs. 4 SGB IV im Jahre 2002 gibt insbesondere der Beschluss des Bundesrates zur Einberufung des Vermittlungsausschusses Aufschluss.[236] Der Bundesrat sah es als erforderlich an, „die gesetzliche Definition einer selbständigen Tätigkeit im SGB IV grundlegend zu überarbeiten“.[237] Die Selbständigen sollten gefördert werden, so dass diese auch sozialversicherungsrechtlich als selbständig anzusehen waren. Der Bundesrat führt weiter aus, „dass Hemmnisse für Existenzgründungen, die durch die Regelungen zur so genannten Scheinselbständigkeit im Jahr 1999 eingeführt worden sind, beseitigt werden“[238] müssten. Dem hat der Vermittlungsausschuss Rechnung getragen und sodann entsprechende Formulierungen vorgeschlagen.[239] Der Vermutungstatbestand des § 7 Abs. 4 SGB IV wurde durch den Gesetzgeber aber nicht etwa deshalb gestrichen, weil sich das Problem der Scheinselbständigkeit nicht mehr stellte. Dieses besteht

233 So auch Möllering, S. 7, 8.
234 BGBl. I,4621, 4623.
235 BT-Drs. 15/202, S. 3.
236 BT-Drs.15/133.
237 BT-Drs. 15/133, S. 2.
238 BT-Drs.15/133, S. 2.
239 BT-Drs. 15/202, S. 3.

nach wie vor in verschiedensten Fallkonstellationen. Die Streichung erfolgte vielmehr auch, weil sich die Regelung des § 7 Abs. 4 SGB IV mit der Vermutungswirkung ohnehin als ein leer laufendes Regelungsinstrument entpuppte.[240]

cc) Stellungnahme

(1) Befürworten des Streichens der Vermutungskriterien

Ungeachtet der Tatsache, dass die Merkmale der abhängigen Beschäftigung nicht mehr im Gesetz verankert sind, so greifen doch die von der Rechtsprechung entwickelten Kriterien zur Abgrenzung zwischen Arbeitnehmer und Selbständigen weiter bzw. wieder. Diese sind zum Teil – zumindest als Hilfskriterien – identisch mit denen, die im Gesetz Eingang gefunden hatten.[241] Die Streichung der Vermutungsregelung durch den Gesetzgeber war aber auch nur sachgerecht. Es ist insbesondere nicht möglich, anhand eines Musters oder anhand einer kleinen Anzahl von Kriterien die Selbständigkeit bzw. die abhängige Beschäftigung zu beurteilen und noch weiter, sie sogar zu vermuten, und dies für alle Tätigkeiten gleichermaßen. Allein die im Gesetz in § 7 Abs. 4 SGB IV genannten Kriterien ließen eine zuverlässige Abgrenzung nicht zu, insbesondere deshalb nicht, weil die wesentlichen Kriterien, die nach den gesetzlichen Regelungen sowie auch der Rechtsprechung für die Abgrenzung entscheidend sind, nicht aufgenommen waren. Dies zeigt auch die folgende Auseinandersetzung mit den einzelnen Vermutungskriterien.

(2) Auseinandersetzung mit den einzelnen Kriterien

(i) Beschäftigung eigener Arbeitnehmer

Die Entscheidung über die Beschäftigung eines eigenen Arbeitnehmers kann nicht grundlegend als maßgebliches Kriterium herangezogen werden, weil es beispielsweise bei akademischen Tätigkeiten, wie der eines Honorararztes, aufgrund seiner Expertise besonders auf die Erledigung und Ausführung durch den Auftragnehmer selbst ankommt. Dies spricht aber nicht zwingend gegen die Selbständigkeit.

(ii) Tätigkeit nur für einen Auftraggeber

Auch ein Rückgriff auf die Tätigkeit nur für einen Auftraggeber ist nicht als eines der ausschlaggebenden Kriterien anzusehen, da auch im Falle einer abhängigen Beschäftigung denkbar ist, dass ein abhängig Beschäftigter für mehrere Arbeitgeber tätig ist. Zu denken ist dabei vor allem an Teilzeitarbeitsverhältnisse, bei denen es nicht unüblich ist, auch zwei verschiedene Tätigkeiten parallel auszuüben.

---

240 So auch Hauck/Noftz/*Knospe*, § 7 SGB IV Rn. 61.
241 So auch Hauck/Noftz/*Knospe*, § 7 SGB IV Rn. 61.

(iii) Arbeitnehmertypische Tätigkeiten

Darauf abzustellen, ob der Auftraggeber bzw. vergleichbare Auftraggeber die Tätigkeit regelmäßig durch Arbeitnehmer verrichten lässt, also ob es sich um arbeitnehmertypische Tätigkeiten handelt, war ein abwegiges Kriterium. Dies kann nicht entscheidend sein, da es maßgeblich auf die Art und Weise der Ausgestaltung der Tätigkeit ankommt. Dieses Kriterium ist auch nicht mit der höchstrichterlichen Rechtsprechung des BAG in Einklang zu bringen, die ausdrücklich bestätigt, dass eine Umstellung der Tätigkeit, also von Arbeitsverhältnis auf selbständiges Dienstverhältnis bei entsprechender Ausgestaltung möglich und von der unternehmerischen Entscheidungsfreiheit gedeckt ist.[242] Es ist vielmehr bei entsprechender Ausgestaltung rechtlich möglich, dieselbe Tätigkeit sowohl von Arbeitnehmern als auch von Selbständigen erbringen zu lassen. Zu beachten ist lediglich, dass die Ausgestaltung des Vertrags die wesentlichen Elemente des jeweiligen Vertragsverhältnisses beinhaltet und das Vertragsverhältnis tatsächlich auch so durchgeführt wird.

(iv) Unternehmerrisiko

Selbst wenn die sozialgerichtliche Rechtsprechung heute für eine Selbständigkeit ebenfalls als Indiz ein Unternehmerrisiko annimmt, so war die damalige Regelung mit einer Vermutungswirkung ungeeignet, da auch dies nicht eines der entscheidenden Kriterien darstellen kann.

(v) Tätigkeit entspricht dem äußeren Erscheinungsbild nach der zuvor vom Arbeitnehmer ausgeübten Tätigkeit

Insofern ist auch das fünfte Abgrenzungskriterium nicht praktikabel und stellt kein taugliches Abgrenzungskriterium dar. Dies wollte darauf abstellen, dass die Tätigkeit dem äußeren Erscheinungsbild nach der Tätigkeit entspricht, die zuvor vom Arbeitnehmer für denselben Auftraggeber aufgrund eines Beschäftigungsverhältnisses ausgeübt wurde.

(3) Schlussfolgerung

Das Streichen der Vermutungskriterien in § 7 Abs. 4 SGB IV war demnach nur sachgerecht, insbesondere auch weil die entscheidenden Abgrenzungskriterien nicht aufgegriffen wurden und im Übrigen dadurch nie die Besonderheiten einer jeden Tätigkeit berücksichtigt wurden, sondern anhand von fünf Kriterien eine Beurteilung hätte erfolgen sollen. Dies ist aufgrund der vielschichtigen Tätigkeiten, die in der Praxis bestehen, nicht möglich.

Gleichwohl ist zu beachten, dass die damals im Gesetz genannten Kriterien teilweise auch mit den Abgrenzungskriterien der heutigen Rechtsprechung

---

242 BAG, Urt. v.09.05.1996 – 2 AZR 438/95, WiB 1996, 1176; BAG, Urt. v.13.03.2008 - 2 AZR 1037/06, NZA 2008, 878.

übereinstimmen, wobei dies lediglich untergeordnete Kriterien darstellen.[243] Die Rechtsprechung hat aber eine Vielzahl weiterer Kriterien entwickelt, auf die es maßgeblich ankommt, insbesondere auf die auch im Gesetz verankerte Weisungsgebundenheit sowie die Eingliederung in eine fremde Organisation.[244] Es gibt darüber hinaus kein absolutes Kriterium, welches zwingend vorliegen muss und auch keine Vermutung für das ein oder andere Vertragsverhältnis bei Vorliegen bestimmter Kriterien.

e) Weitere Änderungen

Im Anschluss an diese wesentlichen Änderungen folgten nur noch kleinere Änderungen, die aber im Hinblick auf die Problematik der Scheinselbständigkeit nicht mehr viel Aufschluss geben. Es war jedoch zu erkennen, dass nach der Streichung des § 7 Abs. 4 SGB IV mit der Vermutung einer abhängigen Beschäftigung die Vermutung hin zur Selbständigkeit weiter Einzug halten sollte. So wurde § 7 Abs. 4 S. 1 SGB IV mit dem Vierten Gesetz für moderne Dienstleistungen am Arbeitsmarkt vom 24.12.2003[245] auch auf die dem Existenzgründungszuschuss entsprechenden Leistungen nach § 16 Abs. 1 SGB II erstreckt, mit Wirkung vom 01.08.2006[246] aber wieder gestrichen, da es sich laut Gesetzesbegründung um ein redaktionelles Versehen gehandelt haben soll.[247] Da der Existenzgründungszuschuss nach § 421 SGB III auslief, wurde § 7 Abs. 4 SGB IV mit Wirkung zum 01.07.2009[248] ganz aufgehoben.

Mit Wirkung zum 01.01.2012 wurde durch das Vierte Gesetz zur Änderung des Vierten Buches Sozialgesetzbuch und anderer Gesetze[249] abermals eine widerlegbare Beschäftigungsvermutung für den Fall, dass ein Ausländer ohne die nach § 284 Abs. 1 SGB II erforderliche Genehmigung oder ohne die nach § 4 Abs. 3 Aufenthaltsgesetz erforderliche Berechtigung beschäftigt wird. Durch diese widerlegbare Beschäftigungsvermutung von drei Monaten wird die europäische Sanktionsrichtlinie 2009/52/EG umgesetzt.[250]

---

243 Vgl. zu dieser Auseinandersetzung, 3. Kapitel, III.

244 Ständige Rechtsprechung des BSG und BAG; vgl. BSG, Urt. v.29.08.2012 - B 12 KR 25/10 R, DStR 2013, 770; BAG, Urt. v.25.05.2005 - 5 AZR 347/04, BeckRS 2005, 43136.

245 BGBl I 2954 (2975).

246 Durch das Gesetz zur Fortentwicklung der Grundsicherung für Arbeitssuchende vom 20.07.2006, BGBl I 1706.

247 BT-Drs 16/1410 S. 33.

248 Durch das Gesetz zur Änderung des Vierten Buches Sozialgesetzbuch und anderer Gesetze vom 19.12.2007, BGBl I 3024.

249 BGBl I S. 3057.

250 BT-Drs. 17/6764 S. 17.

3. Heutige Regelung des § 7 SGB IV und politische Diskussion

a) § 7 SGB IV

Bis heute gilt demnach grundsätzlich die Fassung, die durch das Gesetz zur Förderung der Selbständigkeit geschaffen wurde, fort.

§ 7 Abs. 1 Satz 2 SGB IV besagt in der heute geltenden Fassung, dass Anhaltspunkte für eine Beschäftigung eine Tätigkeit nach Weisungen und eine Eingliederung in die Arbeitsorganisation des Weisungsgebers sind. Dabei handelt es sich wie bereits ausgeführt jedoch nicht um eine abschließende Aufzählung der entsprechenden Kriterien, sondern vielmehr um eine ausdrückliche Nennung besonders gewichtiger Anhaltspunkte innerhalb einer weiterhin erforderlichen Gesamtbetrachtung. Dies wurde bereits ausdrücklich auch in der Gesetzesbegründung ausgeführt.[251]

b) Politische Diskussion um die Scheinselbständigkeit

Neue Regelungen bzw. Kontrollmöglichkeiten zur Bekämpfung der Scheinselbständigkeit waren laut Aussage der Bundesregierung im Jahr 2012 „gegenwärtig nicht notwendig, da sich das Statusfeststellungsverfahren in der Praxis bewährt hat und von den Beteiligten akzeptiert wird“[252]. Gleichwohl ist das Thema in der politischen Diskussion präsent und es wurden mehrfach Versuche unternommen, eine gesetzliche Regelung in diesem Themengebiet zu erreichen.

c) Gesetzesentwürfe und Gesetzesvorhaben

aa) Abgelehnte Gesetzesentwürfe

So erfolgte unter anderem zu diesem Themengebiet etwa von Abgeordneten und der SPD ein Antrag zur Bekämpfung des Missbrauchs von Werkverträgen[253] sowie von der Fraktion DIE LINKE ein Gesetzesentwurf[254], der am 19.02.2013 in den Bundestag eingebracht wurde. Neben dem Hauptaspekt der Bekämpfung des Missbrauchs von Werkverträgen, der mit dieser Debatte vorrangig verfolgt werden sollte, wurde aber auch die Scheinselbständigkeit angesprochen.

Der Antrag der SPD enthielt neben der Eindämmung des Missbrauchs mit Werkverträgen auch Regelungsvorschläge zur freien Mitarbeit und Selbständigkeit. In dem Antrag wurde die Bundesregierung aufgefordert, einen entsprechenden Gesetzesentwurf vorzulegen, der unter anderem auch eine Vermutungsregelung – ähnlich derer, die bereits im Jahr 1999 existierte – für eine abhängige Beschäftigung enthalten soll.[255] Nach der Meinung der Fraktion soll die Vermutung für eine abhängige

---

251 BT-Drs.14/1855 S. 6; Küttner, Scheinselbständigkeit Rn. 12.
252 BT-Drs. 17/8444 S. 6.
253 BT-Drs. 17/12378.
254 BT-Drs. 17/12373.
255 BT-Drs.17/12378 S. 4.

Beschäftigung dann vorliegen, wenn zwei der fünf genannten Kriterien vorliegen. Diese Vermutungsregelung mit dem entsprechenden Kriterienkatalog sollte als § 7 Abs. 1 c) in das SGB IV aufgenommen werden.[256] Die Vermutungsregelung sollte nach Auffassung der SPD dazu verhelfen, dass Verschleierungsmöglichkeiten verhindert werden und bestehende Unsicherheiten der Einordnung zu Lasten der potentiellen Arbeitnehmer gehen.[257]

Der Gesetzesentwurf[258] der Fraktion DIE LINKE hingegen sah ein eigenes Gesetz vor, das sog. „Gesetz zur Verhinderung des Missbrauchs von Werkverträgen - Werkvertragregulierungsgesetz". Zur Verhinderung der Scheinselbständigkeit sollte auch nach diesem Gesetzesentwurf in § 3 des Werkvertragregulierungsgesetzes eine fast identische Vermutungsregelung wie im Jahr 1999 aufgenommen werden.[259] Sowohl der Antrag als auch der Gesetzesentwurf wurden aber abgelehnt. Der Ausschuss für Arbeit und Soziales hat dem Bundestag die Ablehnung des Antrags sowie des Gesetzesentwurfs empfohlen[260], so dass es zu deren Ablehnung kam.

bb) Koalitionsvertrag aus dem Jahr 2013

Die Große Koalition hat in einem Koalitionsvertrag die wesentlichen Punkte ihrer Vorhaben festgehalten, unter anderem auch den Missbrauch von Werkverträgen und Leiharbeit zu bekämpfen und Arbeitnehmerüberlassung wieder auf ihre Kernfunktionen zu beschränken.[261] Die Politik hatte also in der jetzigen Legislaturperiode vorrangig die Werkvertragsproblematik und Arbeitnehmerüberlassung im Blick, weniger das Thema Scheinselbständigkeit, auch wenn dies damit eng verbunden und manchmal auch nicht davon zu trennen ist, gerade bei den sog. Soloselbständigen, also Personen, die ohne eigene Mitarbeiter tätig werden.[262]

cc) Gesetzesentwurf zur Änderung des Arbeitnehmerüberlassungsgesetzes und anderer Gesetze in der Fassung von Oktober 2016

(1) Referentenentwurf vom November 2015

Erst im November 2015 präsentierte die Arbeitsministerin Andrea Nahles einen ersten Referentenentwurf zur Regulierung der Leiharbeit und den Werkverträgen.[263] Dieser führte in der Praxis zu einer heftigen Diskussion und auch die

---

256 BT-Drs.17/12378 S. 7.
257 BT-Drs.17/12378 S. 4.
258 BT-Drs. 17/12373.
259 BT-Drs.17/12373 S. 2.
260 BT-Drs.17/14074 S. 5.
261 Koalitionsvertrag 2013, abrufbar unter https://www.cdu.de/sites/default/files/media/dokumente/koalitionsvertrag.pdf (zuletzt abgerufen am 10.06.2016).
262 Zum Begriff vgl. auch Waltermann, RdA 2010, 162.
263 Vgl. http://www.portal-sozialpolitik.de/uploads/sopo/pdf/2015/2015-11-16_Referententwurf_AUEG_ Werkvertraege.pdf (zuletzt abgerufen am 11.08.2016).

Bundeskanzlerin Angela Merkel reagierte auf diesen Referentenentwurf unter anderem auf dem Deutschen Arbeitgebertag noch im November 2015 mit einer klar ablehnenden Haltung unter Verweis darauf, dass dieser in weiten Teilen die Abstimmungen im Koalitionsvertrag überschreite, so dass auf dieser Basis keine Einigung erreicht werden konnte.[264] Dieser Referentenentwurf enthielt unter anderem auch einen Kriterienkatalog in § 611a BGB-Entwurf, der Kriterien aufführte, bei deren Vorliegen ein Arbeitsverhältnis vermutet werden sollte.

Diese Regelungen ähnelten den damaligen Regelungen in § 7 SGB IV und wurden zu Recht abgelehnt, da bereits die Vergangenheit gezeigt hat, dass ein solcher Kriterienkatalog nicht zu mehr Rechtssicherheit verholfen hat und im Übrigen auch Kriterien aufgeführt werden sollten, die weder von der Rechtsprechung als ausschlaggebend bei der Abgrenzung gewertet werden, noch dogmatisch auf ein Arbeitsverhältnis schließen lassen. Insofern wurde dieser Entwurf zu Recht sowohl von der Praxis als von der Literatur, vor allem aber auch von der Politik kritisiert und abgelehnt.[265]

(2) Nachgebesserter Referentenentwurf und aktuelle Gesetzesvorhaben

Daraufhin wurden von Seiten des Bundesministerium für Arbeit und Soziales Nachbesserungen vorgenommen und im Februar 2016 ein geänderter Referentenentwurf präsentiert.[266] Dieser wurde sodann in der Großen Koalition diskutiert, so dass das Bundeskabinett schließlich den Gesetzesentwurf „zur Änderung des Arbeitnehmerüberlassungsgesetztes und anderer Gesetze" in der Fassung vom 30.05.2016 am 01.06.2016 beschloss.[267] Nach weiteren Auseinandersetzungen hat der Bundestag das Gesetz zur Neuregelung von Leiharbeit und Werkverträgen am 21.10.2016 verabschiedet.[268] Der Bundesrat billigte das Gesetz am 25.11.2016, so dass die Neuregelungen nach langen Diskussionen und weiteren Nachjustierungen ab April 2017 in Kraft treten sollen.[269]

---

264 Vgl. Dokumentation des Deutschen Arbeitgebertages 2015, abrufbar unter http://www.deutscher-arbeitgebertag.de/tl_files/dat/Dokumentation/DAT_2015_Dokumentation.pdf, S. 25 (zuletzt abgerufen am 11.08.2016).

265 Vgl. auch Baeck/Winzer/Hies, NZG 2016, 415.

266 Abrufbar unter https://www.ig-zeitarbeit.de/system/files/2016/bmas_ge_zeitarbeit.pdf (zuletzt abgerufen am 11.08.2016).

267 Mitteilung des Bundesministeriums für Arbeit und Soziales vom 01.06.2016, abrufbar unter http://www.bmas.de/DE/Presse/Pressemitteilungen/2016/pk-leiharbeit-werkvertraege.html (zuletzt abgerufen am 10.06.2016).

268 Mitteilung der Bundesregierung, abrufbar unter https://www.bundesregierung.de/Content/DE/Artikel/2016/06/2016-06-01-leiharbeit-werkvertraege.html (zuletzt abgerufen am 15.01.2017).

269 Mitteilung Bundesrat, abrufbar unter http://www.bundesrat.de/DE/plenum/plenum-kompakt/16/951/ 001.html?view=main%5BDrucken%5D (zuletzt abgerufen am 15.01.2017).

Auch wenn damit hauptsächlich die Verhinderung von Missbrauch bei Leiharbeit und Werkverträgen verfolgt wird und demnach das Arbeitnehmerüberlassungsgesetz in einigen Punkten geändert werden soll, so enthält das Gesetzesvorhaben auch eine Regelung, die die Scheinselbständigkeit betrifft. Durch Einführung eines neuen § 611a BGB soll in Abweichung zu der ursprünglichen Fassung nicht mehr der Arbeitnehmer, sondern der Arbeitsvertrag legaldefiniert werden. So soll es in § 611a S. 1 BGB heißen, dass „durch den Arbeitsvertrag ... der Arbeitnehmer im Dienste eines anderen zur Leistung weisungsgebundener, fremdbestimmter Arbeit in persönlicher Abhängigkeit verpflichtet (ist)“[270]. Darüber hinaus werden weitere Hinweise zur Abgrenzung des Arbeitnehmers vom Selbständigen gegeben. So heißt es etwa in § 611a S. 2 ff. BGB n.F., dass „das Weisungsrecht ...Inhalt, Durchführung, Zeit, Dauer und Ort der Tätigkeit betreffen (kann). Weisungsgebunden ist, wer nicht im Wesentlichen frei seine Tätigkeit gestalten und seine Arbeitszeit bestimmen kann. Der Grad der persönlichen Abhängigkeit hängt dabei auch von der Eigenart der jeweiligen Tätigkeit ab“[271]. Dadurch wird auf den Inhalt der Regelung in § 106 GewO Bezug genommen, da dort geregelt ist, dass der Arbeitgeber Inhalt, Ort und Art der Arbeitsleistung nach billigem Ermessen näher bestimmen kann. Anders als im ursprünglichen Entwurf wird durch die Definition des Arbeitsvertrages an die Systematik des BGB angeknüpft, da in diesem Abschnitt die Vertragstypen geregelt sind, so dass die Anpassung geboten war und nicht der Arbeitnehmerbegriff definiert wird.[272] In der Neufassung wird allerdings nicht mehr explizit auf die Eingliederung abgestellt, sondern vielmehr hervorgehoben wird, dass derjenige weisungsgebunden ist, der nicht im Wesentlichen frei seine Tätigkeit gestalten und seine Arbeitszeit bestimmen kann. Es kommt also bedeutend auf die Weisungsfreiheit an. Da die Politik aber betont hat, dass mit der Neufassung keine inhaltliche Änderung zum ursprünglichen Gesetzesentwurf einhergehen soll, wird es dabei verbleiben, dass durch die Neuregelung lediglich die von der Rechtsprechung entwickelten Abgrenzungskriterien und Definitionen aufgenommen werden sollen. Da die Rechtsprechung auch auf eine Eingliederung in den Betrieb des Auftraggebers abstellt, wird dieses Kriterium nach wie vor Beachtung finden müssen.[273] Klargestellt wird ferner, dass andere Regelungen unberührt bleiben, soweit diese eine abweichende Definition des Arbeitnehmers, des Arbeitsvertrages oder des Arbeitsverhältnisses vorsehen, um einen engeren oder weiteren Geltungsbereich dieser Rechtsvorschriften festzulegen.[274]

---

270 BT-Drs. 18/10064, S. 6.
271 BT-Drs.18/9232 i.d.F. von BT-Drs. 18/10064, S. 6.
272 BT-Drs. 18/10064, S. 17.
273 So auch Zieglmeier, DStR 2016, 2858.
274 BT-Drs. 18/9232 S. 31.

d) *Stellungnahme*

Auch nach den politischen Gesetzesvorhaben verbleibt es bei den grundlegenden Regelungen des § 7 SGB IV und der unveränderten Fassung der Norm, so dass die Abgrenzung von abhängiger Beschäftigung und selbständiger Tätigkeit im Sozialversicherungsrecht nach wie vor ausgehend von § 7 SGB IV anhand der von der Rechtsprechung entwickelten Abgrenzungsmerkmale vorzunehmen ist. Ungeachtet dessen, dass durch die Neuregelung in § 611a BGB n.F. nach der Gesetzesbegründung ohnehin die von der Rechtsprechung entwickelten Abgrenzungskriterien und Definitionen gesetzlich verankert werden sollen, beansprucht diese Regelung grundsätzlich nur im Zivilrecht Geltung. Durch die gesetzliche Regelung sollen missbräuchliche Gestaltungen verhindert und die Rechtssicherheit der Verträge erhöht werden.[275] Ob dies durch die Neuregelung erreicht werden kann, ist zu bezweifeln[276], auch wenn die Neufassung sprachlich nachjustiert und gestrafft wurde.[277] In der Literatur wird die Regelung bereits vor Inkrafttreten kritisiert.[278] Aufgrund der aufgezeigten sprachlichen Ungenauigkeiten, wie etwa dem fehlenden Hinweis auf eine Eingliederung, aber unter Betonung auf die Umsetzung der höchstrichterlichen Rechtsprechung werden diese Zweifel geteilt. Im Ergebnis werden sich aber in arbeitsrechtlicher Hinsicht durch die Neuregelung keine Veränderungen in der Statusbeurteilung ergeben, so dass dies erst Recht im Sozialversicherungsrecht gilt, da dort nach wie vor auf die maßgebliche Regelung des § 7 SGB IV abgestellt wird.

4. Sinn und Zweck der Regelung in § 7 SGB IV

a) *Schutzzweck des Sozialrechts*

Die soziale Absicherung der Arbeitnehmer ist sowohl historisch als auch in tatsächlicher Hinsicht Gegenstand der deutschen Sozialversicherung. Das Sozialrecht dient entsprechend § 1 Abs. 1 Satz 1 SGB I der Verwirklichung sozialer Gerechtigkeit und sozialer Sicherheit. Ursprung der Sozialversicherung und der damit verbundenen Regelungen war der Gedanke, dass sich abhängig Beschäftigte im Gegensatz zu Selbständigen nicht angemessen gegen allgemeine Lebensrisiken absichern konnten.[279] Dieses Ziel wird im Sozialversicherungsrecht durch soziale Umverteilung realisiert. Allgemeine Lebensrisiken des Einzelnen werden durch versicherungsrechtliche Lösungen sozialisiert. Das Risiko der Gemeinschaft wird durch Beiträge der Versichertengemeinschaft abgedeckt. Die verschiedenen Risiken der einzelnen

---

275 BT-Drs.18/9232 S. 31.

276 So auch Baeck/Winzer/Hies, NZG 2016, 415; auch Zieglmeier, DStR 2016, 2858.

277 Zur Sprachlichen Straffung ausdrücklich BT-Drs. 18/10064, S. 17; die ursprüngliche Fassung rief erhebliche Kritik in der Literatur hervor, da diese juristisch unsauber gestaltet war, dazu ausdrücklich Thüsing, NZA 2015, 1478.

278 Vgl. etwa Richardi, NZA 2017, 36.

279 Boemke, DStR 2000, 1694.

Versicherungszweige sollen durch den Eintritt in die Sozialversicherung versichert sein, so dass durch ausdrückliche gesetzliche Regelungen die Einbeziehung der abhängig Beschäftigten in das Zwangsversicherungssystem erfolgt.[280]

Durch § 7 SGB IV soll die notwendige Abgrenzung solcher abhängig Beschäftigter von Selbständigen ermöglicht werden, da bei Selbständigen grundsätzlich keine Zwangsversicherung besteht. Teilweise wurde der Schutzgedanke der Sozialversicherung aber auch bei weiteren Gruppen als den abhängig Beschäftigten nach § 7 SGB IV gesehen, so dass auch diese teilweise in die Sozialversicherung einbezogen wurden. So wurden auch an sich selbständig Tätige teilweise aufgrund gesetzlicher Vorschriften in die Sozialversicherung einbezogen, wie beispielsweise selbständige Landwirte oder auch arbeitnehmerähnliche Selbständige. Für letztere besteht etwa eine Pflichtversicherung nach § 2 Satz 1 Nr. 9 SGB VI in der gesetzlichen Rentenversicherung. Durch diese teilweise Änderung der Schutzrichtung soll insbesondere dem Sinn und Zweck des Sozialrechts Rechnung getragen werden, welcher in § 1 Abs. 1 SGB I verankert ist.

b) Wichtigster Anknüpfungspunkt, § 7 SGB IV

Die „Beschäftigung" nach § 7 SGB IV ist damit für alle Bereiche der Sozialversicherung der wichtigste und entscheidende Anknüpfungspunkt. An die Beschäftigung knüpfen die meisten Tatbestände des Sozialversicherungsrechts an, dadurch wird der Kreis der versicherungspflichtigen Personen bestimmt. Es soll die historische Zielsetzung, der Schutz der abhängig tätigen Bevölkerung durch eine Zwangsversicherung, verwirklicht werden.[281] Die Norm bezweckt also entsprechend ihrer Geltung seit 1977 in erster Linie, solche Personen zu ermitteln, die dem Schutz des Sozialversicherungssystems unterfallen sollen.[282]

Ausgehend von der ursprünglichen Idee des Schutzes des typischen Industriearbeiters basiert auch die heutige gesetzliche Regelung darauf, dass grundsätzlich allein durch die Zugehörigkeit zu einer bestimmten schutzbedürftigen Gruppe die Einbeziehung in die Sozialversicherung stattfinden soll. Auf die individuellen Verhältnisse soll es insoweit nicht ankommen, so dass diese auch im konkreten Fall nicht geprüft werden.[283] Auf die wirtschaftliche Abhängigkeit aus den in Rede stehenden Einkünften komme es ebenfalls nicht an.[284] Denn sofern man auf die wirtschaftliche Abhängigkeit abstellen wollte, so wären die Grenzen zwischen abhängiger Beschäftigung und selbständiger Tätigkeit verschwommen und die erforderliche Vorhersehbarkeit der Entscheidung über die Versicherungspflicht wäre

280 Boemke, DStR 2000, 1694.
281 ErfK/*Rolfs*, § 7 SGB IV Rn. 1.
282 BT-Drs.7/4122 S. 31.
283 BSG, Urt. v.27.01.2000 – BR 12 KR 16/99, juris; Kreikebohm/*Berchtold*, § 7 SGB IV Rn. 4.
284 So ausdrücklich BSG, Urt. v.23.06.1994 – 12 RK 50/93, juris.

noch mehr als in der Praxis unerträglich erschwert.[285] Diese Auffassung wurde von einigen Stimmen in der Literatur kritisiert.[286] So ist Brand etwa der Meinung, dass das Sozialversicherungsrecht eine besondere Schutzfunktion hat, so dass es verwundere, weshalb die Rechtsprechung der Sozialgerichte der wirtschaftlichen Abhängigkeit keine Bedeutung beimisst. „Die Sozialversicherung habe nach § 1 SGB I den Schutz der wirtschaftlich und sozial schwächeren Bevölkerungsteile, die der Wechselfälle des Lebens nicht Herr werden, zu dienen“[287].

c) Stellungnahme

aa) Auseinandersetzung mit der Kritik von Brand

Die Kritik von Brand erfolgt zu Unrecht, da das Sozialrecht zwar dem Schutz wirtschaftlich und sozial schwächerer Personen dienen soll, diese aber nicht aufgrund der individuellen Bedürfnisse im Einzelfall als solche einzuordnen sind, sondern anhand der Zugehörigkeit zur schutzbedürftigen Gruppe. So führte die von Brand zitierte Entscheidung des BVerfG weiter aus, dass die Versicherungspflicht nicht die soziale Schutzbedürftigkeit eines Versicherungspflichtigen voraussetze, sondern dass es lediglich auf den formalen Tatbestand der Beschäftigung ankomme, da der Gesetzgeber dies so geregelt habe und auch in dem von ihm gesteckten Rahmen davon ausgehen konnte, dass diejenigen Personen, die ihre Arbeitskraft in den Dienst anderer stellen, im Allgemeinen auf diese Beschäftigung zur Erlangung ihres Lebensunterhalts angewiesen und daher sozial schutzbedürftig seien.[288] Auch wenn die frühere Rechtsprechung und manche Instanzgerichte[289] auch noch in den vergangenen Jahren auf die soziale Schutzbedürftigkeit bzw. den Zweck der Sozialversicherung besonders abstellten, so hat die soziale Schutzbedürftigkeit im Einzelfall zumindest nach der heutigen höchstrichterlichen Rechtsprechung keine maßgebende Bedeutung, sondern vielmehr allein die persönliche Abhängigkeit.[290]

bb) Wirtschaftliche und soziale Schutzbedürftigkeit sind nicht relevant

Es ist sachgerecht, dass es im Ergebnis nicht ausschlaggebend auf die individuelle wirtschaftliche und soziale Schutzbedürftigkeit ankommt, da sich aus § 84 HGB sowie auch aus § 7 SGB IV als gesetzlicher Anknüpfungspunkt nur eine persönliche Abhängigkeit entnehmen lässt, nicht hingegen wirtschaftliche Kriterien, so

285 Küttner, Scheinselbständigkeit Rn. 15.

286 So etwa Brand, NZS 1997, 552.

287 Brand, NZS 1997, 552 unter Bezugnahme auf BVerfG, Beschl. v.26.11.1964 - 1 BvL 14/62, NJW 1965, 195.

288 Vgl. BVerfG, Beschl. v.26.11.1964 - 1 BvL 14/62, NJW 1965, 195.

289 So etwa BSG, Urt. v.29.01.1981 – 12 RK 63/79, AP HGB § 92 Nr. 4; LAG Köln, Urt. v.30.06.1995 – 4 Sa 63/95, AP BGB § 611 Abhängigkeit Nr. 80.

290 BSG, Urt. v.10.08.2000 - B 12 RR 21/98 R, NZS 2001, 414; BSG, Urt. v.25.01.2001 – B 12 KR 17/00 R, juris.

dass de lege lata ein Abstellen auf wirtschaftliche und soziale Kriterien scheitern würde. Wirtschaftliche Abhängigkeit ist im Übrigen entscheidend für Arbeitnehmerähnliche Personen, beispielsweise im Sinne von § 12 a TVG, so dass auch dies dafür spricht, dass es bei Arbeitnehmern bzw. abhängig Beschäftigten nicht auf die wirtschaftliche und soziale Schutzbedürftigkeit ankommen kann.

cc) Persönliche Abhängigkeit ist entscheidend

Entscheidend ist demnach ausschließlich die persönliche Abhängigkeit für die Einordnung als Beschäftigter und damit als Versicherungspflichtiger in der Sozialversicherung.[291] Maßgeblich ist also für die Statusfeststellung ein wertender Vergleich des konkreten Sachverhalts mit dem vom Gesetz normierten Leittypus. Es müssen nicht stets sämtliche zur Feststellung des Typus entwickelten Merkmale erfüllt sein. Sie können im Einzelfall in unterschiedlicher Form und Intensität vorliegen. Zu beachten ist dabei auch, dass es sich lediglich um Indizien und Anhaltspunkte handelt. Es ist im Einzelfall immer eine Gesamtschau aller Kriterien erforderlich. Das Gesamtbild des jeweiligen Einzelfalls ist damit für die Statusentscheidung maßgeblich.[292] Es gibt keine Kriterien, denen unabhängig vom konkreten Einzelfall ein gleichbleibendes Gewicht zukommt. Darüber hinaus kommt es auch nicht auf das Vorliegen mehrerer numerisch bestimmten Kriterien an. Auch die im Gesetz nunmehr verankerten wichtigsten Kriterien einer abhängigen Beschäftigung – die Tätigkeit nach Weisungen und die Eingliederung in die Arbeitsorganisation des Weisungsgebers – sind lediglich Anhaltspunkte, nicht jedoch Kriterien für eine Rechtsvermutung, wie das in den früheren Fassungen der Fall war.[293]

5. Stellungnahme zur Regelung der Scheinselbständigkeit durch gesetzliche Regelungen

a) Schlussfolgerungen aus der Vergangenheit

Im Ergebnis zeigen insbesondere die aufgezeigten Gesetzesänderungen und Regelungsversuche das Vor und Zurück des Gesetzgebers, der jedoch im Endeffekt wieder zur ursprünglichen Regelung des § 7 Abs. 1 SGB IV zurückgekehrt ist und sich die Abgrenzung somit weiterhin, wie früher nach den von der Rechtsprechung entwickelten Abgrenzungskriterien richtet. Lediglich die zwei gewichtigen Anhaltspunkte für eine abhängige Beschäftigung wurden im Gesetz normiert, was auch sachgerecht erscheint. Aus den verschiedenen Gesetzesänderungen wird aber deutlich, dass die Problematik der Scheinselbständigkeit seit jeher eine Frage war und bereits mehrfach versucht wurde, mit gesetzlichen Regelungen das Problem

---

291 Ständige Rechtsprechung des BSG, bspw. BSG, Urt. v.10.08.2000 - B 12 RR 21/98 R, NZS 2001, 414.

292 Kreikebohm/*Berchtold*, § 7 SGB IV Rn. 5.

293 So auch Kreikebohm/*Berchtold*, § 7 SGB IV Rn. 18.

zu lösen. Es ergab sich jedoch seither keine Lösung. Das Problem der Scheinselbständigkeit wird immer bestehen, da Tätigkeiten sowohl als Dienstleistung oder im Rahmen eines Arbeitsverhältnisses ausgeübt werden können. Die Abgrenzungsproblematik verbleibt demnach auch so lange, wie Dienstleistungen angeboten werden.[294]

b) *Eigene Auffassung*

Ein weiterer Versuch etwaiger gesetzlicher Änderungen und Regelungen würde nach hier vertretener Auffassung das Problem der Scheinselbständigkeit nicht lösen, was auch eine Rückschau auf die Vergangenheit belegt. Darüber hinaus verändern sich die Tätigkeitsformen und Ausgestaltungen immer weiter, nicht zuletzt auch durch die Digitalisierung, so dass eine gesetzliche Regelung diesem Wandel immer standhalten müsste, also nicht zu starr gestrickt sein dürfte. Ob eine solche Gestaltung durch den Gesetzgeber möglich ist und durch die Regelung in § 611a BGB erreicht werden kann, wird bezweifelt.[295] Durch die Regelung in § 7 SGB IV können dem Grunde nach die Personen ermittelt werden, die bereits nach der historischen Zielsetzung und dem Sinn und Zweck der Regelung dem Schutz des Sozialversicherungsrechts zugeführt werden sollen. Bei den selbständig Tätigen ist ein solches Zwangssystem nicht gerechtfertigt, so dass deren grundrechtliche Positionen Beachtung finden müssen. Insofern ergibt sich auch aus dem Sinn und Zweck, dass eine geänderte oder neue Regelung das Problem der Scheinselbständigkeit nicht lösen würde.[296] Unberührt hiervon blieben allerdings gesetzliche Regelungen, die bestimmte Tätigkeitsgruppen konkret vom Sozialversicherungssystem ausnehmen würden, was aber den Einzelfall und die konkrete Ausgestaltung nicht immer hinreichend berücksichtigen dürfte und im Übrigen auch verfassungsrechtlich bedenklich wäre, so dass auch dies abzulehnen ist.

Ungeachtet dessen ist aufgrund der besonderen Bedeutung des Arbeitnehmerbegriffs im Arbeitsrecht sowie des abhängig Beschäftigten im Sozialversicherungsrecht die Grundidee einer Definition dieser Begriffe zu befürworten. Auch wenn das Problem der Scheinselbständigkeit weiter bestehen würde, so könnte dadurch ggf. für die Rechtsanwender mehr Rechtssicherheit und Transparenz geschaffen werden. Eine solche gesetzliche Regelung müsste aber so formuliert sein, dass alle Tätigkeitsformen und Besonderheiten gleichwohl Berücksichtigung finden könnten und auch müssten, da nur so eine konkrete Abgrenzung in jedem Einzelfall möglich ist.

294 Vgl. auch Reiserer, DStR 2003, 292, 293.
295 Für die gesetzliche Neuregelung in § 611a BGB auch Zieglmeier, DStR 2016, 2858.
296 So im Ergebnis auch Gastell, S. 258, der eine Neuregelung des Arbeitnehmerbegriffs zur Bekämpfung der Scheinselbständigkeit nicht für erforderlich hält.

III. Bedeutung der vertraglichen Grundlage bei der Statusbestimmung

1. Einführung

Ausgangspunkt für die Bestimmung der abhängigen Beschäftigung im Sozialversicherungsrecht ist demnach § 7 SGB IV in seiner heutigen Fassung. Zur Abgrenzung der abhängigen Beschäftigung von der selbständigen Tätigkeit in diesem Sinne haben das BSG sowie das BAG zahlreiche Kriterien entwickelt, anhand derer die Abgrenzung in der Praxis aufgrund einer Gesamtschau im Einzelfall vorzunehmen ist. Gleichwohl ist zunächst aber die vertragliche Grundlage der Parteien zu berücksichtigen, da diese den ersten Anhaltspunkt für die Ausgestaltung der Tätigkeit bietet. Inwieweit diese bei der Statusbestimmung generell, v.a. aber im Sozialversicherungsrecht nach den gesetzlichen Regelungen sowie den Grundsätzen der Rechtsprechung eine maßgebliche Rolle spielt, ist im Folgenden zu untersuchen. Im Einzelnen ist auch insbesondere unter Beachtung der heutigen Fallgestaltungen bei Besserverdienern die Frage zu untersuchen, ob die Vertragsautonomie der Parteien eine weitergehende Bedeutung finden muss, als dies bislang von der Rechtsprechung angenommen wurde.

2. Privatautonomie, Vertragsfreiheit

a) Grundsätze der Vertragsfreiheit

Die Privatautonomie beschreibt die durch die Rechtsordnung gewährte und gesicherte Möglichkeit des Einzelnen, seine rechtlichen Beziehungen und die ihn betreffenden Rechtsverhältnisse innerhalb der gesetzlichen Grenzen rechtsgeschäftlich zu regeln.[297] Konkretisiert wird die Privatautonomie im allgemeinen Zivilrecht durch den Grundsatz der Vertragsfreiheit (§§ 241, 305 BGB), als Ausfluss der allgemeinen Handlungsfreiheit aus Art. 2 Abs. 1 GG, so dass die Parteien frei entscheiden können, wie sie ihre Zusammenarbeit und vertragliche Bindung ausgestalten, sofern sie nicht gegen zwingende Vorschriften des geltenden Rechts, gesetzliche Verbote oder gegen die guten Sitten verstoßen.

aa) Inhaltsfreiheit

Die Vertragsfreiheit umfasst insbesondere die Abschlussfreiheit sowie die Inhaltsfreiheit.[298] In den hier maßgeblichen Fällen der Abgrenzung der selbständigen Tätigkeit von der abhängigen Beschäftigung spielt die Inhaltsfreiheit die entscheidende Rolle, worunter man die Möglichkeit versteht, den Inhalt der vertraglichen Regelungen frei zu bestimmen.[299]

---

297 Boemke, NZA 1993, 532.
298 Vgl. beispielsweise BeckOK BGB/*H.-W. Eckert,* § 145 BGB Rn. 8; Musielak Rn. 98.
299 BeckOK BGB/*H.-W. Eckert,* § 145 BGB Rn. 8.

So können grundsätzlich auch völlig neue, vom Gesetz nicht vorgesehene Vertragstypen geschaffen werden, wobei zu berücksichtigen ist, dass die Inhaltsfreiheit durch gesetzlich bestehende Typenzwänge beschränkt werden kann. So wird die generelle Vertragsfreiheit in diesem Sinne durch Besonderheiten des Arbeitsrechts wie auch des Sozialversicherungsrechts eingeschränkt.[300] Im Rahmen der generell bestehenden Vertragsfreiheit bleibt den Vertragsparteien nach ihrem Willen aber grundsätzlich die Inhaltsfreiheit zwischen dem Abschluss eines Arbeitsvertrages oder aber auch dem eines freien Dienstvertrages. In diesem Bereich gilt also grundsätzlich auch das Prinzip der Vertragsfreiheit und die daraus resultierende Vertragsbindung („pacta sunt servanda").[301] Die Vertragsfreiheit umfasst demnach auch die Freiheit, privatautonom darüber zu entscheiden, ob überhaupt ein Arbeitsvertrag abgeschlossen werden soll. Dass die Vertragsfreiheit auch im Arbeitsrecht gilt, zeigt auch § 105 GewO. Darin ist geregelt, dass Arbeitnehmer und Arbeitgeber den Abschluss, Inhalt und Form des Arbeitsvertrages frei vereinbaren können, soweit nicht zwingende Regelungen entgegenstehen.[302] In der Regel können sämtliche Tätigkeiten im Rahmen eines abhängigen Beschäftigungsverhältnisses oder als selbständige Tätigkeit erbracht werden, so dass es keinen Rechtsformzwang des Inhalts gibt, dass für ihre Ausübung zwingend ein Arbeitsverhältnis vereinbart werden müsste.[303]

bb) Kein Vorrangverhältnis des Arbeitsvertrags

Die Vertragsparteien können demnach einen Arbeitsvertrag als Unterfall des Dienstvertrags im Sinne von § 611 BGB vereinbaren, dessen Inhalt und Wesen vor allem darin liegt, dass es sich um ein Dauerschuldverhältnis handelt, bei dem sich der Vertragspartner (Arbeitnehmer) den Weisungen des anderen Vertragspartners (Arbeitgeber) unterwirft und nach dessen Weisungen die vereinbarten Aufgaben erledigt.[304]

Demgegenüber können die Parteien aber auch ein freies Dienstverhältnis nach § 611 BGB vereinbaren, welches zwar ebenfalls auf Dauer angelegt sein kann, bei dem aber kennzeichnend ist, dass der Vertragspartner (Auftragnehmer) die Dienste für den anderen Vertragspartner (Auftraggeber) in freier Verantwortung übernimmt und somit auch für etwaige Fehler voll verantwortlich ist.[305]

Aus dem Sinn und Zweck des Arbeitsrechts folgend, dass der einzelne Arbeitnehmer gegenüber dem wirtschaftlich und sozial überlegenen Arbeitgeber geschützt werden soll, enthält das Arbeitsrecht zumeist zwingende Regelungen, während hingegen im Dienst- und Werkvertragsrecht des BGB im wesentlichen dispositive

---

300 Für das Arbeitsrecht, Jahnke ZHR 146 (1982), 595, 614.

301 ErfK/*Preis*, § 611 BGB Rn. 45.

302 Boemke, NZA 1993, 532, 533.

303 Vgl. so ausdrücklich auch LAG Rheinland-Pfalz, Urt. v.18.10.2005 – 5 Sa 64/05, juris.

304 MüKo BGB/*Müller-Glöge*, § 611 BGB Rn. 154 f.

305 MüKo BGB/*Müller-Glöge*, § 611 BGB Rn. 78.

Regelungen bestehen.[306] Aus den Regelungen des BGB oder sonstigen gesetzlichen Regelungen lässt sich aber kein Rangverhältnis oder Vorrangverhältnis der einen oder anderen Vertragsform feststellen, sie stehen vielmehr gleichranging nebeneinander.[307]

b) Wille der Parteien und objektiver Geschäftsinhalt

aa) Objektiv vereinbarter Geschäftsinhalt

Der Wille der Parteien ist aufgrund der Privatautonomie grundsätzlich bei einer Überprüfung des Status des Tätigen zu berücksichtigen, da der Wille Ausgangspunkt und Wertungsgrundlage der Privatautonomie ist.[308] Die rechtliche Qualifizierung richtet sich nach dem objektiv vereinbarten Geschäftsinhalt, weil die Parteien inhaltlich aufgrund der Privatautonomie frei sind, die Rechtsbeziehung zu gestalten. Der Inhalt der Leistungsverpflichtung ist demnach entscheidend.[309]

bb) Wille der Parteien und tatsächliche Ausgestaltung

Dieser erklärte Wille kommt grundsätzlich in der vertraglichen Regelung an sich zum Ausdruck, so dass diese nach den entsprechenden Grundsätzen auszulegen ist, §§ 133, 157 BGB. Problematisch ist der Fall dann, wenn die tatsächliche Durchführung des Vertrags dem Vertragsinhalt widerspricht und somit Vertragsinhalt und tatsächliche Durchführung nicht korrespondieren. Der Wille der Vertragsparteien ist nach der Rechtsprechung dann ggf. aus der tatsächlichen Durchführung des Vertragsverhältnisses zu ermitteln, zumindest wenn der Vertragsschließende bzw. Verantwortliche Kenntnis von der tatsächlichen Durchführung des Vertragsverhältnisses hat und sich insoweit Rückschlüsse auf den wirklichen Willen der Parteien ergeben.[310] So wird in der Literatur auch ausgeführt, dass es dem Regelungsanliegen des Gesetzgebers entspreche, die vertragliche Regelung auch mit dem tatsächlichen Vollzug des Vertragsverhältnisses zu vergleichen und letzterem bei einer Divergenz den Vorrang zu geben. Es handele sich hier um eine vom Schutzzweck des Arbeitsrechts geforderte, der eigentlichen inhaltlichen Überprüfung anhand einzelner Rechtsvorschriften vorgelagerte Kontrolle des Vertrags am Maßstab der Wirklichkeit.[311] Bestehen hingegen keine Differenzen zwischen tatsächlicher Durchführung und Vertragsinhalt, so ist der dem Vertragstext zu entnehmende Wille ohne Weiteres maßgeblich und damit für die Abgrenzung der Beschäftigung vom Selbständigen entscheidend.

---

306 Jahnke, ZHR 146 (1982), 595, 615.
307 So auch Uffmann, ZfA 2012, 1, 30.
308 MüKo BGB/*Säcker*, Einleitung Rn. 167.
309 Boemke, DStR 2000, 1694, 1697.
310 BAG, Urt. v.20.07.1994 - 5 AZR 627/93, NZA 1995, 161; für die vergleichbare Gestaltung bei der Abgrenzung von Arbeitnehmerüberlassung und Werkvertrag, vgl. bspw. BAG, Urt. v.06.08.2003 - 7 AZR 180/03, NJOZ 2004, 3635.
311 Stoffels, NZA 2000, 690, 695.

Der wirkliche Wille kann auch aus der praktischen Handhabung ersichtlich sein, soweit diese Rückschlüsse auf den wirklichen Willen der Vertragspartner zulässt (§ 133 BGB). Nur mit dieser Maßgabe ist es zutreffend, dass über die vorzunehmende Einordnung des Rechtsverhältnisses der Geschäftsinhalt entscheidet und nicht die von den Parteien gewünschte Rechtsfolge oder eine von ihnen gewählte Bezeichnung, die dem Geschäftsinhalt in Wahrheit nicht entspricht. Die praktische Handhabung ist insoweit für die Rechtsanwendung von Bedeutung, als sich daraus möglicherweise Rückschlüsse darauf ziehen lassen, von welchen Rechten und Pflichten die Parteien ausgegangen sind. Für die wirksame Begründung eines Arbeitsverhältnisses ist die – ggf. auch konkludente – Abgabe darauf gerichteter korrespondierender Willenserklärungen der Vertragspartner erforderlich.[312]

Sofern also ein Widerspruch zwischen den ursprünglich getroffenen Vereinbarungen und der tatsächlichen Ausgestaltung besteht, ist weiter zu berücksichtigen, dass die tatsächlich gewollte Natur der Rechtsbeziehung der formalen Vereinbarung nur dann vorgeht, soweit eine – formlose – Abbedingung rechtlich auch möglich ist, denn die Nichtausübung eines Rechts ist unbeachtlich, solange diese Rechtsposition nicht wirksam abbedungen wurde. Zu den tatsächlichen Verhältnissen gehört nämlich auch eine dem Beteiligten zustehende Rechtsmacht.[313] Die geänderte Handhabung muss dem Willen der Parteien entsprechen.

c) Die Bezeichnung des Vertrages ist unerheblich

Der Grundsatz der Vertragsfreiheit gestattet es aber nicht, ein Vertragsverhältnis, das nach objektiver Würdigung als Arbeitsverhältnis zu qualifizieren ist, allein durch eine andere Bezeichnung als freies Dienstverhältnis zu vereinbaren.[314] Es wäre mit dem Grundgedanken des Arbeitsrechts als Arbeitnehmerschutzrecht sowie dem Sozialrecht nicht zu vereinbaren, wenn es der zumeist stärkere Arbeitgeber oder aber auch beide Parteien es gemeinsam in der Hand hätten, durch reine Formulierung bzw. Bezeichnung des Vertrags die Zuordnung des Rechtsverhältnisses zum Arbeitsrecht oder nicht zu steuern.[315] Aus diesem Grund ist es unbeachtlich, wie die Parteien das Vertragsverhältnis bezeichnen. Allein der Umstand, dass ein Vertragsverhältnis als freies Dienstverhältnis bezeichnet wird, hat in der Konsequenz nicht zur Folge, dass es sich tatsächlich auch um ein solch freies Dienstverhältnis handelt. Insbesondere dann nicht, wenn sich aus dem Vertragsinhalt selbst oder aber auch aus den tatsächlichen Umständen etwas anderes ergibt. Die fehlerhafte Bezeichnung eines Vertrags ist im Ergebnis ein Fall des Grundsatzes der „falsa demonstratio

312 LAG Rheinland-Pfalz, Urt. v.18.10.2005 – 5 Sa 64/05, juris.

313 Dieckmann, NZS 2013, 647, 649; Richter, DStR 2014, 1179; auch Bauer/Baeck/Schuster, S. 29; BSG, Urt. v.24.01.2007 – B 12 KR 31/06 R, juris; LSG Berlin-Brandenburg, Urt. v.13.03.2009 – L 1 KR 555/07, juris.

314 Auch Bauer/Baeck/Schuster, S. 28; so auch LAG Hessen, Urt. v.30.11.2015 – 16 Sa 583/15, juris.

315 Vgl. auch ErfK/*Preis*, § 611 BGB Rn. 47.

non nocet“, so dass eine Falschbezeichnung nicht schadet.[316] Wie bereits ausgeführt, kommt es maßgeblich auf den Willen der Parteien an, nicht auf eine reine Bezeichnung des Vertrages. Von manchen wird allerdings auch vertreten, dass bei fehlendem Schutzbedürfnis die Qualifizierung des Rechtsverhältnisses durch die Parteien ausschlaggebend sein soll.[317] Ein Festhalten am gewählten Vertragstypus nimmt das BAG auch an, wenn eine gestörte Vertragsparität nicht anzunehmen ist, der Vertragspartner also nicht gänzlich unerfahren ist und die tatsächliche Handhabung nicht zwingend für ein Arbeitsverhältnis spricht.[318]

d) Stellungnahme

Es ist demnach festzuhalten, dass wie im übrigen Zivilrecht auch in den zu untersuchenden Fällen der Grundsatz der Vertragsfreiheit besteht und zu beachten ist, auch wenn dieser – was in einem nächsten Schritt untersucht wird – durch die zwingenden Regelungen des Arbeits- und Sozialversicherungsrechts eingeschränkt wird. Ein inhaltliches Entscheidungsrecht für die ein oder andere Ausgestaltung des Rechtsverhältnisses bleibt aber bei den Parteien, auch wenn die reine Bezeichnung des Rechtsverhältnisses unbeachtlich ist. Daran würde rein nach dem Wortlaut auch die Neuregelung in § 611a S. 6 BGB nichts ändern, da es danach auf die Bezeichnung des Vertrags nicht ankommen soll, wenn die tatsächliche Durchführung des Vertragsverhältnisses zeigt, dass ein Arbeitsverhältnis vorliegt.[319] Allerdings kommt in der Gesetzesbegründung zum Ausdruck, dass darin eine Klarstellung für den Fall zu sehen sei, indem sich vertragliche Ausgestaltung und tatsächliche Durchführung widersprechen. Dies entspreche der ständigen Rechtsprechung des BAG.[320] Dem ist nicht zuzustimmen, da der Wille der Parteien sodann in bestimmten Fällen keine Berücksichtigung finden würde.

Entscheidend ist der Geschäftsinhalt, der objektiv zu bestimmen ist. Der wirkliche Geschäftsinhalt ist der ausdrücklich getroffenen Vereinbarung und der praktischen Durchführung des Vertrags zu entnehmen. Die vertragliche Regelung hat dabei aber ein entscheidendes Gewicht und ist als erster Ausgangspunkt zu berücksichtigen. Tatsächliche Abweichungen von der vertraglichen Grundlage sind zum einen nur dann Ausdruck des wirklichen Willens der Parteien, wenn der Vertragsschließende Kenntnis von der abweichenden Gestaltung hat und zum anderen ist weiter zu prüfen, ob eine formlose Abbedingung der ursprünglich getroffenen vertraglichen Regelung durch die tatsächliche anderweitige Ausgestaltung rechtlich überhaupt möglich ist. Ergibt sich nach dem objektiven Geschäftsinhalt, dass der Tätige Arbeitnehmer ist, so können die davon abweichenden Bezeichnungen und Vorstellungen

---

316 Boemke, ZfA 1998, 285, 296; ders. DStR 2000, 1694, 1697; Erfk/*Preis* § 611 BGB Rn. 40; vgl. auch vorne unter 2. Kapitel I.4.
317 So etwa Stoffels, NZA 2000, 690.
318 BAG, Urt. v.09.06.2010 - 5 AZR 332/09, NZA 2010, 877.
319 BT-Drs. 18/10064 S. 6.
320 Vgl. BT-Drs. 18/9232 S. 32.

der Parteien daran nichts ändern.[321] Die Privatautonomie ist somit bei jeder Statusentscheidung zu berücksichtigen, da dieses grundgesetzlich garantierte Recht nicht ignoriert werden darf. Wie in der Rechtsprechung und Literatur teilweise bereits angedeutet, kommt bei einer Vertragsparität der beiden Vertragspartner der gewählten Rechtsform ein noch größeres Gewicht zu, da die Geschäftspartner auf Augenhöhe eine konkrete Wahl der Ausgestaltung der Tätigkeit getroffen haben, die zunächst auch zu respektieren ist, es sei denn, es sind Anhaltspunkte einer Falschbezeichnung ersichtlich, um ein bestimmtes Rechtsgeschäft bewusst zu verschleiern.

Diese Erkenntnis ist auch bei den vorliegend untersuchten Fallkonstellationen der Honorarärzte zu berücksichtigen, da anders als bei den früher diskutierten Fallkonstellationen sich die Vertragsparteien in diesen Fällen gleichberechtigt gegenüber stehen. Ein unterschiedliches Kräfteverhältnis – wie dies auch typisch für ein Arbeitsverhältnis ist – besteht hier gerade nicht.

3. Zwingende gesetzliche Regelungen

a) Einführung

Die Privatautonomie bzw. die Vertragsfreiheit besteht nur insoweit, wie den Vertragsparteien vom Gesetz Regelungsmacht eingeräumt worden ist. Soweit die gesetzlichen Vorschriften zwingender Natur sind, können hiervon abweichende vertragliche Abreden nicht wirksam getroffen werden.[322] Im Arbeitsrecht sind neben den gesetzlichen Regelungen auch kollektivrechtliche Regelungen zu beachten, wobei vorliegend ausschließlich auf die gesetzlichen Vorschriften eingegangen werden soll. Auch das Sozialversicherungsrecht enthält weitestgehend zwingende Regelungen, die in diesem Zusammenhang zu beachten sind.

b) Arbeitsrecht

aa) Schutzzweck des Arbeitsrechts

Die grundsätzliche Vertragsfreiheit wird im Arbeitsrecht durch die besondere sozialpolitische Bedeutung des Arbeitsverhältnisses eingeschränkt. Der Gesetzgeber hat im Rahmen des Grundrechtsschutzes auf schwerwiegende Ungleichgewichtslagen im Bereich der Vertragsfreiheit zu reagieren, so auch im Arbeitsrecht, so dass zahlreiche Arbeitnehmerschutzvorschriften zugunsten des schwächeren Arbeitnehmers erlassen wurden und insoweit zwingend sind.[323] Diese Regelungen kompensieren das durch den Gesetzgeber vermutete Ungleichgewicht zwischen Arbeitgeber und Arbeitnehmer zugunsten des Arbeitnehmers. Im freien Dienstvertragsrecht hingegen bestehen weitestgehend dispositive Regelungen. Es kann somit keine Umgehung dahingehend erfolgen, dass von den Vertragsparteien selbst

321 BAG, Urt. v.12.09.1996 – 5 AZR 104/95, NZA 1997, 600.
322 Boemke, NZA 1993, 532.
323 MüKo BGB /*Müller-Glöge*, § 611 BGB Rn. 278.

festgelegt werden kann, ob das Vertragsverhältnis dem Arbeitsrecht unterfallen soll oder nicht.[324] Insofern besteht eine Einschränkung der Privatautonomie durch die zwingenden gesetzlichen Regelungen, was manche als Rechtsformzwang bezeichnen und in diesem Zusammenhang diskutieren wollen.[325] Die Einschränkung der Vertragsfreiheit durch zwingende Regelungen im Arbeitsrecht kommt auch in § 105 GewO zum Ausdruck.

bb) Rechtsformzwang

Jeder Rechtsformzwang beruht auf zwingenden Rechtsvorschriften und bedeutet, dass die Parteien keine „neuen“ Rechtsformen erfinden oder Elemente vorhandener Rechtsformen verbinden können. Sie haben aber selbstverständlich die Möglichkeit und Freiheit, ihre Rechtsbeziehungen so zu gestalten, dass diese den Merkmalen der einen oder der anderen Rechtsform entsprechen oder dass dies gerade vermieden wird. Wenn das vereinbarte Rechtsverhältnis aber die Voraussetzungen einer bestimmten Rechtsform erfüllt, treten die zwingend vorgeschriebenen Rechtsfolgen ein, gleich ob die Parteien dies wollen oder nicht.[326] Rechtsformzwang bedeutet also nur, dass die Parteien nicht unabhängig von der Gestaltung den Vertragstyp bestimmen können.[327] Ungeachtet der hierzu in der Vergangenheit ausgelösten Diskussion bedeutet dieser Rechtsformzwang allgemein, dass die Freiheit der privatautonomen Wahl unter mehreren von der Rechtsordnung bereitgestellten Rechtsformen, hier also der Arbeitsvertrag einerseits sowie der freie Dienstvertrag andererseits, ganz oder teilweise beschränkt ist. Die Vertragsfreiheit wird demnach aufgrund zwingender gesetzlicher Regelungen eingeschränkt.

cc) Vertragstypenwahl und Rechtsfolgenwahl

Bei dem Rechtsformzwang geht es im Wesentlichen zum einen um die Frage, dass die richtige Einordnung des Vertragstyps nach dem wahren Inhalt des Vertrags unabhängig von der Bezeichnung gewählt wird und zum anderen um die Frage nach Umfang und Grenzen der Privatautonomie bei der Rechtswahl zwischen freiem Dienstvertrag und Arbeitsvertrag. Erreicht werden soll durch eine objektivierte Überprüfung einerseits die Anwendung der für den jeweiligen Vertragstyp charakteristischen Rechtsregeln, andererseits soll die Umgehung zwingender arbeitsrechtlicher Normen vermieden werden, wobei unerheblich ist, ob die Abbedingung bewusst oder unbewusst erfolgt.[328] Der Begriff des Arbeitnehmers ist weder vertrags- noch tarifdispositiv.

---

324 ErfK/*Preis* § 611 BGB Rn. 45; Stoffels NZA 2000, 690, 694.

325 So etwa Jahnke, ZHR 146 (1982), 595, 615; Uffmann, ZfA 2012, 1, 26; Stoffels, NZA 2000, 690, 692.

326 Jahnke, ZHR 146 (1982) S. 595, 623.

327 So auch Hromadka, NZA 1997, 569, 577.

328 ErfK/*Preis* § 611 BGB Rn. 38.

Davon ist aber die grundsätzliche Möglichkeit der Vertragstypenwahl zu unterscheiden. Die Grenzen und der Umfang der Privatautonomie bei der Rechtswahl zwischen freiem Dienstvertrag und Arbeitsvertrag müssen demnach ausgelotet werden. Zu unterscheiden ist zwischen der grundsätzlichen Wahl eines Vertragsverhältnisses und den Rechtsfolgen. Das Gesetz selbst sieht eine bestimmte Vertragstypenzuordnung mit bestimmten Rechtsregeln vor. Aus diesem Grund kann ein Vertrag, der beispielsweise Regelungen eines Werkvertrages besitzt, nicht durch reine Bezeichnung eines Dienstvertrags zu diesem werden. Die anwendbaren Rechtsregelungen werden vielmehr nach dem vereinbarten Vertragstyp objektiv zugeordnet. Gleichwohl obliegt es den Vertragsparteien, die beiderseitigen Rechte und Pflichten so festzulegen, dass ihr Rechtsverhältnis der einen oder der anderen Rechtsform entspricht.[329] Wie die getroffenen Regelungen aber rechtlich zu qualifizieren sind, darüber können die Vertragsparteien nicht befinden. Die Zuordnung erfolgt vielmehr nach objektiv-rechtlichen Kriterien.[330] Ebenso können keine zwingenden Rechtsfolgen vertraglich abbedungen werden.

dd) Zwischenergebnis

Es kann weiter festgehalten werden, dass die Parteien nach den gesetzlichen Regelungen also grundsätzlich frei wählen können, ob die Tätigkeit als Arbeitsverhältnis oder als selbständiges Dienstverhältnis ausgestaltet sein soll. Es gibt nach den gesetzlichen Regelungen keinen Zwang, dass eine bestimmte Tätigkeit nur in der einen oder anderen Form erbracht werden kann. Die Wahl der Rechtsfolgen ist aber der Dispositionsmöglichkeit der Parteien entzogen, um den Schutz, den die gesetzlichen Regelungen verfolgen, zu gewährleisten. Dies ist auch mit den grundgesetzlichen Regelungen vereinbar, da diese – hier die Privatautonomie – nur insoweit eingeschränkt werden dürfen, als es zum Schutz anderweitiger Rechtsgüter erforderlich ist.[331] Es besteht hingegen keine Pflicht der Vertragsparteien, eine Vertragsform zu wählen, die höhere Schutzstandards bereithält, da beide Vertragsformen gleichranging nebeneinander stehen. Die zwingenden arbeitsrechtlichen Schutzvorschriften gelten nur dann, wenn tatsächlich auch ein Arbeitsverhältnis vorliegt. Das Eingreifen der arbeitsrechtlichen Schutzvorschriften ist demnach Folge des Vorliegens eines Arbeitsverhältnisses. Insofern sind im Arbeitsrecht die Privatautonomie und die vertraglichen Regelungen der Parteien bei der Statusbestimmung des Tätigen zu berücksichtigen.

---

329 ErfK/*Preis* § 611 BGB Rn. 40; Jahnke ZHR 1982, Bd. 146 S. 595, 620; grundsätzlich bestätigt auch das BAG die Vertragstypenwahl, vgl. BAG, Urt. v.09.06.2010 – 5 AZR 332/09, NZA 2010, 877.

330 ErfK/*Preis* § 611 BGB Rn. 40; BAG, Urt. v.15.12.1999 - 5 AZR 3/99, NZA 2000, 534.

331 MüKo BGB/*Säcker* Einleitung Rn. 167.

c) *Sozialversicherungsrecht*

aa) *Schutzprinzip des Sozialversicherungsrechts*

Um dem Schutzprinzip des Sozialversicherungsrechts gerecht zu werden, sind auch die Regelungen im Sozialversicherungsrecht zwingend. Dies kommt besonders durch die Regelung in § 32 SGB I zum Ausdruck, wonach privatrechtliche Vereinbarungen, die zum Nachteil des Sozialleistungsberechtigten von Vorschriften dieses Gesetzbuchs abweichen, nichtig sind. Diese Norm soll sicherstellen, dass die Regelungen des SGB über Rechte und Pflichten sowie der damit beabsichtigte Schutz nicht durch privatrechtliche Vereinbarungen beeinträchtigt werden.[332] Das Schutzprinzip des Sozialversicherungsrechts fordert, dass es keine Möglichkeit geben soll, sich auf die Subjektivität gewillkürter Freiheit berufen zu können. Der Versicherungsschutz an sich und die damit verbundene Beitragspflicht sollen nicht zur Disposition der Vertragsparteien stehen. Aus diesem Grund normiert § 32 Abs. 1 SGB I ein Verbot nachteiliger Vereinbarungen.[333] Daran zeigt sich, dass auch das Sozialversicherungsrecht die Privatautonomie grundsätzlich anerkennt, wobei diese ihre Grenzen ebenfalls in den zwingenden gesetzlichen Bestimmungen findet. In der Sozialversicherung spielen der Schutzzweck sowie ihre Natur als Einrichtung des öffentlichen Rechts eine noch stärkere Rolle als im Arbeitsrecht. Insofern ist es ausgeschlossen, dass die Einordnung des Vertragsverhältnisses allein nach dem Willen der Vertragsparteien, ihren Vereinbarungen oder Vorstellungen entscheidet.[334] Denn hier ist zusätzlich noch der Schutzzweck der Sozialversicherung, den abhängig Beschäftigten wegen ihrer sozialen Schutzbedürftigkeit ein öffentlich-rechtliches Sicherungssystem zur Verfügung zu stellen, zu beachten.[335] Gerade die Zugehörigkeit der Sozialversicherung zum öffentlichen Recht lasse es nach Auffassung des BSG nicht zu, dass die Beurteilung einer Arbeitsleistung als selbständig oder abhängig, an die das Sozialversicherungsrecht in der Regel die Versicherungsfreiheit bzw. Versicherungspflicht anknüpft, allein nach den Erklärungen in einer privatautonomen Vereinbarung erfolge.[336]

bb) *Öffentlich- rechtlich bestimmte Rechtslage*

Betont wird in diesem Zusammenhang vor allem, dass die durch das Sonderrecht des Staates abschließend öffentlich-rechtlich bestimmte Rechtslage als solche der privatrechtlichen Gestaltung nicht zugänglich ist. Entgegenstehende Vereinbarungen sind nichtig (§ 134 BGB). Es unterliegt daher weder das Tatbestandselement der Beschäftigung, noch die Zuordnung hierzu im Einzelfall oder der Eintritt von Versicherungspflicht bzw. Versicherungsfreiheit der abschließenden Disposition privater

332 Lilge, § 32 SGB I Rn. 6.
333 Vgl. auch Schnapp, NZS 2014, 41, 42.
334 Kreikebohm/*Berchtold*, § 7 SGB IV Rn. 6.
335 Vgl. hierzu ausführlich 2. Kapitel III. 1. b), 3. Kapitel II. 4. a).
336 Vgl. BSG, Urt. v.29.01.1981 – 12 RK 63/79, juris.

Vertragsparteien. Aus diesem Grund wird es abgelehnt, dass der Annahme einer Beschäftigung entgegengehalten wird, es liege in Wahrheit keine soziale Schutzbedürftigkeit vor oder die Berufung auf die Versicherungspflicht sei im Verhältnis der Vertragsparteien zueinander treuwidrig.[337] Betont wird nach dieser Meinung aber ebenfalls, dass die Vertragsparteien auch im Sozialversicherungsrecht Einfluss auf den Vertragstypus nehmen können, in dem es ihnen frei obliegt, die Anknüpfungstatsachen zu gestalten. Es gibt kein Verbot, die Vertragsbeziehung so zu regeln, dass im Ergebnis das Sozialversicherungsrecht keine Anwendung findet, es muss aber auch tatsächlich so ausgestaltet sein.[338] Insofern kommt den vertraglichen Abreden sowie dem Willen der Beteiligten zumindest indizielle Bedeutung zu.[339]

Ein Teil der Literatur ist hingegen der Auffassung, dass im öffentlich-rechtlichen Sozialversicherungsrecht, anders als im privatrechtlichen Arbeitsrecht, allein die tatsächlichen Verhältnisse maßgebend sind und nicht die Parteivereinbarung.[340] Das Vorliegen eines Beschäftigungsverhältnisses selbst und damit auch die Sozialversicherungspflicht unterlägen nicht der Disposition der Parteien. Sie können also nicht unabhängig von der Erfüllung der Voraussetzungen für oder gegen eine Sozialversicherungspflicht Vereinbarungen treffen. Insofern könne auf den Schutz der Sozialversicherung auch nicht verzichtet werden, wenn die gesetzlichen Voraussetzungen dafür vorliegen, dass jemand unter die Sozialversicherungspflicht fällt. Dies sei in § 32 SGB I ausdrücklich normiert.[341]

cc) Zwischenergebnis

Auch im Sozialversicherungsrecht hat die Privatautonomie der Parteien Berücksichtigung zu finden. Die vertragliche Regelung spielt somit auch hier eine Rolle, wenn auch in eingeschränkter Form, da diese durch den Schutzzweck der Sozialversicherung eingeschränkt ist. Als Anhaltspunkt jeder Statusprüfung muss die vertragliche Regelung nach meinem Dafürhalten auch im Sozialversicherungsrecht Berücksichtigung finden, so dass sie in diesen Fällen ebenfalls Ausgangspunkt jeder Prüfung sein müssen. Der Schutzzweck der Sozialversicherung steht insbesondere in den hier untersuchten Fallgestaltungen der Honorarärzte nicht entgegen.[342] Auch in diesem Zusammenhang muss gesehen werden, dass die Parteien die selbständige Tätigkeit wollten und deshalb den Vertrag auf diese Art und Weise als Dienstleistungsvertrag abgeschlossen haben. Insofern müsste nach meinem Dafürhalten von

337 Kreikebohm/*Berchtold*, § 7 SGB IV Rn. 6.
338 Kreikebohm/*Berchtold*, § 7 SGB IV Rn. 7; Kasseler Kommentar/*Seewald*, § 7 SGB IV Rn. 48.
339 Kreikebohm/*Berchtold*, § 7 SGB IV Rn. 7; BSG, Urt. v.28.05.2008 – B 12 KR 13/07 R, juris.
340 So etwa Hauck/Noftz/*Knospe*, § 7 SGB IV Rn. 2, 20 unter Hinweis auf die frühere Rechtsprechung des BSG.
341 Vgl. auch von Medem, DStR 2013, 1436.
342 Kritisch dazu Hanau, MedR 2015, 77, 81.

dieser Grundlage ausgegangen werden, und lediglich bei Feststellen des Gegenteils etwas anderes angenommen werden dürfen.

4. Rechtsprechung

Die Rechtsprechung berücksichtigt die vertraglichen Regelungen bei ihren Entscheidungen in gewisser Weise ebenfalls, wenn auch in unterschiedlicher Form, so dass diese in einer Vielzahl von Fällen letztlich aufgrund der tatsächlichen Gegebenheiten in ihrer Bedeutung zurücktreten mussten. In welcher Form die Rechtsprechung mit den vertraglichen Regelungen in diesem Zusammenhang umgeht, wird im Folgenden dargestellt, insbesondere unter gesonderter Betrachtung der arbeitsgerichtlichen sowie der sozialgerichtlichen Rechtsprechung.

a) Rechtsprechung der Arbeitsgerichte

aa) Frühere Rechtsprechung der Arbeitsgerichte

In früheren Entscheidungen war das BAG der Auffassung, dass die Wahl der Rechtsform des freien Dienstvertrags dann einen Missbrauch der Vertragsfreiheit darstellt, wenn der Dienstberechtigte dem Dienstverpflichteten nur einen Vertrag als freier Mitarbeiter angeboten und ihm nicht die Gelegenheit gegeben hat, sich um eine Anstellung als Arbeitnehmer zu bewerben, es sei denn, es liege ein sachlicher Grund für diese Vorgehensweise vor. Andernfalls diene dies nur der Umgehung des Sozialschutzes, insbesondere des Kündigungsschutzes.[343] Nach der damaligen Auffassung musste also ein sachlicher Grund die Wahl der Rechtsform des freien Dienstvertrags rechtfertigen, wobei nach Auffassung des BAG die Üblichkeit im Arbeitsleben zu berücksichtigen war und es darauf ankommen sollte, ob „ein verständiger, sozial verantwortungsbewusster Vertragspartner unter den gegebenen Umständen nur den Freien-Mitarbeiter-Vertrag angeboten hätte".[344] Nach dieser Rechtsprechung stellte die Wahl der Vertragsform „Freie Mitarbeit" also einen Missbrauch der Vertragsfreiheit dar, wenn ein sachlicher Grund nicht vorgelegen hatte, da sie der Umgehung des Sozialschutzes diene. „Der Dienstberechtigte muss sich dann so behandeln lassen, als hätte er einen Arbeitsvertrag abgeschlossen"[345], so das BAG in seinen früheren Entscheidungen. Im Übrigen betonte die frühere Rechtsprechung, dass die rechtliche Qualifizierung des Rechtsverhältnisses nicht vom Parteiwillen abhänge.[346]

Zu Recht hat die Entscheidung, wonach ein wichtiger Grund für ein freies Mitarbeiterverhältnis bestehen müsse, heftige Kritik erfahren, da es sich hierbei um eine nicht gerechtfertigte Einschränkung der Vertragsfreiheit handelt und die einem

---

343 Vgl. etwa BAG, Urt. v.14.02.1974 – 5 AZR 298/73, AP BGB § 611 Abhängigkeit Nr. 12.

344 BAG, Urt. v.14.02.1974 – 5 AZR 298/73, AP BGB § 611 Abhängigkeit Nr. 12.

345 BAG, Urt. v.14.02.1974 – 5 AZR 298/73, AP BGB § 611 Abhängigkeit Nr. 12.

346 So etwa ausdrücklich BAG, Urt. v.13.11.1991 – 7 AZR 31/91, NZA 1992, 1125.

Gericht gesetzten Grenzen zulässiger Rechtsfortbildung durch diese Rechtsauffassung bei weitem überschritten wurden.[347]

bb) *Heutige Rechtsprechung des BAG*

(1) Geschäftsinhalt ist entscheidend

Das BAG geht nunmehr in ständiger Rechtsprechung davon aus, dass über die rechtliche Einordnung eines Rechtsverhältnisses der Geschäftsinhalt entscheidet und nicht die Bezeichnung oder die von den Parteien gewünschte Rechtsfolge.[348] Der Geschäftsinhalt könne sich aus den Vereinbarungen und der praktischen Durchführung der Verträge ergeben. Widersprechen sich die schriftliche Vereinbarung und die tatsächliche Durchführung des Vertrags, sei die praktische Durchführung maßgebend, weil sich aus der praktischen Handhabung der Vertragsbeziehungen am ehesten Rückschlüsse darauf ziehen ließen, von welchen Rechten und Pflichten die Vertragspartner ausgegangen sind, was sie also wirklich gewollt haben. Dies bedeute aber nicht, dass die Entscheidung der Parteien für eine bestimmte Art von Vertrag irrelevant wäre.[349] Einzelne Vorgänge der Vertragsabwicklung seien zur Feststellung eines vom Vertragswortlaut abweichenden Geschäftsinhalts nur geeignet, wenn es sich dabei nicht um untypische Einzelfälle, sondern um beispielhafte Erscheinungsformen einer durchgehend geübten Vertragspraxis handele.[350] Es ist auch der Auffassung, dass „die zwingenden gesetzlichen Regelungen für Arbeitsverhältnisse nicht dadurch abbedungen werden (können), dass die Parteien ihrem Arbeitsverhältnis eine andere Bezeichnung geben“[351]. Es komme nicht auf die Bezeichnung, sondern den objektiven Inhalt des vereinbarten Katalogs der wechselseitigen Rechte und Pflichten an. Nach Auffassung des BAG ist der objektive Geschäftsinhalt – zumindest in den Fällen, in denen ein freies Dienstverhältnis vereinbart wurde – den ausdrücklich getroffenen Vereinbarungen sowie auch der praktischen Durchführung des Vertrags zu entnehmen. Die tatsächliche Durchführung ist dann maßgebend, wenn der Vertrag abweichend von den getroffenen Vereinbarungen gelebt wird. Wird sogleich ein Arbeitsverhältnis vereinbart, so ist es in der Regel auch als solches einzuordnen.[352] Maßgeblich ist, ob das, was die

347 Vgl. etwa Anmerkung von Lieb zu BAG, Urt. v.14.02.1974 - 5 AZR 298/73, AP BGB § 611 Abhängigkeit Nr. 12.

348 So ständige Rspr. des BAG, bspw. BAG, Urt. v.11.08.2015 - 9 AZR 98/14, NZA-RR 2016, 288; BAG, Urt. v.13.01.1983 - 5 AZR 149/82, NJW 1984, 1985.

349 So ständige Rspr. des BAG, bspw. BAG, Urt. v.11.08.2015 - 9 AZR 98/14, NZA-RR 2016, 288; BAG Urt. v.13.01.1983 - 5 AZR 149/82, NJW 1984, 1985.

350 BAG, Urt. v.18.01.2012 – 7 AZR 723/10, juris.

351 So BAG, Urt. v.21.04.2005 – 2 AZR 125/04, AP KSchG 1969 § 1 Betriebsbedingte Kündigung Nr. 134.

352 So BAG, Urt. v.21.04.2005 – 2 AZR 125/04, AP KSchG 1969 § 1 Betriebsbedingte Kündigung Nr. 134; auch LAG Rheinland-Pfalz, Urt. v.12.03.2015 – 3 Sa 437/14, juris.

Parteien vereinbart haben, auch tatsächlich durchgeführt wird. Bestehen zwischen Vertrag und Durchführung keine Differenzen, so ist der aus dem Vertrag ermittelte Wille entscheidend. Bestehen hingegen Differenzen, so ist der Wille primär aus der tatsächlichen Vertragsdurchführung zu entnehmen. Sofern dies nicht möglich ist, ist wieder auf den Willen abzustellen, der aus der Vertragsurkunde ersichtlich ist.[353]

(2) Arbeitsverhältnis ergibt sich aus der Art der Tätigkeit

Auch heute noch bringt das BAG zum Ausdruck, dass es bestimmte Tätigkeiten gibt, die nur im Rahmen eines Arbeitsverhältnisses erbracht werden können, wenn es in seinen Entscheidungen feststellt, dass die entsprechende Tätigkeit typologisch auch im Rahmen einer selbständigen Tätigkeit erbracht werden kann. Das Bestehen eines Arbeitsverhältnisses könne also auch aus Art oder Organisation der zu verrichtenden Tätigkeiten folgen.[354] Die Vertragstypenwahl sei nur dann beachtlich, wenn die vereinbarte Tätigkeit typologisch sowohl in einem Arbeitsverhältnis als auch selbständig erbracht werden könnte.[355] Sofern dies der Fall ist und die tatsächliche Handhabung nicht zwingend für ein Arbeitsverhältnis spreche, müssen sich die Vertragsparteien grundsätzlich an dem von ihnen gewählten Vertragstypus festhalten lassen, so das BAG weiter.[356] In der letztgenannten Entscheidung hebt das BAG somit die Vertragsfreiheit stärker hervor und betont den gewählten Vertragstypus.

cc) Zwischenergebnis

Die vertragliche Grundlage wird von der Rechtsprechung bei der Statusentscheidung zwar berücksichtigt, gleichwohl will das BAG aber die tatsächliche Durchführung entscheiden lassen, wenn ein Widerspruch zwischen tatsächlicher Ausgestaltung und vertraglicher Grundlage besteht. Die Aussage, dass manche Tätigkeiten nur im Rahmen eines Arbeitsverhältnisses möglich sein sollen, geht nach meinem Dafürhalten viel zu weit, da für eine solch weitgehende Beschränkung der Privatautonomie keine Rechtfertigung vorliegt. Es findet bereits bei der Vertragstypenwahl eine ungerechtfertigte Beschränkung der Privatautonomie statt. In diesen Fällen würde entgegen dem Willen der Parteien und der dementsprechenden Gestaltung des Vertrags ein Arbeitsverhältnis angenommen. Insofern kann jede Tätigkeit in rechtlicher Hinsicht sowohl in einem Arbeitsverhältnis als auch im Rahmen einer selbständigen Tätigkeit erbracht werden. De lege lata gibt es keine Tätigkeiten, die per se nur als abhängige Beschäftigung möglich sind. Ein Rangverhältnis gibt es gerade nicht, es stehen vielmehr beide Rechtsformen nach den gesetzlichen Regelungen

---

353 So LAG Rheinland-Pfalz, Urt. v.12.03.2015 – 3 Sa 437/14, juris.

354 Vgl. bspw. ausdrücklich in: BAG, Urt. v.20.07.1994 - 5 AZR 627/93, AP BGB § 611 Abhängigkeit Nr. 73; auch BAG, Urt. v.11.08.2015 - 9 AZR 98/14, BeckRS 2015, 73319.

355 Vgl. auch Uffmann, ZfA 2012, 1, 28.

356 BAG, Urt. v.09.06.2010 – 5 AZR 332/09, NZA 2010, 877.

gleichrangig nebeneinander, so dass die Vereinbarung einer Dienstleistung auch zu respektieren ist.

Dem kann nicht entgegengehalten werden, dass es dann zur Disposition der Parteien stünde, die zwingenden arbeitsrechtlichen Regelungen zu vereinbaren oder nicht.[357] Dies ist nicht der Fall, da nur die Vertragsabschlussfreiheit gewährleistet wird, es aber nicht zur Disposition der Parteien steht, die zwingenden Rechtsfolgen einer ausgestalteten Tätigkeit zu vereinbaren. Diese Einschränkung genügt für die sachgerechte Anwendung etwaiger zwingender gesetzlicher Bestimmungen, so dass eine Einschränkung auf der Stufe der Vertragstypenwahl nicht gerechtfertigt wäre und auch nicht erforderlich ist.

b) Rechtsprechung der Sozialgerichte

aa) Frühere Rechtsprechung der Sozialgerichte

Früher betonte das BSG ausdrücklich, dass gegenüber dem Willen der Beteiligten vorrangig in erster Linie die tatsächlichen Gegebenheiten des Einzelfalles für die Statusentscheidung maßgeblich seien, da diese das Gesamtbild bestimmen.[358] Da das Sozialrecht Teil des Öffentlichen Rechts ist, könne es nicht zum Gegenstand privatrechtlicher Vereinbarungen gemacht werden. Die in den Verträgen und nach außen hin gebrauchten Bezeichnungen könnten nur eine untergeordnete Bedeutung haben, da in der Umgangs- und Verkehrssprache ohnehin häufig rechtlich falsche oder ungenaue Bezeichnungen gewählt werden, besonders auch in der Versicherungswirtschaft.[359] Der im Vertrag verlautbarte Wille der Vertragspartner, die beiderseitigen Beziehungen in einem bestimmten Sinne zu regeln, insbesondere ein Dienstverhältnis den Normen eines bestimmten Vertragstyps zu unterstellen, sei für die Beurteilung der Versicherungspflicht eines der Partner nur dann maßgebend, wenn die übrigen Bestimmungen des Vertrags und seine tatsächliche Durchführung der gewählten Vertragsform entsprechen.[360] Das BSG führte aus, dass es nicht gerechtfertigt sei, den Versicherungsschutz ausschließlich oder wesentlich vom Parteiwillen abhängig zu machen. Die gegenteilige Auffassung würde zu dem vom Gesetzgeber nicht beabsichtigten Ergebnis führen, dass durch der Lebenswirklichkeit nicht entsprechende Parteivereinbarungen die Vorschriften über die Sozialversicherungspflicht umgangen und auf diese Weise der mit der Sozialversicherung verfolgte Zweck vereitelt werden könnte. Den Vertragsparteien sei es insoweit versagt, über ihre öffentlich-rechtlichen Pflichten zu paktieren.[361]

357 So aber etwa Hilger, RdA 1989, 1, 6 f.

358 Vgl. etwa BSG, Urt. v.28.10.1960 - 3 RK 13/56, BeckRS 1960, 30807403.

359 Vgl. etwa BSG, Urt. v.28.10.1960 - 3 RK 13/56, BeckRS 1960, 30807403; Kasseler Kommentar/ *Seewald* § 7 SGB IV Rn. 75; von Medem, DStR 2013, 1436, 1437.

360 BSG, Urt. v.29.01.1981 - 12 RK 63/79, AP HGB § 92 Nr. 4.

361 BSG, Urt. v.31.10.1972 – 2 RU 186/69, juris.

Das BSG geht in seiner ständigen Rechtsprechung also ebenfalls davon aus, dass das Gesamtbild bei der Abgrenzung von selbständiger Tätigkeit und abhängiger Beschäftigung ausschlaggebend ist. Beim Abweichen der Vereinbarungen von den tatsächlichen Verhältnissen war nach der früheren Auffassung des Senats allein letztere ausschlaggebend.[362]

bb) Jüngste Rechtsprechung der Sozialgerichte

(1) Grundsätze

In seiner jüngeren Rechtsprechung betont das BSG aber stärker als das BAG, dass es auf die vertraglichen Vereinbarungen ankomme bzw. dass den tatsächlichen Verhältnissen nicht voraussetzungslos ein Vorrang gegenüber den vertraglichen Regelungen zukomme.[363] „Das Gesamtbild bestimme sich nach den tatsächlichen Verhältnissen. Tatsächliche Verhältnisse in diesem Sine sind die rechtlich relevanten Umstände, die im Einzelfall eine wertende Zuordnung zum Typus der abhängigen Beschäftigung erlauben. Ob eine Beschäftigung vorliegt, ergebe sich aus dem Vertragsverhältnis der Beteiligten, so wie es im Rahmen des rechtlich Zulässigen tatsächlich vollzogen worden ist. Ausgangspunkt sei daher zunächst das Vertragsverhältnis der Beteiligten, so wie es sich aus den von ihnen getroffenen Vereinbarungen ergibt oder sich aus ihrer gelebten Beziehung erschließen lässt. Eine im Widerspruch zu ursprünglich getroffenen Vereinbarungen stehende tatsächliche Beziehung und die sich hieraus ergebende Schlussfolgerung auf die tatsächlich gewollte Natur der Rechtsbeziehung gehen der nur formellen Vereinbarung vor, soweit eine – formlose – Abbedingung rechtlich möglich ist. Umgekehrt gilt, dass die Nichtausübung eines Rechts unbeachtlich ist, solange diese Rechtsposition nicht wirksam abbedungen ist. Zu den tatsächlichen Verhältnissen in diesem Sinne gehört daher unabhängig von ihrer Ausübung auch die einem Beteiligten zustehende Rechtsmacht. In diesem Sinne gelte, dass die tatsächlichen Verhältnisse den Ausschlag geben, wenn sie von Vereinbarungen abweichen. Maßgeblich sei die Rechtsbeziehung so wie sie praktiziert wird und die praktizierte Beziehung so wie sie zulässig ist“.[364]

Das BSG ist grundsätzlich der Auffassung, dass auch die getroffenen Vereinbarungen als rechtlich relevante Umstände zu den tatsächlichen Verhältnissen

---

362 Vgl. etwa noch BSG, Urt. v.22.06.2005 - B 12 KR 28/03 R, BeckRS 2005, 42507.

363 BSG, Urt. v.29.08.2012 – B 12 KR 25/10 R, juris; vgl. auch ErfK/*Rolfs*, § 7 SGB IV Rn. 17; Kasseler Kommentar/*Seewald*, § 7 SGB IV Rn. 48, 75a; auch ausdrücklich LSG Rheinland-Pfalz, Urt. v.10.12.2013 – L 6 R 65/12 unter Bezugnahme auf die jüngste Rechtsprechung des BSG, etwa Urt. v.25.01.2006 – BR 12 KR 30/04 R, juris).

364 Neue ständige Rspr. des BSG, bspw. BSG, Urt. v.29.08.2012 – B 12 KR 25/10 R, NZS 2013, 181; Urt. v.24.01.2007 – B 12 KR 31/06 R, NZS 2007, 648; BSG, Urt. v.25.01.2006 - B12 KR30/04 R, BeckRS 2006, 41119; LSG Berlin-Brandenburg, Urt. v.13.03.2009 – L 1 KR 555/07, juris.

gehören, nach denen sich das Gesamtbild der Tätigkeit bestimmt.[365] Die Wechselbezüglichkeit der rechtlichen und tatsächlichen Verhältnisse wird also im Grundsatz stärker betont.[366] Tatsächlich aber wird in der weiteren Subsumtion der Fälle gleichwohl häufig ausschließlich auf die tatsächlichen Gegebenheiten abgestellt.[367] Ob die vertraglichen Regelungen wirksam geändert wurden, wird nicht weiter verfolgt.

(2) Konkretisierungen durch sozialgerichtliche Entscheidungen

Das LSG Rheinland-Pfalz führt in einer jüngeren Entscheidung aber differenzierter aus, dass der in den vertraglichen Regelungen festgehaltenen Rechtsmacht jedenfalls dann vorrangige Bedeutung gegenüber den tatsächlichen Verhältnissen zukomme, wenn eine Änderung des Vertrags nur in schriftlicher Form möglich ist. Sofern vertragliche Regelungen fehlen oder die tatsächlichen Verhältnisse von Vereinbarungen abweichen, die nicht der Schriftformklausel unterliegen, dann seien insoweit die tatsächlichen Verhältnisse vorrangig im Rahmen der Gesamtwürdigung zu berücksichtigen.[368] Gerade bei Familiengesellschaften komme es im Falle eines Zerwürfnisses allein auf die zustehende Rechtsmacht an, da vorher geltende faktische Möglichkeiten sodann nicht mehr bestehen dürften.[369] Ähnlich starke Bedeutung misst das SG Braunschweig den vertraglichen Regelungen bei.[370] Danach könne eine abhängige Beschäftigung nur dann vorliegen, wenn entgegen dem Willen der Vertragsparteien, der für eine selbständige Tätigkeit spricht, die tatsächlichen Umstände für das Vorliegen einer abhängigen Beschäftigung sprechen. Dies sei nur dann der Fall, wenn die Merkmale für eine abhängige Beschäftigung überwiegen.[371]

Auch das SG Berlin betonte in seiner Entscheidung vom 26.02.2014 beispielsweise ausdrücklich, dass die vertraglichen Regelungen immer Ausgangspunkt der Prüfung seien. Das Gericht sah zwar, dass der besondere Schutzzweck der Sozialversicherung und ihre Natur als eine Einrichtung des öffentlichen Rechts es ausschließen würden, über die rechtliche Einordnung allein nach dem Willen der Vertragsparteien, ihren Vereinbarungen oder ihren Vorstellungen hierüber zu entscheiden. Dem übereinstimmenden Willen der Vertragsparteien, kein sozialversicherungspflichtiges Beschäftigungsverhältnis zu wollen, komme aber jedenfalls dann indizielle

365 BSG, Urt. v.30.10.2013 – B 12 KR 17/11 R, juris; BSG, Urt. v.28.09.2011 – B 12 R 17/09 R, BeckRS 2012, 67108.
366 Vgl. auch von Medem, DStR 2013, 1436, 1437.
367 So beispielsweise BSG, Urt. v.11.03.2009 – B 12 KR 21/07 R, juris.
368 LSG Rheinland-Pfalz, Urt. v.10.12.2013 – L 6 R 65/12, juris (nachgehend BSG, Urt. v.11.11.2015 - B 12 R 2/14 R, juris).
369 So bestätigend auch BSG, Urt. v.11.11.2015 – B 12 R 2/14 R, juris (Bestätigung der Aufgabe der sog. Schön-Wetter-Rechtsprechung).
370 SG Braunschweig, Urt. v.25.07.2014 – S 64 KR 412/13, juris.
371 SG Braunschweig, Urt. v.25.07.2014 – S 64 KR 412/13, juris.

Bedeutung zu, wenn dieser dem festgestellten sonstigen tatsächlichen Verhältnis nicht offensichtlich widerspricht und er durch weitere Aspekte gestützt wird.[372]

Insofern erkennt die Rechtsprechung auch die vertraglichen Regelungen als Ausgangspunkt der Prüfung an, wobei das BSG in seiner Entscheidung aus dem Jahre 2005 angeführt hat, dass es nicht zu beanstanden sei, wenn man die einer Partei zustehende Rechtsmacht hinten anstehen lässt, wenn sie tatsächlich nicht ausgeübt wird. Dabei ging es um die dem Vertragspartner eingeräumte Rechtsposition, die Tätigkeit auch durch Dritte erbringen lassen zu können, also auch eigene Mitarbeiter oder Dritte einsetzen zu können.[373] Im diesem Zusammenhang tritt das LSG Rheinland-Pfalz sowie auch das BSG an anderer Stelle dem entgegen, in dem es ausführt, dass aus einer möglicherweise faktischen Nichtwahrnehmung von Aufsichts-, Kontroll- und Weisungsrechten durch die dazu gesellschaftsrechtlich berufenen Organe nicht ohne Weiteres geschlossen werden könne, dass dadurch die ihnen zu Grunde liegenden Rechte und Pflichten stillschweigend abbedungen wurden.[374]

cc) Zwischenergebnis

Das BSG misst dem Vertrag in einigen Entscheidungen jüngst zumindest grundsätzlich mehr Bedeutung zu und erkennt den Willen der Parteien stärker an.[375] Die sozialgerichtliche Rechtsprechung zieht also als ersten Anhalts- und Ausgangspunkt der Prüfung in der Regel zumindest theoretisch die vertraglichen Regelungen heran, was auch dem Grundsatz der Privatautonomie entspricht und somit immer zunächst die existierenden vertraglichen Regelungen Beachtung finden müssen. In der konkreten Subsumtion des Falles hingegen geht es über die zuerst angeführten Grundsätze allerdings zumeist hinweg und stellt hauptsächlich auf die tatsächlichen Gegebenheiten ab, die häufig nicht korrekt eingeordnet werden, so dass im Ergebnis den vertraglichen Regelungen und dem Willen der Parteien in der Gesamtwürdigung nicht ausreichend Bedeutung beigemessen wird.

Hinsichtlich der den Parteien zustehenden Rechtsmacht finden sich unterschiedliche Auffassungen, da manche die Rechtsmacht bereits durch die vertragliche Vereinbarung anerkennen, andere diese zurücktreten lassen, wenn sie tatsächlich nicht ausgeübt wurde. Insofern wird bei letzt genannter Auffassung ausschlaggebend auf die tatsächlichen Verhältnisse abgestellt, so dass die vertraglich eingeräumte Rechtsmacht zurücktritt, was meines Erachtens nicht zutreffend ist, da nach der

---

372 SG Berlin, Urt. v.26.02.2014 – S 208 KR 2118/12, juris.

373 BSG, Urt. v.22.06.2005 – B 12 KR 28/03, juris; BSG, Urt. v.11.03.2009 – B 12 KR 21/07 R, juris.

374 LSG Rheinland-Pfalz, Urt. v.10.12.2013 – L 6 R 65/12, juris; so auch BSG, Urt. v.29.08.2012 – B 12 R 14/10R, juris.

375 Vgl. auch Beobachtung von Schnapp, NZS 2014, 41, 48; Greiner, SDSRV 62 (2012), 9 ff.

Rechtsprechung und der Rechtsdogmatik die dem Vertragspartner zustehende Rechtsmacht, welche durch Vertrag eingeräumt wurde, auch zu beachten ist.[376]

Im Übrigen stellt die sozialgerichtliche Rechtsprechung häufig in ihren Entscheidungen ebenfalls zunächst fest, ob die Tätigkeit sowohl als abhängige Beschäftigung wie auch als selbständige Tätigkeit möglich ist[377], so dass sie im Umkehrschluss gleichfalls davon ausgeht, dass es Tätigkeiten gibt, die regelmäßig nur im Rahmen einer abhängigen Beschäftigung ausgeübt werden kann. Wie bei der arbeitsgerichtlichen Rechtsprechung ist dem auch in diesem Zusammenhang zu widersprechen, da grundsätzlich jede Tätigkeit als abhängige Beschäftigung wie auch als selbständige Tätigkeit ausgestaltet sein kann. Es gibt keinen Vorrang der abhängigen Beschäftigung, auch nicht aus sozialrechtlichen Regelungen.

5. Stellungnahme

a) Privatautonomie in eingeschränkter Form

Sowohl im Arbeitsrecht als auch im Sozialversicherungsrecht gilt das Prinzip der Privatautonomie, wenn auch durch die verschiedenen Schutzzwecke in eingeschränkter Form. Insofern begrenzt der Schutzzweck der zwingenden Arbeitnehmerschutzvorschriften und der sozialversicherungsrechtlichen Regelungen den Spielraum privatautonomer Regelungen in gewisser Weise, jedoch nicht gänzlich. Gleichwohl ist der Wille der Vertragsparteien bei der Statusbestimmung des Tätigen immer zu berücksichtigen, was auch die Rechtsprechung grundsätzlich anerkennt. Es ist vor allem bei Besserverdienern, die der Untersuchung zugrunde liegen, zu beachten, dass diese dem Vertragspartner nicht in einem Über-Unterordnungsverhältnis gegenübertreten und demnach schwächer sind als der Auftraggeber. Die Vertragsschließenden treten sich vielmehr auf gleicher Augenhöhe gegenüber, so dass dies zumindest bei der Gewichtung des Willens und der vertraglichen Abrede Beachtung finden muss. So wird teilweise in der Literatur auch vertreten, dass der Rechtsformzwang dort zurückgenommen und entsprechenden Abreden die Anerkennung nicht versagt werden sollte, wo es an der typischen Schutzbedürftigkeit des Dienstverpflichteten fehlt.[378]

b) Widerspruch der Rechtsprechung zu anerkannten Grundsätzen der Vertragsauslegung

Im Übrigen ist weiter zu beachten, dass das Vorgehen der Rechtsprechung teilweise den anerkannten Grundsätzen der Vertragsauslegung widerspricht, da erster Anknüpfungspunkt immer die vertraglichen Regelungen sein müssen, die entsprechend der anerkannten und allgemeinen Grundsätze der Vertragsauslegung

---

376 So auch SG München, Urt. v.10.03.2015 – S 15 R 1782/15, juris.
377 So beispielsweise BSG, Urt. v.30.10.2013 – B 12 KR 17/11 R, juris.
378 Stoffels, NZA 2000, 690, 695.

auszulegen sind. So ist der Wille zu ermitteln. Demnach muss die Erklärung der Parteien, ein freies Dienstverhältnis zu wollen, von vornherein berücksichtigt werden, und nicht erst bei objektiv verbleibenden Zweifeln[379] oder dann, wenn vertragliche Regelungen und tatsächliche Abwicklung in etwa gleich sind. Der vertraglichen Regelung muss demnach mehr Beachtung geschenkt werden, gerade in den Fällen der Besserverdiener. Die Gegenmeinung[380] verkennt, dass der Dienstleistende gerade bei höheren Tätigkeiten nicht etwa nur die Wahl habe zwischen selbständiger Tätigkeit oder gar keiner Tätigkeit. Es ist vielmehr in diesen Fällen so, dass die Auftragnehmer allein dann tätig werden wollen, wenn ihre Selbständigkeit weiter gewährleistet ist, also kein Arbeitsverhältnis geschlossen wird. Die für die Vertragsgerechtigkeit notwendige Parität ist somit gegeben, so dass sie auch stärker Beachtung finden muss.[381] Insofern könnte die neue Regelung in § 611a S. 6 BGB in der Praxis zu Unsicherheiten führen, da zwar vom reinen Wortlaut her dem objektiven Willen der Parteien und der vertraglichen Grundlage ausreichend Bedeutung beigemessen werden könnte, durch die Gesetzesbegründung aber ohne jedwede Einschränkung ausgeführt wird, dass bei Widerspruch der vertraglichen Grundlage zur tatsächlichen Ausgestaltung allein letztere maßgebend sein soll.[382] Dies ist nicht sachgerecht und im Übrigen auch verfassungsrechtlich bedenklich.

c) Kein Vorrangverhältnis des Arbeitsvertrags zum freien Dienstvertrag

Im Gegensatz zur Rechtsprechung sieht das Gesetz keinen Zwang vor, dass bestimmte Tätigkeiten nur in einem Arbeitsverhältnis erbracht werden können. Es gibt auch kein Vorrangverhältnis des Arbeitsvertrags zum freien Dienstvertrag[383], sondern beide Vertragstypen stehen gleichberechtigt nebeneinander, was in der Praxis oftmals verkannt wird. Dem muss ebenfalls größere Beachtung geschenkt werden und ist bei der weiteren Prüfung und Untersuchung im Blick zu halten. Entsprechend ist es unzulässig, bestimmte Tätigkeiten als *in der Regel abhängige Beschäftigung* zu kategorisieren und die sozialversicherungsrechtliche Beurteilung mit dieser Prämisse vorzunehmen.[384] Die Aufstellung einer solchen Zweifelsregelung wäre mit den grundrechtlichen Positionen der betroffenen Personen nicht zu vereinbaren. Sowohl für den Auftraggeber als auch den Dienstleistenden stellt die Feststellung von Sozialversicherungspflicht und der damit einhergehenden Beitragspflicht einen Eingriff jedenfalls in das Grundrecht auf allgemeine Handlungsfreiheit (Art. 2 Abs. 1 GG) dar.[385]

379 So auch Jahnke, ZHR 146 (1982), 595, 619.
380 So etwa Hilger, RdA 1989, 1, 6f.; wohl auch Hanau, MedR 2015, 77, 81.
381 So auch Uffmann, ZfA 2012, 1, 30.
382 Vgl. BT-Drs. 18/9232 S. 32.
383 So ausdrücklich LSG Baden-Württemberg, Beschl. v.14.10.2015 - L 4 R 3874/14, juris.
384 LSG Baden-Württemberg, Beschl. v.14.10.2015- L 4 R 3874/14, juris.
385 BVerfG, Beschl. v.18.02.1998 – 1 BvR 1318/86, NJW 1998, 3109; LSG Baden-Württemberg, Beschl. v.14.10.2015 – L 4 R 3874/14, juris; Mrozynski, SGB I § 4 Rn. 12.

Dieser Eingriff ist nur zu rechtfertigen, wenn die gesetzlichen Voraussetzungen für die Einbeziehung in die Sozialversicherung erfüllt sind. Daher muss der abhängige Charakter der Tätigkeit und damit die Sozialversicherungspflicht positiv festgestellt werden können.[386] Insofern ist auch deshalb der vertraglichen Regelung entscheidende Bedeutung beizumessen, da darin regelmäßig der Wille der Vertragsparteien zum Ausdruck kommt.

IV. Kriterien der sozialgerichtlichen Rechtsprechung zur Abgrenzung der abhängigen Beschäftigung von der selbständigen Tätigkeit

Die Rechtsprechung der Sozialgerichte, wie auch der Arbeitsgerichte haben zahlreiche Kriterien zur Abgrenzung der abhängigen Beschäftigung bzw. des Arbeitsverhältnisses zur selbständigen Tätigkeit entwickelt, die im Folgenden betrachtet werden. Die Kriterien des BAG wie des BSG sind ähnlich, jedoch nicht in allen Punkten identisch. Die sozialgerichtliche Rechtsprechung soll hierbei im Vordergrund stehen, wobei auch Abweichungen und die Gründe hierfür in der arbeitsgerichtlichen Rechtsprechung untersucht werden. Vor dem Hintergrund der gesetzlichen Regelungen werden die Abgrenzungskriterien einer kritischen Prüfung unterzogen. Nach dem Wortlaut des § 7 SGB IV ist die Nichtselbständigkeit das entscheidende Merkmal, welche durch Anhaltspunkte im Gesetz in § 7 Abs. 1 Satz 2 SGB IV näher bestimmt wird.

1. Allgemeines

Nach der ständigen Rechtsprechung des BSG setzt eine Beschäftigung nach § 7 SGB IV voraus, „dass der Arbeitnehmer vom Arbeitgeber persönlich abhängig ist. Bei einer Beschäftigung in einem fremden Betrieb ist das der Fall, wenn der Beschäftigte in den Betrieb eingegliedert ist und dabei einem Zeit, Dauer, Ort und Art der Ausführung umfassenden Weisungsrecht des Arbeitgebers unterliegt. Diese Weisungsgebundenheit kann – vornehmlich bei Diensten höherer Art – eingeschränkt und zur „funktionsgerecht dienenden Teilhabe am Arbeitsprozess" verfeinert sein. Demgegenüber ist eine selbständige Tätigkeit vornehmlich durch das eigene Unternehmerrisiko, das Vorhandensein einer eigenen Betriebsstätte, die Verfügungsmöglichkeit über die eigene Arbeitskraft und die im Wesentlichen frei gestaltete Tätigkeit und Arbeitszeit gekennzeichnet. Ob jemand abhängig beschäftigt oder selbständig tätig ist, richtet sich ausgehend von den genannten Umständen nach dem Gesamtbild der Arbeitsleistung und hängt davon ab, welche Merkmale überwiegen. Das Gesamtbild bestimmt sich nach den tatsächlichen Verhältnissen. Diesen kommt allerdings nicht voraussetzungslos ein Vorrang gegenüber den vertraglichen Abreden zu. Die das Gesamtbild bestimmenden

386 LSG Baden-Württemberg, Beschl. v.14.10.2015 – L 4 R 3874/14, juris.

tatsächlichen Verhältnisse sind die rechtlich relevanten Umstände, die im Einzelfall eine wertende Zuordnung zum Typus der abhängigen Beschäftigung erlauben... Maßgeblich ist die Rechtsbeziehung so wie sie praktiziert wird und die praktizierte Beziehung so wie sie rechtlich zulässig ist"[387].

a) *Rechtliche Zulässigkeit der praktizierten Beziehung*

In den grundsätzlichen Ausführungen, nach denen die ständige Rechtsprechung des BSG die Abgrenzung vornimmt, kommt demnach zum Ausdruck, dass die Rechtsbeziehung so maßgeblich ist, wie sie praktiziert wird und die praktizierte Beziehung so, wie sie rechtlich zulässig ist.

aa) *Bedeutung des Grundsatzes*

Ausweislich der Rechtsprechung soll es also auch auf die rechtliche Zulässigkeit der praktizierten Beziehung ankommen, so dass im Umkehrschluss daraus zu schließen sein könnte, dass eine Tätigkeit beispielsweise von vornherein nur als Arbeitsverhältnis in Betracht käme, wenn sie als selbständige Tätigkeit rechtlich nicht zulässig wäre. Dieser Gesichtspunkt bedarf einer genaueren Betrachtung.

Soweit es gesetzliche Verbote gäbe, die eine Tätigkeit in der ein oder anderen Gestaltung verbieten würden, ist meines Erachtens dem Grundsatz zuzustimmen. Derartige Verbote existieren weitestgehend aber nicht.

Lediglich tatsächliche Umstände bei der Durchführung des Vertragsverhältnisses können nach meiner Auffassung dazu führen, dass gegen ein Gesetz verstoßen wird, was die Tätigkeit selbst aber in rechtlicher Hinsicht nicht unzulässig macht. So gilt beispielsweise für einen Selbständigen das Arbeitszeitgesetz nicht. Sollte also ein Tätiger über die nach dem Arbeitszeitgesetz vorgesehene Arbeitszeit hinaus tätig werden, wäre nach dem Grundsatz der Rechtsprechung des BSG zu schlussfolgern, dass dann allein deshalb eine selbständige Tätigkeit vorläge, da nur dann eine rechtlich zulässige praktische Beziehung vorläge. So kann der Grundsatz aber nicht verstanden werden, wie auch die Rechtsprechung in der Anwendung dieses Grundsatzes zum Ausdruck bringt. Im Übrigen kann der Grundsatz meines Erachtens aber auch deshalb keine Geltung beanspruchen, weil ein Verstoß gegen gesetzliche Vorschriften nicht den Status begründen kann.

bb) *Anwendung durch die Rechtsprechung*

Das BSG prüft zunächst, ob von vornherein nur eine Gestaltung rechtlich zulässig wäre. Insofern kommt in zahlreichen Entscheidungen immer wieder eingangs zum Ausdruck, dass die zu beurteilende Tätigkeit sowohl als abhängige Beschäftigung

387 Ständige Rechtsprechung des BSG, Urt. v.17.12.2014 - B 12 R 13/13 R; BSG, Urt. v.30.04.2013 – B 12 KR 19/11 R; BSG, Urt. v.29.08.2012 – B 12 R 14/10 R; BSG, Urt. v.29.08.2012 – B 12 KR 25/10 R; BSG, Urt. v.25.10.2006 – BR 12 KR 30/04 R, juris.

als auch als selbständige Tätigkeit erbracht werden kann.[388] Ausgangspunkt für die sozialversicherungsrechtliche Beurteilung seien demnach zunächst immer die privatrechtlichen Vereinbarungen zwischen Auftraggeber und Auftragnehmer. Diese seien allerdings nur insoweit maßgeblich, wie sie zulässig sind. Grenzen könnten sich hierfür sowohl aus dem zwingenden Privatrecht als auch aus dem öffentlichen Recht ergeben. Hierauf beziehe sich die Wendung „so wie sie rechtlich zulässig ist" in der BSG-Rechtsprechung.[389]

Das BSG hat beispielsweise bei der Entscheidung über den Status einer Familienhelferin „Rund um die Uhr" ausgeführt, dass dies nicht zwingend heiße, dass diese Tätigkeit rechtlich nur selbständig zulässig wäre, da das Befristungsrecht solche Gestaltungen in Form von Kurzzeittätigkeiten nicht zwingend ausschließe und auch das Arbeitszeitgesetz bei diesen Tätigen keine engen Vorgaben mache, wie sich aus § 18 Abs. 1 Nr. 3 des Arbeitszeitgesetzes ergebe.[390]

Bei dem Grundsatz, dass die Rechtsbeziehung so maßgeblich ist wie sie praktiziert wird, und die praktizierte Beziehung so wie sie rechtlich zulässig ist, führt die Rechtsprechung weiter aus, dass damit aber nicht die sozialversicherungsrechtliche Beurteilung einer rechtlich unzulässig gestalteten Zusammenarbeit ausgeschlossen sei. Sie könne aber nicht angenommen werden, wenn die tatsächlichen Verhältnisse der Ausübung der Tätigkeit nicht zur Qualifizierung als unzulässige selbständige Tätigkeit zwingen, sondern auch die Bewertung als abhängige Tätigkeit zulassen.[391]

Andererseits führte das BSG in einer älteren Entscheidung aus, dass eine freie Mitarbeit nicht allein deshalb zum abhängigen Beschäftigungsverhältnis werde, wenn die Vertragsparteien eine freie Mitarbeit vereinbart und tatsächlich entsprechend auch so verfahren wurde, die „Einstellung" als freier Mitarbeiter aber gegen Rechtsvorschriften oder vertragliche Verpflichtungen verstoße.[392] Denn in dem dieser Entscheidung zugrunde liegenden Fall ging es ähnlich wie in der noch zu diskutierenden Entscheidung des LSG Baden-Württemberg vom 17.04.2013[393] zu Anästhesisten um die Frage der Abrechnung der Leistungen – hier einer Krankengymnastin – gegenüber der Krankenkasse.

Auch das BAG betont in seinen Entscheidungen immer wieder, wenn die Tätigkeit sowohl im Rahmen eines Arbeitsverhältnisses wie auch als selbständige

---

388 Beispielsweise BSG, Urt. v.28.05.2008 – B 12 KR 13/07 R, juris; BSG, Urt. v.28.09.2011 – B 12 R 17/09 R, juris.

389 LSG Baden-Württemberg, Beschl. v.14.10.2015 – L 4 R 3874/14, juris.

390 BSG, Urt. v.28.09.2011 – B 12 R 17/09 R, juris.

391 LSG Baden-Württemberg, Urt. v.17.04.2013 - L 5 R3755/11, juris.

392 BSG, Urt. v.14.09.1989 – 12 RK 64/87, juris.

393 LSG Baden-Württemberg, Urt. v.17.04.2013 - L 5 R3755/11, juris; vgl. hierzu näher unter 4. Kapitel IV. 1 d); 3. c) aa).

Tätigkeit erbracht werden kann.[394] Insofern gehen sowohl das BSG wie auch das BAG davon aus, dass eine Tätigkeit rechtlich überhaupt in der einen oder anderen Weise zulässig sein muss.

cc) Stellungnahme

Lediglich in den Fällen, in denen gesetzliche Verbote für eine Tätigkeit in der ein oder anderen Ausgestaltung gäbe, wäre der Grundsatz der Rechtsprechung maßgeblich. Da es aber weitestgehend keine gesetzlichen Verbote gibt, die die Ausgestaltung einschränken, kann der Grundsatz allenfalls nur in Ausnahmefällen in Betracht kommen. Die tatsächliche Ausgestaltung der Tätigkeit kann keine Einschränkung dergestalt ergeben, dass die Tätigkeit nur im Rahmen eines abhängigen Beschäftigungsverhältnisses oder im Rahmen einer selbständigen Tätigkeit zulässig ist. Dass die Privatautonomie in gewisser Weise sowohl im Arbeitsrecht wie auch im Sozialversicherungsrecht durch die zwingenden Regelungen eingeschränkt ist, wurde bereits erörtert, lässt aber die Freiheit der Parteien, sich für die ein oder andere Ausgestaltung der Tätigkeit zu entscheiden, unberührt.

Eine rechtliche Zulässigkeit der praktizierten Beziehung ist demnach nur dann relevant, wenn ein gesetzliches Verbot im Sinne des § 134 BGB für die eine oder andere Ausgestaltung der Tätigkeit an sich vorliegt. Hierfür ist aber vor allem beim Honorararzt, der hier näher untersucht wird, nichts ersichtlich.

b) Umstände des Einzelfalls/Eigenart der Tätigkeit

aa) Grundsätze der Rechtsprechung

Aus der Rechtsprechung der Sozialgerichtsbarkeit ergibt sich weiter grundsätzlich, dass immer auch die Umstände des Einzelfalls zu berücksichtigen sind, um beurteilen zu können, ob eine selbständige Tätigkeit oder aber eine abhängige Beschäftigung vorliegt.[395] Aufgrund des Typenbegriffs der abhängigen Beschäftigung ist es erforderlich, dass eine Würdigung aller Besonderheiten des Einzelfalls erfolgt und hierbei insbesondere die atypischen Tätigkeitsmerkmale in besonderer Art und Weise heranzuziehen und zu berücksichtigen sind.[396] Da es keine abstrakten, für alle Arbeitsverhältnisse geltenden Kriterien gibt, kommt der Eigenart der jeweiligen Tätigkeit besondere Bedeutung bei der Frage zu, in welchem Maße der Tätige persönlich abhängig ist. Es müssen alle nach Lage des Einzelfalls als Indizien in Betracht kommenden Umstände festgestellt, in ihrer Tragweite zutreffend erkannt

---

394 Vgl. etwa BAG, Urt. v.16.03.1994 – 5 AZR 447/92, NZA 1994, 1132; BAG, Urt. v.24.06.1992 – 5 AZR 384/91, NZA 1993, 174 (Lehrkräfte); BAG, Urt. v.11.03.1998 - 5 AZR 522/96, NZA 1998, 705 (Rundfunkmitarbeiter); BAG, Urt. v.27.03.1991 - 5 AZR 194/90, NZA 1991, 933.

395 Ständige Rechtsprechung des BSG, vgl. etwa BSG, Urt. v.25.04.2012 – B 12 KR 24/10 R, juris; BSG, Urt. v.18.11.2015 – B 12 KR 16/13 R, juris.

396 Hörtz/Tacou, NZS 2015, 175, 176.

und gewichtet sowie in die Gesamtschau mit diesem Gewicht eingestellt und nachvollziehbar, d.h. den Gesetzen der Logik entsprechend und widerspruchsfrei gegeneinander abgewogen werden.[397]

Wenn eine Tätigkeit Merkmale aufweist, die sowohl auf Abhängigkeit als auch auf Selbstständigkeit hinweisen, ist entscheidend, welche Merkmale überwiegen[398], wobei nochmals zu betonen ist, dass alle Umstände des Einzelfalls zu berücksichtigen sind.

bb) Stellungnahme

Der Eigenart der Tätigkeit kommt aufgrund des Typenbegriffs und der Vielzahl unterschiedlicher Tätigkeiten meines Erachtens eine besondere Bedeutung zu. Insbesondere müssen die Besonderheiten einer Tätigkeit herausgearbeitet werden, um prüfen zu können, was bei der jeweiligen Tätigkeit die maßgeblichen und prägenden Kriterien für die Abgrenzung sind. So ist es beispielsweise bei einem Dozenten maßgeblich, wie stark der Lehrer in den Unterrichtsbetrieb eingebunden ist und in welchem Umfang er den Unterrichtsinhalt, die Art und Weise der Ausgestaltung, die Arbeitszeit und die sonstigen Umstände der vereinbarten Dienstleistung gestalten kann.[399] Die Sozialgerichte schließen sich insoweit den Ausführungen des BAG an und ziehen diese Grundsätze auch bei ihrer Entscheidung heran.[400] In anderen Fällen wiederum spielt die Eingliederung weniger eine Rolle, wie etwa bei Rundfunkmitarbeiten.[401]

Obgleich solche Grundsätze im Laufe der Zeit für bestimmte Beschäftigungsgruppen und Tätigkeiten entwickelt wurden, beschäftigen sich die Gerichte meines Erachtens zu wenig im Einzelfall mit der Eigenart und den Besonderheiten einer jeden Tätigkeit, denn dies müsste neben den vertraglichen Grundlagen weiterer Ausgangspunkt jeder Prüfung sein, da die Kriterien nur dann korrekt bestimmt und in ihrer Bedeutung berücksichtigt werden können. Nur wer die Eigenart der jeweiligen Tätigkeit berücksichtigt, kann anhand der bestehenden Abgrenzungskriterien beurteilen, ob eine persönliche Abhängigkeit besteht oder nicht. Wenn jedoch die Kriterien ohne Berücksichtigung der Eigenart der Tätigkeit pauschal geprüft werden, finden sich oftmals nicht korrekte Entscheidungen, wie die Praxis zeigt. Es bedarf einer Prüfung der Eigenart der Tätigkeit in jedem Einzelfall. Die Eigenart der Tätigkeit spielt eine maßgebliche Rolle bei der Statusprüfung, was auch durch

---

397 BSG, Urt. v.18.11.2015 – B 12 KR 16/13 R, juris; LSG BW, Urt. v.23.11.2016 – L 5 R 1176/15, juris.

398 Ständige Rechtsprechung des BSG, vgl. etwa BSG, Urt. v.25.04.2012 – B 12 KR 24/10 R, juris; BSG, Urt. v.18.11.2015 – B 12 KR 16/13 R, juris.

399 Vgl. etwa BAG, Urt. v.11.10.2000 – 5 AZR 289/99, BeckRS 2000, 30787205; auch Exner, S. 48.

400 So ausdrücklich beispielsweise in BSG, Urt. v.12.2.2004 – B 12 KR 26/02 R, BeckRS 2004, 40610.

401 Vgl. etwa BAG, Urt. v.20.05.2009 – 5 AZR 31/08, NZA-RR 2010, 172.

die künftig neu eingeführte Regelung in § 611a S. 4 BGB n.F. ausdrücklich bestätigt wird.[402] Insofern sollte dies künftig von der Rechtsprechung (noch) verstärkter berücksichtigt werden.

c) Gesamtbild der Tätigkeit/ Gesamtwürdigung der einzelnen Merkmale

aa) Rechtsprechung

(1) Gesamtschau

Die Rechtsprechung betont weiter, dass es bei der Statusfeststellung auf ein Gesamtbild der Leistung ankommt und davon abhängt, welche Merkmale überwiegen. Die jeweilige Zuordnung einer Tätigkeit nach deren Gesamtbild zum rechtlichen Typus der Beschäftigung bzw. selbständigen Tätigkeit setzt dabei also voraus, dass alle nach Lage des Einzelfalls als Indizien in Betracht kommenden Umstände festgestellt, in ihrer Tragweite zutreffend erkannt und gewichtet, in die Gesamtschau mit diesem Gewicht eingestellt und nachvollziehbar, d.h. den Gesetzen der Logik entsprechend und widerspruchsfrei gegeneinander abgewogen werden. Diese Abwägung darf allerdings nicht (rein) schematisch oder schablonenhaft erfolgen, etwa in der Weise, dass beliebige Indizien jeweils zahlenmäßig einander gegenübergestellt werden, sondern es ist in Rechnung zu stellen, dass manchen Umständen wertungsmäßig größeres Gewicht zukommen kann als anderen, als weniger bedeutsam einzuschätzenden Indizien.[403] Im Einzelfall kann sich deshalb eine sehr komplexe Abwägung ergeben, die der Entscheidung vorausgeht.[404]

(2) Einfluss gesetzlicher Vorschriften auf Abgrenzungsmerkmale

Bestimmte gesetzliche Vorschriften können Einfluss auf die Gewichtung der entsprechenden Merkmale haben. So wird beispielsweise in § 3 ProstG zum Ausdruck gebracht, dass ein eingeschränktes Weisungsrecht bei Prostituierten der Annahme einer Beschäftigung im sozialversicherungsrechtlichen Sinne nicht entgegensteht. Insofern enthalten diese Regelungen nach Auffassung des LSG Hessen Vorgaben für die bei der Anwendung des § 7 Abs. 1 SGB IV vorzunehmenden Gewichtung der typusbildenden Merkmale.[405] Auch im Handelsvertreterrecht ergeben sich aus den Vorschriften des HGB einige Merkmale, die nicht ausschlaggebend für die Abgrenzung sind und vor allem nicht auf eine Weisungsgebundenheit hindeuten, wie etwa Berichtspflichten oder Ähnliches. Ebenso ergeben sich für den Frachtführer aus den gesetzlichen Wertungen des HGB Einschränkungen, die dessen Selbständigkeit

---

402 Vgl. BT-Drs.18/10064.

403 BSG, Urt. v.30.10.2013 – B 12 KR 17/11 R, juris; BSG, Urt. v.25.04.2012 – B 12 KR 24/10 R, juris.

404 Vgl. auch Kasseler Kommentar/*Seewald* § 7 SGB IV Rn. 47.

405 Vgl. LSG Hessen, Urt. v.26.03.2009 – L 1 KR 331/08 B ER, juris.

unberührt lassen, so etwa dass dieser weit reichenden per Gesetz bestehenden Weisungsrechten des Spediteurs unterliegt.[406]

(3) Vertragliche Regelungen

Beachtet werden muss im Übrigen, dass auch die getroffenen Vereinbarungen als rechtlich relevante Umstände zu den tatsächlichen Verhältnissen gehören, nach denen sich das Gesamtbild der Tätigkeit bestimmt.[407] Die vertraglichen Regelungen sind somit auch nach der Rechtsprechung grundsätzlich immer in die Gesamtabwägung einzubeziehen. Letztlich ist das Gesamtbild des konkreten Vertragsverhältnisses mit einer Schwerpunktbetrachtung maßgebend.[408]

bb) Stellungnahme

(1) Beurteilungsspielraum der Gerichte

Durch das Gesamtbild der Tätigkeit und die Abwägung der einzelnen Kriterien ergibt sich für die Gerichte ein großer Beurteilungsspielraum, der nicht selten zu divergierenden Entscheidungen führt, was die Rechtssicherheit in Gefahr bringt. Auch wenn eine gewisse Rechtsunsicherheit jeder gerichtlichen Entscheidung immanent ist, so trägt der Beurteilungsspielraum in diesem Bereich sehr zu den teils großen Diskrepanzen bei, die teilweise keine rechtliche Grundlage mehr haben. Die Problematik der Unsicherheit in der Praxis besteht heute auch deshalb, weil die Gerichte die entsprechenden Kriterien, die für die Abgrenzung bestehen und entwickelt wurden, unterschiedlich anwenden und in einem Fall dem einen Kriterium mehr Bedeutung beimessen als in anderen Fällen, ohne dies jedoch mit der Eigenart der Tätigkeit oder sonstigen Umständen begründen zu können. Problematisch ist auch die Tatsache, dass die Gerichte die Kriterien häufig in einer Weise anwenden, wie sie den gesetzlichen und ursprünglichen Intentionen nicht mehr entsprechen. So ist insbesondere bei der Weisungsgebundenheit streng zu unterscheiden zwischen arbeitsrechtlichen Weisungen und Vereinbarungen, die die Parteien gemeinsam getroffen haben. Nicht jede Vereinbarung ist auch eine Weisung im arbeitsrechtlichen Sinne, wie bereits aus der Regelung im Werkvertragsrecht, konkret in § 645 BGB, ersichtlich ist.[409]

(2) Missbrauch des Beurteilungsspielraums

Obgleich die Rechtsprechung immer wieder betont, dass es auf die soziale Schutzbedürftigkeit nicht ankomme, so führt sie in einigen Entscheidungen doch zur Verwunderung aus, dass sie bei der Abgrenzung wie das BAG auf das Gesamtbild

406 Vgl. etwa BSG, Urt. v.11.09.2011 – B 12 KR 21/07 R, juris: auch BAG, Urt. v.19.11.1997 – 5 AZR 653/96, juris.

407 BSG, Urt. v.28.05.2008 – B 12 KR 13/07 R, juris.

408 Vgl. auch Ebenroth/Boujong/Joost/Strohn/*Löwisch*, § 84 HGB Rn. 17.

409 Vgl. dazu sogleich unter 3. Kapitel IV. 2. b) aa).

der Tätigkeit abstellt, „berücksichtigt allerdings auf der anderen Seite auch den Zweck der Sozialversicherung, den abhängig Beschäftigten wegen ihrer sozialen Schutzbedürftigkeit ein besonderes Sicherungssystem des öffentlichen Rechts zur Verfügung zu stellen".[410]

Insofern wird der Eindruck erweckt, dass zahlreiche Entscheidungen auch davon geleitet sind, einige Tätige in die Sozialversicherung einzubeziehen, ggf. weil sie von den Gerichten als sozial schutzbedürftig angesehen werden, gleich ob sie dies tatsächlich sind oder nicht.[411] In rechtlicher Hinsicht kommt es aber für die Abgrenzung – wie bereits ausgeführt – ausschließlich auf die persönliche Abhängigkeit an und nicht auf eine wirtschaftliche oder gar soziale Abhängigkeit und Schutzbedürftigkeit, so dass dieser Gesichtspunkt bei der Abwägung außen vor bleiben müsste wie auch die weitere Intention, bestimmte Personengruppen der Sozialversicherung zuzuführen, damit das Sicherungssystem finanziell gestärkt wird. Demnach wird in vielen Fällen gegen die eigens aufgestellten Grundsätze verstoßen.

2. Abgrenzungskriterien im Einzelnen

a) Einführung

aa) Grad der persönlichen Abhängigkeit

Maßgebend für die Abgrenzung im Einzelnen ist der Grad der persönlichen Abhängigkeit des Tätigen.[412] Die persönliche Abhängigkeit ist demnach ausschlaggebend für die Annahme einer abhängigen Beschäftigung, obwohl diese (bislang) nicht ausdrücklich im Gesetz genannt wird.[413] Die persönliche Abhängigkeit ist aber letztlich gleichbedeutend mit der Nichtselbständigkeit, die im Gesetz verankert ist, da eine solche eine fremdbestimmte und damit in persönlicher Abhängigkeit ausgeübte Tätigkeit darstellt.[414] Wesentlich ist, dass der Arbeitnehmer seine Dienstleistung im Rahmen einer von Dritten bestimmten Arbeitsorganisation erbringt[415] und die persönliche Abhängigkeit des Tätigen in der Verfügungsbefugnis des Arbeitgebers und der Dienstbereitschaft des Arbeitnehmers seinen Ausdruck findet.[416]

---

410 Vgl. etwa BSG, Urt. v.29.01.1981 – 12 RK 63/79, AP HGB § 92 Nr. 4.

411 So auch im Rahmen der Beurteilung einer Arbeitsvermittlung, BSG, Urt. v.12.12.1990 – 11 RAr 73/90, juris.

412 Vgl. ständige Rechtsprechung, etwa BAG, Urt. v.27.6.2001 - 5 AZR 561/99, NZA 2002, 742; etwa LSG Baden-Württemberg, Urt. v.24.02.2015 - L 11 R 5165/13, juris.

413 So auch Empirische Befunde zur „Scheinselbständigkeit", NZA 1997, 590, 591.

414 Vgl. etwa Kasseler Kommentar/*Seewald*, § 7 SGB IV Rn. 46; Krauskopf/*Baier*, § 7 SGB IV Rn. 4.

415 BAG, Urt. v.25.05.2005 – 5 AZR 347/04, AP BGB § 611 BGB Abhängigkeit Nr. 117.

416 BSG, Urt. v.18.04.1991 – 7 RAr 106/90, BeckRS 1991, 30737292; BSG, Urt. v.20.03.2013 – B 12 R 13/10 R, NJOZ 2014, 352.

bb) Gang der Untersuchung

Der Grad der persönlichen Abhängigkeit bestimmt sich anhand einer Vielzahl von der Rechtsprechung entwickelten Abgrenzungskriterien, auf die im Folgenden im Einzelnen eingegangen wird. Es wird vor allem untersucht, ob die von der Rechtsprechung entwickelten Kriterien zur Abgrenzung aus rechtlicher Hinsicht echte Abgrenzungskriterien darstellen oder ob die Rechtsprechung teilweise auch Kriterien anwendet, die keine rechtliche Aussagekraft für die Abgrenzung und Beurteilung der persönlichen Abhängigkeit bieten. Insofern wird vorliegend anhand der gesetzlichen Vorgaben untersucht, welches die entscheidenden Kriterien der Abgrenzung vom abhängig Beschäftigten zum Selbständigen sind. Von Rechtssicherheit und Rechtsklarheit kann bei den Entscheidungen der Gerichte zur Abgrenzung oftmals leider nicht mehr gesprochen werden, obgleich gerade dies erforderlich und zwingend ist. Es muss insbesondere eine gleichmäßige Anwendung der Rechtsvorschriften erfolgen, so dass eine rechtlich korrekte Abgrenzung unerlässlich ist. Die Unterschiede zur arbeitsrechtlichen Rechtsprechung werden ebenfalls aufgezeigt.

b) Weisungsgebundenheit

Charakteristisch für die Annahme einer abhängigen Beschäftigung ist die Tätigkeit nach Weisungen, also die Unterwerfung unter ein fremdes Direktionsrecht. Dass dies eine wesentliche Eigenschaft der abhängigen Beschäftigung und damit zumindest ein wesentliches Abgrenzungskriterium für die abhängige Beschäftigung zur selbständigen Tätigkeit darstellt, ergibt sich bereits aus den gesetzlichen Grundlagen. Sowohl in § 7 SGB IV als auch in § 84 HGB kommt dies explizit zum Ausdruck.

aa) Weisungen im Sinne von § 7 SGB IV

Nach § 7 Abs. 1 Satz 2 SGB IV ist unter anderem Anhaltspunkt für eine Beschäftigung eine Tätigkeit nach Weisungen. Fraglich ist aber, was unter Weisungen in diesem Sinne zu verstehen ist. Eine Weisung allein macht noch keine persönliche Abhängigkeit aus[417], so dass der Begriff der Weisung in diesem Sinne näher untersucht und von anderen „Weisungen" abgegrenzt werden muss.

(1) Anweisungen beim Auftrag und Werkvertrag

Bei Werkverträgen etwa sind per Gesetz erfolgsbezogene Anweisungen zulässig (§ 645 BGB). Diese Anweisungen werden aber als sachbezogen und ergebnisorientiert verstanden.[418] Erlaubt sind danach nur ergebnisbezogene Ausführungsanweisungen, wie etwa Angaben zu Größe, Menge und Art des zu erstellenden Werkes. Grenze ist immer der in der Leistungsbeschreibung vereinbarte Erfolg. Dieses erfolgsbezogene Anweisungsrecht im Rahmen des Werkvertrags muss somit

417 Vgl. Bauer/Baeck/Schuster, S. 46 Rn. 79.
418 Maschmann, NZA 2013, 1305.

vom arbeitsrechtlichen Weisungsrecht, um das es hier einzig und allein geht, unterschieden werden.

Auch Handelsvertreter oder beispielsweise ein selbständiger Rechtsanwalt sind im Rahmen der Geschäftsbesorgung an Weisungen des Auftraggebers gebunden, wie sich aus §§ 675, 665 BGB ergibt. Diese werden aber trotz dieser Weisungen nicht zum abhängig Beschäftigten oder Arbeitnehmer. Der Unterschied ist also letztlich darin zu sehen, ob erfolgsbezogene oder tätigkeitsbezogene Weisungen erteilt werden. Nur bei Letzterem kann eine persönliche Abhängigkeit bejaht werden. Oftmals sind Weisungen an den Auftragnehmer bei der Beauftragung essentiell für die Durchführung des Auftrags, was aber keineswegs zu einem Arbeitsverhältnis führt, wie abermals die gesetzlichen Regelungen in §§ 662, 665, 675 Abs. 1 BGB zeigen. Auch aus diesem Grund wird in § 84 Abs. 1 Satz 2 HGB ausdrücklich normiert, dass der Handelsvertreter nur „im Wesentlichen" frei sein muss. Die Weisungen dürfen lediglich nicht so eng sein, dass die Tätigkeit im Wesentlichen nicht mehr frei ausgeübt werden kann.[419] Der Kerngehalt darf somit nicht beeinträchtigt werden.[420]

Hierin liegt auch der Unterschied zur Weisungsgebundenheit eines Arbeitnehmers, da der Arbeitgeber dort grundsätzlich durch einseitige Weisungen unbeschränkt über den Arbeitnehmer verfügen kann, wodurch seine persönliche Abhängigkeit begründet wird.[421] Das arbeitsrechtliche Weisungsrecht ist nämlich personenbezogen, ablauf- und verfahrensorientiert.[422] Allein dieses arbeitsrechtliche Weisungsrecht ermöglicht es dem Arbeitgeber, den Inhalt der Arbeit und die Umstände, unter denen die Arbeit zu erbringen ist, einseitig zu bestimmen und grundsätzlich auch einseitig, notfalls auch gegen den Widerstand des Arbeitenden wieder zu ändern.[423]

Der Selbständige steht dem Auftraggeber trotz etwaiger Vorgaben bzw. vertraglichen Vereinbarungen in einem Verhältnis persönlicher Selbständigkeit und Gleichordnung gegenüber und der Auftraggeber hat gerade nicht die Möglichkeit, einseitig Weisungen zu erteilen oder einseitig Änderungen vorzunehmen. Das ist der entscheidende Unterschied zum Arbeitsverhältnis, so dass streng zwischen den unterschiedlichen Weisungen zu unterscheiden ist.

(2) Restriktive Auslegung der Weisung im Sinne von § 7 SGB IV

Der Gesetzeswortlaut des § 7 Abs. 1 Satz 2 SGB IV muss deshalb in Abgrenzung zu sonstigen Weisungen, die auch im Auftragsrecht oder Werkvertragsrecht aufgrund gesetzlicher Bestimmungen zu finden sind, restriktiv dahingehend ausgelegt werden, dass eine umfassende Weisungsgebundenheit hinsichtlich Ort, Zeit und Art und Weise der Tätigkeit gegeben sein muss. Diese restriktive Sichtweise ist auch

---

419 Baumbach/Hopt/*Hopt*, § 84 HGB Rn. 38.
420 vgl. BSG, Urt. v.29.01.1981 – 12 RK 63/79, AP HGB § 92 Nr. 4.
421 vgl. BSG, Urt. v.29.01.1981 – 12 RK 63/79, AP HGB § 92 Nr. 4.
422 Vgl. dazu etwa BAG, Beschl. v.16.06.1998 - 1 ABR 62/97, BeckRS 1998, 30370260.
423 Maschmann, NZA 2013, 1305.

geboten, denn die Gesetzesbegründung zu § 7 Abs. 1 Satz 2 SGB IV führt aus, dass sich die Abgrenzung zwischen selbständiger Tätigkeit und abhängiger Beschäftigung durch die Einführung des Satzes 2 in § 7 Abs. 1 SGB IV nicht zu Lasten der Selbständigkeit verschieben soll.[424] Aus diesem Grunde ist die oben aufgezeigte restriktive Sichtweise erforderlich und geboten, mithin auch sachgerecht.[425]

(3) Gegenstand der Weisungen im Sinne von § 7 SGB IV

Die Weisungsgebundenheit betrifft vor allem Inhalt, Durchführung, Zeit, Dauer und Ort der zu erbringenden Tätigkeit, wie es sich auch aus § 106 GewO ergibt. Allein ein arbeitsrechtliches Weisungsrecht nach § 106 GewO ist demnach entscheidend für die Arbeitnehmereigenschaft bzw. die abhängige Beschäftigung, so dass die Gerichte gehalten sind, diese herauszufinden und dementsprechend eine korrekte Abgrenzung vorzunehmen.

Nach der herrschenden Vertragstheorie bestimmen sich die Dienste als Hauptleistungspflicht des Arbeitnehmers und Kernbereich des Arbeitsverhältnisses nach dem Arbeitsvertrag. Dort ist die Leistungspflicht aber nur als Rahmen festgelegt. Die Ausfüllung dieses Rahmens bestimmt sich entsprechend der Anforderungen an den Arbeitsplatz. Der Arbeitgeber kann also durch sein Weisungsrecht den Inhalt und die Ausführung der Dienste einseitig bestimmen. Dieses Weisungsrecht ist entscheidend für das Arbeitsverhältnis und führt zur persönlichen Abhängigkeit, ist aber je nach Tätigkeit unterschiedlich ausgestaltet.[426] Bei einer nur rahmenmäßig umschriebenen Leistungspflicht kann der Arbeitgeber nach billigem Ermessen im Sinne von § 315 BGB bestimmen, welche konkrete Arbeitsaufgabe der Arbeitnehmer übernehmen soll und kann ihm im vorgegebenen Rahmen Aufgaben zuweisen, er kann also in gewisser Weise in dem zeitlichen Rahmen frei über den Arbeitnehmer verfügen.[427] Entscheidend ist also eine Weisungsgebundenheit, wie sie nur im Rahmen eines Arbeitsverhältnisses bzw. einer abhängigen Beschäftigung vorliegt.

Abzugrenzen ist eine solche Weisungsgebundenheit weiter von Vereinbarungen zwischen den Parteien sowie auch den oben bereits dargestellten „Vorgaben“, wie sie auch im Rahmen eines freien Dienstverhältnisses bestehen können. Dies ist der entscheidende Gesichtspunkt, der in der Rechtsprechung oftmals verkannt wird. Insofern soll diesbezüglich eine genauere Untersuchung vorangestellt werden.

---

424 vgl. BT-Drs.14/1855 S. 9.
425 So auch Bauer/Baeck/Schuster, S. 46 Rn. 79.
426 Landmann/Rohmer/*Neumann*, GewO § 106 Rn. 7.
427 Landmann/Rohmer/*Neumann*, GewO § 106 Rn. 3.

bb) Abgrenzung der Weisungen zu Vereinbarungen und Vorgaben im Rahmen des freien Dienstverhältnisses

(1) Begrenzungen der Freiheit durch Regeln und Normen

Die Rechtsprechung hat bestätigt, dass es Fälle geben kann, in denen zwar Ziele der Tätigkeit durch Regeln und Normen vorgegeben sind, die die Grenzen der Handlungsfreiheit mehr in generell-abstrakter Weise umschreiben, aber dennoch die Art und Weise, wie diese Ziele erreicht werden, der Entscheidung des Tätigen überlassen bleibt. Solche Tätigkeiten können gleichwohl weisungsfrei und damit selbständig sein.[428] Ungeachtet der bereits aufgezeigten Unterschiede hinsichtlich Vorgaben und Weisungen können demnach auch Selbständige bestimmten Beschränkungen unterliegen, ohne dass eine abhängige Beschäftigung vorliegt. Es ist, wie die gesetzliche Regelung in § 84 Abs. 1 Satz 2 HGB zeigt, vielmehr ausschlaggebend, ob der Tätige seine Tätigkeit im Wesentlichen frei gestalten und seine Arbeitszeit bestimmen kann. Selbständige und abhängig Beschäftigte unterscheiden sich demnach nicht darin, dass erstere überhaupt keinen Bindungen unterliegen dürfen. Auch bei Selbständigen kann eine Begrenzung der Handlungsmöglichkeiten gegeben sein, ohne dass dies der Selbständigkeit Abbruch täte. Die Begrenzungen bestehen allerdings durch Regeln oder Normen, die die Grenzen ihrer Handlungsfreiheit mehr in generell-abstrakter Weise umschreiben, so dass es sich demnach nicht um Einzelanordnungen von Seiten des Arbeitgebers handelt.[429] Dies ist entscheidend.

(2) Weisungsrecht und vertragliche Vereinbarungen sowie Eckpunkte der Tätigkeit

(i) Allgemeines

Beachtet werden muss weiter, dass auch gewisse zeitliche, inhaltliche oder örtliche Bestandteile zwischen den Parteien gemeinsam vereinbart werden können, weil es bei der konkreten Dienstleistung beispielsweise entscheidend ist, dass diese zu einem bestimmten Zeitpunkt oder bis zu einem bestimmten Zeitpunkt ausgeführt sein muss. Dann sind solche Bindungen nicht einseitig vorgegeben, sondern mit der Übernahme der Dienste zwischen den Parteien vereinbart.[430] Auch dies ist kein Weisungsrecht im genannten Sinne, so dass es nicht gegen die Selbständigkeit sprechen kann.

---

428 BSG, Urt. v.12.02.2004 - B 12 KR 26/02 R, BeckRS 2004, 40610; BSG, Urt. v.27.03.1980 – 12 RK 26/79, BeckRS 1980, 03130.

429 Vgl. zutreffend BSG, Urt. v.27.03.1980 – 12 RK 26/79, BeckRS 1980, 03130.

430 So ausdrücklich für zeitliche Vereinbarungen bei einem programmgestaltenden Mitarbeiter, BAG, Urt. v.20.05.2009 – 5 AZR 31/08, NZA-RR 2010, 172.

(ii) Beispiele aus der sozialgerichtlichen Rechtsprechung

Das BSG hat in einigen Entscheidungen zutreffend klargestellt, dass auch dem Umstand, dass gewisse „Eckpunkte“ des jeweiligen Auftrags vorgegeben sind, keine entscheidende Bedeutung für die Abgrenzung beigemessen werden kann.[431]

In einer Entscheidung über eine selbständige Pilotentätigkeit hat es beispielsweise entschieden, dass es nicht darauf ankommen kann, dass gewisse Eckpunkte, wie Abflugzeit, Ziel des Fluges, Abflug- und Zielflughafen sowie zu transportierende Güter oder Personen vom Auftraggeber sowie auch der äußere Ablauf durch gesetzliche und (flug)technische Regelungen vorgegeben sind.[432] Hierbei hatte das Gericht auf die im Zusammenhang mit der rechtlichen Beurteilung von Lehrtätigkeiten entwickelten Grundsätze des BSG angeknüpft und diese auf die Pilotentätigkeit übertragen.

Bei Lehrtätigkeiten hat das BSG in ständiger Rechtsprechung darauf abgestellt, wie intensiv die Lehrkraft in den Unterrichtsbetrieb eingebunden ist, in welchem Umfang sie den Unterrichtsinhalt, die Art und Weise der Unterrichtserteilung, ihre Arbeitszeit und die sonstigen Umstände der Dienstleistung mitgestaltet und inwieweit sie zu Nebenarbeiten herangezogen werden kann. So können etwa Volkshochschuldozenten, die außerhalb schulischer Lehrgänge unterrichten, oder Lehrkräfte, die nur Zusatzunterricht erteilen, als freie Mitarbeiter beschäftigt werden.[433] Insofern erkannte es auch dort, dass in einer „geminderten Autonomie“ der selbständig Tätigen bei der Durchführung der einzelnen Einsätze nicht auf eine Weisungsgebundenheit im geforderten Sinne geschlossen werden kann.[434] Unter Bezugnahme auf diese Entscheidung entschied auch das SG Stuttgart[435], dass ein Rettungsassistent in der Flugrettung selbständig tätig sein kann und es nicht entscheidend sei, dass der Ablauf nach Annahme einer Schicht durch gesetzliche und flugtechnische Regelungen vorgegeben sei. Es entspreche vielmehr der Besonderheit der zu leistenden Tätigkeit, dass der Rettungsassistent keine freie Gestaltung bezüglich des Ortes und Zeit und der Art und Weise der zu erledigenden Aufgaben habe. Es entspreche auch der Natur der Sache, dass der Rettungsassistent sich während eines Einsatzes an die Vorgaben des Piloten und des Arztes zu halten habe, so dass er diesbezüglich zwar in gewisser Weise in die Organisationsstruktur des jeweiligen Einsatzteams eingebunden war, was aber nach Auffassung des Gerichts nicht gegen die Annahme einer selbständigen Tätigkeit spreche, weil es nicht Ausfluss eines übergeordneten Weisungsrechts war, sondern vielmehr auf der gesetzlich vorgegebenen Stellung eines Arztes bzw. Piloten beruhte.[436]

---

431 BSG, Urt. v.28.05.2008 – B 12 KR 13/07 R, juris, BSG, Urt. v.28.09.2011 – B 12 R 17/09 R, juris.

432 BSG, Urt. v.28.05.2008 – B 12 KR 13/07 R, juris.

433 BSG, Urt. v.12.02.2004 - B 12 KR 26/02 R, juris.

434 BSG, Urt. v.28.05.2008 – B 12 KR 13/07 R, juris.

435 SG Stuttgart, Urt. v.24.04.2012 – S 17 R 3913/10, juris.

436 SG Stuttgart, Urt. v.24.04.2012 – S 17 R 3913/10, juris.

In einer anderen Entscheidung zu hauswirtschaftlichen Pflegetätigkeiten einer Familienbetreuerin wurden diese Grundsätze ebenfalls herangezogen und ausgeführt, dass es für die Statusentscheidung keine Bedeutung hat, dass sich die Betreuungstätigkeit allgemein nach den Bedürfnissen und Wünschen der Betreuten oder ihrer Angehörigen auszurichten hatte.[437] Insofern sprach dieser Umstand nicht für eine persönliche Abhängigkeit.

(iii) Rechtsprechung des BAG

Auch das BAG ist grundsätzlich dieser Auffassung und führt etwa in seiner Entscheidung vom 25.05.2005[438] unter Aufgabe seiner Entscheidung aus dem Jahr 1998[439] aus, dass sich aus der Verpflichtung, gewisse Auflagen einer Aufsichtsbehörde zu erfüllen, keine arbeitsrechtliche Weisungsabhängigkeit gegenüber dem Auftraggeber ergebe, so dass dies deshalb kein Merkmal arbeitsvertraglicher Weisungsgebundenheit ist.[440]

Insofern muss berücksichtigt werden, dass gewisse Eckpunkte der Tätigkeit vereinbart werden können, ohne dass dies zu einer abhängigen Beschäftigung führt.

(3) Weisungsbefugnis aus Vertrag?

Im Übrigen ist – wie das BAG zu Recht erkennt – im Rahmen des Weisungsrechts zu beachten, inwieweit die vertraglichen Regelungen überhaupt Weisungen in dem entsprechenden Rechtsverhältnis zulassen. Soweit sich der Aufgabenbereich des Tätigen bereits konkret und zweifelsfrei aus den vertraglichen Vereinbarungen ergibt, bleibt für die Konkretisierung der Arbeitspflicht durch Weisungen des „Auftraggebers“ kein Raum mehr. Die Parteien haben dann den Gegenstand der Tätigkeit im Einzelnen vertraglich festgelegt, was wiederum typisch für ein selbständiges Dienstverhältnis ist.[441] Dies zeigt auch die Heranziehung der Rechtsprechung zur Abgrenzung des freien Werkvertrags von der Arbeitnehmerüberlassung. Dabei wird immer auch geprüft, inwieweit eine Werkleistung konkret vereinbart und damit einem Weisungsrecht des Bestellers entzogen ist.[442] Eine Veränderung der Tätigkeit bedarf dann der Vertragsänderung, eine einseitige Änderung bzw. Weisung – wie dies im Arbeitsverhältnis möglich ist – kann in diesen Fällen hingegen nicht erfolgen.

---

437 BSG, Urt. v.28.09.2011 – B 12 R 17/09 R, juris.

438 BAG, Urt. v.25.05.2005 – 5 AZR 347/04, AP BGB § 611 Abhängigkeit Nr. 117.

439 BAG, Urt. v.06.05.1998 – 5 AZR 347/97, AP BGB § 611 Abhängigkeit Nr. 94.

440 BAG, Urt. v.25.05.2005 – 5 AZR 347/04, AP BGB § 611 Abhängigkeit Nr. 117; BSG, Urt. v.30.10.2013 – B 12 KR 17/11 R, juris.

441 BAG, Urt. v.13.11.1991 – 7 AZR 31/91, NZA 1992, 1125; teilweise auch sozialgerichtliche Rechtsprechung, vgl. LSG Baden-Württemberg, Urt. v.24.02.2015 - L 11 R 5165/13, juris.

442 Vgl. etwa LSG Baden-Württemberg, Urt. v.14.05.2013 - L 11 KR 1396/12, BeckRS 2013, 72284.

Für eine Weisungsgebundenheit ist demnach entscheidend, dass nach der zugrundeliegenden Rechtsbeziehung überhaupt eine Berechtigung besteht, entsprechende Weisungen zu erteilen.[443] Grundsätzlich unerheblich ist es in rechtlicher Hinsicht, ob von diesem Recht tatsächlich auch Gebrauch gemacht wird.[444] Die bestehende Rechtsmacht ist entscheidend, auch wenn es Fälle geben kann, in denen eine Rechtsmacht nur vertraglich vereinbart ist, diese tatsächlich aber nicht ausgeübt wird.

(4) Einschränkungen aus der Natur der Tätigkeit

Darüber hinaus können sich auch aus der Tätigkeit an sich gewisse Einschränkungen der unternehmerischen Freiheit ergeben, die aus der Natur der Sache folgen, wie beispielsweise die Einhaltung von Arbeits- oder Öffnungszeiten. Auch das SG Stuttgart erwähnte in der oben genannten Entscheidung die Besonderheiten, die sich aus der Natur der Tätigkeit ergeben und wies zutreffenderweise darauf hin, dass diese Gesichtspunkte nicht für ein abhängiges Beschäftigungsverhältnis sprachen.[445] Dies sind dann die sog. Besonderheiten des Einzelfalls, die wie oben erwähnt, auch immer Berücksichtigung finden müssen. Gerade aber bei der Weisungsfreiheit spielt dies auch eine entscheidende Rolle, da Einschränkungen, die sich aus der Natur der Tätigkeit ergeben, die Selbständigkeit nicht ohne Weiteres ausschließen.[446] Es handelt sich dabei nämlich nicht um ein Weisungsrecht im Sinne des § 7 SGB IV, so dass solche Gesichtspunkte bei der Statusentscheidung nicht maßgeblich herangezogen werden können.

(5) Stellungnahme

Die soeben aufgezeigten Gesichtspunkte sind bei den jeweiligen Einzelentscheidungen in jedem Fall zu berücksichtigen, was vielfach jedoch verkannt bzw. willkürlich angewendet wird.[447] Es ist demnach immer zunächst zu prüfen, ob gewisse Freiheiten bereits durch Regelungen oder Normen begrenzt sind, die konkrete Leistung und Eckpunkte zwischen den Parteien gemeinsam vereinbart wurden, so dass für ein Weisungsrecht kein Raum mehr verbleibt. Letztlich sind auch immer die Eigenarten der bestimmten Tätigkeit festzustellen und auszuloten, welche Gesichtspunkte sich aus der Natur der Tätigkeit ergeben. Erst dann kann eine korrekte Abgrenzung erfolgen, denn die Bestimmung einer Weisungsgebundenheit im Sinne des § 7 SGB IV bedarf einer trennscharfen Abgrenzung zu sonstigen Vorgaben und Vereinbarungen.

---

443 Auch Boemke, ZfA 1998, 285, 308.

444 Vgl. i. E. BAG, Urt. v.12.09.1996 - 5 AZR 1066/94, NZA 1997, 194.; Krauskopf/*Baier*, § 7 SGB IV Rn. 9; BSG, Urt. v.18.05.1983 – 12 RK 421/81, juris.

445 Vgl. SG Stuttgart, Urt. v.24.04.2012 – S 17 R 3913/10, juris.

446 Oetker/*Busch*, § 84 HGB Rn. 28; BGH, Urt. v.11.03.1982 - I ZR 27/80, NJW 1982, 1757; BSG, Urt. v.29.01.1981 - 12 RK 63/79, AP HGB § 92 Nr. 4.

447 Vgl. hierzu insbesondere die Auseinandersetzung mit der Rechtsprechung zum Anästhesisten unter 4. Kapitel IV. 3.

Auch wenn die Rechtsprechung – sowohl die des BSG als auch des BAG – diese Grundsätze richtigerweise aufstellt und in manchen Entscheidungen berücksichtigt und erläutert, so werden sie nicht in jeder Entscheidung ausreichend gewürdigt, was aber für eine korrekte Abgrenzung im rechtlichen Sinne erforderlich wäre.

cc) Weisungsgebundenheit in zeitlicher Hinsicht

(1) Gesetzliche Vorgaben

Grundlage des zentralen Abgrenzungskriteriums der zeitlichen Weisungsfreiheit ist die Regelung in § 84 Abs. 1 Satz 2 HGB, wonach derjenige selbständig ist, „wer im Wesentlichen frei seine Tätigkeit gestalten und seine Arbeitszeit bestimmen kann“.[448] Aber auch in den Fällen, in denen das zentrale Merkmal der zeitlichen Weisungsfreiheit fehlt, können Fallgestaltungen denkbar sein, dass keine abhängige Beschäftigung vorliegt, da auch dieses Kriterium kein alleinentscheidendes ist, sondern eines von vielen, so dass die bereits mehrfach angesprochene Gesamtabwägung entscheidend ist.

(2) Begriff

Unter der zeitlichen Weisungsbefugnis wird die Befugnis des Arbeitgebers verstanden, Dauer und zeitliche Lage der zu erbringenden Leistung im Rahmen der vorgegebenen Regelungen verbindlich und einseitig festlegen zu können.[449] So spricht die Tatsache, dass der Auftraggeber die Verteilung der Arbeitszeit auf die einzelnen Tage sowie Beginn und Ende der Arbeitszeit einseitig festlegen kann, für eine abhängige Beschäftigung. Bei der zeitlichen Weisungsbefugnis geht es darum, das im Arbeitsvertrag geregelte zeitliche Volumen hinsichtlich ihrer Lage einseitig konkretisieren und bestimmen zu können.

Eine zeitliche Weisungsabhängigkeit kann vor allem dann angenommen werden, wenn ständige Dienstbereitschaft erwartet wird[450] oder wenn der Tätige auch ohne entsprechende Vereinbarung einseitig für Leistungen herangezogen werden kann und tatsächlich auch wird, ihm also letztlich Arbeitszeiten einseitig vorgegeben und zugewiesen werden.[451]

Weiter spricht auch die Möglichkeit, innerhalb eines bestimmten Rahmens über die Leistung des Tätigen verfügen zu können, grundsätzlich für eine Weisungsgebundenheit. Wenn der Tätige die Übernahme der vereinbarten Tätigkeit hingegen verweigern oder ablehnen darf, ohne Gründe zu nennen und Konsequenzen befürchten zu müssen sowie darüber hinaus auch Freiräume bei der Zeiteinteilung hat – wenn auch innerhalb eines bestimmten Rahmens –, so spricht dies hingegen

---

448 Vgl. 2. Kapitel II. 2.

449 Boemke, ZfA 1998, S. 309; Landmann/Rohmer/*Neumann*, GewO § 106 Rn. 23.

450 BAG, Urt. v.19.11.1997 - 5 AZR 653/96, NZA 1998, 364.

451 Ständige Rechtsprechung BSG, Urt. v.28.01.1999 - B 3 KR 2/98 R, juris; LSG Baden-Württemberg, Urt. v.23.04.2015 – L 11 R 3224/14, juris.

für eine Weisungsfreiheit. Durch die Möglichkeit Aufträge ohne Weiteres ablehnen zu können, kommt insofern in der Praxis auch jedes Mal aufs Neue die freie Entschließungsmöglichkeit des Tätigen zum Ausdruck, eine Dienstleistung übernehmen zu wollen oder nicht. Hierin drückt sich ebenfalls die Weisungsfreiheit des Tätigen aus, da nur ein Selbständiger Aufträge ohne Sanktionen und Konsequenzen ablehnen kann.[452] Ein Arbeitnehmer kann hingegen die ihm im Rahmen des Direktionsrechts zugewiesenen Aufgaben grundsätzlich nicht sanktionslos ablehnen.

(3) Ausgestaltung in der Praxis

In den Regelfällen eines Arbeitsverhältnisses, also wenn Beginn und Ende sowie die Lage der Tätigkeit vorgegeben sind, ist eine Abgrenzung – auch was die zeitliche Weisungsgebundenheit – angelangt, in der Regel unproblematisch möglich. Schwieriger und interessanter gestalten sich aber die Sonderformen der Tätigkeiten, die es in einer Vielzahl unterschiedlicher Ausgestaltungen gibt, so dass die entsprechenden Facetten zu berücksichtigen sind, auch in Bezug auf die zeitliche Weisungsgebundenheit. So haben sich in der Praxis und der Rechtsprechung bereits eine Vielzahl von Gestaltungen ergeben, die die zeitliche Weisungsbefugnis behandeln.

Häufig wird in der Führung von Dienstplänen und in der Tatsache, dass der Tätige dort eingetragen ist, ein Indiz für die zeitliche Weisungsgebundenheit gesehen.[453] Korrekterweise lässt sich aber allein aus dem Umstand, dass jemand in einem Dienstplan aufgeführt ist, noch keinen Rückschluss auf die Abgrenzung des Selbständigen vom abhängig Beschäftigten ziehen. Denn entscheidend ist in diesen Fällen einzig und allein, ob die Eintragung im Dienstplan einseitig, also ohne Vereinbarung mit dem Tätigen, erfolgte oder ob die Eintragung als Folge der vereinbarten Termine und Zeiten anzusehen ist. Bei letzterem haben die Parteien nämlich gemeinsam einen konkreten Termin bzw. bestimmte Zeiten vereinbart, in denen die Dienstleistung zu erbringen ist. Dies ist keine Folge von Weisungsgebundenheit des Tätigen, sondern signalisiert gerade die freie Entscheidung über die Tätigkeit, so dass die Eintragung in Dienstpläne nicht per se für eine abhängige Beschäftigung spricht.[454] Es sind vielmehr die Umstände zu betrachten, die zur Eintragung in einen Dienst- oder Belegungsplan führten.[455] Durch vereinbarte Regelungen ist

452 So auch Bauer/Baeck/Schuster, S. 46; BSG Urt. v.28.05.2008 – B 12 KR 13/07 R, juris; relativierend BSG, Urt. v.20.03.2013 – B 12 R 13/10, juris.

453 Vgl. etwa BSG, Urt. v.28.05.2008 - B 12 KR 13/07 R, juris; LSG Baden-Württemberg, Urt. v.24.02.2015 - L 11 R 5165/13, juris.

454 So auch Freckmann, DB 2013, 459, 460; Bauer/Baeck/Schuster, S. 47; i.E. auch BSG, Urt. v.28.05.2008 – B 12 KR 13/07 R, juris; SG Stuttgart, Urt. v.24.04.2012 – S 17 R 3913/10, juris.

455 LSG Baden-Württemberg, Urt. v.24.02.2015 - L 11 R 5165/13, juris; SG Detmold, Urt. v.17.11.2009 - S 8 (2) R 219/06, juris.

ein mögliches Weisungsrecht entzogen, es besteht also gerade kein einseitiges Weisungsrecht, so dass dies vielmehr gegen eine abhängige Beschäftigung spricht.[456]

Bei programmgestaltenden Mitarbeitern nehmen sowohl das BSG als auch das BAG in seiner ständigen Rechtsprechung an, dass in diesen Fällen nur ein Arbeitsverhältnis besteht, wenn eine ständige Dienstbereitschaft erwartet wird oder der Mitarbeiter in nicht unerheblichem Umfang ohne Abschluss entsprechender Vereinbarungen zur Arbeit herangezogen werden kann, so etwa dann, „wenn die Rundfunk- bzw. Fernsehanstalt einseitig, ohne Mitwirkung des Mitarbeiters, Dienstpläne aufstellt“[457]. Weiter betont das BSG gerade im Bereich Rundfunk und Fernsehen, dass hier allein die Tatsache, dass Ort und Zeit der Tätigkeit feststehen, noch nicht für eine Weisungsgebundenheit spreche, da sich die Bindungen aus den vertraglichen Vereinbarungen ergeben und gerade nicht Ausfluss eines einseitigen Direktionsrechts seien.[458]

Wie bereits ausgeführt, ist es für die Selbständigkeit nicht schädlich, wenn gewisse Eckpunkte der Tätigkeit vorgegeben sind. So spricht es auch nicht für eine zeitliche Weisungsgebundenheit, wenn zwar zeitliche Vorgaben für die Aufgabenerledigung gegeben sind, aber gleichwohl eine freie Arbeitszeiteinteilung möglich ist.[459] Auch bei jedem freien Dienstverhältnis kann zwischen den Parteien eine Zeitspanne vereinbart werden, innerhalb derer die Dienstleistung erledigt werden soll. Dies spricht also nicht für eine zeitliche Weisungsgebundenheit.

(4) Rechtsprechung des BAG

Das BAG stellt wie angedeutet bei der Abgrenzung auch auf die zeitliche Weisungsgebundenheit ab. So betonte das BAG beispielsweise bei einem Versicherungsvertreter verstärkt die Bedeutung der zeitlichen Weisungsfreiheit und führte aus, dass Vorgaben von 15–20 Kundenbesuche pro Woche bei dem der Entscheidung zugrundeliegenden Sachverhalt nicht zu einer zeitlichen Weisungsgebundenheit führten.[460] Es könne sich eine solche aber aus der Festlegung eines in einer bestimmten Zeitspanne zu erledigenden Mindestsolls ergeben. Eine Weisungsgebundenheit sei aber wiederum nicht anzunehmen, wenn die Grenzen so gesetzt seien, dass dem Mitarbeiter ein erheblicher Spielraum verbleibt.[461] Auch stand nach Auffassung des BAG die Anordnung, an einem bestimmten Wochentag an einer Besprechung

---

456 So auch Hromadka, NJW 2003, 1847, 1848; SG Detmold, Urt. v.17.11.2009 - S 8 (2) R 219/06, juris; so auch LAG Hamm, Urt. v.06.09.2007 – 8 Sa 802/07, juris.

457 BSG, Urt. v.28.01.1999 – B 3 KR 2/98 R, BeckRS 1999, 30044657; BAG, Urt. v.20.05.2009 – 5 AZR 31/08, NZA-RR 2010, 172.

458 BSG, Urt. v.28.01.1999 – B 3 KR 2/98 R, BeckRS 1999, 30044657; auch BAG, Urt. v.20.05.2009 – 5 AZR 31/08, NZA-RR 2010, 172 (wonach die zeitlichen Vorgaben notwendiger Bestandteil der übernommenen Aufgabe sei).

459 So beispielsweise Sächsisches LSG, Urt. v.10.09.2015 – L 1 KR 175/12, juris.

460 BAG, Urt. v.09.06.2010 – 5 AZR 332/09, NZA 2010, 877.

461 BAG, Urt. v.09.06.2010 – 5 AZR 332/09, NZA 2010, 877.

teilzunehmen, nicht der Annahme einer selbständigen Tätigkeit entgegen, da dies kein so gravierender Eingriff darstelle.[462]

Bei einer VHS-Dozentin stellte das BAG beispielsweise darauf ab, ob die Volkshochschule nach ihren Bedürfnissen außerhalb der Unterrichtszeit über die Arbeitskraft des Dozenten verfügen kann oder nicht. Die Bedeutung dieses Indizes hänge vor allem auch vom zeitlichen Umfang der zusätzlichen Aufgaben ab. Je mehr die Volkshochschule den Inhalt der Arbeitsleistung bestimmen und dem Dozenten weitere Aufgaben übertragen kann, desto mehr spreche für ein Arbeitsverhältnis.[463] Das BAG betonte hierbei aber auch, dass ein Weisungsrecht gerade nicht bestehe, wenn der Inhalt der Dienstleistung und die Unterrichtszeiten im Einzelnen vertraglich vereinbart sind. Dies wertet auch das BAG als einen gewichtigen Hinweis auf ein freies Dienstverhältnis, da dann gerade kein Weisungsrecht bestehen kann.[464]

(5) Stellungnahme

Die zeitliche Weisungsgebundenheit ist aufgrund der gesetzlich klar zum Ausdruck gebrachten Weise ein wesentliches und gewichtiges Abgrenzungskriterium der selbständigen Tätigkeit von der abhängigen Beschäftigung. Sowohl in § 7 SGB IV als auch in § 84 HGB kommt dies zum Ausdruck, so dass der Gesetzgeber hier an mehreren Stellen klar zum Ausdruck gebracht hat, dass eine zeitliche Freiheit für eine selbständige Tätigkeit spricht. Die Rechtsprechung der Sozialgerichte sowie der Arbeitsgerichte sind hier gleich und wenden dieses Abgrenzungskriterium an, wenn auch nicht immer konsequent, da in den Facetten in manchen Bereichen eine andere Gewichtung erfolgt, wie etwa der Bereich der programmgestaltenden Mitarbeiter beispielsweise zeigt. Gleichwohl stellt dieses Kriterium aufgrund der gesetzlich ausdrücklichen Normierung insbesondere in § 84 HGB sowohl für das BSG als auch für das BAG ein entscheidendes Kriterium zur Abgrenzung dar.[465]

dd) Weisungsgebundenheit in Bezug auf den Ort

(1) Gesetzliche Vorgaben

Nach § 84 Abs. 1 Satz 2 HGB ist der Selbständige auch frei in der Gestaltung seiner Tätigkeit, wenn ihm nicht vorgegeben ist, wo und wie er die Arbeit zu verrichten hat, insbesondere wenn kein bestimmter Arbeitsort vorgegeben ist.[466] Insoweit kommt es nach den gesetzlichen Regelungen für die persönliche Abhängigkeit auch darauf an, ob eine Weisungsgebundenheit in örtlicher Hinsicht besteht.

---

462 So auch BAG, Urt. v.19.12.1999 – 5 AZR 169/99, AP HGB § 84 Nr. 12.

463 BAG, Urt. v.13.11.1991 - 7 AZR 31/91, NZA 1992, 1125.

464 BAG, Urt. v.13.11.1991 - 7 AZR 31/91, NZA 1992, 1125.

465 Vgl. etwa BSG, Urt. v.13.12.1960 – 3 RK 2/56, NJW 1961, 1134; BAG, Urt. v.13.11.1991 - 7 AZR 31/91, NZA 1992, 1125.

466 ErfK/*Preis*, § 611 BGB Rn. 97.

(2) Begriff

Unter der Weisungsbefugnis hinsichtlich des Ortes versteht man das Recht des Arbeitgebers, den Ort einseitig zu bestimmen, an dem die Leistung erbracht werden soll.[467] Es spricht dabei also für eine örtliche Weisungsbefugnis, wenn dem Tätigen der Ort der Tätigkeit vom Arbeitgeber vorgegeben wird. Allerdings muss hierbei Berücksichtigung finden, dass oftmals bereits aufgrund der Eigenart der Tätigkeit die Bestimmung des Ortes vorgegeben sein kann, ohne dass eine Weisungsbefugnis des Arbeitgebers bestünde.

(3) Ausgestaltung in der Praxis

Die Praxis berücksichtigt die Weisungsgebundenheit hinsichtlich des Ortes ebenfalls, wobei sie zum Teil korrekterweise auch die Besonderheiten einer jeden Tätigkeit gerade in diesem Bereich berücksichtigt. So ist beispielsweise für einen Schiffsarzt der Ort (Schiff) bereits vorgegeben, an dem er seine Tätigkeit zu erbringen hat.[468] Dies ist allerdings nicht Ausdruck eines Weisungsrechts im Sinne von § 106 GewO, da in diesem Fall auch dem Arbeitgeber die Möglichkeit genommen ist, einen anderen Tätigkeitsort sinnvollerweise zuzuweisen. In solchen Fällen kann deshalb der Ort nicht entscheidend zur Abgrenzung herangezogen werden. Von der Rechtsprechung muss zumindest berücksichtigt werden, dass die Vorgabe des Arbeitsortes nicht durch ein Weisungsrecht bestimmt wurde, sondern er sich aus der Eigenart der Tätigkeit ergibt.

Auch aus gesetzlichen Regelungen kann sich die Vorgabe eines Ortes ergeben, so dass auch dies nicht Ausfluss eines Weisungsrechts ist. Das LSG Baden-Württemberg hat beispielsweise betont, dass bei einem Physiotherapeuten keine Freiheit hinsichtlich des Ortes bestehe, sondern dieser entweder in der Praxis des Auftraggebers und bei entsprechender Verordnung von Hausbesuchen bei den Patienten vor Ort seine Tätigkeit ausüben musste.[469] Dies sei aber Folge einer gesetzlichen Regelung (§ 124 Abs. 2 Nr. 2 SGB V), so dass die Zulassung zur Erbringung von Leistungen der physikalischen Therapie an bestimmte Räumlichkeiten gebunden ist.[470]

(4) Stellungnahme

Aus § 84 Abs. 1 Satz 2 HGB ist zu entnehmen, dass es für die selbständige Tätigkeit auch auf die freie Gestaltung der Tätigkeit ankommt, mithin also auch auf eine örtliche Weisungsfreiheit. Insofern berücksichtigen sowohl das BAG wie auch das BSG gleichermaßen grundsätzlich auch die örtliche Weisungsgebundenheit bei der Abgrenzung des Arbeitnehmers vom Selbständigen. Oftmals ergibt sich der Ort der Tätigkeit aber aus der Eigenart der Tätigkeit oder aber aus gesetzlichen Vorschriften,

467 ErfK/*Preis*, § 611 BGB Rn. 65.
468 LAG Hamm, Urt. v.02.07.2012 – 2 Ta 71/12, juris.
469 LSG Baden-Württemberg, Beschl. v.14.10.2015 – L 4 R 3874/14, juris.
470 LSG Baden-Württemberg, Beschl. v.14.10.2015 – L 4 R 3874/14, juris.

so dass es in diesen Fällen kein taugliches Abgrenzungsmerkmal darstellen kann, da der Ort, an dem die Tätigkeit erbracht wird, sich weder aus einer Weisungsgebundenheit noch aus einer Weisungsfreiheit ergibt.

ee) Weisungsgebundenheit in fachlicher Hinsicht

(1) Gesetzliche Vorgaben

Nach den gesetzlichen Regelungen, in diesem Zusammenhang vor allem § 84 Abs. 1 Satz 2 HGB, kommt es bei der Beurteilung, ob jemand selbständig oder abhängig beschäftigt ist auch auf die freie inhaltliche Gestaltung der Tätigkeit an. Aus dem Gesetz lässt sich demnach der Anhaltspunkt entnehmen, dass die fachliche Weisungsgebundenheit ebenfalls ein Indiz für eine abhängige Beschäftigung darstellt, so dass auch diese grundsätzlich bei der Abgrenzung zu berücksichtigen ist.

(2) Begriff

Bei der fachlichen Weisungsbefugnis geht es darum, ablauf- und verfahrensorientierte Anweisungen geben zu können, also die Möglichkeit zu haben, auf die Art und Weise der Leistungserbringung Einfluss zu nehmen. Hierzu gehört auch die Zuweisung der Arbeit als solche. Eine Berechtigung zur Zuweisung bestimmter Tätigkeiten genügt.[471] Die inhaltliche Gestaltung der Tätigkeit ist gerade typisch für ein Arbeitsverhältnis, weshalb die fachliche Weisungsbefugnis grundsätzlich ein Kriterium zur Abgrenzung darstellt. Im Arbeitsvertrag wird die Tätigkeit in der Regel lediglich grob umschrieben und muss durch das dem Arbeitgeber zustehende Direktionsrecht auch in inhaltlicher Hinsicht noch ausgefüllt werden. Der Arbeitgeber erhält dadurch die Möglichkeit, den Arbeitsablauf zu gestalten und kann inhaltlich die Arbeitsleistung des Arbeitnehmers in seinem Betrieb bestimmen.[472] Wer allerdings frei in der Gestaltung seiner Tätigkeit ist, unterliegt hingegen keinem fachlichen Weisungsrecht, da er den Arbeitsablauf selbst bestimmen kann und auch dafür verantwortlich ist.

(3) Ausgestaltung und Bedeutung in der Praxis

Von der sozialgerichtlichen Rechtsprechung wird das Kriterium der fachlichen Weisungsbefugnis zur Abgrenzung von selbständiger Tätigkeit und abhängiger Beschäftigung zwischenzeitlich nur noch als eingeschränktes Kriterium angesehen, da es sich gerade bei Diensten höherer Art in eine funktionsgerecht, dienende Teilhabe am Arbeitsprozess verfeinern kann.[473] Insofern unterscheidet die Rechtsprechung bei der Gewichtung dieses Kriteriums nach einfachen Tätigkeiten und sog. Diensten

---

471 Boemke, ZfA 1998, 285, 311.

472 Boemke, DStR 2000, 1694, 1699.

473 Vgl. etwa BSG, Urt. v.14.12.1999 - B 2 U 38/98 R, NZA-RR 2000, 434; BSG, Urt. v.18.12.2001 – B 12 KR 8/01 R, BeckRS 2003, 04180.

höherer Art. So führte etwa das LSG Hessen[474] aus, dass „bei einfachen, typischen Arbeitnehmerverrichtungen, die der Beschäftigte ohne den Einsatz eigener Betriebsmittel im Einwirkungsbereich des Beschäftigenden ausübt, ...eine Vermutung für ein weisungsgebundenes Beschäftigungsverhältnis“[475] spreche.

(4) Rechtsprechung des BAG

Auch das BAG stellt grundsätzlich auf die fachliche Weisungsbefugnis ab. Es betont aber verstärkt, dass die konkrete Vereinbarung des Inhalts der Dienstleistung sowie der (Unterrichts-) Zeiten einen wichtigen Hinweis auf ein freies Dienstverhältnis darstelle, da sodann ein Weisungsrecht ausgeschlossen sei.[476] Auch bei diesem Punkt kommt demnach der vertraglichen Vereinbarung entscheidende Bedeutung zu. Insofern ist wiederum zu berücksichtigen, dass eine vertragliche Vereinbarung Weisungsrechte des Auftraggebers ausschließen kann. Wie auch das BSG unterscheidet das BAG bei der fachlichen Weisungsgebundenheit zwischen Diensten höherer Art und sog. einfachen Tätigkeiten, so dass das BAG betont, dass lediglich häufig zur zeitlichen und örtlichen Weisungsgebundenheit eine fachliche hinzutritt, dies aber gerade bei Diensten höherer Art nicht typisch sei.[477] Es bestehen demnach keine grundlegenden Unterschiede zwischen BAG und BSG.

(5) Dienste höherer Art

(i) Grundsätze der Rechtsprechung

Bei Diensten höherer Art kann sich das fachliche Weisungsrecht in eine funktionsgerecht, dienende Teilhabe am Arbeitsprozess verfeinern, wie das BSG floskelartig in ständiger Rechtsprechung ausführt. Grundlegend wird in der Entscheidung des BSG vom 29.03.1962[478] ausgeführt, dass die Weisungsgebundenheit bei „Diensten höherer Art“ aufs Stärkste eingeschränkt sein könne. Bezuggenommen wird insoweit auf die Rechtsprechung des BAG, welche darstellt, dass es Arbeitsverhältnisses gebe, bei denen dem Arbeitgeber eine Einflussnahme auf die sachliche Ausübung der Tätigkeit rechtlich versagt sei.[479] In dem entschiedenen Fall ging es um die Tätigkeit eines Chefarztes, der bei seiner rein ärztlichen Tätigkeit, d.h. bei der Behandlung der Patienten, eigenverantwortlich und an Weisungen des Krankenhausträgers nicht gebunden, im Übrigen aber im Wesentlichen weisungsgebunden und damit vom Krankenhausträger persönlich abhängig war. Hier nahm das BAG ein

474 LSG Hessen, Urt. v.31.07.2008 – L 8 KR 37/07, juris; unter Bezugnahme auf BSG, Urt. v.18.05.1983 – 12 RK 41/81, juris.

475 LSG Hessen, Urt. v.31.07.2008 – L 8 KR 37/07, juris.

476 BAG, Urt. v.13.11.1991 – 7 AZR 31/91, NZA 1992, 1125; Boemke, ZfA 1998, 285, 311.

477 Vgl. etwa BAG, Urt. v.27.03.1991 - 5 AZR 194/90, AP BGB § 611 Abhängigkeit Nr. 53.

478 BSG, Urt. v.29.03.1962 – 3 RK 74/57, BeckRS 1962, 00154.

479 BAG, Urt. v.27.07.1961 – 2 AZR 255/60, NJW 1961, 2085 (Chefarzt-Urteil).

Arbeitsverhältnis an, da die Weisungsfreiheit allein bei Ausübung der ärztlichen Tätigkeit der Annahme eines abhängigen Beschäftigungsverhältnisses nicht entgegenstehe.[480] Trotzdem könne die Dienstleistung eines solchen Arbeitnehmers fremdbestimmt sein, wenn sie ihr Gepräge von der Ordnung des Betriebs oder der Gemeinschaft erhält, in deren Dienst die Arbeit verrichtet wird. Die Dienste können dann in einer von anderer Seite vorgegebenen Ordnung des Betriebes aufgehen.[481] Solange jemand in einen für ihn fremden, d.h. den Interessen eines anderen dienenden und von dessen Willen beherrschten Betrieb eingegliedert ist und damit der objektiven Ordnung dieses Betriebes unterliegt, sei er demnach abhängig beschäftigt.[482] In der soeben in Bezug genommenen Entscheidung war eine Einflussnahme auf die sachliche Ausübung der Tätigkeit aufgrund der ärztlichen Tätigkeit an sich rechtlich nicht möglich, weil aus Gründen der ärztlichen Standesethik der Träger des Krankenhauses keine Weisungen erteilen durfte.[483] Es gibt im Übrigen aber auch noch Fallgestaltungen, in denen eine Einflussnahme aufgrund tatsächlicher Gründe, etwa weil der Tätige eine große Sach- und Fachkenntnis besitzt, nicht möglich ist.[484] Dies ist ebenfalls davon umfasst.

(ii) Verhältnis Weisungsgebundenheit und Eingliederung nach dem BSG in diesen Fällen

Nach Auffassung des BSG „kann das für ein abhängiges Beschäftigungsverhältnis allein charakteristische Merkmal der persönlichen Abhängigkeit in Grenzfällen sowohl durch die Eingliederung in einen Betrieb als auch – beim Fehlen eines Betriebs oder einer Verwaltung – allein durch Weisungsgebundenheit gekennzeichnet sein, wenn auch in aller Regel beide miteinander verbunden sind. Ist das eine der soziologische Grundsachverhalt, so ist das andere die typische Ausdrucksform und Folge dieses Verhältnisses. Je weniger allerdings das Direktionsrecht des Arbeitgebers in Gestalt ausdrücklicher Weisungen in Erscheinung tritt, je mehr der Arbeitnehmer bei der Gestaltung seiner Arbeit auf sich selbst gestellt ist, um so größeres Gewicht erhält das Merkmal der Eingliederung in einen übergeordneten Organismus für die Abgrenzung zwischen abhängig geleisteter Arbeit und selbständig verrichteten Diensten. Die Weisungsgebundenheit verfeinert sich in einem solchen Fall zur funktionsgerechten, dienenden Teilhabe am Arbeitsprozess“[485].

480 BAG, Urt. v.27.07.1961 – 2 AZR 255/60, NJW 1961, 2085.
481 Ständige Rechtsprechung des BSG, Urt. v.29.08.2012 – B 12 KR 25/10 R, juris.
482 Kasseler Kommentar/*Seewald*, § 7 SGB IV Rn. 74.
483 BAG, Urt. v.27.07.1961 – 2 AZR 255/60, NJW 1961, 2085.
484 Vgl. auch Berndt, S. 34; Kasseler Kommentar/*Seewald*, § 7 SGB IV Rn. 74.
485 BSG, Urt. v.29.03.1962 – 3 RK 74/57, BeckRS 1962, 00154.

(iii) Einschränkung des Weisungsrechts

Das Weisungsrecht kann nach der Rechtsprechung bei Diensten höherer Art also erheblich eingeschränkt sein, vollständig entfallen darf es jedoch nicht. Es muss in jedem Fall eine fremdbestimmte Dienstleistung verbleiben, die Dienstleistung zumindest in einer von anderer Seite vorgegebenen Ordnung des Betriebes aufgehen.[486] Die Rechtsprechung betont, dass bei Diensten höherer Art die Eingliederung in den Betrieb des Auftraggebers eine entscheidende Rolle spielen soll.[487] Im Zusammenhang mit der Tätigkeit eines GmbH-Geschäftsführers hat das BSG ausgeführt, dass die persönliche Abhängigkeit die Eingliederung in den Betrieb und eine Unterordnung unter das Weisungsrecht des Arbeitgebers, insbesondere in Bezug auf Zeit, Dauer und Ort der Tätigkeit voraussetzt und dass das Weisungsrecht bei Diensten höherer Art zwar erheblich eingeschränkt sein könne, es aber nicht vollständig entfallen dürfe.[488] Ist das Direktionsrecht dagegen so eingeschränkt, dass es praktisch nicht besteht, dann kann von einem Beschäftigungsverhältnis in der Regel keine Rede mehr sein, außer dass der Dienstleistende trotzdem in einem Betrieb eingegliedert und dadurch die Fremdbestimmtheit der Arbeit erkennbar ist.

Im Ergebnis kommt dabei zum Ausdruck, dass in diesen Fällen der Eingliederung entscheidende Bedeutung beigemessen werden soll. So wendet die Rechtsprechung die Grundsätze auch an und nimmt bei Feststellen einer Eingliederung sodann auch eine abhängige Beschäftigung an. Konsequent hatte das BAG somit beispielsweise bei dem im Krankenhaus beschäftigten Chefarzt, eine Tätigkeit höherer Art, die Eingliederung der Dienstleistung in eine von anderer Seite vorgegebene Ordnung des Betriebes für die Annahme einer abhängigen Beschäftigung genügen lassen.[489]

(6) Stellungnahme

Nach den gesetzlichen Regelungen spielt auch die Weisungsgebundenheit in fachlicher Hinsicht eine gewisse Rolle bei der Abgrenzung. Wird positiv festgestellt, dass in fachlicher Hinsicht Weisungsbefugnisse bestehen, so spricht dies für ein abhängiges Beschäftigungsverhältnis.[490]

Eine Unterscheidung zwischen Diensten höherer Art und einfachen Tätigkeiten scheidet aber meines Erachtens aus. Der Rechtsprechung des BSG kann hier demnach nicht gefolgt werden. Es kann lediglich im Rahmen der gebotenen Gesamtwürdigung und Einzelfallprüfung beachtet werden, dass die fachliche Weisungsgebundenheit bei höheren Diensten nicht ausschlaggebend sein kann, da in diesen Fällen eine fachliche Weisung bereits rechtlich oder tatsächlich nicht möglich

---

486 BSG, Urt. v.21.04.1993 - 11 RAr 67/92, NJW 1994, 341; LSG Schleswig- Holstein, Beschl. v.04.11.2016 – L 5 KR 162/16 B ER, juris.

487 auch Berndt, S. 34; Kasseler Kommentar/*Seewald* § 7 SGB IV Rn. 74; SG Stuttgart, Urt. v.24.04.2012 – S 17 R 3913/10, juris.

488 BSG, Urt. v.08.08.1990 - 11 RAr 77/89, juris.

489 BSG, Urt. v.30.01.1990 - 11 RAr 47/88, juris.

490 So auch Boemke, DStR 2000, 1694, 1699.

ist und demnach auch nicht entscheidend für die Abgrenzung im konkreten Fall sein kann. Gleichwohl muss eine Weisungsgebundenheit im Übrigen in jedem Fall bestehen, um eine abhängige Beschäftigung annehmen zu können. Insofern ist in solchen Fällen nicht ohne Weiteres – wie die Rechtsprechung aber ausführt – lediglich noch auf eine Eingliederung in einen fremden Betrieb abzustellen, da nach meinem Dafürhalten vorrangig die übrige Weisungsgebundenheit zu prüfen ist. Es ist in der Rechtsprechung auch lediglich die Rede davon, dass eine Einschränkung der Weisungsgebundenheit vorliegt, vollständig entfallen darf sie jedoch nicht.[491] Die Weisungsgebundenheit als maßgebliches Kriterium kann damit nicht ersetzt werden, sie muss also zu einer Eingliederung hinzutreten, um eine abhängige Beschäftigung annehmen zu können.[492]

Die Rechtsprechung des BSG zur funktionsgerecht dienenden Teilhabe geht im Ergebnis weiter als die Rechtsprechung des BAG zur Eingliederung.[493] Diese Gesichtspunkte werden bei der Tätigkeit des Honorararztes noch näher eruiert, da die Rechtsprechung in diesen Fällen auch besonders auf die Dienste höherer Art und seine Konsequenzen abstellt.

c) Eingliederung in den Betrieb des „Auftraggebers“

Da der Arbeitnehmer seine Tätigkeit im Rahmen einer fremdbestimmten Arbeitsorganisation erbringt, wird auch die Eingliederung des Tätigen in einem fremden Betrieb von der Rechtsprechung zur Abgrenzung herangezogen.

aa) Gesetzliche Vorgaben

Die Eingliederung in die Arbeitsorganisation des Weisungsgebers ist nach § 7 Abs. 1 Satz 2 SGB IV ebenfalls Anhaltspunkt für eine abhängige Beschäftigung. Offen lässt das Gesetz allerdings, welche Bedeutung dieser Anhaltspunkt hat. Nach der Gesetzesbegründung sind die genannten Anhaltspunkte nur typische Merkmale einer nichtselbständigen Tätigkeit, aber keine abschließenden Bewertungskriterien.[494] Der Wortlaut von § 84 HGB spricht nicht von einer Eingliederung in den Betrieb, so dass diese gesetzliche Regelung hierfür nicht herangezogen werden kann.

bb) Begriff

(1) Begriffsbestimmung

Unter einem Betrieb ist jede – nicht nur gewerbliche – Arbeitsorganisation zu verstehen, was auch von der aktuellen Gesetzesfassung des § 7 Abs. 1 Satz 2 SGB IV

491 BSG, Urt. v.21.04.1993 - 11 RAr 67/92, NJW 1994, 341.
492 So auch Hanau, MedR 2015, 77, 85.
493 Auch Hanau, MedR 2015, 77, 85.
494 BT-Drs. 14/1855 S. 6.

bestätigt wird.[495] Das BSG nimmt hierbei auch Bezug auf den Betriebsbegriff im arbeitsrechtlichen Sinne und führt aus, dass eine Einordnung in eine von anderer Seite vorgegebenen Ordnung zumindest dann erfüllt sei, wenn die Arbeit in einem Betrieb im arbeitsrechtlichen Sinne geleistet würde. Danach verstehe man im Arbeitsrecht im Allgemeinen unter einem Betrieb jede organisatorische Einheit, innerhalb derer ein Unternehmer allein oder in Gemeinschaft von Mitarbeitern mit Hilfe sächlicher oder sonstiger Mittel bestimmte arbeitstechnische Zwecke fortgesetzt verfolgt.[496]

Als eingegliedert gilt nach ständiger Rechtsprechung des BSG, wer sich dienstbereit der Verfügungsbefugnis eines Arbeitgebers über seine Arbeitskraft unterwirft.[497]

(2) Eingliederungstheorie

Diesbezüglich ist auch der Vollständigkeit halber anzumerken, dass zur Beurteilung eines Arbeitsverhältnisses vor allem von Nikisch[498] die sog. Eingliederungstheorie verfolgt wird, die insbesondere auf die tatsächlichen Verhältnisse und die Fremdbestimmtheit der Arbeit abstellt und seines Erachtens damit auch Zweifelsfälle gelöst werden könnten, bei denen eine vertragliche Vereinbarung nicht existiere. Nach dieser Theorie kommt der Eingliederung demnach für die Beurteilung, ob ein Arbeitsverhältnis vorliegt, ebenfalls wichtige Bedeutung zu. Auch wenn nach der herrschenden Meinung die sog. Vertragstheorie maßgeblich ist, kommt der Eingliederungstheorie zumindest nach Knospe[499] im Sozialversicherungsrecht entscheidende Bedeutung zu, weil dieser im Sozialversicherungsrecht ausschließlich auf die tatsächlichen Verhältnisse abstellen will. Nach der Eingliederungstheorie ist der betriebsorganisatorische Zusammenhang maßgebend, in dem eine bestimmte Tätigkeit steht; entscheidend ist danach, ob die tätig werdende Person Glied eines fremden Betriebes ist oder im Mittelpunkt eines eigenen Unternehmens steht.[500]

cc) Ausgestaltung und Bedeutung in der Praxis

Die Eingliederung in einen Betrieb kann sich in der Praxis unterschiedlich zeigen. So werden von der Rechtsprechung hierzu auch weitere Unterkriterien herangezogen, die letztlich aber der Eingliederung in den Betrieb zuzuordnen sind bzw. eine solche ausdrücken sollen.

---

495 Hauck/Noftz/*Knospe*, § 7 SGB IV Rn. 15.

496 BSG, Urt. v.04.06.1998 – B 12 KR 5/97 R, BeckRS 1998, 30015470; LSG Hessen, Urt. v.31.07.2008 – L 8 KR 37/07, juris.

497 BSG, Urt. v.27.03.1980 – 12 RK 26/79, BeckRS 1980, 03130; BSG, Urt. v.29.08.2012 – B 12 KR 25/10, NZS 2013, 181.

498 Vgl. Nikisch, Arbeitsrecht Band I, S. 174 f.

499 Hauck/Noftz/*Knospe*, § 7 SGB IV Rn. 15.

500 Kasseler Kommentar/*Seewald*, § 7 SGB IV Rn. 64.

(1) Auffassung des BSG einer Eingliederung bei einfachen Tätigkeiten

Zu weit geht die pauschale Ausführung des BSG, dass bei „untergeordneten und einfacheren Arbeiten ... eher eine Eingliederung in eine fremde Arbeitsorganisation anzunehmen“[501] sei. Diese pauschalen Aussagen verbieten sich, da eine konkrete Beurteilung im Einzelfall, je nach Ausgestaltung der Tätigkeit erforderlich ist. Eine pauschale Einordnung nach einfachen und gehobenen Tätigkeiten kann ebenso wenig wie pauschale Berufsgruppeneinteilungen eine Einzelfallprüfung ersetzen.[502] Dies verkennt die Rechtsprechung allerdings oftmals. Im Übrigen müsste die Rechtsprechung dann bei gehobenen Tätigkeiten – wie der eines Honorararztes – auch konsequent eine selbständige Tätigkeit stärker bejahen, was sie aber mit anderen Argumenten häufig ablehnt.[503]

(2) Grundsätze der Rechtsprechung des BSG

(i) Allgemeines

Bei der Eingliederung in einen fremden Betrieb wird regelmäßig darauf abgestellt, ob der Auftragnehmer seine Leistungen losgelöst von der Organisation des Auftraggebers erbringt oder nicht. Bei einer Eingliederung in einen fremden Wirtschaftsbetrieb wird dem Beschäftigten nach der Rechtsprechung die Möglichkeit genommen, die von ihm zu verrichtende Tätigkeit frei zu gestalten. Entscheidend ist nicht eine räumliche Eingliederung, sondern eine organisatorische Eingliederung in eine fremdbestimmte Arbeitsorganisation.[504] Eine Eingliederung drückt sich durch einen betriebsorganisatorischen Zusammenhang aus, in dem eine bestimmte Tätigkeit steht. Eine Eingliederung setzt nicht notwendig die Einordnung in eine betriebliche Organisationseinheit, Betriebsstätte, Verwaltung oder Haushalt voraus, sondern kann sich auch in der Ausübung einer dem Betriebszweck dienenden und ihm untergeordneten Tätigkeit erschöpfen.[505] Die Rechtsprechung betont aber richtigerweise, dass nicht jede Anpassung an die Betriebsabläufe des Auftraggebers eine Eingliederung in dessen Arbeitsorganisation darstellt, worauf es aber nach § 7 Abs. 1 Satz 2 SGB IV ankommt. Entscheidend ist vielmehr, ob die Anpassung an organisatorische Vorgaben des Auftraggebers nur Sachzwängen geschuldet ist, denen jeder Mitwirkende unterworfen ist, oder ob eine Eingliederung in einen übergeordneten Organismus vorliegt, die Ausdruck einer Weisungsbefugnis des Auftraggebers ist.[506]

---

501 So ausdrücklich, BSG, Urt. v.28.09.2011 – B 12 R 17/09 R, juris (hauswirtschaftliche Familienbetreuerin); so auch das BAG, Urt. v.06.05.1998 - 5 AZR 347/97, NZA 1998, 873.

502 Vgl. auch Boemke, ZfA 1998, 285, 315.

503 Vgl. dazu ausführlich 4. Kapitel.

504 ErfK/*Rolfs*, § 7 SGB IV Rn. 12.

505 ErfK/*Rolfs*, § 7 SGB IV Rn. 12.

506 LSG Baden-Württemberg, Urt. v.24.02.2015 - L 11 R 5165/13, juris.

(ii) Fremdbestimmtheit

Die Eingliederung ist nichts anderes als eine abstrahierte und verstetigte, also institutionalisierte Weisungsunterworfenheit.[507] Es kommt nicht auf einen wie auch immer gearteten Aufenthalt im Betrieb als geographischem Raum an, sondern darauf, ob die Ordnung des Betriebs von einer anderen Seite oder vom Erwerbstätigen selbst gegeben ist, ob sie also fremd- oder selbstbestimmt ist. Fremdbestimmtheit kennzeichnet dabei die abhängige Beschäftigung, Selbstbestimmtheit dagegen die selbständige Tätigkeit. Es muss ein gewisses Unterordnungsverhältnis vorliegen, wenn es auch in Einzelfällen noch so abgeschwächt sein mag, wie beispielsweise bei einem Chefarzt einer Klinik gegenüber dem Krankenhausträger.[508]

(iii) Beispiele aus der Rechtsprechung

Aus diesem Grunde wurde vom BSG die Tätigkeit eines Arztvertreters, der für eine gewisse Dauer die Vertretung des Praxisinhabers übernahm, als selbständig angesehen und eine Eingliederung verneint, da er anstelle des Praxisinhabers tätig wurde und dies somit eine Eingliederung in dessen Betrieb ausschließe.[509] Deshalb kann eine abhängige Beschäftigung auch bestehen, wenn die Tätigkeit in der eigenen Wohnung verrichtet wird, vorausgesetzt sie ist dann beispielsweise durch technische Maßnahmen organisatorisch mit dem Betrieb verbunden und wird weitgehend vom betrieblichen Organisationsablauf geprägt (z.B. häuslicher Bildschirmarbeitsplatz/Telearbeit).[510] Ist ein Weisungsrecht nicht vorhanden, kann der Betreffende seine Tätigkeit also wesentlich frei gestalten, insbesondere über die eigene Arbeitskraft, über Arbeitsort und Arbeitszeit frei verfügen, oder fügt er sich nur in die von ihm selbst gegebene Ordnung des Betriebes ein, liegt keine abhängige, sondern eine selbständige Tätigkeit vor.[511]

Im Rahmen einer freiberuflichen Pilotentätigkeit hat das BSG eine selbständige Tätigkeit anerkannt und ausgeführt, dass diese nicht in den Betrieb des Unternehmens eingegliedert seien, da sie eigenverantwortlich und frei entscheiden können, ob sie tätig werden oder nicht.[512] Zu beachten ist in diesem Zusammenhang aber, dass der Bereich der Luftfahrt durch staatliche Regulierung und betriebliche Zeitvorgaben bereits in gewisser Weise geregelt ist und hier auch auf Betriebsmittel des Unternehmens und Personal zurückgegriffen wird. Gleichwohl wurde eine selbständige Tätigkeit – insbesondere unter Bezugnahme der Rechtsprechung zu Lehrkräften – bejaht.[513]

---

507 Neumann, NZS 2001, 14.
508 BSG, Urt. v.27.05.1959 - 3 RK 18/55, juris.
509 BSG, Urt. v.27.05.1959 - 3 RK 18/55, juris.
510 Krauskopf/ *Baier*, § 7 SGB IV Rn. 10.
511 BSG, Urt. v.21.04.1993 - 11 RAr 67/92, NJW 1994, 341.
512 BSG, Urt. v.28.05.2008 – B 12 KR 13/07 R, juris.
513 BSG, Urt. v.28.05.2008 – B 12 KR 13/07 R, juris.

(3) Grundsätze der Rechtsprechung des BAG

Das BAG betont hingegen, dass sich die Eingliederung in die fremde Betriebsorganisation insbesondere dadurch zeige, dass der Beschäftigte einem Weisungsrecht des Arbeitgebers unterliege.[514] Insofern könne eine organisatorische Weisungsgebundenheit angenommen werden, wenn Anweisungen hinsichtlich der Arbeit in einer bestimmten Abteilung und in Zusammenarbeit mit bestimmten Mitarbeitern erteilt werden.[515] Es ist somit wiederum entscheidend, ob eine Verfügungsmöglichkeit des Dienstberechtigten über Arbeitszeit und Arbeitskraft besteht.[516]

(4) Unterkriterien der Rechtsprechung zur Beurteilung der Eingliederung

(i) Allgemeines

Die Rechtsprechung hat also zahlreiche Unterkriterien entwickelt, um beurteilen zu können, ob eine Eingliederung vorliegt oder nicht. Auf die Facetten soll im Folgenden eingegangen werden.

(ii) Über-/Unterordnungsverhältnis

Die Tatsache, dass der Tätige in eine fremde Organisation unter- oder übergeordnet ist, spricht für eine unselbständige Tätigkeit. Insofern spricht es gegen eine selbständige Tätigkeit, wenn der Tätige in ein Organigramm eingebunden ist, also Weisungsbefugnissen bestimmter Personen untersteht oder selbst Weisungsbefugnisse hat.[517] Damit kommt aber gleichzeitig zum Ausdruck, dass es letztlich wiederum um Weisungsgebundenheit geht, so dass dies lediglich eine Eingliederung zur Folge hat, entscheidend ist und bleibt aber die Weisungsgebundenheit. Auch eine Zusammenarbeit mit Personal des Auftraggebers (personelle Eingliederung) soll für eine Eingliederung sprechen.[518]

(iii) Pool von Einsatzkräften

Nach der Rechtsprechung besagt es hingegen über die Eingliederung in den „Betrieb“ des Verpflichteten nichts, wenn jemand zu einem „Pool“ von Einsatzkräften gehört, die zur Erfüllung anderen Personen obliegenden Verpflichtungen gegenüber Dritten bereitstehen.[519]

---

514 BAG, Urt. v.12.06.1996 – 5 AZR 960/94, NZA 1997, 191; BAG, Urt. v.25.05.2005 – 5 AZR 347/04, BeckRS 2005, 43136; LAG Rheinland-Pfalz, Beschl. v.03.05.2010 – 11 Ta 163/09, juris.

515 Freckmann, DB 2013, 459, 460; BAG, Urt. v.13.08.1980 - 4 AZR 592/78 – AP BGB § 611 Abhängigkeit Nr. 37.

516 Boemke, DStR 2000, 1694, 1698.

517 BAG, Urt. v.13.08.1980 - 4 AZR 592/78 – AP BGB § 611 Abhängigkeit Nr. 37.

518 LAG, Beschl. v.08.04.2005 - 2 Ta 56/05, NZA-RR 2005, 656.

519 BSG, Urt. v.28.09.2011 – B 12 R 17/09 R, juris.

(iv) Tätigwerden in den Räumlichkeiten des Auftraggebers

Auch die Tätigkeitserbringung in den Räumlichkeiten des Auftraggebers wird häufig als Eingliederung angesehen[520], obgleich auch bei zahlreichen Tätigkeiten bereits entschieden wurde, dass dies für die Abgrenzung nicht bedeutsam ist, wie beispielsweise bei Lehrern.[521] Insofern bedeutet eine gewisse Eingliederung in den Betrieb des Auftraggebers nicht zwingend eine abhängige Beschäftigung. Die Tätigkeit von Lehrern hat das BAG besonders in den Blick genommen, insbesondere hinsichtlich der Eingliederung. Entscheidend soll danach sein, wie intensiv die Lehrkräfte in den Unterrichtsbetrieb eingebunden sind und in welchem Umfang sie den Unterrichtsinhalt, die Art und Weise der Einteilung, die Arbeitszeit und die sonstigen Umstände der Dienstleistung mitgestalten können. Nicht entscheidend ist für die Rechtsprechung bei Lehrkräften, dass die Tätigkeit in den Räumlichkeiten des Auftraggebers stattfindet. Allein aus der Tätigkeit, die im Rahmen anderer betrieblicher Organisation erbracht werden, schließt das BAG nicht darauf, dass nur eine abhängige Beschäftigung möglich ist.[522]

(v) Nutzung der Arbeitsmittel des Auftraggebers

Weiter gibt es für die Rechtsprechung auch eine materielle Eingliederung, nämlich dann, wenn der Tätige auf Arbeitsmittel des Auftraggebers angewiesen ist. So wird von der Rechtsprechung bei der Nutzung der Arbeitsmittel des Auftraggebers häufig angenommen, dass dies ein Indiz für die Eingliederung in eine fremde Arbeitsorganisation darstellt.[523] Aber auch in diesen Fällen gibt es Ausnahmen, die von der Rechtsprechung aufgestellt wurden, so dass in Einzelfällen – etwa bei Rundfunkmitarbeitern – die Nutzung der Arbeitsmittel des Auftraggebers nicht für eine Eingliederung und damit abhängige Beschäftigung sprechen.[524] Weiter hat das BSG ausgeführt, dass beispielsweise die bloße Nutzung eines von anderen vorgehaltenen/betriebenen Systems bzw. Netzes (Logistik) durch einen „Systempartner" oder Diensteanbieter ohne Vorliegen weiterer, für eine Einbindung in die organisatorische Einheit des „Systemgebers" oder Netzbetreibers sprechender Umstände nicht (von vornherein) zu der Annahme zwinge, es liege eine arbeitnehmertypische Eingliederung in eine von anderen vorgegebene betriebliche Ordnung vor, in der die „Systempartner" oder Diensteanbieter fremdbestimmte Arbeit leisteten.[525] Auch im Falle eines Rettungsassistenten in der Flugrettung war für das SG Stuttgart nicht entscheidend, dass die wesentlichen Einsatzmittel, wie der Helikopter und die medizinischen Geräte vom Auftraggeber gestellt wurden. Dies sei vorliegend kein Indiz

520 Beispielhafte Aufzählung Moll/*Reiserer*, § 6 Rn. 13.
521 BAG, Urt. v.09.03.2005 – 5 AZR 493/04, NJOZ 2005, 3765.
522 Bspw. BAG, Urt. v.29.05.2002 – 5 AZR 161/01, juris.
523 Bspw. LSG Baden-Württemberg, Urt. v.20.03.2015 - L 1 KR 105/13, juris.
524 Vgl. etwa BSG, Urt. v.28.01.1999 - B 3 KR 2/98 R, juris.
525 Zur Tätigkeit einer telefonischen Gesprächspartnerin, vgl. BSG, Urt. v.30.10.2013 – B 12 KR 17/11 R, juris.

gegen die Annahme einer selbständigen Tätigkeit, da dies auf gesetzlichen Vorgaben beruhe und nicht zu den Arbeitsmitteln der Tätigkeit des Rettungsassistenten im engeren Sinne gehöre.[526]

(vi) Auftreten gegenüber Dritten

Nach Auffassung des BSG in der Entscheidung vom 28.09.2011[527] kann auch keine Eingliederung in den Betrieb der Auftraggebers daraus hergeleitet werden, dass das Auftreten so wahrgenommen wird, als sei die Auftragnehmerin nicht ihrerseits Unternehmerin, sondern befinde sich in einem Anstellungsverhältnis zum Auftraggeber. Insofern ist das Auftreten gegenüber Dritten für die Abgrenzung der abhängigen Beschäftigung zur selbständigen Tätigkeit irrelevant, was aber von einigen Instanzgerichten andererseits als Kriterium angesehen wird.[528]

dd) Stellungnahme

(1) Gesetzliche Regelung und Rechtsprechung

Im Ergebnis ist festzuhalten, dass der Gesetzgeber in § 7 Abs. 1 Satz 2 SGB IV zum Ausdruck gebracht hat, dass auch die Eingliederung in eine fremde Arbeitsorganisation für ein abhängiges Beschäftigungsverhältnis spricht. Insofern ist dies von der Rechtsprechung – BAG wie BSG – auch zu berücksichtigen, und demnach die Eingliederung in gewisser Weise ein Kriterium zur Abgrenzung der abhängigen Beschäftigung von der selbständigen Tätigkeit. Beachtet werden muss aber weiter, dass in dem typischen Fall eines Arbeitsverhältnisses bzw. einer abhängigen Beschäftigung zwar eine Eingliederung in eine fremde Arbeitsorganisation gegeben ist, es jedoch auch zahlreiche atypische Fälle gibt, wo dieses Merkmal als Abgrenzungsmerkmal versagt. So vor allem dann, wenn keine arbeitsteilige Organisation besteht oder aber in den Fällen, in denen der Tätige für eine gewisse Dauer eine für die Erfüllung des Betriebszwecks notwendige Arbeit in einer Betriebsstätte verrichtet, ohne dass ein Arbeitsverhältnis vorliegt.[529]

Dass die Eingliederung gerade bei Diensten höherer Art eine entscheidende Rolle spielen soll, wie von der Rechtsprechung angenommen und bereits aufgezeigt wurde, ist allerdings abzulehnen, da in jedem Fall eine Weisungsgebundenheit gegeben sein muss, die sich mit einer Eingliederung decken kann. Die Weisungsgebundenheit muss aber neben der Eingliederung festgestellt werden.

526 SG Stuttgart, Urt. v.24.04.2012 – S 17 R 3913/10, juris.
527 BSG, Urt. v.28.09.2011 – B 12 R 17/09 R, juris.
528 LSG Rheinland-Pfalz, Urt. v.15.07.2015 - L 6 R 23/14, juris.
529 So auch Münchener Handbuch Arbeitsrecht/*Richardi*, § 16 Rn. 25; BSG, Urt. v.30.10.2013 - B 12 KR 17/11 R, juris.

(2) Eingliederung ist kein eigenständiges Kriterium

In rechtlicher Hinsicht stellt das Kriterium der Eingliederung bei genauerer Betrachtung kein eigenständiges und zusätzliches Kriterium zur Weisungsgebundenheit dar, denn die Eingliederung setzt ein Weisungsrecht des Arbeitgebers voraus. Die Feststellung der Tatsache, ob jemand in eine fremde Arbeitsorganisation eingegliedert ist oder nicht, ist eine Feststellung auf Erfüllungsebene, da es das Unterwerfen unter ein Weisungsrecht eines anderen erfordert.[530] Dies kommt auch durch die Ausführungen zu den einzelnen Unterkriterien, die die Rechtsprechung entwickelt hat, zum Ausdruck. Dort wird immer mittelbar zumindest auf eine etwaige Weisungsgebundenheit abgestellt, die also in jedem Fall auch erforderlich ist. So betont das BAG beispielsweise regelmäßig, dass sich die Eingliederung in die fremde Arbeitsorganisation insbesondere darin zeigt, dass der Beschäftigte einem Weisungsrecht seines Vertragspartners unterliegt.[531]

Der Auffassung von Knospe ist entgegenzutreten, der der Eingliederungstheorie im Sozialversicherungsrecht maßgebliche Bedeutung beimisst, da er nur auf die tatsächlichen Verhältnisse abstellen will. Wie bereits ausführlich dargelegt, kommt es entscheidend auf die vertraglichen Regelungen an, was die Rechtsprechung zumindest im Grundsatz auch darstellt, wenn es auch in der Subsumtion häufig vernachlässigt wird. Demnach ist nicht nur die tatsächliche Ausgestaltung maßgeblich.

(3) Auseinandersetzung mit den von der Rechtsprechung entwickelten Unterkriterien

Gleichwohl können auch nicht sämtliche Unterkriterien der Rechtsprechung als korrekt bezeichnet werden, da insbesondere ein Auftreten gegenüber Dritten für die Abgrenzung nicht entscheidend sein kann. Zum einen betrifft es ein anderes Verhältnis, also nicht das Verhältnis zwischen Tätigem und Auftraggeber, zum anderen könnte darin höchstens ein Indiz dafür gesehen werden, dass er dem Weisungsrecht des Auftraggebers unterliegt, wenn er Dritten gegenüber wie ein Arbeitnehmer des Auftraggebers auftritt. Tatsächliche und rechtliche Hinweise hierauf ergeben sich jedoch nicht, so dass dies in rechtlicher Hinsicht korrekterweise keine Rolle spielen kann.

Auch die Nutzung von Arbeits- und Betriebsmittel muss richtigerweise im konkreten Zusammenhang beurteilt werden. So kann es etwa gerade bei betriebsmittelarmen Tätigkeiten nicht ausschlaggebend sein, ob eigene Arbeits- und Betriebsmittel eingesetzt werden, auch nicht unter dem Gesichtspunkt eines unternehmerischen Risikos.[532] Andernfalls könnte in diesen Bereichen nie eine selbständige Tätigkeit

530 Vgl. auch Boemke, DStR 2000, 1694, 1698.

531 BAG, Urt. v.25.05.2005 - 5 AZR 347/04, AP BGB § 611 Abhängigkeit Nr. 117; BAG, Urt. v.12.06.1996 – 5 AZR 960/94, NZA 1997, 191.

532 LSG Baden-Württemberg, Beschl. v.14.10.2015- L 4 R 3874/14, juris; BSG, Urt. v.30.10.2013 – B 12 R 3/12 R; so auch Becker, DB 2015, 2267, 2268.

ausgeübt werden. Darauf weist die Rechtsprechung zumindest in manchen Entscheidungen hin, auch wenn sie an anderer Stelle das Fehlen von eigenen Betriebsmitteln als Indiz für eine abhängige Beschäftigung ansieht.[533] Schließlich kann die Nutzung bestimmter Betriebsmittel in den Fällen nicht ausschlaggebend sein, in denen sie sich aus der Natur der Tätigkeit ergibt.

d) Unternehmerisches Risiko und weitere Anhaltspunkte für eine selbständige Tätigkeit nach der Rechtsprechung

aa) Einführung

Nach den vom BSG entwickelten Grundsätzen ist eine selbständige Tätigkeit auch durch ein gewisses Unternehmerrisiko gekennzeichnet.[534] So führt es aus, dass die selbständige Tätigkeit „vornehmlich durch das eigene Unternehmerrisiko, das Vorhandensein einer eigenen Betriebsstätte und eigener Betriebsmittel, die Verfügungsmöglichkeit über die eigene Arbeitskraft und die im Wesentlichen frei gestaltete Tätigkeit und Arbeitszeit gekennzeichnet“ ist.[535]

Die Verfügungsmöglichkeit über die eigene Arbeitskraft und die im Wesentlichen frei gestaltete Tätigkeit und Arbeitszeit stellen das Gegenstück zur Weisungsabhängigkeit dar. Auf die Nutzung eigener Betriebsmittel wurde ebenfalls bereits eingegangen, so dass diese Gesichtspunkte bereits durch die Weisungsgebundenheit bzw. Eingliederung abgedeckt sind, obgleich die Nutzung eigener Betriebsmittel nach der Rechtsprechung auch Ausdruck eines gewissen Unternehmerrisikos sein soll. Die Rechtsprechung zieht darüber hinaus noch weitere Gesichtspunkte heran, die Ausdruck eines unternehmerischen Handelns sein sollen und demnach bei deren Vorliegen für die selbständige Tätigkeit sprechen. Auch auf diese Gesichtspunkte soll im Folgenden eingegangen werden.

bb) Unternehmerrisiko

(1) Rechtsprechung des BSG

Für das BSG zeichnet sich die selbständige Tätigkeit also auch durch ein unternehmerisches Risiko aus, so dass das Vorliegen eines solchen Unternehmerrisikos in der Regel ein positives Kriterium für die selbständige Tätigkeit darstellt. Jüngst soll es für das Unternehmerrisiko aber nicht mehr nur auf den Einsatz eigenen Kapitals ankommen, was nach der früheren Rechtsprechung noch ausreichend war.[536]

---

533 SG Augsburg, Urt. v.04.09.2015 - S 2 R 931/14, juris.

534 Ständige Rechtsprechung des BSG; vgl. etwa BSG, Urt. v.30.10.2013 – B 12 KR 17/11 R, juris; BSG, Urt. v.28.05.2015 – B 12 KR 13/07 R, juris.

535 Ständige Rechtsprechung des BSG; vgl. etwa BSG, Urt. v.30.10.2013 – B 12 KR 17/11 R, juris; BSG, Urt. v.28.05.2015 – B 12 KR 13/07 R, juris; BSG, Urt. v.19.08.2003 – B 2 U 38/02 R, juris; BSG, Urt. v.11.03.2009 – B 12 KR 21/07 R, juris.

536 BSG, Urt. v.22.11.1973 – 12 RK 17/72, BeckRS 1973, 30406998.

Maßgebend ist nach der neueren Rechtsprechung vielmehr, ob eigenes Kapital bzw. die eigene Arbeitskraft mit dem Risiko des Verlustes eingesetzt wird, also der Erfolg von sächlichen und/oder persönlichen Mitteln ungewiss ist.[537] Das Unternehmerrisiko sei aber nicht mit einem Kapitalrisiko gleichzusetzen.[538] Ein unternehmerisches Risiko soll nur dann Hinweis auf eine selbständige Tätigkeit sein, wenn diesem Risiko auch größere Freiheiten in der Gestaltung und der Bestimmung des Umfangs beim Einsatz der eigenen Arbeitskraft gegenüberstehen.[539] Das unternehmerische Risiko führt also nicht in jedem Falle entscheidend zu der Annahme einer selbständigen Tätigkeit.[540]

Die Rechtsprechung hat jüngst vermehrt betont, dass auch bei Arbeitnehmern ein gewisses Risiko besteht, ihren Arbeitsplatz zu verlieren bzw. auch bei ihnen das Risiko bestehen kann, nicht ständig beschäftigt zu sein, wie beispielsweise bei befristet Beschäftigten. Deshalb sei ein echtes Unternehmerrisiko nur dann gegeben, wenn bei Arbeitsmangel nicht nur kein Einkommen oder Entgelt aus der Arbeit erzielt wird, sondern zusätzlich auch Kosten für betriebliche Investitionen und/oder Arbeitnehmer anfallen oder früher getätigte Investitionen brachliegen.[541]

Allein die Haftung für Verschulden bei fehlerhafter Ausführung einer übertragenen Tätigkeit könne nicht als Unternehmerrisiko gewertet werden; eine solche Haftung könne ihre Grundlage und Grenze auch in dem, einem Beschäftigungsverhältnis zugrundeliegenden Arbeitsverhältnis haben, auch wenn sie dort in der Regel nur eingeschränkt besteht.[542]

Nach der Rechtsprechung sprechen für eine dem Unternehmerrisiko gegenüberstehende Flexibilität und Freiheit die Tatsache, dass Einsätze der Arbeitskraft entsprechend ihren Bedürfnissen selbst gesteuert werden können, ohne Sanktionen oder Schadensersatzansprüche befürchten zu müssen. Wenn der Auftragnehmer angebotene Einsätze ohne Begründung und ohne Folgen für spätere Einsatzoptionen abbrechen oder verlängern kann, spreche dies für die Selbständigkeit, da dies für einen Arbeitnehmer untypisch sei. Weiter spreche dafür, wenn der Auftragnehmer aus einem laufenden Einsatz nicht gegen den Willen des Auftragnehmers abgezogen werden und nach den Bedürfnissen einer fremden betrieblichen Organisation anderen Kunden zugeteilt werden kann.[543]

537 BSG, Urt. v.28.05.2015 – B 12 KR 13/07 R, juris; BSG, Urt. v.25.04.2012 – B 12 KR 24/10 R, juris; LSG BW, Urt. v.23.11.2016 – L 5 R 1176/15, juris.

538 BSG, Beschl. v.19.03.2012 – B 12 KR 91/11 B, juris.

539 BSG, Urt. v.30.10.2013 – B 12 KR 17/11 R, juris; BSG, Urt. v.28.05.2008 - B 12 KR 13/07 R, juris.

540 So auch BSG, Urt. v.19.08.2003 – B 2 U 38/02 R, BeckRS 2003, 41711.

541 Schmidt, S. 274 Rn. 614; LSG Nordrhein-Westfalen, Urt. v.11.11.2005 – L 13 R 112/05, juris; LSG Nordrhein-Westfalen, Urt. v.21.01.2010 – L 16 KR 164/09, juris.

542 BSG, Urt. v.25.06.2003 - B 2 U 284/03 B, BeckRS 9999, 04856.

543 BSG, Urt. v.28.09.2011 – B 12 R 17/09 R, juris.

(2) Fallgestaltungen

Im Falle einer Pilotentätigkeit hatte das BSG entschieden, dass ein Unternehmerrisiko darin zu sehen sei, dass die Freelancer im Zusammenhang mit der Verwertung ihrer Arbeitskraft das Risiko des Ausfalls ihres Hinzuverdienstes und des Verfalls ihrer Fluglizenzen tragen und ihrer Belastung mit diesen Risiken auf der anderen Seite bei der Gestaltung und Bestimmung des Umfangs des einzelnen Einsatzes eine größere Unabhängigkeit gegenüberstehe. Ein Unternehmerrisiko sei nicht deshalb zu verneinen, weil hier eine pauschale Vergütung erfolgte, die Höhe ihres Verdienstes damit von ihrem Arbeitseinsatz nicht abhing.[544]

Bei einer hauswirtschaftlichen Familienbetreuerin in der Entscheidung vom 28.09.2011[545] hat die Rechtsprechung ausgeführt, dass es hierbei – wie bei solchen Leistungen typisch – im Wesentlichen auf die Arbeitskraft und weniger auf Kapitaleinsatz ankomme, so dass diese im vorliegenden Fall mit einem Verlustrisiko eingesetzt wurde, weil die Betreuerin das Risiko des Ausfalls ihres Verdienstes bei „Kundeninsolvenz" in der Gestalt eines Selbstbehalts („Gewährleistungssumme") trug. Eine Haftung für Schlechtleistung hat das BSG allerdings – wie bereits ausgeführt – nicht als Unternehmerrisiko anerkannt, da dies auch – wenn auch in etwas eingeschränkter Form – in einem Arbeitsverhältnis der Fall sein könne.[546]

In einem anderen Fall ging es um die Beurteilung einer Tätigkeit als Transportfahrerin. Dort war das BSG der Auffassung, dass der Umstand, dass die Ausführung der Transportfahrten mit einem eigenen Transportfahrzeug erfolgten, im Rahmen der gebotenen Gesamtwürdigung im Kontext der vertraglichen Beziehungen und ihrer tatsächlichen Durchführung einzuordnen sei. Ein gewichtiges Indiz sei dies nur dann, wenn auch Chancen den Risiken gegenüberstünden, also hier durch das eigene Transportfahrzeug auch eine Erweiterung unternehmerischer Möglichkeiten bei der Klägerin verbunden wäre. Wenn die Klägerin aufgrund der Ausgestaltung der Tätigkeit aber keine wesentlichen eigenen Gestaltungsspielräume hätte nutzen können, insbesondere wenn keine nennenswerten Spielräume für ein anderweitiges Tätigwerden am Markt bestünde, um Aufträge auf eigene Rechnung durchzuführen, dann käme diesem Umstand im Rahmen der Gesamtwürdigung wenig Bedeutung zu.[547] Insofern reichte vorliegend allein die Feststellung eines eigenen Fahrzeugs für die Annahme eines Unternehmerrisikos nicht aus. In diesem Zusammenhang betont die Rechtsprechung auch, dass der Einsatz eigener Betriebsmittel nicht zwingende Voraussetzung für eine selbständige Tätigkeit sei, da andernfalls bei geistigen oder anderen betriebsmittelarmen Tätigkeiten nie eine selbständige Tätigkeit ausgeübt

---

544 BSG, Urt. v.28.05.2015 – B 12 KR 13/07 R, juris; so auch BSG, Urt. v.28.09.2011 – B 12 R 17/09 R, juris (für die hauswirtschaftliche Familienbetreuerin).

545 BSG, Urt. v.28.09.2011 – B 12 R 17/09 R, juris.

546 BSG, Urt. v.28.09.2011 – B 12 R 17/09 R, juris; BSG, Urt. v.25.06.2003 – B 2 U 284/03 B, BeckRS 9999, 04856.

547 BSG, Urt. v.11.03.2009 – B 12 KR 21/07 R, juris.

werden könne.[548] Dass lediglich gewerblichen Unternehmern mit erheblichem Betriebsmittelbedarf die Möglichkeit einer selbständigen Tätigkeit eröffnet sein soll, würde weder der gesetzlichen Regelung des § 7 Abs. 1 SGB IV noch der Vielfalt des wirtschaftlichen Lebens gerecht.[549]

(3) Rechtsprechung des BAG

Das BAG hingegen stellt nicht auf ein Unternehmerrisiko ab. Dies ist vielmehr eine reine Ausprägung der sozialgerichtlichen Rechtsprechung. Das BAG betont demgegenüber explizit, dass ein unternehmerisches Risiko bei der Beurteilung, ob ein Arbeitsverhältnis oder eine selbständige Tätigkeit vorliegt, unerheblich sei.[550] Es verweist insoweit darauf, dass bei der Abgrenzung allein die persönliche Abhängigkeit entscheidend ist, nicht jedoch eine wirtschaftliche. Es gebe zwar Fälle, in denen anstelle der persönlichen Abhängigkeit beim Selbständigen im Einzelfall eine wirtschaftliche Abhängigkeit vorliegen kann, die den Selbständigen dann als arbeitnehmerähnliche Person erscheinen lässt. Bei der Beurteilung einer wirtschaftlichen Abhängigkeit spielen auch wirtschaftliche Gestaltungsmöglichkeiten und unternehmerische Risiken eine Rolle, nicht hingegen aber bei der persönlichen Abhängigkeit.[551] Allerdings hatte auch das BAG früher in seiner Rechtsprechung ab und an auf eigene unternehmerische Chancen abgestellt[552], was aber heute nicht mehr der Fall ist.

(4) Stellungnahme

(i) Gesetzliche Regelung und Rechtsprechung

Für die Rechtsprechung des BSG verdeutlicht sich die selbständige Tätigkeit auch durch das eigene Unternehmerrisiko, so dass das Vorliegen als eine Art positives Kriterium für die Selbständigkeit angesehen werden kann. Aus den gesetzlichen Regelungen lassen sich dafür allerdings keine Anhaltspunkte entnehmen. Weder in § 7 SGB IV noch in § 84 HGB kommt ein solches Risiko als Voraussetzung für die selbständige Tätigkeit zum Ausdruck. In rechtlicher Hinsicht kann das Unternehmerrisiko deshalb – wie das BAG richtigerweise erkennt – für die Abgrenzung der selbständigen Tätigkeit zur abhängigen Beschäftigung keine Rolle spielen.

(ii) Auseinandersetzung mit den Unterkriterien der Rechtsprechung

Letztlich kann sich aber aus der Freiheit der Gestaltung der Tätigkeit ergeben, dass es sich dabei um solche Freiheiten handelt, wie sie üblicherweise nur bei

---

548 LSG Baden-Württemberg, Beschl. v.14.10.2015 – L 4 R3874/14, juris.
549 LSG Baden-Württemberg, Beschl. v.14.10.2015 – L 4 R3874/14, juris.
550 Vgl. BAG, Urt. v.25.05.2005 – 5 AZR 347/04, BeckRS 2005, 43136; LAG Rheinland-Pfalz, Urt. v.12.03.2015 – 3 Sa 437/14, juris.
551 BAG, Urt. v.25.05.2005 – 5 AZR 347/04, BeckRS 2005, 43136.
552 So etwa BAG, Beschl. v.16.07.1997 – 5 AZB 29/96, NZA 1997, 1126.

Unternehmern vorkommen. Die Rechtsprechung des BSG hat zum Unternehmerrisiko zahlreiche Unterkriterien entwickelt, die Ausfluss des Unternehmerrisikos sein sollen und deren Vorliegen für eine selbständige Tätigkeit sprechen. Bei genauerer Betrachtung sind dies aber Umstände, die sich aus der Weisungsfreiheit der Tätigkeit ergeben.

So ist es Ausdruck der weisungsfreien Tätigkeit, dass Aufträge ohne Sanktionen abgelehnt werden können, je nach eigener Kalkulation oder eigenem Wunsch, so dass damit nach außen eine gewisse unternehmerische Freiheit zum Ausdruck kommt. Ein besonderes Abgrenzungskriterium ist damit aber nicht gewonnen. Lediglich als Unterkriterium oder Ausgestaltung der Weisungsfreiheit könnte dies anerkannt werden. Im Regelfall wird bei der Selbständigkeit auch ein Unternehmerrisiko vorliegen[553], ohne dass dies jedoch als ausschlaggebendes Abgrenzungskriterium herangezogen werden müsste. Dies ergibt sich vielmehr aus der weisungsfreien Tätigkeit. Ein eigenständiges Abgrenzungskriterium kann das Unternehmerrisiko damit nicht darstellen, so dass das BAG zu Recht ein etwaiges Unternehmerrisiko bei der Betrachtung außen vor lässt.

Die Haftung des Auftragnehmers ist meines Erachtens allerdings typisch für eine selbständige Dienstleistung und ist Ausfluss der Weisungsfreiheit und selbständigen Dienstleistung. Insofern kann der überwiegenden Rechtsprechung hier nicht gefolgt werden, dass dieser Gesichtspunkt unerheblich wäre, weil die Haftung im Arbeitsverhältnis aufgrund des im Arbeitsrecht geltenden dreiteiligen Haftungsmaßstabes[554] eine völlig andere ist als bei der selbständigen Dienstleistung.[555] Insofern drückt die Haftung die Selbständigkeit aus, ist letztlich aber abermals lediglich die Folge einer weisungsfrei gestalteten Tätigkeit.

(iii) Betriebsmittelarme Tätigkeiten

Vor allem bei den Fallgruppen der Dienstleister/Berater, bei denen es überwiegend auf deren Expertise und deren Erfahrung ankommt, zeigt sich, dass es nicht auf ein Unternehmerrisiko in Gestalt des Einsatzes umfassender Betriebsmittel ankommen kann, da bei diesen Tätigkeiten gerade keine umfassenden Betriebsmittel erforderlich sind und demnach auch nicht vorhanden sein können.[556] Wäre das aber zwingende Voraussetzung für eine selbständige Tätigkeit, könnten nahezu alle Dienstleistungstätigkeiten nicht im Rahmen einer selbständigen Tätigkeit erbracht werden. Dass es die Selbständigkeit aber auch und heutzutage vor allen in diesen Bereichen gibt, zeigt neben den klassischen freiberuflichen Tätigkeiten wie

---

553 Vgl. Boemke, ZfA 1998, 285, 316.

554 Vgl. dazu etwa ErfK/*Preis*, § 619a BGB Rn. 9 f.

555 Vgl. dazu auch LSG Schleswig- Holstein, Beschl. v.04.11.2016 – L 5 KR 162/16 B ER, juris.

556 Auch Uffmann, ZfA 2012, 1, 22.

der eines Rechtsanwalts auch die derzeitige Diskussion um die Solo-Selbständigen, bei denen es zumeist um Tätige im Dienstleistungsbereich geht.[557]

cc) Eigene Betriebsstätte

(1) Rechtsprechung der Sozialgerichte

Nach der sozialgerichtlichen Rechtsprechung spricht für eine selbständige Tätigkeit auch, wenn der Tätige eine eigene Unternehmensorganisation unterhält, wie sich aus den allgemeinen Grundsätzen ergibt, die das BSG vor der Auseinandersetzung mit dem entsprechenden Einzelfall in den Entscheidungsgründen ausführt.[558] Die eigene Unternehmensorganisation kann darin zu sehen sein, dass der Tätige eine eigene Betriebsstätte mit eigenem Betriebskapital unterhält, wobei es bei der Beurteilung dieses Kriteriums auf die Tätigkeit an sich ankommen muss, da es betriebsmittelarme und betriebsmittelintensive Tätigkeiten gibt, so dass unterschiedliche Anforderungen zu stellen sind. Mindestvoraussetzung dürfte aber stets sein, dass der Tätige über eine eigene Anschrift, Telefonverbindung und eigene Verwaltung verfügt.[559] Ein häusliches Arbeitszimmer allein soll aber nicht ausreichend sein.[560]

(2) Bedeutung

Auf die eigene Betriebsstätte oder gar die eigene Arbeitsorganisation in dem in den Grundsätzen ausgeführten Maße wird aber in den überwiegenden Entscheidungen der Rechtsprechung nicht abgestellt.[561] Entscheidend in diesem Zusammenhang ist häufiger vielmehr, ob der Tätige durch seine eigene Organisation in der Lage ist, die versprochene Leistung ohne Inanspruchnahme der Betriebsmittel des Auftraggebers erbringen zu können oder nicht. Hierbei ergeben sich Berührungspunkte zur Eingliederung, so dass dies ebenfalls nur eine Konkretisierung des oben genannten Kriteriums ist. Sofern nämlich eine eigene Arbeitsorganisation vorliegt, wird der Tätige nicht in einer fremden Betriebsorganisation, sondern in seiner eigenen tätig und ist damit auch nicht eingegliedert. Durch eine eigene Arbeitsorganisation wird unternehmerisches Handeln ausgedrückt, so dass dies im Umkehrschluss nicht für eine abhängige Beschäftigung spricht.

(3) Stellungnahme

Das Vorhandensein einer eigenen Betriebsstätte bzw. einer eigenen Arbeitsorganisation ist meines Erachtens bei deren Vorliegen ein Indiz für die selbständige Tätigkeit.

---

557 Auch Waltermann, RdA 2010, 162.

558 Ständige Rechtsprechung des BSG; vgl. etwa BSG, Urt. v.30.10.2013 – B 12 KR 17/11 R, juris; BSG, Urt. v.28.05.2015 – B 12 KR 13/07 R, juris.

559 Boemke, DStR 2000, 1694, 1699.

560 Vgl. ausdrücklich LSG Nordrhein-Westfalen, Beschl. v.24.11.2015 – L 8 R 595/15 B ER, juris.

561 Vgl. auch Hanau, MedR 2015, 77, 85.

Es ist aber letztlich lediglich als Unterkriterium der Frage der Eingliederung anzusehen. Hat jemand eine eigene Arbeitsorganisation und erbringt die Tätigkeit innerhalb dieser, dann scheidet eine Eingliederung in einen fremden Betrieb in der Regel aus. Dann liegt typischerweise auch ein unternehmerisches Handeln vor, welches die Rechtsprechung durch dieses Kriterium auch zum Ausdruck bringen will und ursprünglich auch im Gesetz in § 7 Abs. 4 Satz 1 Nr. 4 SGB IV a.F. als eines der fünf Kriterien verankert war. Ein eigenständiges Kriterium kann darin aber nicht gesehen werden, weshalb es auch die arbeitsrechtliche Rechtsprechung für die Abgrenzung nicht erwähnt und demnach nicht als relevant ansieht. Aus den gesetzlichen Regelungen lässt sich ebenfalls nicht entnehmen, dass eine Betriebsstätte für die Abgrenzung der selbständigen Tätigkeit von der abhängigen Beschäftigung maßgeblich wäre.

dd) Einsatz von Erfüllungsgehilfen

Weiter ist der Einsatz von Erfüllungsgehilfen ein Indiz, das von der Rechtsprechung für die selbständige Tätigkeit berücksichtigt wird. Das Arbeitsverhältnis ist nämlich davon geprägt, dass in der Regel eine höchstpersönliche Leistungsverpflichtung des Arbeitnehmers besteht, so dass dies ein typisches Merkmal für ein Arbeitsverhältnis ist.[562]

(1) Bedeutung

In § 613 Satz 1 BGB kommt zum Ausdruck, dass der zur Dienstleistung Verpflichtete die Dienste im Zweifel in Person zu leisten hat. Bei dieser Vorschrift handelt es sich lediglich um eine Auslegungsregel. Da ausdrückliche oder stillschweigende Vereinbarungen, wonach die Dienstleistungen nicht persönlich zu erbringen sein sollen, in Arbeitsverträgen selten sind, ist grundsätzlich davon auszugehen, dass Arbeitnehmer ihre Arbeitsleistung höchstpersönlich zu erbringen haben[563], auch wenn § 613 Satz 1 BGB nicht nur im Arbeitsverhältnis, sondern auch im Dienstleistungsrecht generell gilt.[564] Allerdings ist in der Praxis in einem Arbeitsverhältnis die höchstpersönliche Leistungserbringung die Regel, während bei der Dienstleistung häufig auch Erfüllungsgehilfen eingesetzt werden können, der Vertragspartner die vereinbarte Tätigkeit also nicht selbst erbringen muss. Aus diesem Grunde zieht die Rechtsprechung auch diesen Gesichtspunkt als Indiz für die Selbständigkeit heran.

(2) Rechtsprechung der Sozialgerichte zum Einsatz von Erfüllungsgehilfen

Beim tatsächlichen Einsatz von Erfüllungsgehilfen ist die Rechtsprechung sich weitgehend einig, dass dies ein gewichtiges Indiz für die selbständige Tätigkeit

---

562 BSG, Urt. v.31.03.2015 - B 12 KR 17/13 R, juris.

563 MüKo BGB/*Müller-Glöge* § 613 BGB Rn. 6; auch LSG Bayern, Urt. v.24.11.2009 – L 5 R 867/08, juris.

564 Vgl. auch LAG Hamm, Beschl. v.02.07.2012 – 2 Ta 71/12, juris.

darstelle.[565] Das Fehlen solcher Erfüllungsgehilfen lasse aber keinen Umkehrschluss zu, sondern sei neutral. Dies entspreche auch der Wertung des Gesetzgebers selbst, eine Selbständigkeit auch ohne Beschäftigung eines versicherungspflichtigen Beschäftigten anzuerkennen, wie sich aus § 2 Satz 1 Nr. 1, 2, 9a SGB IV ergebe.[566] Andererseits wird auch ausgeführt, dass es ein Indiz für eine abhängige Beschäftigung darstelle, wenn der Auftraggeber bei Ausfällen selbst eine Ersatzkraft organisiert und nicht der Auftragnehmer.[567]

(3) Rechtsprechung der Sozialgerichte zur vertraglichen Möglichkeit des Einsatzes Dritter

(i) Problemaufriss

Nicht einheitlich beurteilt wird jedoch allein die rechtliche Möglichkeit des Einsatzes von Erfüllungsgehilfen nach den vertraglichen Vereinbarungen. Unklar ist, ob die rechtliche Möglichkeit ausreicht, Dritte einsetzen zu dürfen, oder ob dies tatsächlich der Fall sein muss, damit es als Indiz für eine selbständige Tätigkeit gewertet werden kann. Die ständige Rechtsprechung des BSG betont in ihren Grundsätzen zur Abgrenzung der abhängigen Beschäftigung von der selbständigen Tätigkeit zwar immer, dass „eine im Widerspruch zu ursprünglich getroffenen Vereinbarungen stehende tatsächliche Beziehung und die hieraus gezogene Schlussfolgerung auf die tatsächlich gewollte Natur der Rechtsbeziehung ... der nur formellen Vereinbarung vor(geht), soweit eine – formlose – Abbedingung rechtlich möglich ist. Umgekehrt gilt, dass die Nichtausübung eines Rechts unbeachtlich ist, solange diese Rechtsposition nicht wirksam abbedungen ist. Zu den tatsächlichen Verhältnissen in diesem Sinne gehört daher unabhängig von ihrer Ausübung auch die den Beteiligten zustehende Rechtsmacht“[568].

(ii) Keine einheitliche Rechtsprechung

In der Anwendung dieser Grundsätze ergeben sich vor allem im Hinblick auf den Einsatz Dritter bzw. auf die vertragliche Möglichkeit des Einsatzes Dritter unterschiedliche Ausführungen und Auffassungen.

So führt etwa das BSG in einer aktuellen Entscheidung von 2015[569] aus, dass das bloße Bestehen der Möglichkeit der Einschaltung Dritter zur Leistungserbringung nicht automatisch zur Annahme (unternehmerischer) Selbständigkeit führe. Das BSG wollte hiermit betonen, dass die Möglichkeit, Dritte zur Leistungserbringung

---

565 Vgl. SG Duisburg, Urt. v.09.06.2016 – S 10 R 1073/13, juris; LSG Nordrhein-Westfalen, Urt. v.30.04.2014 – L 8 R 981/12, juris.

566 Vgl. LSG Baden-Württemberg, Beschl. v.14.10.2015 – L 4 R 3874/14, juris.

567 BSG, Urt. v.08.12.2001 – B 12 KR 8/01 R, juris.

568 Ständige Rechtsprechung des BSG, Urt. v.17.12.2014 – B 12 R 13/13 R; LSG Schleswig- Holstein, Beschl. v.04.11.2016 – L 5 KR 162/16 B ER, juris.

569 BSG, Urt. v.31.03.2015 - B 12 KR 17/13 R, juris.

einsetzen zu dürfen, nur eines von mehreren im Rahmen der Gesamtabwägung zu berücksichtigenden Anzeichen darstelle, welche gegen die Annahme einer abhängigen Beschäftigung sprechen.[570] Das BSG stellt damit in dieser Entscheidung – wie auch in den Grundsätzen zur Abgrenzung – allein auf die Rechtsmacht ab, Dritte einsetzen zu dürfen, nicht jedoch auf den tatsächlichen Einsatz. Weiter wird geprüft, ob die Art und der Umfang des Einsatzes von Erfüllungsgehilfen die Beurteilung rechtfertigen, dass die Übertragung der vereinbarten Leistung an Dritte als prägend für eine selbstständige Tätigkeit angesehen werden kann.[571]

An anderer Stelle hat das BSG hingegen ausgeführt, dass die vertraglich eingeräumte Möglichkeit, Aufträge an Dritte zu delegieren, weitgehend irrelevant sei bzw. kein entscheidendes Merkmal darstelle, wenn davon tatsächlich kein Gebrauch gemacht wurde, da dann die persönliche Arbeitsleistung – wie bei einem Arbeitnehmer – die Regel sei.[572] Das BSG geht in seiner Entscheidung aus dem Jahre 2009 sogar noch weiter und ist der Auffassung, dass die vertragliche Einräumung einer Delegationsbefugnis an Dritte deshalb kein entscheidendes Kriterium sein könne, weil es nichts darüber aussage, inwieweit von ihr tatsächlich Gebrauch gemacht wird bzw. überhaupt Gebrauch gemacht werden könnte und dies damit die Tätigkeit tatsächlich prägt. Es erkennt gleichwohl an, dass die Vertragsklausel im Rahmen der Gesamtwürdigung Berücksichtigung finden muss, es allerdings nicht von vornherein als prägend angesehen werden kann.[573]

Die instanzgerichtliche Rechtsprechung führt dazu aus, dass die Möglichkeit, Hilfskräfte einzusetzen, nur dann als Indiz für die selbständige Tätigkeit gewertet werden könne, wenn damit die Möglichkeit verbunden ist, den Umfang der eigenen Tätigkeit wesentlich zu erweitern.[574]

(4) Rechtsprechung des BAG

Das BAG sieht in dem tatsächlichen Einsatz von Erfüllungsgehilfen ein Indiz für die Selbständigkeit, da es bei einem Arbeitsverhältnis von der höchstpersönlichen Leistungspflicht des Arbeitnehmers ausgeht. Setzt der Tätige also Erfüllungsgehilfen zur Erfüllung der Tätigkeit ein, liege regelmäßig kein Arbeitsverhältnis vor.[575] Es betont aber ebenfalls einschränkend, dass allein die Berechtigung des Vertragspartners, die geschuldete Leistung durch einen Dritten erbringen zu lassen, es nicht rechtfertigt, von vornherein ein Arbeitsverhältnis auszuschließen. Dies gelte zumindest dann, wenn ein Vergleich zu den tatsächlichen Gegebenheiten ergibt, dass die persönliche

570 BSG, Urt. v.31.03.2015 - B 12 KR 17/13 R, juris.
571 BSG, Urt. v.15.12.2015 - L 9 KR 82/13, BeckRS 2016, 67187.
572 BSG, Urt. v.22.06.2005 - B 12 KR 28/03 R; BeckRS 2005, 42507; BSG, Urt. v.11.03.2009 – B 12 KR 21/07 R.
573 BSG, Urt. v.11.03.2009 – B 12 KR 21/07 R.
574 LSG Hessen, Urt. v.31.07.2008 – L 8 KR 37/07, juris.
575 BAG, Urt. v.20.01.2010 – 5 AZR 99/09, DB 2010, 788.

Leistungserbringung die Regel ist.[576] Nach der Rechtsprechung des BAG stellt die Möglichkeit, Dritte zur Leistungserbringung einsetzen zu dürfen, dann eines von mehreren im Rahmen der Gesamtwürdigung zu berücksichtigen Indizien dar.[577]

(5) Stellungnahme

(i) Ausdruck der Weisungsfreiheit

Der Einsatz von Erfüllungsgehilfen drückt wiederum eine Art der Weisungsfreiheit des Tätigen aus, nämlich die freie Entscheidung darüber, ob er die Leistung persönlich oder durch den Einsatz von Dritten erbringen lassen möchte. Der Einsatz von Erfüllungsgehilfen wird in den vertraglichen Regelungen eines freien Dienstverhältnisses zumeist vereinbart, so dass auch hier die vertragliche Grundlage herangezogen werden muss. Dies entspricht auch § 613 BGB, der lediglich besagt, dass im „Zweifel" die Dienstleistung in Person zu erbringen ist. Dies korrespondiert auch mit den Grundsätzen, die die Rechtsprechung in jeder Statusentscheidung voranstellt, nämlich dass die Rechtsmacht unabhängig von der Ausübung entscheidend ist.

Besteht also nach dem Inhalt der Leistungsabrede eine Berechtigung des Tätigen zur Erfüllung der übernommenen Leistungspflichten Erfüllungsgehilfen einsetzen zu können, so ist dies ein Indiz für die Selbständigkeit. Die Rechtsmacht muss aber tatsächlich auch bestehen, so dass die Indizwirkung entfallen kann, wenn tatsächlich ein Einsatz von Erfüllungsgehilfen nicht möglich oder nicht gewünscht ist, was sich durch andere Umstände belegen lassen muss. Würde man ausschließlich den tatsächlichen Einsatz von Erfüllungsgehilfen als Indiz für die Selbständigkeit werten, würde zum einen der Vertrag und somit der erkennbare Wille der Vertragsparteien ignoriert und zum anderen hätte es der Auftragnehmer alleine in der Hand, sich durch Nichtwahrnehmung ihm übertragener Freiheiten zum abhängig Beschäftigten zu machen.[578]

Demnach ist die Rechtsmacht, Dritte zur Erfüllung der vereinbarten Tätigkeit einsetzen zu können, im Rahmen der Gesamtabwägung als ein Indiz für die Selbständigkeit zu werten, da es die Freiheit des Selbständigen ausdrückt. Es ist aber ebenfalls ein Ausfluss der Weisungsfreiheit, also ein Element der Erfüllungsebene, nicht der Verpflichtungsebene, so dass der Einsatz von Erfüllungsgehilfen für sich betrachtet kein eigenständiges rechtliches Abgrenzungsmerkmal darstellt.[579] Es kann lediglich als Hilfskriterium herangezogen werden. Insofern ist die frühere Vermutung in § 7 Abs. 4 Satz 1 Nr. 1 SGB IV a.F. (ein Kriterium für die abhängige Beschäftigung sei die Nichtbeschäftigung von Arbeitnehmern) abzulehnen und die Streichung des Kriteriums war sachgerecht.

576 BAG, Urt. v.19.11.1997 - 5 AZR 653/96, NZA 1998, 364.

577 BAG, Urt. v.11.08.2015 - 9 AZR 98/14, NZA-RR 2016, 288; BAG, Urt. v.19.11.1997 - 5 AZR 653/96, NZA 1998, 364.

578 So auch von Medem, DStR 2013, 1441.

579 So auch Boemke, DStR 2000, 1694, 1700.

(ii) Vergleich zu § 2 SGB VI

Auch der Gesetzeswortlaut spricht dafür, dass der Einsatz von Erfüllungsgehilfen kein echtes Kriterium der Selbständigkeit sein kann, da in § 2 Satz 1 Nr. 9 SGB VI für Selbständige geregelt ist, wann trotz der Selbständigkeit eine Rentenversicherungspflicht besteht, nämlich dann, wenn kein versicherungspflichtiger Arbeitnehmer beschäftigt wird und der Tätige überwiegend nur für einen Auftraggeber tätig ist. Insofern kann der Einsatz eigener Arbeitnehmer nicht als Kriterium zur Abgrenzung an sich herangezogen werden, da § 2 Satz 1 Nr. 9 SGB VI die Selbständigkeit gerade voraussetzt. Im Übrigen kann es auch auf die persönliche Leistungserbringung des Auftragnehmers ankommen, nämlich dann, wenn der Auftraggeber den Auftrag ausschließlich deshalb an den Auftragnehmer vergeben hat, weil es ihm etwa auf die speziellen Fähigkeiten oder Kenntnisse des Auftragnehmers ankommt.[580]

ee) Vergütung und Ausfallrisiko

(1) Sozialgerichtliche Rechtsprechung

Von der Rechtsprechung wird häufig auch die Frage der Vergütung als Ausprägung des Unternehmerrisikos bzw. des unternehmerischen Handelns zur Abgrenzung herangezogen, wenn auch in unterschiedlicher Ausprägung.[581] Vor allem bei erfolgsabhängigen Vergütungen wird vielfach versucht, diese für eine Abgrenzung heranzuziehen.

Das BSG erkennt in diesem Zusammenhang aber auch, dass die Gewährung einer Tantieme als solche nicht genüge, um eine Beschäftigung auszuschließen. Bedeutung für die Abgrenzung von Beschäftigung und selbstständiger Tätigkeit kann Tantiemen nur als ein Anknüpfungspunkt für ein mögliches wirtschaftliches Eigeninteresse des für ein Unternehmen Tätigen zukommen, das im Rahmen der Gesamtwürdigung Gewicht gewinnen kann, jedoch nicht allein entscheidend ist. Weil die Gewährung einer Tantieme aber auch bei Arbeitnehmern nicht ungewöhnlich ist, gibt das BSG richtigerweise zu, dass der Gehalt dieses Kriteriums zur Abgrenzung eher gering ist.[582]

Die Vergütung nach Zeitaufwand wird vielfach von der Rechtsprechung als Indiz für eine abhängige Beschäftigung gewertet[583], obgleich es im Rahmen der Gesamtbetrachtung im Einzelfall nicht entscheidend ins Gewicht fällt.[584]

Weiter wird ein Ausfallrisiko in der Vergütung, etwa für Zeiten von Krankheit oder Urlaub, von der Rechtsprechung im Zusammenhang mit einem Unternehmerrisiko

580 so etwa SG Braunschweig, Urt. v.25.07.2014 – S 64 KR 412/13, juris.

581 Vgl. etwa beispielhaft bei LSG BW, Beschl. v.14.10.2015 – L 3 R 3874/14, juris; BSG, Urt. v.31.03.2015 - B 12 KR 17/13 R, juris.

582 BSG, Urt. v.29.08.2012 – B 12 KR 25/10 R, juris.

583 LSG Bayern, Urt. v.28.05.2013 – L 5 R 863/12, juris; LSG Baden-Württemberg, Urt. v.24.02.2015 – L 11 R 5165/13, juris.

584 LSG Baden-Württemberg, Urt. v.24.02.2015 – L 11 R 5165/13, juris.

diskutiert. Die Überbürdung des Risikos, bei krankheits- oder urlaubsbedingten Ausfällen kein Honorar zu erhalten, spricht nach der Rechtsprechung des BSG aber nur dann für Selbständigkeit, wenn dem auch eine größere Unabhängigkeit oder höhere Verdienstchancen gegenüberstehen. Allein die Belastung eines Erwerbstätigen mit zusätzlichen Risiken, der im Übrigen nach der tatsächlichen Gestaltung des gegenseitigen Verhältnisses aber als abhängig Beschäftigter anzusehen ist, rechtfertige hingegen nicht die Annahme einer Selbständigkeit.[585]

(2) Arbeitsgerichtliche Rechtsprechung

Die arbeitsgerichtliche Rechtsprechung stellt teilweise bei der Statusentscheidung ebenfalls auf die Art der Vergütung ab.[586] Andererseits betont insbesondere das BAG, dass die frühere Rechtsprechung zwar auch auf die Art der Vergütung bei der Abgrenzung abgestellt habe, dass diese formellen Merkmale aber nicht oder nur bedingt als tragfähig angesehen werden könnten.[587] Insofern ist das BAG mittlerweile der Auffassung, dass die Modalitäten der Bezahlung nicht entscheidend seien, da sich die persönliche Abhängigkeit danach bestimme, inwieweit die Ausführung der versprochenen Dienste weisungsgebunden und damit fremdbestimmt erfolge. Entscheidend seien die Umstände der Dienstleistung, nicht aber die Modalitäten der Entgeltzahlung.[588]

(3) Stellungnahme

Nach hier vertretener Ansicht, die sowohl beim BAG als auch in der Literatur vorzufinden ist[589], spielt die Vergütung keine Rolle bei der Entscheidung, ob eine abhängige Beschäftigung oder eine selbständige Tätigkeit vorliegt. Insofern wird auch ein etwaiges Ausfallrisiko nicht berücksichtigt, da dies ebenfalls Folgen einer bestimmten Tätigkeit sind. Liegt also eine abhängige Beschäftigung vor, so erhält dieser in Urlaubs- oder Krankheitszeiten nach den gesetzlichen Arbeitnehmerschutzvorschriften Entgeltfortzahlung auch in diesen Zeiten. Voraussetzung dafür ist aber, dass ein Arbeitsverhältnis tatsächlich vorliegt, was zuvor festgestellt werden muss.

---

585 BSG, Urt. v. 25.01.2001 - B 12 KR 17/00 R, juris; LSG Niedersachsen-Bremen, Urt. v.15.07.2015 – L 2 R 47/15, juris.

586 Vgl. etwa LAG Rheinland-Pfalz, Urt. v.12.03.2015 – 3 Sa 437/14, juris unter Bezugnahme auf BAG, Urt. v.30.10.1991 - 7 ABR 19/91, NZA 1992, 407.

587 So etwa BAG, Urt. v.30.10.1991 - 7 ABR 19/91, NZA 1992, 407.

588 Vgl. BAG, Urt. v.30.11.1994 – 5 AZR 704/93, AP BGB § 611 Abhängigkeit Nr. 74; BAG, Urt. v.21.07.2015 – 9 AZR 484/14, NZA-RR 2016, 344.

589 So auch Boemke, DStR 2000, 1702; Kreikebohm/ *Berchtold*, § 7 SGB IV Rn. 23.

3. Irrelevante Kriterien

Schließlich gibt es zahlreiche weitere Kriterien, die die Rechtsprechung zur Abgrenzung heranzieht, die aber aus rechtlicher Sicht nicht statusbegründend berücksichtigt werden dürfen, da diese Kriterien keinen Aufschluss über die persönliche Abhängigkeit geben und auch in dogmatischer Hinsicht keine Stütze finden. Dies wird im Folgenden dargestellt.

aa) Art der geschuldeten Dienstleistung

So kann es beispielsweise entgegen dem früheren Vermutungskriterium in § 7 Abs. 4 Satz 1 Nr. 3 SGB IV a.F. nicht entscheidend für die Beurteilung einer selbständige Tätigkeit oder einer abhängigen Beschäftigung sein, ob die Tätigkeit beim Auftraggeber von anderen im Rahmen einer abhängigen Beschäftigung ausgeübt wird bzw. ob es sich um eine arbeitnehmertypische Dienstleistung handelt.

Dass sich aus der Art der geschuldeten Dienstleistung kein Aufschluss über die Ausgestaltung der Tätigkeit als abhängige Beschäftigung oder selbständigen Tätigkeit ergeben kann, wurde bereits ausführlich dargestellt und diskutiert. Insofern gibt es keine Tätigkeiten, die nur im Rahmen eines Arbeitsverhältnisses erbracht werden können und im Übrigen ist auch kein Vorrangverhältnis eines Arbeitsverhältnisses zu erkennen.[590]

Es kann demnach keine Abgrenzung allein nach der Art der geschuldeten Tätigkeit vorgenommen werden, so dass der Rechtsprechung nicht zuzustimmen ist. Arbeitnehmertypische Tätigkeiten an sich gibt es nicht, wie bereits an anderer Stelle ausführlich ausgeführt wurde.[591] Für die Abgrenzung ist grundsätzlich nur das Rechtsverhältnis zwischen Auftraggeber und Auftragnehmer entscheidend. Es ist hingegen nicht auf andere Vertragsverhältnisse beim Auftraggeber abzustellen. Aus diesen Gründen ist auch das im Gesetz damals verankerte Kriterium in § 7 Abs. 4 Satz 1 Nr. 3 SGB IV a.F. nicht rechtsdogmatisch begründbar gewesen, so dass es sachgerecht war, dieses wie auch die anderen Kriterien zu streichen.

bb) Formale Gesichtspunkte

Weiter ist nicht entscheidend, in welcher Art und Weise etwa Steuern abgeführt werden, da dies lediglich eine Konsequenz der Einordnung darstellt, nicht jedoch als rechtlicher Anknüpfungspunkt gesehen werden kann. Ebenso verhält es sich mit dem Umstand, ob ein Gewerbe angemeldet wurde oder nicht. Solch formalen Kriterien können nicht zur Abgrenzung herangezogen werden, da sie nicht aussagekräftig für die Beurteilung des Rechtsverhältnisses sind.[592]

---

590 Vgl. hierzu ausführlich, 2. Kapitel II. 4.

591 Vgl. insoweit die Ausführungen und Argumentation unter 3. Kapitel II. 2. d) cc) (2).

592 Vgl. auch Baumbach/Hopt/*Hopt*, § 84 HGB Rn. 36; BSG, Beschl. v.19.03.2012 – B 12 KR 91/11 B, juris.

cc) Wirtschaftliche Abhängigkeit/ Tätigkeit für mehrere Auftraggeber

(1) Wirtschaftliche Abhängigkeit

Wie bereits an anderer Stelle[593] ausgeführt wurde, kommt es ebenso wenig auf eine wirtschaftliche Abhängigkeit an. Dieser Umstand ist vielmehr entscheidend für die Beurteilung, ob eine Arbeitnehmerähnlichkeit vorliegt oder nicht, wie sich aus § 12a TVG ergibt. Die wirtschaftliche Abhängigkeit ist hingegen nicht maßgeblich für die Frage, ob eine abhängige Beschäftigung oder eine selbständige Tätigkeit vorliegt und kann insofern nicht als Abgrenzungskriterium herangezogen werden.

(2) Tätigkeit für mehrere Auftraggeber

(i) Bedeutung in der Rechtsprechung

Irrelevant ist weiter, ob der Tätige nur für einen Auftraggeber tätig wird oder ob er mehrere Auftraggeber hat. Zwar kann sich darin in gewisser Weise eine unternehmerische Tätigkeit des Selbständigen ausdrücken und zeigen, dass er Freiheiten hat, je nach seinen eigenen Vorstellungen zu disponieren, für den einen oder anderen Auftraggeber tätig zu werden. Aus diesem Grunde finden sich in den Entscheidungen der Rechtsprechung auch häufig Feststellungen dazu, ob der Tätige nur für einen Auftraggeber tätig wird oder gar mehrere hat, so dass die Rechtsprechung diesen Umstand zumindest gelegentlich als Hilfskriterium für eine unternehmerische Tätigkeit heranzieht.[594] Hierbei wird teilweise wiederum differenziert, ob der Tätige tatsächlich davon Gebrauch gemacht hat oder nicht.[595]

(ii) Kein Abgrenzungskriterium

Ein Abgrenzungsmerkmal ergibt sich daraus aber nicht, weil sich diese Freiheit bereits aus der Weisungsfreiheit ergibt, die für die selbständige Tätigkeit vorliegen muss. Im Übrigen spricht auch die Regelung in § 12a TVG sowie für das Sozialversicherungsrecht vor allem die Regelung in § 2 Satz 1 Nr. 9 SGB VI dagegen, die Tätigkeit für mehrere Auftraggeber als Abgrenzungskriterium der abhängigen Beschäftigung zur selbständigen Tätigkeit anzunehmen. Selbständige werden nämlich nach der Entscheidung des Gesetzgebers in den Schutz der Rentenversicherung nach § 2 Satz 1 Nr. 9 SGB VI einbezogen, wenn sie auf Dauer und im Wesentlichen nur für einen Auftraggeber tätig werden und keine eigenen Arbeitnehmer beschäftigen. Diese Regelung zeigt damit, dass „ein Auftraggeber" nur maßgeblich für die Einbeziehung in den Schutz der Rentenversicherung ist, nicht aber für die generelle

---

593 Vgl. oben 2. Kapitel II.3.c) aa).

594 So etwa BSG, Urt. v.31.03.2015 - B 12 KR 17/13 R, juris; LSG Bayern, Urt. v.06.10.2015 – L 7 R 240/13 (Krankenschwester); LSG Bayern, Urt. v.20.10.2016 – L 7 R 260/15, juris; LSG Schleswig- Holstein, Beschl. v.04.11.2016 – L 5 KR 162/16 B ER, juris.

595 Vgl. etwa LSG Nordrhein-Westfalen, Urt. v.09.09.2009 – L 8 R 200/06, juris (Pflegekraft).

Beurteilung, ob eine selbständige oder abhängige Tätigkeit vorliegt. Die Regelung des § 2 Satz 1 Nr. 9 SGB VI setzt nämlich eine selbständige Tätigkeit voraus. Insofern ist dieses, von der Rechtsprechung angewendete Kriterium in rechtlicher Hinsicht nicht geeignet, eine Abgrenzung vorzunehmen. Das früher im Gesetz normierte Vermutungskriterium in § 7 Abs. 4 Satz 1 Nr. 2 SGB IV a.F. widersprach somit einer gesetzlich korrekten Abgrenzung.

(iii) Schlussfolgerung

Die Tätigkeit für mehrere Auftraggeber spielt damit im Ergebnis lediglich für die Einbeziehung in die Schutzvorschriften der Rentenversicherung eine Rolle, setzt aber die Selbständigkeit gerade voraus, so dass es kein taugliches Kriterium zur Abgrenzung sein kann.

Neben der rein rechtlichen Argumentation, weshalb dieser Gesichtspunkt nicht für die Abgrenzung entscheidend sein kann, spricht auch ein rein tatsächliches Argument gegen die Berücksichtigung der Tätigkeit für mehrere Auftraggeber als Kriterium zur Abgrenzung, was letztlich auch die Rechtsprechung vermehrt gesehen hat.[596] Denn auch im Rahmen eines Arbeitsverhältnisses ist es nicht unüblich, dass eine Tätigkeit für mehrere Arbeitgeber vorliegt, wenn man beispielsweise an eine Teilzeitbeschäftigung für mehrere Arbeitgeber denkt oder aber – was sicherlich nicht selten der Fall ist – bei einer Hauptbeschäftigung sowie einer zusätzlichen geringfügigen Beschäftigung als Nebentätigkeit. In diesen Fällen besteht ein Arbeitsverhältnis und gleichwohl wird der Arbeitnehmer für mehrere tätig. So führt die Rechtsprechung hierzu in einigen Entscheidungen auch aus, dass nur die Umstände der zu beurteilenden Tätigkeit maßgebend sind, wenn eine Tätigkeit für einen Auftraggeber regelmäßig vollschichtig oder annähernd vollschichtig ausgeübt wird.[597] Es komme danach ausschließlich auf das zu beurteilende Rechtsverhältnis an und die Existenz weiterer Auftraggeber sei für die Beurteilung des einzelnen Rechtsverhältnisses ohne Bedeutung.[598]

4. Stellungnahme zu den rechtlich maßgeblichen Abgrenzungskriterien

a) Weisungsgebundenheit als maßgebliches Abgrenzungskriterium

Im Ergebnis kann festgehalten werden, dass es aus dogmatischer Sicht maßgeblich auf die persönliche Abhängigkeit bei der Abgrenzung des abhängigen Beschäftigungsverhältnisses zur selbständigen Tätigkeit ankommt. Diese persönliche Abhängigkeit bestimmt sich durch das Maß der Weisungsgebundenheit, die besonders

596 Vgl. etwa LSG Berlin-Brandenburg, Urt. v.20.11.2013 - L 9 KR 152/11, juris.

597 BSG, Urt. v.22.06.2005 – B 12 KR 28/03 R, juris.

598 So bspw. LSG Bayern, Urt. v.06.10.2015 – L 7 R 66/13, juris (Reinigungskraft); LSG Berlin-Brandenburg, Urt. v.20.11.2013 - L 9 KR 152/11, juris.

darin zum Ausdruck kommt, dass jemand in zeitlicher, örtlicher und inhaltlicher Hinsicht den Weisungen seines Dienstgebers unterworfen ist. Gesetzliche Grundlagen hierfür sind § 84 Abs. 1 Satz 2 HGB sowie § 7 Abs. 1 SGB IV. Bestätigt wird diese Auffassung auch durch die Neuregelung in § 611a BGB, der nur auf die Weisungsgebundenheit abstellt.

Aufgrund der Tatsache, dass der Gesetzgeber die Eingliederung in eine fremde Arbeitsorganisation in § 7 Abs. 1 Satz 2 SGB IV als Anhaltspunkt für eine abhängige Beschäftigung normiert hat, kann im Sozialversicherungsrecht auch dies als Abgrenzungskriterium angesehen werden und ist bei der Beurteilung, ob eine abhängige Beschäftigung oder aber eine selbständige Tätigkeit vorliegt, zu berücksichtigen. Letztlich stellt sich die Eingliederung in eine fremde Arbeitsorganisation aber meines Erachtens als Ausfluss der Weisungsgebundenheit dar, so dass die Eingliederung lediglich mit der Weisungsgebundenheit einhergeht. Bei genauerer Betrachtung stellt sich demnach heraus, dass allein die Weisungsgebundenheit entscheidend ist, da die Eingliederung lediglich eine Fortsetzung auf Erfüllungsebene darstellt, was aber eine Weisungsunterworfenheit voraussetzt.[599] Im Rahmen der Weisungsgebundenheit bzw. Weisungsfreiheit kommt der zeitlichen Weisungsfreiheit die entscheidende Bedeutung zu, da die fachliche Weisungsgebundenheit nur als eingeschränktes Kriterium angesehen wird und in vielen Fällen auch der Ort der Tätigkeit aufgrund gesetzlicher Vorschriften vorgegeben oder sich aus der Eigenart der Tätigkeit ergibt. Insofern ist die zeitliche Weisungsfreiheit entscheidend für die Beurteilung der persönlichen Abhängigkeit.

Das vom BSG für die Selbständigkeit kennzeichnende Unternehmerrisiko kann kein Abgrenzungskriterium darstellen, weil sich bereits keine Grundlage in den gesetzlichen Regelungen findet. Es kann allenfalls als Ausfluss der Weisungsfreiheit gesehen werden, da nur derjenige ein Unternehmerrisiko tragen kann, der frei in der Ausübung und Gestaltung seiner Tätigkeit ist. Im Regelfall wird also bei der Selbständigkeit auch ein Unternehmerrisiko vorliegen[600], ohne dass dies jedoch als ausschlaggebendes Abgrenzungskriterium herangezogen werden müsste. Dies ergibt sich vielmehr aus der weisungsfreien Tätigkeit. Ein eigenständiges Abgrenzungskriterium kann das Unternehmerrisiko damit nicht darstellen, so dass das BAG zu Recht ein etwaiges Unternehmerrisiko bei der Betrachtung außen vor lässt.

b) Verkennung der Weisungsgebundenheit im Sinne von § 7 SGB IV durch die Rechtsprechung

Obgleich auch die Rechtsprechung die Weisungsgebundenheit als maßgebliches Kriterium ansieht, verkennt sie es in vielen Fällen. Sie stellt nicht immer konsequent auf die durch Gesetz zum Ausdruck gebrachte Weisungsgebundenheit im Sinne von § 106 GewO ab, sondern geht teilweise viel weiter und sieht auch Umstände

599 Vgl. auch Boemke, ZfA 1998, 285, 322.
600 Vgl. Boemke, ZfA 1998, 285, 316.

als Ausdruck einer Weisungsgebundenheit an, die bei juristisch korrekter Auseinandersetzung keine solche Weisungsbefugnis darstellen bzw. nicht Ausdruck einer Weisung im Sinne von § 106 GewO sowie § 7 SGB IV sind. Hervorzuheben ist insbesondere die Tatsache, dass gewisse Eckpunkte sich bereits aus der Eigenart bzw. der Natur der Tätigkeit ergeben, so dass diese bereits keine Weisungen im Sinne des § 106 GewO darstellen können. Auch muss beachtet werden, dass dem freien Dienst- und Werkvertragsrecht gewisse Weisungen nicht fremd sind, wie sich aus § 645 BGB ergibt. Dort ist ausdrücklich geregelt, dass Weisungen in Bezug auf den Erfolg (also das Werk) im Rahmen eines Werkvertrages erteilt werden können. Insofern kennt auch das freie Dienst- und Werkvertragsverhältnis gewisse Weisungen. Es muss also eine rechtlich korrekte Abgrenzung der Weisungen erfolgen, um beurteilen zu können, was eine Weisungsgebundenheit im Sinne von § 7 SGB IV darstellt. Leider wird dies von der Rechtsprechung oftmals versäumt und Weisungen nicht trennscharf abgegrenzt oder gar vermischt, so dass eine klare und juristisch saubere Abgrenzung nicht erfolgt. Diese Problematik wird im vierten Kapitel, in dem es um die Tätigkeit des Honorararztes geht, vertieft.

c) Vertragliche Grundlagen

Durch die vorhergehenden Darlegungen wird deutlich, dass es auch bei den einzelnen Kriterien immer entscheidend auf die vertraglichen Vereinbarungen zwischen den Parteien ankommt und der dort verankerte Parteiwille maßgebend ist. Bestimmte Gesichtspunkte der Tätigkeit, die in vertraglichen Vereinbarungen konkret zum Ausdruck kommen, sind einem etwaigen Weisungsrecht des Auftraggebers bereits entzogen. Insofern ist die vertragliche Grundlage deshalb bedeutsam und zu berücksichtigen, um die Weisungsgebundenheit beurteilen zu können.

d) Problematik in der Praxis

Problematisch ist im Ergebnis, dass die Rechtsprechung die Abgrenzungskriterien zum Teil nicht korrekt anwendet, da sie auch zahlreiche Indizien und Anhaltspunkte hinzuzieht, die keine rechtliche und gesetzliche Grundlage haben. Darüber hinaus kommt erschwerend hinzu, dass die Rechtsprechung fast willkürlich entsprechende Indizien gewichtet, in dem sie bestimmte Feststellungen in dem einen Fall so, in dem anderen Fall genau umgekehrt bewertet, ohne dies mit der Eigenart der Tätigkeit oder sonstigen Besonderheiten begründen zu können. Eine Rechtssicherheit ist so in der Praxis nicht (mehr) gegeben. Die Abgrenzungskriterien verwässern vielmehr immer mehr. So finden sich in der Praxis häufig Unterscheidungen nach höheren und einfacheren Tätigkeiten, wofür es keine Rechtfertigung gibt und im Übrigen auch unter Beachtung des Gleichheitsgrundsatzes nach Art. 3 Abs. 1 GG fraglich ist. Wünschenswert wäre es, wenn das BSG für alle die gleichen Maßstäbe anlegt, unter Beachtung der Besonderheiten der jeweiligen Tätigkeit sowie der gesetzlich normierten Anhaltspunkte für Abgrenzungskriterien, so dass eine transparente und klare Rechtslage vorherrschen könnte.

VIERTES KAPITEL: Tätigkeit des Honorararztes und Abgrenzungskriterien für die Beurteilung der honorarärztlichen Tätigkeit unter besonderer Berücksichtigung des Fachbereichs der Anästhesie

I. Problemstellung und Tätigkeit des Honorararztes

1. Gründe für den Einsatz von Honorarärzten

Durch die Tätigkeit der Honorarärzte ist die Problematik der Scheinselbständigkeit – wie auch bei anderen Tätigkeiten höherer Art – wieder erneut in den Fokus gerückt und wird jüngst auf einer anderen Ebene als noch vor einigen Jahren diskutiert. Ging es früher mehr um die Abgrenzung der abhängigen Beschäftigung von der selbständigen Tätigkeit bei einfachen und gering entlohnten Tätigkeiten, so geht es heute vielfach um akademische Tätigkeiten, wie die des Honorararztes. Der Einsatz von Honorarärzten hatte aber in den letzten Jahren stetig zugenommen, wenngleich auch aufgrund der in der Praxis bestehenden großen Unsicherheit über den Status der Honorarärzte wieder ein leichter Rückgang zu verzeichnen ist.[601] Begründet werden kann der zunehmende Anstieg von selbständig tätigen Ärzten einerseits damit, dass die Kliniken ihrem Versorgungsauftrag aufgrund des Fachärztemangels nur mit abhängig beschäftigten Ärzten nicht mehr nachkommen können und im Übrigen gerade in ländlichen Bereichen eine ärztliche Versorgung ohnehin nur schwer möglich ist, so dass durch die Flexibilität der Honorarärzte auch dort ein Einsatz – wenn auch nur auf Zeit – erfolgt.[602] Die Honorarärzte werden also vorrangig zur Sicherstellung der Patientenversorgung eingesetzt, da sie überwiegend durch Kompensation des Personalmangels oder in Zeiten hoher Arbeitsdichte zur Entlastung und dem Fortbestand des Teams beitragen.[603] Die Besonderheit zu der früheren Diskussion um die Scheinselbständigkeit ist, dass die Honorarärzte bzw. die Akademiker generell heute selbständig tätig sein wollen, sich also bewusst gegen eine abhängige Beschäftigung entscheiden und ihre Arbeitskraft demnach selbst vermarkten wollen.[604] So finden sich Honorarärzte, die hauptberuflich als

601 Gruler, DÄ 2014, 2; Studie des Bundesverbandes der Honorarärzte aus dem Jahr 2013, veröffentlicht unter http://www.bv-honoraraerzte.de/live/bv-honoraraerzte/content/e160/e6323/140112FAKTENHA.pdf (zuletzt abgerufen am 11.01.2016).

602 Schäfer/*Willems*, S. 20.

603 Schäfer, DÄ 2012, 2290; DKI, Krankenhaus Barometer 2013, S. 33.

604 So auch Gerber, KHR 2009, 186; Schäfer/*Willems*, S. 20.

solche tätig sind oder aber auch lediglich in Teilzeit – oft auch neben der Hauptbeschäftigung.[605]

Der Einsatz von Honorarärzten ist sehr weit gestreut. Ob als Vertretung oder aber dauerhaftem Einsatz, in der Praxis ergeben sich hierbei sämtliche Ausgestaltungen. Gerade im Bereich der Anästhesie erfolgt vielfach auch eine komplette Fremdvergabe dieses Bereiches, so dass die anästhesiologischen Leistungen im Krankenhaus in einigen Fällen vollständig von selbständig tätigen Honorarärzten erbracht werden und die größte Gruppe der Honorarärzte darstellen.[606]

2. Statistik der Honorarärzte

Die genaue Zahl der Honorarärzte ist nicht bekannt. Schätzungen zufolge werden allerdings 1.500 – 6.000 Ärzte zeitweise, teilweise oder in Vollzeit als Honorarärzte tätig.[607] Nach einer Studie des Bundesverbandes der Honorarärzte erbringen etwa 46% der Honorarärzte Fachleistungen im Bereich der Anästhesie, etwa 22% im Bereich der Allgemeinmedizin sowie im einstelligen Prozentbereich Tätigkeiten in der Gynäkologie, Psychiatrie sowie Radiologie.[608]

Honorarärzte in anderen EU-Staaten sind unstreitig selbständig und schon seit längerer Zeit etabliert, insbesondere auch die in Großbritannien tätigen Anästhesisten, die ohne eigene Ausrüstung und ohne Angestellte arbeiten.[609]

3. Scheinselbständigkeit bei Honorarärzten

a) *Deutsche Rentenversicherung Bund*

In der Praxis verschärft sich die Problematik vor allem auch dadurch, dass die Deutsche Rentenversicherung Bund der Auffassung ist, dass Honorarärzte in der Regel abhängig Beschäftigte sind. Nach Auffassung der Deutschen Rentenversicherung Bund komme es aufgrund der Therapiefreiheit der Ärzte bei der Abgrenzung

605 So auch Ricken, NZS 2011, 881; Teske, DÄ 2010, 953.

606 Honorarärztliche Tätigkeit in Deutschland, Positionsbestimmung der Bundesärztekammer und der Kassenärztlichen Bundesvereinigung, S. 11 (Stand 2011), abrufbar unter http://www.bundesaerztekammer.de/fileadmin/user_upload/downloads/honoraraerzte_26052011.pdf (zuletzt abgerufen am 09.09.2016).

607 Fakten-Daten-Meilensteine, Honorarärzte in Deutschland, S. 1, abrufbar unter https://www.bv-honoraraerzte.de/live/bv-honoraraerzte/content/e160/e6323/160724UpdateFAKTENHA.pdf; Teske, DÄBl. 2010, A-1093; BÄK/KBV, Honorarärztliche Tätigkeit in Deutschland, S. 10 f.; Ricken, NZS 2011, 881 (zuletzt abgerufen am 25.08.2016).

608 Studie des Bundesverbandes der Honorarärzte (Stand 2016), veröffentlicht unter https://www.bv-honoraraerzte.de/live/bv-honoraraerzte/content/e160/e6323/160724UpdateFAKTENHA.pdf (zuletzt abgerufen am 09.09.2016).

609 Vgl. Ausführungen bei SG Braunschweig, Urt. v.25.07.2014 – S 64 KR 412/13, juris; auch Uffmann, ZfA 2012, 1, 3; Teske DÄ 2010, A 1093.

entscheidend auf die Eingliederung in eine fremde Arbeitsorganisation an, wobei diese Eingliederung bei Diensten höherer Art – wie die eines Arztes – zur funktionsgerecht dienenden Teilhabe am Arbeitsprozess verfeinert sein könne. Es seien die tatsächlichen Verhältnisse im Klinikalltag maßgeblich. Als Vertretungsärzte in einem Krankenhaus tätige Honorarärzte seien in der Regel abhängig beschäftigt, wenn sie innerhalb des laufenden Geschäfts des Krankenhauses Teil der Gesamtorganisation sind.[610] Bei Vertretungstätigkeiten für Chef-, Ober- oder Assistenzärzten liege allein deshalb eine Eingliederung vor, weil sie in Vertretung für abhängig beschäftigte Ärzte Personalverantwortung für Pflegepersonal oder andere Ärzte tragen.[611] Diese Rechtsauffassung ist insbesondere deshalb besonders kritisch, weil sie eine massive Einschränkung der Berufsausübungsfreiheit[612] darstellt und lediglich pauschal ohne nähere Einzelfallprüfung erfolgt. Auch dies soll nachfolgend aufgezeigt werden. Die Deutsche Rentenversicherung Bund prüft also in jüngerer Zeit verstärkt Einrichtungen im Gesundheitswesen und erlässt demnach zahlreiche Bescheide, weil die Honorarärzte ihrer Auffassung nach in der Regel abhängig Beschäftigte sind und demnach zur Sozialversicherung hätten angemeldet werden müssen.[613] Für die medizinischen Einrichtungen ergeben sich daraus massive Konsequenzen, sowohl in finanzieller als auch in strafrechtlicher Hinsicht.[614] Vielfach geht es in finanzieller Hinsicht zwar nur um die Beiträge zur Arbeitslosenversicherung, da die Ärzte in der Regel privat krankenversichert sind und aufgrund ihrer Zugehörigkeit zum berufsständischen Versorgungswerk von der Rentenversicherungspflicht befreit sind.[615] Ggf. kommen noch Lohnsteuernachzahlungen hinzu. Gleichwohl sind aufgrund der in der Praxis bestehenden Rechtsunsicherheit sowie v.a. des strafrechtlichen Risikos viele Kliniken derzeit zurückhaltender im Einsatz von Honorarärzten.[616]

610 Auffassung der DRV in summa summarum 2012, S. 7; DRV, Auf den Punkt gebracht 2016, S. 22.

611 Auffassung der DRV in summa summarum 2012, S. 7; DRV, Auf den Punkt gebracht 2016, S. 22.

612 Siehe auch Flintrop, DÄ 2013, 2246.

613 Vgl. auch Schäfer, Presseinfo des BV-H zur Tätigkeit der Notärzte – 112 – Notärzte in Not!, abrufbar unter https://www.bv-honoraraerzte.de/live/bv-honoraraerzte/content/e160/e8465/ PresseinformationMVkurz.pdf (zuletzt abgerufen am 09.09.2016).

614 Vgl. dazu auch Reiserer, DÄ 2011, 2323.

615 Flintrop, DÄ 2013, 2246; vgl. dazu 2. Kapitel IV.2.c).

616 Flintrop, DÄ 2013, 2246; Mitteilung des Bundesverbandes der Honorarärzte (Stand 2016), veröffentlicht unter http://www.bv-honoraraerzte.de/live/bv-honoraraerzte/content/e160/e6323/ 140112FAKTENHA.pdf (zuletzt abgerufen am 11.01.2016), der einen leichten Rückgang verzeichnet.

b) *Problematik bei der Abgrenzung der abhängigen Beschäftigung von der selbständigen Tätigkeit bei Honorarärzten*

Auch bei der Tätigkeit eines Honorararztes, einem Freiberufler, muss bei der Abgrenzung der abhängigen Beschäftigung von der selbständigen Tätigkeit auf die gesetzlichen Regelungen zurückgegriffen werden, so speziell auf § 84 Abs. 1 Satz 2 HGB und vor allem für das Sozialversicherungsrecht auf § 7 Abs. 1 SGB IV. Bei der honorarärztlichen Tätigkeit ergeben sich Besonderheiten aus der Tätigkeit, die die Rechtsprechung vor ein großes Problem stellt, was durch die zahlreichen divergierenden Entscheidungen auch zum Ausdruck kommt. Höchstrichterliche Rechtsprechung zu diesem Tätigkeitsfeld existiert (noch) nicht[617], weder in arbeitsrechtlicher noch in sozialversicherungsrechtlicher Hinsicht, wenngleich sich das BSG zu anderen Formen ärztlicher Tätigkeit bereits geäußert hat.[618] Die Tätigkeit des Honorararztes trägt zumindest dem ersten Anschein nach in der praktischen Anwendung Elemente beider Tätigkeitsformen – der abhängigen Beschäftigung sowie der selbständigen Tätigkeit in sich –, woraus sich die Abgrenzungsschwierigkeiten ergeben. Ob sich diese Abgrenzungsschwierigkeiten durch juristisch saubere Anwendung der entscheidenden Kriterien und Grundsätze lösen lassen, wird im Folgenden untersucht.

Es entsteht durch die Vielzahl an unterschiedlichen Entscheidungen der Eindruck, dass in der Praxis nicht allein anhand juristisch fundierten Abgrenzungskriterien der Status bestimmt wird, sondern gelegentlich auch das Motiv mitschwingt, jemanden in den Schutz des jeweiligen Versicherungszweiges einzubeziehen oder aber der Solidargemeinschaft ein neues und vor allem zahlendes Mitglied zuzuführen.[619]

c) *Politische Diskussion einer gesetzlichen Regelung zu Honorarärzten im Bereich der Notdienste*

Aufgrund der bestehenden großen Unsicherheiten wurde im Bereich der Honorarärzte im Notdienst auf Initiative des Bundeslandes Rheinland-Pfalz und

617 Auch nicht durch den Beschluss des BSG vom 01.08.2016 – B 12 R 19/15 B, BeckRS 2016, 72157; vgl. dazu auch Reiserer/ Weiss-Bölz, DStR 2016, 2535 ff.

618 So beispielsweise zur Vertretung eines niedergelassenen Kassenarztes: BSG, Urt. v.27.05.1959 – 3 RK 18/55, BSGE 10, 41; Zur Tätigkeit eines frei praktizierenden Arztes, der der Polizeibehörde vereinbarungsgemäß zu bestimmten Zeiten zur Verfügung stand, und insbesondere Blutproben zur Bestimmung der Blutalkoholkonzentration entnahm: BSG, Urt. v.22.02.1973 – 2 RU 110/71, BSGE 35, 212; zur Tätigkeit eines in einer Gemeinschaftspraxis tätigen Vertragsarztes: BSG, Urt. v.23.06.2010 – B 6 KA 7/09, BSGE 106, 222.

619 Schnapp, NZS 2014, 41, 42.

Mecklenburg-Vorpommern nunmehr auch die Bundesregierung aktiv.[620] So prüfen die Ministerien derzeit, welche Änderungen im Sozialversicherungsrecht nötig wären, um die Honorarkräfte im Rettungsdienst von der Sozialversicherungspflicht auszunehmen. Konkret geht es um Notärzte, die nebenberuflich auf selbständiger Basis Notarztdienste erbringen.[621] Das Land Rheinland-Pfalz und Mecklenburg-Vorpommern haben am 25.11.2016 eine Entschließung vorgestellt und der Bundesrat hat am 16.12.2016[622] darüber entschieden. Um die notärztliche Versorgung im ländlichen Raum sicherzustellen, bittet der Bundesrat damit die Bundesregierung zeitnah einen Gesetzesentwurf zu erarbeiten und vorzulegen, der geeignet ist, eine notärztliche Tätigkeit von Honorarärzten zu gewährleisten, ohne dass diese sozialversicherungspflichtig ist.[623] Hingewiesen wird in diesem Zusammenhang darauf, dass eine Regelung wie in Österreich favorisiert wird, so dass weiter gebeten wird zu prüfen, ob eine seit 01.01.2016 in Österreich geltende vergleichbare Regelung auch in Deutschland denkbar wäre.[624] In Österreich wurde für die nebenberufliche Tätigkeit der Honorarnotärzte eine Bereichsausnahme im Sozialversicherungsrecht geschaffen.[625] Zwischenzeitlich wurde von der Bundesregierung im Entwurf eines Gesetzes zur Stärkung der Heil- und Hilfsmittelversorgung als Änderungsantrag 7eine dahingehende Neuregelung in§ 23c Abs. 2 angedacht, wonach Einnahmen aus Tätigkeiten als Notarzt im Rettungsdienst unter bestimmten Voraussetzungen, insbesondere Nebenberuflichkeit, nicht beitragspflichtig wären.[626] Ob diese Regelungen tatsächlich in Kraft treten, bleibt abzuwarten. Von einigen Stimmen wird allerdings zutreffenderweise bereits aus verfassungsrechtlichen Gesichtspunkten Kritik geäußert.[627] Im Übrigen wird kritisiert, dass das Problem nicht auf der grundlegenden Ebene des

---

620 Vgl. Bericht der Ärztezeitung, abrufbar unter http://www.aerztezeitung.de/praxis_wirtschaft/recht/article/925066/notdienst-glawe-hofft-schnelle-gesetzliche-loesung.html (zuletzt abgerufen am 15.01.2017).

621 Vgl. Bericht der Ärztezeitung, abrufbar unter http://www.aerztezeitung.de/praxis_wirtschaft/recht/article/925066/notdienst-glawe-hofft-schnelle-gesetzliche-loesung.html (zuletzt abgerufen am 15.01.2017).

622 BR-Drs. 683/16.

623 BR-Drs. 683/16.

624 BR-Drs. 683/16 S. 2.

625 BR-Drs. 683/16 S. 2.

626 BT-Drs. 18/10186 i.V.m. Ausschussdrucksache Deutscher Bundestag, abrufbar unter https://www.bundestag.de/blob/482824/62eb1930634d17cc2e04984798c8083a/18_14_0226-1_aeae-koa_hhvg-data.pdf (zuletzt abgerufen am 26.01.2017).

627 So beispielsweise die Arbeitsgemeinschaft berufsständischer Versorgungseinrichtungen e.V., abrufbar unter https://www.bundestag.de/blob/482902/5ed906d81fb6387001edbfe0b07c5d6b/18_14_0220-41-_hhvg_abv-data.pdf (zuletzt abgerufen am 26.01.2017).

Versicherungsrechts gelöst wird, sondern eine Lösung auf der Ebene der beitragsrechtlichen Folgen angedacht ist.[628]

4. Besonders prekäre Situation der Honorarärzte im Bereich der Anästhesie

Die Anästhesie ist das häufigste Fachgebiet der honorarärztlichen Dienstleistung. Bei selbständig tätigen Anästhesisten ist die Diskussion derzeit besonders prekär, da bei ähnlich gelagerten Fallkonstellationen divergierende Entscheidungen der sozialgerichtlichen Rechtsprechung bestehen.[629] Hinzu kommt auch die grundsätzliche Auffassung des LSG Baden-Württemberg, dass anästhesiologische Leistungen eines nicht niedergelassenen Honorararztes im Krankenhaus nur im Rahmen eines Angestelltenverhältnisses erbracht werden können.[630] Insofern ist eine wissenschaftliche Auseinandersetzung in diesem Bereich von besonderem Interesse.

II. Definition des Honorararztes und Begrifflichkeit für die vorliegende Arbeit

Der Honorararzt als recht junges Phänomen ist gesetzlich nicht definiert, es wird aber vielfach über ihn berichtet, so dass zahlreiche Begriffsbeschreibungen und Nuancen im Verständnis bestehen. Aus diesem Grunde sollen die unterschiedlichen Begrifflichkeiten dargestellt, eine Abgrenzung von anderen Kooperationsformen vorgenommen und die Grundlage für die vorliegende Arbeit dargestellt werden.

1. Rechtsbegriff

Eine gesetzliche Definition des Honorararztes existiert nicht[631], so dass die Begrifflichkeiten in der juristischen Fachliteratur, aber auch in der öffentlichen Diskussion variieren.[632] Erstmals tauchte der Begriff in der Rechtsprechung Mitte der 2000er

---

628 So beispielsweise die Arbeitsgemeinschaft berufsständischer Versorgungseinrichtungen e.V., abrufbar unter https://www.bundestag.de/blob/482902/5ed906d81fb6387001edbfe0b07c5d6b/18_14_0220-41-_hhvg_abv-data.pdf (zuletzt abgerufen am 26.01.2017).

629 Für die selbständige Tätigkeit: SG Berlin-Brandenburg, Urt. v.10.02.2012 - S 208 KR 102/09, juris; SG Berlin, Urt. v.26.2.2014 - S 208 KR 2118/12, juris; gegen die selbständige Tätigkeit: LSG Baden-Württemberg, Urt. v.19.04.2013 - L 5 R 3755/11, juris.

630 LSG Baden-Württemberg, Urt. v.17.0.2013 - L 5 R 3755/11, juris.

631 Seiler, NZS 2011, 410.

632 Möller/Makoski, Das Krankenhaus im Brennpunkt, S. 28; vgl. etwa BÄK/KBV, Honorarärztliche Tätigkeit in Deutschland, S. 14 f.; Altendorfer/Heppekausen, NZS 2011, 493; Uffmann, ZfA 2012, 1, 7.

Jahre auf.[633] Der Honorararzt ist dem Gesetzgeber aber bekannt, so dass sich in einigen Gesetzen – insbesondere in gesundheits- und medizinrechtlichen Gesetzen – der Hinweis auf Honorarärzte bzw. auf die Beauftragung Dritter findet.[634] Insofern ist meiner Auffassung nach in jedem Fall von einem Rechtsbegriff die Rede. Gleichwohl gibt es auch Stimmen in der Literatur[635], die aufgrund der unterschiedlichen Kooperationsformen der Auffassung sind, dass es sich bei dem Begriff des Honorararztes nicht um einen Rechtsbegriff handelt.

2. Definitionen und Tätigkeitsbereiche

a) *Definitionen*

Da es keine gesetzliche Definition des Honorararztbegriffes gibt, existieren zahlreiche Begriffsbestimmungen, die im Folgenden aufgezeigt werden.

Unter Honorararzt versteht man im Allgemeinen jede zeitlich befristete freiberufliche Tätigkeit eines externen Facharztes auf eigene Rechnung für andere medizinische Leistungserbringer gegen Honorar.[636]

Der BGH versteht unter einem Honorararzt einen Facharzt, der im stationären und/oder ambulanten Bereich des Krankenhauses ärztliche Leistungen für den Krankenhausträger erbringt, ohne bei diesem angestellt oder als Belegarzt oder Konsiliararzt tätig zu sein.[637] Er wird zeitlich befristet freiberuflich auf Honorarbasis tätig, wobei das Honorar mit dem Krankenhausträger frei und unabhängig von den Vorgaben der Gebührenordnung für Ärzte vereinbart wird.

Möller/Makoski[638] schließen sich insoweit der Definition des BGH an, differenzieren aber nach dem Oberbegriff noch weiter nach dem Tätigkeitsprofil und dem Vergütungsmodell.[639] Danach ist ein Honorarvertretungsarzt ein Facharzt, der vor allem dann tätig wird, wenn Engpässe in der Klinik oder dem Krankenhausträger bestehen, ohne jedoch parallel in eigener Praxis tätig zu sein.[640] Darüber hinaus gibt es noch den Honorarkooperationsarzt, der meist ein niedergelassener Vertragsarzt aus der Umgebung eines Krankenhauses ist, der gegen Honorar dort tätig wird und häufig das Leistungsspektrum der Klinik aufgrund besonderer Fachkunde

---

633 Gruler, DÄ 2014, 2.

634 Schäfer/*Willems*, Honorararzt, S. 20.

635 Vgl. insbesondere Uffmann, ZfA 2012, 1, 7.

636 Honorarärztliche Tätigkeit in Deutschland, Positionsbestimmung der Bundesärztekammer und der Kassenärztlichen Bundesvereinigung, S. 14, abrufbar unter http://www.bundesaerztekammer.de/fileadmin/user_upload/downloads/honora raerzte_26052011.pdf (zuletzt abgerufen am 09.09.2016); Robbers, Der Krankenhaus-Justiziar intensiv, 2013, 5.

637 BGH, Urt. v.16.10.2014 – III ZR 85/14, NJW 2015, 1375.

638 Möller/Makoski, Das Krankenhaus im Brennpunkt, S. 28; auch Clausen, ZMGR 2012, 248, 249.

639 Vgl. auch Weber, Ärzteblatt Thüringen 2012, 224.

640 Lippert, GesR 2010, 665.

ergänzt.[641] Honorarkonsiliarärzte werden auf Einzelanforderung von Krankenhäusern tätig und erbringen beratende Leistungen, beispielsweise zu einer speziellen medizinischen Fragestellung.[642] Konsiliar- und Belegärzte gibt es allerdings schon seit Längerem und sind teilweise gesetzlich geregelt, so dass zumindest nach Auffassung der Deutschen Rentenversicherung kein Zweifel an deren selbständigen Tätigkeit besteht.[643] Diese Tätigkeitsbereiche stehen also nicht im Fokus und werden allgemein auch nicht unter dem Begriff des Honorararztes diskutiert. Auch aus diesem Grunde hebt Schäfer hervor, dass Honorarärzte solche Ärzte sind, die als Selbständige bei anderen niedergelassenen Ärzten oder in Krankenhäusern tätig sind und eben nicht jeder Arzt, der seine Leistungen mittels Honorar abrechnet.[644]

Honorarärzte im engeren Sinne sind nach einem Definitionsvorschlag des Bundesverbandes der Honorarärzte e.V. solche Fachärzte, die ohne vertragsärztliche Zulassung oder eigene Praxis, sowie ohne einem gleichzeitig bestehenden Angestelltenverhältnis nachzugehen, gegen ein vereinbartes Honorar in der stationären und/oder ambulanten Versorgung tätig sind.[645] Diese werden auch als sog. Vertretungsärzte bezeichnet.[646] Sie bestreiten ihren Lebensunterhalt ausschließlich durch periodische Tätigkeiten an verschiedenen Krankenhäusern oder als Praxisvertretungen und werden häufig auch von spezialisierten Facharztagenturen vermittelt.[647]

b) *Tätigkeitsbereiche der Honorarärzte*

Es gibt vielfältige Einsatzmöglichkeiten der Honorarärzte, wie etwa in Kliniken, Praxen Forschungseinrichtungen oder bei Rettungsdienstorganisationen und darüber hinaus auch unterschiedliche Tätigkeitsformen. Häufig werden die Honorarärzte auch im normalen Betrieb des Krankenhauses eingesetzt, also nicht lediglich in Spezialfällen oder Einzelfragen konsultiert. Dies gilt sowohl für den Honorararzt ohne Zulassung zur vertragsärztlichen Versorgung als auch für Vertragsärzte.

Es gibt auch unterschiedliche Ausgestaltungen der honorarärztlichen Tätigkeit. So gibt es Ärzte, die sich neben ihrer freiberuflich ärztlichen Tätigkeit in einem

---

641 Hanau, MedR 2015, 77; Altendorfer/Heppekausen, NZS 2011, 493.

642 Hanau, MedR 2015, 77.

643 Vgl. Deutsche Rentenversicherung Bund in summa summarum 2012, S. 7; zur Abgrenzung vgl. sogleich 4. Kapitel III. 3.

644 Schäfer/*Willems*, S. 21.

645 Empfehlungen des Bundesverbandes der Honorarärzte für die Kooperation mit Honorarärzten, abrufbar unter http://www.bv-honoraraerzte.de/live/bv-honoraraerzte/content/e3208/e3274/e3275/EmpfehlungBVH-Koop.pdf (zuletzt abgerufen am 11.01.2016); vgl. auch DKI, Krankenhaus Barometer 2013, S. 33, abrufbar unter http://www.dkgev.de/media/file/16291.Umfrage_2013.pdf (zuletzt abgerufen am 11.01.2016); auch Münchener Anwaltshandbuch zum Arbeitsrecht/*Reiserer*, § 6 Rn. 41.

646 Vgl. auch Lippert, GesR 2010, 665.

647 Selbständigkeit vs. Arbeitnehmerstellung bei Kooperationen zwischen Krankenhäusern und Ärzten, DKG Anlage zum Rundschreiben Nr. 204/2011, S. 15.

bestehenden Teilzeitarbeitsverhältnis befinden oder aber Ärzte, die neben einer Niederlassung mit oder ohne KV-Zulassung freiberuflich honorarärztliche Tätigkeiten ausüben. Schließlich gibt es Ärzte, die weder über eine eigene KV-Zulassung verfügen, noch eine eigene Praxis betreiben und auch nicht in einem Anstellungsverhältnis zu einem Arzt oder Krankenhaus stehen. Die letztgenannte Gruppe, die sog. Vertretungsärzte, wachsen immer weiter.[648]

3. Abgrenzung zum Konsiliararzt und Belegarzt

Die Grenzen der verschiedenen Zusammenarbeit können im Randbereich fließend sein, so dass auch die übrigen Arztmodelle kurz dargestellt werden sollen. Diese sind seit Langem anerkannt und an deren Selbständigkeit besteht kein Zweifel, sie sind aber nach dem obigen Begriffsverständnis vom Honorararzt abzugrenzen.

a) Belegärzte

Belegärzte sind im Gesetz definiert. So sind nach § 121 Abs. 2 SGB V und auch § 18 Abs. 1 S. 1 KHEntgG Belegärzte nicht am Krankenhaus angestellte Vertragsärzte, die berechtigt sind, ihre Patienten (Belegpatienten) im Krankenhaus unter Inanspruchnahme der hierfür bereitgestellten Dienste, Einrichtungen und Mittel vollstationär oder teilstationär zu behandeln, ohne hierfür vom Krankenhaus eine Vergütung zu erhalten. Eine Belegarzttätigkeit kann ausschließlich von niedergelassenen Vertragsärzten wahrgenommen werden. In diesen Fällen weist der Belegarzt die Patienten in das Krankenhaus ein und die Patienten werden auf der Grundlage eines mit dem Krankenhaus zu schließenden Belegarztvertrages ausschließlich vom Belegarzt behandelt. Das Krankenhaus ist vor allem für die Sicherstellung der Unterbringung, Pflege und Verpflegung zuständig.[649] Bei den belegärztlichen Leistungen handelt es sich also gerade nicht um Leistungen, die zu den Krankenhausleistungen gehören, was aber in der Regel bei honorarärztlichen Leistungen der Fall ist.[650] Der Belegarzt und nicht das Krankenhaus tritt gegenüber dem Patienten als Leistungsträger auf.[651]

Schließlich existieren Honorarbelegärzte, die in gewisser Weise systemwidrig sind, da sie zwar eigene Betten in Kliniken führen können, jedoch im Gegensatz zum klassischen Belegarzt ihre Leistungen nicht direkt mit dem Patienten oder dem

648 Schäfer/*Willems*, S. 20.
649 Selbständigkeit vs. Arbeitnehmerstellung bei Kooperationen zwischen Krankenhäusern und Ärzten, DKG Anlage zum Rundschreiben Nr. 204/2011, S. 13 (Stand 26.05.2011).
650 Vgl. auch Altendorfer/Heppekausen, NZS 2011, 493, 494.
651 Ricken, NZS 2011, 881, 882.

Kostenträger abrechnen.[652] Dessen Leistungen sind nach § 18 Abs. 3 KHEntgG vom Krankenhaus als Krankenhausentgelt mit 20% Abschlag abzurechnen, der Belegarzt wird jedoch auch wie der klassische Belegarzt in eigener Verantwortung und nicht als Erfüllungsgehilfe des Krankenhauses tätig.[653] Der Belegarzt erhält die Vergütung für seine belegärztlichen Leistungen aus der vertragsärztlichen Gesamtvergütung (§ 121 Abs. 3 SGB V).

Bei der belegärztlichen Tätigkeit besteht Einigkeit, dass eine selbständige Tätigkeit vorliegt, da hier vor allem durch das selbständige Einweisen der Patienten ein hohes Maß an Freiheiten vorliegt.[654] Dass bei der belegärztlichen Tätigkeit auch eine gewisse Eingliederung in die organisatorischen Abläufe des Krankenhauses stattfindet, sei irrelevant, da es sich lediglich um eine notwendige Eingliederung handele.[655] Ein Belegarzt werde aber nicht als Vertreter für einen angestellten Arzt eingesetzt und er erhält seine Vergütung aus der vertragsärztlichen Gesamtvergütung, was die Selbständigkeit hervorhebe.[656]

b) Konsiliarärzte

Unter einem Konsiliararzt versteht man hingegen einen Arzt mit einer speziellen Fachgebietsbezeichnung, der in einem konkreten Behandlungsfall während eines stationären Aufenthaltes die sich im Krankenhaus befindlichen Patienten auf seinem Fachgebiet untersucht und Behandlungsvorschläge macht, weil die entsprechende Fachkompetenz in dem Krankenhaus nicht vorhanden ist.[657] Dabei handelt es sich in der Regel um niedergelassene Vertragsärzte, die aufgrund ihres Spezialwissens hinzugezogen werden.

Diese konsiliarärztliche Tätigkeit ist wie die des Belegarztes seit Langem etabliert und wird rechtlich nicht in Frage gestellt. Aufgrund eines mit dem Krankenhaus bestehenden Konsiliararztvertrages erhält der Konsiliararzt für die von ihm erbrachte Konsile die zwischen den Beteiligten vereinbarte Vergütung, während das Krankenhaus die erbrachten Behandlungsleistungen gegenüber dem Patienten

---

652 Hanau, MedR 2015, 77; Honorarärztliche Tätigkeit in Deutschland, Positionsbestimmung der Bundesärztekammer und der Kassenärztlichen Bundesvereinigung, S. 16, abrufbar unter http://www.bundesaerztekammer.de/fileadmin/user_upload/downloads/honoraraerzte_26052011.pdf (zuletzt abgerufen am 09.09.2016).

653 Münchener Anwaltshandbuch Medizinrecht/*Clausen*, § 7 Rn. 158 m.w.N.

654 Deutsche Rentenversicherung Bund in summa summarum 2012, S. 7.

655 Selbständigkeit vs. Arbeitnehmerstellung bei Kooperationen zwischen Krankenhäusern und Ärzten, DKG Anlage zum Rundschreiben Nr. 204/2011, S. 14.

656 Selbständigkeit vs. Arbeitnehmerstellung bei Kooperationen zwischen Krankenhäusern und Ärzten, DKG Anlage zum Rundschreiben Nr. 204/2011, S. 14.

657 SG Gelsenkirchen, Urt. v.29.09.2005 – S 16 KA 15/04, BeckRS 2008, 51667; Honorarärztliche Tätigkeit in Deutschland, Positionsbestimmung der Bundesärztekammer und der Kassenärztlichen Bundesvereinigung, S. 17, abrufbar unter http://www.bundesaerztekammer.de/fileadmin/user_upload/downloads/honoraraerzte_26052011.pdf (zuletzt abgerufen am 09.09.2016).

bzw. der Krankenkasse abrechnet.[658] Zwar behandeln Konsiliarärzte im Gegensatz zum Belegarzt keine eigenen Patienten, sondern die des Krankenhauses, allerdings bestehen auch bei diesen nach allgemeiner Auffassung große Freiheiten in der Ausübung der Tätigkeit, so dass die Selbständigkeit nicht in Frage gestellt wird.[659] Auch aufgrund der Tatsache, dass die Konsiliarärzte in der Regel niedergelassene Ärzte sind und lediglich zu Spezialfragen hinzugezogen werden und demnach die Eingliederung in den Krankenhausablauf nicht bzw. nur wenig besteht, wird die Frage einer möglichen Scheinselbständigkeit nicht diskutiert und vielmehr davon ausgegangen, dass im Falle einer Kooperation mit einem Konsiliararzt kein sozialversicherungspflichtiges Beschäftigungsverhältnis besteht.[660]

4. Begrifflichkeit für die vorliegende Arbeit und Stellungnahme

Aufgrund der besonders prekären Situation eines Facharztes ohne eigene Zulassung bzw. eigene Praxis sollen diese vorrangig in den Blick genommen werden, so dass für die weitere Betrachtung vom Definitionsvorschlag des Bundesverbandes der Honorarärzte e.V. ausgegangen wird. Unter Honorarärzte im engeren Sinne versteht man demnach solche Fachärzte, die ohne vertragsärztliche Zulassung oder eigene Praxis, sowie ohne einem gleichzeitig bestehenden Angestelltenverhältnis nachzugehen, gegen ein vereinbartes Honorar in der stationären und/oder ambulanten Versorgung tätig sind.[661]

Da diese Honorarärzte vielfach allgemeine Krankenhausleistungen erbringen bzw. solche Leistungen, die auch fest angestellte Ärzte erbringen, wird häufig pauschal davon ausgegangen, dass diese wie fest angestellte Ärzte tätig sind, lediglich die vertragliche Ausgestaltung der Tätigkeit anders sei, was aber für die Statusentscheidung irrelevant sein soll.[662] Zwar erbringen diese Ärzte in der Regel allgemeine Krankenhausleistungen, jedoch ist die Schlussfolgerung, dass sie deshalb wie

658 Selbständigkeit vs. Arbeitnehmerstellung bei Kooperationen zwischen Krankenhäusern und Ärzten, DKG Anlage zum Rundschreiben Nr. 204/2011, S. 15.

659 Selbständigkeit vs. Arbeitnehmerstellung bei Kooperationen zwischen Krankenhäusern und Ärzten, DKG Anlage zum Rundschreiben Nr. 204/2011, S. 15.

660 Selbständigkeit vs. Arbeitnehmerstellung bei Kooperationen zwischen Krankenhäusern und Ärzten, DKG Anlage zum Rundschreiben Nr. 204/2011, S. 15.

661 Empfehlungen des Bundesverbandes der Honorarärzte für die Kooperation mit Honorarärzten, abrufbar unter http://www.bv-honoraraerzte.de/live/bv-honoraraerzte/content/e3208/e3274/e3275/EmpfehlungBVH-Koop.pdf (zuletzt abgerufen am 11.01.2016); vgl. auch DKI, Krankenhaus Barometer 2013, S. 33, abrufbar unter http://www.dkgev.de/media/file/16291.Umfrage_2013.pdf (zuletzt abgerufen am 11.01.2016); auch Münchener Anwaltshandbuch zum Arbeitsrecht/*Reiserer*, § 6 Rn. 41.

662 Selbständigkeit vs. Arbeitnehmerstellung bei Kooperationen zwischen Krankenhäusern und Ärzten, DKG Anlage zum Rundschreiben Nr. 204/2011, S. 16.

angestellte Ärzte tätig sind, zu pauschal und bedarf einer eingehenden Prüfung. Richtigerweise hängt es nicht davon ab, welche Tätigkeiten übernommen werden oder ob der Honorararzt – wie bei Belegärzten oder Konsiliarärzten – nur vereinzelt hinzugezogen wird. Im Falle des oben dargestellten Honorararztes, der im normalen Krankenhausbetrieb tätig wird, bedarf es vielmehr einer trennschärferen Betrachtung der Angelegenheit, so dass die Abgrenzung nicht so einfach gelingen mag, wie beim Beleg- oder Konsiliararzt, der von der Deutschen Rentenversicherung Bund als selbständig anerkannt wird.[663] Allein deshalb im Zweifel eine abhängige Beschäftigung anzunehmen, ist aber rechtlich nicht korrekt. Nach der soeben aufgezeigten Auffassung der Deutschen Rentenversicherung Bund soll der Honorararzt also lediglich in Ausnahmefällen selbständig und damit sozialversicherungsfrei sein.[664] Zu Recht – wie sich aus den nachfolgenden Untersuchungen ergibt – wird diese pauschale Einschätzung von vielen kritisiert.[665]

III. Praktische Lösungsansätze bzw. Lösungsversuche

1. Treffen der Deutschen Krankenhausgesellschaft und der Deutschen Rentenversicherung Bund vom 30.07.2012

Aufgrund der praktischen Unsicherheiten im Bereich der Honorarärzte gab es in der Vergangenheit Versuche, die Tätigkeit des Honorararztes und die damit bestehenden Unsicherheiten in der Praxis zu lösen. So fand beispielsweise am 30.07.2012 ein Treffen der Deutschen Krankenhausgesellschaft und der Deutschen Rentenversicherung Bund statt.[666] In diesem Gespräch ging es um die Einordnung der Tätigkeit eines Honorararztes. Es war angedacht, konkrete Abgrenzungskriterien für die Abgrenzung des Honorararztes als Arbeitnehmer oder Selbständiger zu entwickeln, um in der Praxis mehr Rechtssicherheit zu erreichen. Das Gespräch blieb jedoch ohne Erfolg, so dass das Problem nach wie vor offen ist. Weitere Gespräche fanden nicht statt. Es wurde von Seiten der Deutschen Rentenversicherung Bund lediglich auf die Möglichkeit der Durchführung sog. Statusverfahren verwiesen, um Rechtssicherheit zu erhalten. Angesichts der Auffassung der Deutschen Rentenversicherung Bund, dass Honorarärzte in der Regel abhängige Beschäftigte sind, ohne dass eine rechtliche

663 Vgl. Deutsche Rentenversicherung Bund in summa summarum 2012, 7.

664 Selbständigkeit vs. Arbeitnehmerstellung bei Kooperationen zwischen Krankenhäusern und Ärzten, DKG Anlage zum Rundschreiben Nr. 204/2011, S. 16; vgl. auch Deutsche Rentenversicherung Bund in summa summarum 2012, 7.

665 Vgl. etwa Positionspapier des Bundesverbandes der Honorarärzte, abrufbar unter https://www.bv-honoraraerzte.de/live/bv-honoraraerzte/content/e160/e4316/e5582/Positionspapier_Lage_der_Freien_Berufe.pdf (zuletzt abgerufen am 09.09.2016).

666 Mitteilung vom 30.07.2012 auf http://www.derhonorararzt.de/long/?back=3&pos=145&start=0 (zuletzt abgerufen am 13.01.2016).

Auseinandersetzung im Einzelfall stattfindet, erscheint dies aber nicht zielführend, so dass es in der Praxis nach wie vor bei der rechtlichen Unsicherheit verbleibt.

2. Lösung der Scheinselbständigkeitsproblematik durch die gesetzliche Neuregelung der Abrechenbarkeit von allgemeinen Krankenhausleistungen durch nicht fest angestellte Ärzte im KHEntgG?

a) Darstellung des Streitstandes

aa) Einführung

Nach § 2 Abs. 2 Satz 2 Nr. 2 KHEntgG gehören zu den allgemeinen Krankenhausleistungen auch die vom Krankenhaus veranlassten Leistungen Dritter. § 2 Abs. 2 Satz 2 Nr. 2 KHEntgG bestimmt nämlich, dass allgemeine Krankenhausleistungen die Krankenhausleistungen sind, die unter Berücksichtigung der Leistungsfähigkeit des Krankenhauses im Einzelfall nach Art und Schwere der Krankheit für die medizinisch zweckmäßige und ausreichende Versorgung des Patienten notwendig sind. Unter diesen Voraussetzungen gehören dazu auch die vom Krankenhaus veranlassten Leistungen Dritter. Seit Ärzte als Honorarärzte in Krankenhäusern tätig sind, bestand Streit darüber, ob die von diesen erbrachten Leistungen als allgemeine Leistungen durch den Krankenhausträger abgerechnet werden können, entweder direkt über § 2 Abs. 2 Satz 1 KHEntgG oder über den soeben erwähnten § 2 Abs. 2 Satz 2 Nr. 2 KHEntgG.[667]

bb) Streitstand

(1) Honorarärztliche Leistungen sind als allgemeine Krankenhausleistungen abrechenbar

Zur Begründung, dass auch honorarärztliche Leistungen gegenüber den Kostenträgern abgerechnet werden können, wird vor allem auf den Wortlaut sowie die Gesetzesbegründung von § 2 Abs. 2 KHEntgG verwiesen.[668] Daraus lassen sich keine Argumente entnehmen, die den Vergütungsanspruch des Krankenhauses beim Einsatz von Honorarärzten entfallen lassen würde.[669] Die Bestimmung dient somit dem Schutz des Patienten bzw. des Kostenträgers insoweit, als diesem für das Entgelt eine möglichst umfassende Leistung angeboten werden soll. Dem Krankenhaus die Verbesserung seiner Leistungsfähigkeit verbieten zu wollen, verkehrt den

---

667 Clausen, ZMGR 2012, 248, 249; zum Streitstand auch Goetzke, S. 129.

668 Clausen, ZMGR 2012, 248, 249; Möller/Makoski, Das Krankenhaus im Brennpunkt, S. 32; für diese Auffassung auch Spickhoff/*Kutlu*, § 2 KHEntgG Rn. 3; Seiler, NZS 2011, 410, 411.

669 SG Fulda, Urt. v.19.01.2010 – S 4 KR 495/06, juris; BT-Drs. 14/6893, S. 38f.; Möller/Makoski, Das Krankenhaus im Brennpunkt, S. 32; Ricken, NZS 2011, 881, 886.

Sinn des § 2 KHEntgG in sein Gegenteil.[670] Es ist vielmehr unerheblich, in welcher zivilrechtlichen Beziehung ein tätiger Arzt zum Krankenhaus steht, da der Gesetzgeber des KHEntgG hierfür keine Vorgaben gemacht hat.[671] Insofern sind auch die Leistungen eines Honorararztes nach § 2 Abs. 2 KHEntgG abrechenbar.

(2) Honorarärztliche Leistungen sind nicht als allgemeine Krankenhausleistungen abrechenbar

Die Gegenmeinung, die der Auffassung ist, honorarärztliche Tätigkeiten seien nicht als allgemeine Krankenhausleistungen abrechenbar, berufen sich vor allem auf § 107 Abs. 1 Satz 3 SGB V, wonach Krankenhäuser im Sinne des SGB V Einrichtungen sind, die mit Hilfe von jederzeit verfügbarem ärztlichen, pflege-, funktions- und medizinisch-technischem Personal darauf eingerichtet sind, vorwiegend durch ärztliche oder pflegerische Hilfeleistung Krankheiten der Patienten zu erkennen, zu heilen, ihre Verschlimmerung zu verhüten, Krankheitsbeschwerden zu lindern oder Geburtshilfe zu leisten. Hieraus ergebe sich der allgemeine Grundsatz, dass das Krankenhaus die Leistungen der Krankenhausbehandlung im Sinne des § 39 Abs. 1 Satz 1 SGB V, die es auf Kosten der gesetzlichen Krankenversicherung erbringen darf, durch eigenes Personal durchführen lassen muss, also durch Personen, die in die Arbeitsorganisation des Krankenhauses derart eingegliedert sind, dass sie für die Behandlung jederzeit verfügbar sind und auf die auch im Rahmen von Weisungsbefugnissen eingewirkt werden kann.[672] Dem entspreche die Erbringung von einzelnen Behandlungsleistungen durch selbständige Dritte nicht. Nicht die Beschaffung der einzelnen Leistungen einer Krankenhausbehandlung, sondern deren Erbringung in ihrer eigenen Betriebsorganisation als Komplexleistung sei die Aufgabe eines Krankenhauses.[673]

Eine Ausnahme von diesem allgemeinen Grundsatz sehe lediglich § 2 Abs. 2 Satz 2 Nr. 2 KHEntgG vor. Nach dieser Vorschrift gehören zu den Leistungen des Krankenhauses auch die von ihm veranlassten Leistungen Dritter, wobei dies nach dieser Auffassung nur bei Leistungen gelten solle, die im Verhältnis zu der vom Krankenhaus zu erbringenden Hauptbehandlungsleistung lediglich ergänzende oder unterstützende Funktion haben. Zur Argumentation wird häufig die Entscheidung des BSG vom 28.02.2007[674] in Bezug genommen, wobei aber festzustellen ist, dass es in der Entscheidung nicht um die Hinzuziehung von Kooperationsärzten ging, sondern um die Abgrenzung zwischen Verlegung und Verbringung von Patienten in

670 Hierzu auch Seiler, NZS 2011, 410, 412, der den Honorararzt als Erfüllungsgehilfen des Krankenhauses ansieht, so dass ein Rückgriff auf § 2 Abs. 2 Satz 2 Nr. 2 KHEntgG obsolet sei.

671 SG Fulda, Urt. v.19.01.2010 – S 4 KR 495/06, juris; für die Neufassung von § 2 KHEntgG auch BSG, Urt. v.17.11.2015 – B 1 KR 12/15 R, juris.

672 Clausen, ZMGR 2012, 248, 249.

673 LSG Sachsen, Urt. v.30.04.2008 – L 1 KR 103/07, juris.

674 Vgl. BSG, Urt. v.28.02.2007 – B 3 KR 17/06 R, juris.

ein anderes Krankenhaus. Insofern kann diese Entscheidung nach hier vertretener Auffassung nicht auf die Tätigkeit des Honorararztes übertragen werden und stützt die These nicht, dass es sich lediglich um unterstützende Leistungen handeln darf, damit diese abgerechnet werden können.

Im Ergebnis schlussfolgert diese Auffassung aus den zuvor dargestellten gesetzlichen Regelungen, dass Honorarärzte, die nicht fest im Krankenhaus angestellt sind, gerade nicht jederzeit verfügbar seien, so dass dies der Abrechenbarkeit als allgemeine Krankenhausleistung entgegenstehe.[675] Dies ergebe sich auch aus der historischen Auslegung, da der Gesetzgeber die Regelung des § 2 Abs. 2 Satz 2 Nr. 2 Bundespflegesatzverordnung inhaltsgleich in das KHEntgG übernommen und in dieser Zeit nicht an den Honorararzt gedacht habe.[676]

b) Gesetzliche Neuregelung des § 2 KHEntgG

Durch die gesetzliche Änderung des § 2 KHEntgG, welche zum 01.01.2013 in Kraft trat, wurde nunmehr in § 2 Abs. 1 Satz 1 KHEntgG ausdrücklich aufgenommen, dass allgemeine Krankenhausleistungen insbesondere „ärztliche Behandlung, auch durch nicht fest angestellte Ärztinnen und Ärzte“ sind. Es ist somit seither gesetzlich klargestellt, dass abrechnungsfähige Krankenhausleistungen auch durch nicht fest angestellte Ärzte erbracht werden können.[677]

In der Gesetzesbegründung wurde hierzu ausgeführt, dass der Einsatz von im Krankenhaus nicht fest angestellten Honorarärzten bei der Erbringung allgemeiner Krankenhausleistungen einer bereits weit verbreiteten Praxis entspreche und somit die gesetzliche Neuregelung hierzu mehr Rechtssicherheit biete.[678] Die Erbringung und Vergütung von allgemeinen Krankenhausleistungen können nach der Gesetzesbegründung nicht vom Status des ärztlichen Personals im Krankenhaus abhängen, sei es Beamten- oder Angestelltenverhältnis oder sonstige Vertragsbeziehungen.[679] Die Vorgaben von Krankenhäusern nach § 107 Abs. 1 Nr. 3 SGB V, jederzeit verfügbares ärztliches Personal vorzuhalten, seien im Übrigen statusneutral. Aus diesem Grunde sei es nicht geboten, „die Tätigkeit z.B. von niedergelassenen Ärzten in Krankenhäusern nur über ein Angestelltenverhältnis zu gestatten“[680]. Weiter wird in der Gesetzesbegründung bei nicht fest angestellten Ärzten von „Honorarkräften“ gesprochen. Insofern wollte der Gesetzgeber mit der Neuregelung klarstellen,

---

675 LSG Sachsen, Urt. v.30.04.2008 – L 1 KR 103/07, juris; SG Kassel, Urt. v.24.11.2010 – S 12 KR 166/10, juris.

676 So Clausen, ZMGR 2012, 248, 249.

677 So ausdrücklich auch LAG Hessen, Urt. v.30.11.2015 – 16 Sa 583/15, juris.

678 Vgl. Gesetz zur Einführung eins pauschalierenden Entgeltsystems für psychiatrische und psychosomatische Einrichtungen, BT-Drs. 17/9992 S. 26.

679 BT-Drs. 17/9992 S. 26.

680 BT-Drs. 17/9992 S. 26.

dass auch honorarärztliche Tätigkeiten abrechenbar sind.[681] Es sollten gerade die neuen Kooperationsformen, die seit Öffnung des Vertragsarztrechtes im Jahre 2007 vielfach praktiziert worden sind, geregelt werden, da diese hinsichtlich ihrer Vergütungsfähigkeit als allgemeine Krankenhausleistungen in der sozialgerichtlichen Rechtsprechung in Frage gestellt wurden.[682]

c) *Stellungnahme*

aa) *Auseinandersetzung mit dem Streitstand*

Ungeachtet der Neuregelung des § 2 Abs. 1 KHEntgG ist der Auffassung nicht zuzustimmen, die § 107 SGB V als Begründung heranzieht, es dürften die Krankenhausleistungen nur von fest angestellten Ärzten erbracht werden.[683] Das Krankenhaus muss als Organisationseinheit die nach medizinischen Erkenntnissen erforderliche personelle, räumliche und technische Ausstattung vorhalten (§ 107 Abs. 1 Nr. 2 und 3 SGB V). Der verwaltungsgerichtlichen Entscheidungspraxis zufolge ist es unerheblich, wenn die Ärzte nicht fest angestellt sind, sondern aufgrund von Honorarverträgen tätig werden.[684] Ausschlaggebend ist demnach nicht die rechtliche Ausgestaltung der Anstellungsverträge, sondern der Umstand, dass tatsächlich die medizinisch notwendige Versorgung der Patienten gewährleistet ist. Dies kann auch durch den Einsatz von Honorarärzten geschehen. Es ist nicht zwingend erforderlich, dass die Ärzte beim Krankenhaus in irgendeiner Art und Weise angestellt sind. Es geht lediglich darum, dass die vorgehaltenen Kapazitäten nach medizinischen Erkenntnissen ausreichen, den Versorgungsauftrag zu erfüllen. Die Leistungsfähigkeit des Krankenhauses wird also durch den Einsatz von Honorarärzten nicht beeinträchtigt, zumindest dann nicht, wenn nicht die gesamte Anzahl an Ärzten auf selbständiger Basis tätig wird.[685] Insofern war bereits nach der früheren Rechtslage

---

681 H.M., Hanau, MedR 2015, 77, 79 m.w.N.; Porten, NZS 2016, 456; OVG Lüneburg, Urt. v.12.06.2013 – 13 LC 173/10, juris; SG Berlin-Brandenburg, Urt. v.26.02.2014 – S 208 KR 2118/12, juris; so ausdrücklich auch LAG Hessen, Urt. v.30.11.2015 – 16 Sa 583/15, juris; a.A. beispielsweise LSG Baden-Württemberg, Urt. v.17.04.2013 – L 5 R 3755/11, juris.

682 So ausdrücklich OVG Lüneburg, Urt. v.12.06.2013 – 13 LC 173/10, juris.

683 So auch OVG Lüneburg, Urt. v.12.06.2013 – 13 LC 173/10, juris.

684 OVG Berlin, Beschl. v.26.06.1996 - 7 S 144/96, NVwZ-RR 1998, 41; VG Hannover, Urt. v.22.07.2010 – 7 A 1052/09, juris; Möller/Makoski, Das Krankenhaus im Brennpunkt, S. 32; Ricken, NZS 2011, 881, 883; Stollmann, NZS 2011, 684, 685; so auch jüngst BSG, Urt. v.17.11.2015 – B 1 KR 12/15 R, juris.

685 Möller/Makoski, Das Krankenhaus im Brennpunkt, S. 32; Stollmann, NZS 2011, 684, 685; weitergehend: Seiler, NZS 2011, 410, 413, der unter Bezugnahme auf OVG Berlin, Beschl. v.26.06.1996 – 7 S 144/96, NVwZ-RR 1998, 41 eine zahlenmäßige Grenze ablehnt.

die Abrechenbarkeit der Leistungen von Honorarärzten gegeben, was durch die gesetzliche Ergänzung des § 2 Abs. 1 KHEntgG nochmals klargestellt wurde.[686]

Auch die von der Gegenauffassung vertretene Ansicht, dass allenfalls eine Hinzuziehung bei unterstützenden Leistungen möglich sein soll, ist unzutreffend, da der Gesetzgeber keine Differenzierung zwischen Haupt- und Hilfsleistungen getroffen hat. Es kommt vielmehr darauf an, dass die allgemeinen Krankenhausleistungen im Einzelfall nach Art und Schwere der Krankheit für die medizinisch zweckmäßige und ausreichende Versorgung der Patienten notwendig sein müssen.[687] Von der Gegenauffassung wird demnach die ratio legis des § 2 Abs. 2 Satz 2 KHEntgG nicht beachtet. Auch die historische Auslegung hilft der Gegenauffassung nicht weiter. Es ist vielmehr so, dass bereits die Bundespflegesatzverordnung von einem weiten und umfassenden Leistungsbegriff ausgegangen ist[688], so dass eine restriktive Auslegung, dass nur vom Krankenhaus selbst angestellte Personen abrechenbare Leistungen erbringen können, dem entgegensteht.[689]

bb) Neue Rechtslage

Durch die neue Rechtslage und Ergänzung des § 2 Abs. 1 Satz 1 KHEntgG erfolgte eine gesetzliche Klarstellung, so dass sich der Streit etwas abgemildert hat, wenngleich auch nach wie vor einige noch davon ausgehen, dass damit nicht jeder Honorararzt gemeint ist.[690] Im Ergebnis ist diese gesetzliche Klarstellung auch aufgrund der Tatsache, dass jede Tätigkeit grundsätzlich als abhängige wie auch als selbständige Tätigkeit erbracht werden kann, nur sachgerecht. Trotz der Präzisierung der rechtlichen Rahmenbedingungen unterliegt das Honorararztwesen insbesondere unter dem Aspekt der Scheinselbständigkeit nach wie vor in erheblichem Umfang rechtlichen Unsicherheiten und Risiken.[691]

---

686 Auch ausdrücklich OVG Lüneburg, Urt. v.12.06.2013 – 13 LC 173/10, juris; auch Gersch, S. 106; a.A. LSG Baden-Württemberg, Urt. v.17.04.2013 – L 5 R 3755/11, juris.

687 Auch Möller/Makoski, Das Krankenhaus im Brennpunkt, S. 34; Seiler, NZS 2011, 410, 413; Ricken, NZS 2011, 881, 884.

688 Vgl. BR-Drs. 224/85 vom 08.05.1985, S. 48.

689 So auch Seiler, NZS 2011, 410, 412.

690 Bspw. LSG Baden-Württemberg, Urt. v.17.04.2013 - L 5 R 3755/11, juris.

691 Gruler, DÄ 2014, 2; Clausen, ZMGR 2012, 248, 253.

cc) *Auswirkungen auf Statusfragen*

Ungeachtet der Abrechnungsproblematik[692] ist zu beachten, dass dies die rechtliche Zulässigkeit der Tätigkeit eines Honorararztes an sich ohnehin nicht in Frage stellen kann. Die Frage der rechtlichen Zulässigkeit der selbständigen Tätigkeit eines Arztes ist vielmehr unabhängig von der Frage zu beurteilen, ob die Leistungen eines selbständig tätigen Arztes vom Krankenhaus abrechenbar sind.[693] Dies könnte allenfalls mittelbare Auswirkungen haben, wenn die Parteien nur solche Vereinbarungen treffen wollten, die auch eine zulässige Abrechnung möglich erscheinen lassen. Da aber zumindest nach der Neuregelung des KHEntgG die Abrechenbarkeit gesichert ist, muss dieser Frage vorliegend nicht näher nachgegangen werden.

IV. Abgrenzungskriterien unter Berücksichtigung der Eigenart der Tätigkeit eines Honorararztes, insbesondere der Tätigkeit von Anästhesisten

1. Rechtliche Zulässigkeit der selbständigen Tätigkeit

Das BSG stellt entscheidend darauf ab, ob eine Tätigkeit in der Art und Weise rechtlich zulässig ist.

a) *Kein gesetzliches Verbot der Tätigkeit eines Honorararztes*

aa) *Einführung*

Kooperationsformen im medizinischen Bereich sind Ausdruck der Berufsausübungsfreiheit und somit erlaubt, solange sie nicht verboten sind. Für ein Verbot oder eine Einschränkung bedarf es einer gesetzlichen Regelung im Sinne von Art. 12 Abs. 1 GG.[694] Eine generelle Regelung, wonach nur bestimmte Kooperationen zulässig sein sollen, existiert nicht.[695] Es besteht zwar lediglich für den Belegarzt eine gesetzliche Regelung, die Tätigkeit eines Konsiliararztes ist aber mittlerweile ebenfalls ohne gesetzliche Regelung anerkannt, so dass ohnehin neben dem gesetzlich geregelten Belegarzt bereits weitere Kooperationsformen bestehen. So auch die

---

692 Die Frage wahlärztlicher Leistungen wird hier nicht behandelt. Zur Abrechenbarkeit wahlärztlicher Leistungen durch Honorarärzte, vgl. etwa BGH, Urt. v.16.10.2014 – III ZR 85/14, juris, der im Falle eines Operateurs entschieden hat, dass vom Krankenhausträger nicht fest angestellte Honorarärzte, die im Krankenhaus Operationen durchführen, ihre operative Tätigkeit gegenüber Patienten nicht als Wahlleistung im Sinne des § 17 Abs. 1 Satz 1 KHEntgG erbringen und gesondert abrechnen können.

693 So auch ausdrücklich Gersch, S. 39; LSG Baden-Württemberg, Urt. v.20.08.2015 – L 4 R 1001/15, juris; SG Augsburg, Urt. v.13.05.2016 – S 2 R 954/14, juris.

694 Seiler, NZS 2011, 410, 414.

695 So auch ausdrücklich SG Braunschweig, Urt. v.25.07.2014 – S 64 KR 412/13, juris.

des Honorararztes.[696] Aus den bestehenden gesetzlichen Regelungen ergibt sich also keine Einschränkung, sondern es kommt vielmehr an zahlreichen Stellen zum Ausdruck, dass die Tätigkeit des Honorararztes nach der Intention des Gesetzgebers zulässig sein soll, was im Folgenden aufgezeigt wird.

bb) KHEntgG

Unabhängig davon, dass das KHEntgG Abrechnungsfragen betrifft, ist der Einsatz von Honorarärzten nach dem KHEntgG zulässig. Dies wurde bereits dargestellt.[697] Der Gesetzgeber hat also mit der Ergänzung in § 2 Abs. 1 KHEntgG klargestellt, dass allgemeine Krankenhausleistungen auch Leistungen von nicht fest angestellten Ärzten und damit nach hier vertretener Ansicht von Honorarärzten darstellen.

Auch § 17 KHEntgG steht der Tätigkeit von Honorarärzten ebenfalls nicht entgegen.[698] Die Regelung betrifft lediglich wahlärztliche Leistungen. Bei der Tätigkeit des Honorararztes – insbesondere des Anästhesisten – geht es aber in der Regel um allgemeine Krankenhausleistungen. Bei Wahlleistungen handelt es sich um solche Leistungen, die über die allgemeinen Krankenhausleistungen hinausgehen und nur nach Maßgabe von § 17 KHEntgG gesondert berechnet werden dürfen.[699] Insofern ist es unerheblich, ob der Gesetzgeber mit der Neuregelung in § 2 Abs. 1 KHEntgG auch die Zulässigkeit der Erbringung von Wahlleistungen durch Honorarärzte ermöglichen wollte oder nicht.[700]

cc) KhStatV

Auch durch die Änderung der Krankenhausstatistik-Verordnung (KhStatV) im Jahr 2008 wurde zum Ausdruck gebracht, dass der Gesetzgeber von der Zulässigkeit der Honorararzttätigkeit ausgeht. So wurde in § 3 Satz 1 Nr. 14 KhStatV das Wort „hauptamtlich" gestrichen und der Halbsatz „hauptamtliches Personal und Personal ohne direktes Beschäftigungsverhältnis bei der Einrichtung sind gesondert auszuweisen" eingefügt.[701] In der Begründung wird ausgeführt, dass dadurch in der Statistik auch ärztliche Tätigkeiten erfasst werden, die nicht mehr durch eigene Beschäftigte erbracht werden (Outsourcing).[702]

---

696 Seiler, NZS 2011, 410, 414.
697 Vgl. 4. Kapitel IIII.2.
698 Seiler, NZS 2011, 410, 414.
699 Ricken, NZS 2011, 881, 882.
700 Zum Streitstand hierzu siehe Clausen, ZMGR 2012, 248, 254.
701 BT-Drs.16/11429 S. 35.
702 BT-Drs.16/11429 S. 49.

dd) Stellungnahme

Es gibt somit keine Vorschrift, die es Kliniken verbieten würde, honorarärztliche Leistungen am freien Markt einzukaufen.[703] Unerheblich ist dabei grundsätzlich, ob die Klinik mit ihrer Zulassung als Vertragskrankenhaus und entsprechender Berechtigung zur Abrechnung mit den gesetzlichen Krankenkassen spielt.[704] Denn maßgebend ist in Statusentscheidungen eines Honorararztes im Rahmen seiner Tätigkeit für eine Klinik ausschließlich das Vertragsverhältnis zwischen Honorararzt und Klinik. Insofern betont das SG Braunschweig zu Recht, dass es eine sozialversicherungsrechtliche Vorschrift, die es einem Honorararzt verbieten würde, als approbierter Arzt in einem Krankenhaus selbständig tätig zu werden, nicht gibt.[705] Ein möglicher Verstoß gegen ärztliches Berufsrecht würde sich nur auf die Zulassung des Honorararztes auswirken, nicht jedoch die rechtliche Zulässigkeit des Vertragsverhältnisses von Klinik zu Arzt tangieren.[706]

b) Wille des Gesetzgebers

Es entspricht vielmehr dem klaren Willen des Gesetzgebers, dass die selbständige Tätigkeit eines Honorararztes zulässig ist, wie in einigen gesetzlichen Regelungen auch zum Ausdruck kommt.[707]

aa) Förderung der honorarärztlichen Tätigkeit

Es wurden beispielsweise durch § 2 Abs. 2 Satz 2 Nr. 2 KHEntgG und durch die Änderung des § 20 Abs. 2 Ärzte-ZV Kooperationsmöglichkeiten in diesen Bereichen explizit erweitert. Diese Regelungen wurden erst jüngst eingeführt bzw. die Gesetze konkretisiert, so dass der Gesetzgeber mit diesen Regelungen die selbständige Tätigkeit der Honorarärzte konkret fördern wollte. Insofern entspricht die Rechtsauffassung der Deutschen Rentenversicherung Bund, wonach Honorarärzte in der Regel abhängig

---

703 Auch Schäfer/*Willems*, S. 20; SG Braunschweig, Urt. v.25.07.2014 – S 64 KR 412/13, juris; Altendorfer/Heppekausen, NZS 2011, 493, 494; auch Goetzke, S. 147.

704 SG Braunschweig, Urt. v.25.07.2014 – S 64 KR 412/13, juris; Hanau, MedR 2015, 77, 78.

705 Auch Schäfer/*Willems*, S. 20; SG Braunschweig, Urt. v.25.07.2014 – S 64 KR 412/13, juris.

706 So ausdrücklich, SG Braunschweig, Urt. v.25.07.2014 – S 64 KR 206/12, juris; SG Braunschweig, Urt. v.25.07.2014 – S 64 KR 412/13, juris; a.A. SG München, Urt. v.10.03.2016 – L 15 R 1782/15, juris; auch Hanau, MedR 2015, 77, 78.

707 Schäfer/*Willems*, S. 20; a.A. LSG Baden-Württemberg, Urt. v.17.04.2013 – L 5 R 3755/11, juris, welche der Auffassung ist, die Gesetzesänderung des KHEntgG bedeute nicht, dass Krankenhäuser bei der Erbringung von Krankenhausleistungen auf Honorarärzte zurückgreifen dürfen, zumindest nicht auf nicht niedergelassene Ärzte. Es müsse zumindest ein Angestelltenverhältnis bestehen, wenn auch keine Festanstellung; so auch jüngst, LSG Baden-Württemberg, Urt. v.27.04.2016 – L 5 R 852/14, juris.

beschäftigt sind, nicht dem Willen des Gesetzgebers, da deren Auffassung dazu führen würde, dass eine selbständige Tätigkeit bei Ärzten faktisch nicht möglich ist.

bb) Umkehrschluss aus SGB VI

Auch unter Berücksichtigung der Norm aus dem Rentenversicherungsrecht, § 2 SGB VI, die unter bestimmten Voraussetzungen auch bei Selbständigen die Versicherungspflicht in der Rentenversicherung anordnet, muss gesehen werden, dass die ärztliche Tätigkeit als selbständige ausgeübt werden kann.

Zwar ist in § 2 SGB VI nicht ausdrücklich die Rede von ärztlichen Tätigkeiten, doch aber von medizinischen Tätigkeiten, wie die von Pflegepersonen, die in der Kranken-, Wochen-, Säuglings- oder Kinderpflege tätig sind oder aber von Hebammen und Entbindungspfleger (vgl. § 2 Satz 1 Nr. 1, 2 SGB VI). Tätigkeiten im medizinischen Bereich können demnach nach dem Willen des Gesetzgebers auch in selbständiger Tätigkeit erbracht werden, lediglich bei den pflegerischen Tätigkeiten hat der Gesetzgeber zum Ausdruck gebracht, dass hier zumindest eine Rentenversicherungspflicht für die Selbständigen bestehen soll. Im Umkehrschluss kann daraus geschlussfolgert werden, dass erst Recht die ärztliche Tätigkeit als selbständige erbracht werden kann, die Ärzte aber nicht in den Schutzbereich der Rentenversicherung einzubeziehen sind, sondern komplett sozialversicherungsfrei sind bzw. bei diesen ohnehin eine berufsständische Mitgliedschaft im Versorgungswerk besteht.

c) Verfassungsrechtliche Grundsätze

Die Tätigkeit des Honorararztes sowohl in der Ausgestaltung der Selbständigkeit als auch der abhängigen Beschäftigung entspricht auch den verfassungsrechtlich normierten Grundsätzen, da andernfalls ein Verstoß gegen das Grundgesetz – konkret Art. 12 GG – vorliegen würde. § 7 SGB IV regelt lediglich die Beschäftigung, an die die Versicherungspflicht anknüpft. Es wird hingegen nicht geregelt, dass es nur eine Beschäftigung geben kann und keine selbständige Tätigkeit, denn es sind vielmehr gerade beide Tätigkeitsformen eröffnet. Dem Schutzzweck zu Folge will die Sozialversicherung dem Grunde nach auch nur den Beschäftigten der Sozialversicherung unterwerfen, bis auf einige Ausnahmen, in denen auch Selbständige per Gesetz in bestimmten Zweigen sozialversicherungspflichtig sind. Dann hat der Gesetzgeber dies aber ausdrücklich normiert, so dass im Umkehrschluss keine generelle Zwangsversicherung besteht.[708] Insofern ist eine selbständige Tätigkeit auch im Bereich der Honorarärzte verfassungsrechtlich geboten und entspricht verfassungsrechtlichen Grundsätzen, da kein gesetzliches Verbot hierfür besteht.

708 So auch Hörtz/ Tacou, NZS 2015, 175, 180.

d) *Rechtsprechung zur rechtlichen Zulässigkeit der honorarärztlichen Tätigkeit*

aa) Rechtsprechung zu Honorarärzten

Obgleich im Bereich der Honorarärzte noch keine höchstrichterliche Entscheidung[709] existiert, ist man sich sowohl in der überwiegenden instanzgerichtlichen Rechtsprechung[710] als auch in der Literatur[711] weitgehend einig, dass ein Honorararzt seine Leistungen grundsätzlich auch im Rahmen einer selbständigen Tätigkeit erbringen kann. Allerdings gibt es in der Praxis Tendenzen der Sozialgerichte, die die selbständige Tätigkeit des Honorararztes in bestimmten Fallkonstellationen abgelehnt haben, weil sie rechtlich nicht zulässig sei[712] oder aber in der Regel von einer abhängigen Beschäftigung ausgehen.[713] Die Unsicherheiten, die in der Rechtsprechung bestehen und durch divergierende Entscheidungen zum Ausdruck kommen, hat das SG Braunschweig in einer Entscheidung klar aufgeführt. So betont es, dass sowohl die sozialgerichtliche wie auch die arbeitsgerichtliche Rechtsprechung in diesem Bereich vielfältig ist, so dass von einer Einzelfallentscheidung bis hin zu der Aussage, die selbständige Tätigkeit der Honorarärzte sei rechtlich ausgeschlossen oder die Honorarärzte seien immer selbständig tätig, alles in der Rechtsprechung zu finden sei.[714]

Auch wenn die Unsicherheit und die unterschiedlichen Entscheidungen im honorarärztlichen Bereich besonders überwiegen, so geht doch die überwiegende Rechtsprechung von der grundsätzlichen rechtlichen Zulässigkeit der selbständigen

---

709 Auch nicht durch den Beschluss des BSG vom 01.08.2016 – B 12 R 19/15 B, BeckRS 2016, 72157, da es die Nichtzulassungsbeschwerde ausschließlich aus formalen Gründen abgelehnt hatte. Eine inhaltliche Auseinandersetzung fand nicht statt; vgl. dazu auch Reiserer/Weiss-Bölz, DStR 2016, 2535 ff.

710 Vgl. etwa LAG Thüringen, Beschl. v.29.04.2010 – 1 Ta 29/10, juris; LAG Rheinland-Pfalz, Beschl. v.03.05.2010 – 11 Ta 163/09, juris; LAG Hamm, Beschl. v.07.02.2011 – 2 Ta 505/10, BeckRS 2011, 69654; SG Berlin, Urt. v.26.02.2014 - S 208 KR 2118/12, juris; SG Duisburg, Beschl. v.22.03.2013 - S 21 R 1532/12 ER, juris; grundsätzlich auch noch SG Mannheim, Urt. v.16.06.2011 – S 15 R 2545/09, juris (nachfolgende Instanz ablehnend: LSG Baden-Württemberg, Urt. v.17.04.2013 – L 5 R 3755/11, juris); LSG Nordrhein-Westfalen, Urt. v.29.11.2006 – L 11 (8) R 50/06, juris.

711 Uffmann, ZfA 2012, 1, 20; Möller/Makoski, Der Honorararzt im Krankenhaus – Möglichkeiten und Grenzen, S. 27 ff; Schnapp, NZS 2014, 41, 44.

712 Vgl. etwa LSG Baden-Württemberg, Urt. v.17.04.2013 - L 5 R 3755/11, juris (für den nicht niedergelassenen Anästhesisten).

713 So ausdrücklich LSG Schleswig-Holstein, Beschl. v.22.11.2016 – L 5 KR 176/16 B ER, juris unter Bezugnahme auf weitere instanzgerichtliche Rechtsprechung. Die Vielzahl der Entscheidungen, die von der Sozialversicherungspflicht des Honorararztes ausgehe, spreche auch im vorliegenden Fall für die Rechtmäßigkeit des Bescheides der Deutschen Rentenversicherung Bund.

714 SG Braunschweig, Urt. v.25.07.2014 – S 64 KR 206/12, juris.

Tätigkeit eines Honorararztes aus.[715] Die große Divergenz in den Entscheidungen ist zumeist vielmehr auf die unterschiedliche Subsumtion und Beurteilung der Abgrenzungskriterien durch die Gerichte zurückzuführen. Zur rechtlichen Zulässigkeit betonte jüngst auch das LSG Baden-Württemberg in seiner Entscheidung aus April 2016, dass den in der Rechtsprechung und Literatur geäußerten Zweifel über die Zulässigkeit der selbständigen Tätigkeit eines Honorararztes durch die Neuregelung und Klarstellung des § 2 Abs. 1 Satz 1 KHEntgG in jedem Fall „der Boden entzogen“[716] worden sei, so dass künftig feststehe, dass die Tätigkeit des Honorararztes sowohl abhängig als auch selbständig möglich ist.[717]

bb) Rechtsprechung zur Zulässigkeit der selbständigen Tätigkeit im Bereich der Anästhesie

Ausdrücklich Bezug genommen hatte das LSG Baden-Württemberg in seiner Entscheidung vom 19.04.2016 auf die umstrittene Entscheidung des LSG Baden-Württemberg aus dem Jahre 2013 zur Tätigkeit eines Anästhesisten, in dem es ungeachtet der Relevanz für den vorliegenden Fall ausführte, dass vergütungsrechtliche wie berufsrechtliche Fragen keine Rolle bei der statusrechtlichen Beurteilung spielen könnten.[718] Das LSG Baden-Württemberg hatte in seiner Entscheidung vom 17.04.2013 nämlich angenommen, dass anästhesiologische Leistungen eines nicht niedergelassenen Honorararztes im Krankenhaus generell nur im Rahmen eines Angestelltenverhältnisses erbracht werden könnten.[719] Bereits aus rechtlichen Gründen verbiete sich nach deren Auffassung also eine selbständige Tätigkeit, so dass die Entscheidung sich nicht im Einzelnen mit der konkreten Ausgestaltung der Tätigkeit auseinandersetzte, sondern bereits aufgrund der rechtlichen Unzulässigkeit einer selbständigen Tätigkeit eine abhängige Beschäftigung annahm. Begründet hat es diese Argumentation nicht einmal mit einer unmittelbar einschlägigen Vorschrift,

---

715 Bspw.: LSG BW, Urt. v.19.04.2016 – L 11 R 2428/15, juris; SG Berlin, Urt. v.03.11.2015 – S 122 KR 2119/12, juris; LSG Mecklenburg-Vorpommern, Urt. v.28.04.2015 – L 7 R 60/12, juris (Nichtzulassungsbeschwerde abgelehnt durch BSG (Az. B 12 R 19/15 B)); LAG Thüringen, Beschl. v.29.04.2010 – 1 Ta 29/10, juris; LAG Hessen, Urt. v.14.01.2013 – 16 Sa 1213/12, juris; LAG Hamm, Urt. v.07.02.2011 – 2 Ta 505/10, juris; Uffmann, ZfA 2012, 1, 18 (unter Bezugnahme auf die arbeitsgerichtliche Rechtsprechung); a.A. LSG Baden-Württemberg, Urt. v.17.04.2013 - L 5 R 3755/11, juris (zumindest für den nicht niedergelassenen Honorararzt); SG München, Urt. v.10.03.2016. S 15 R 1782/15, juris.

716 LSG Baden-Württemberg, Urt. v.19.04.2016 – L 11 R 2428/15, juris.

717 LSG Baden-Württemberg, Urt. v.19.04.2016 – L 11 R 2428/15, juris; a.A. LSG Schleswig- Holstein, Beschl. v.04.11.2016 – L 5 KR 162/16 B ER, juris, die Gesetzesmaterialen zum Krankenhausentgelt nicht heranziehen will, da das Gesetz keine Aussagen darüber treffen, wann eine sozialversicherungspflichtige Beschäftigung vorliege und wann nicht.

718 LSG Baden-Württemberg, Urt. v.19.04.2016 – L 11 R 2428/15, juris.

719 LSG Baden-Württemberg, Urt. v.17.04.2013 - L 5 R 3755/11, juris.

die die Tätigkeit an sich in Form einer selbständigen Tätigkeit verbiete, sondern damit, dass die Tätigkeit für das Krankenhaus gegenüber den gesetzlichen Krankenversicherungen nur im Rahmen einer abhängigen Beschäftigung abrechenbar sei. Dies hat aber – wie das LSG Baden-Württemberg jüngst bereits klargestellt hat – keine Auswirkungen auf die rechtliche Zulässigkeit einer Tätigkeit, sondern betrifft eine völlig andere Ebene und ein anderes Verhältnis, nämlich das Verhältnis des Krankenhauses zur Krankenversicherung.[720] So hatte auch das BSG in seiner Entscheidung vom 14.09.1989[721] bereits korrekterweise argumentiert, dass etwaige Abrechnungsgesichtspunkte keine Bedeutung für das Verhältnis des Selbständigen zum Auftraggeber habe, wenn die geschlossenen Verträge mit ihm keinen Zweifel über die gewollte Gestaltung der Beziehung zulassen. Es könnte allenfalls als Indiz dafür herangezogen werden, wie die Parteien ihre vertragliche Beziehung gestalten wollten.[722]

Da die Entscheidung des LSG Baden-Württemberg rechtskräftig ist und im Übrigen in diesem Bereich völlig konträre Entscheidungen ergangen sind, ist die Diskussion bei selbständig tätigen Anästhesisten derzeit besonders groß. Vor allem aufgrund der Eigenart der Tätigkeit sowie auch aufgrund der Ausgestaltungsformen existieren in der Praxis divergierende Entscheidungen, auf die im Einzelnen noch eingegangen wird und deren Begründungen untersucht werden.[723]

e) Stellungnahme

Im Ergebnis ist damit die Tätigkeit des Honorararztes vom Gesetzgeber gewollt und auch bekannt. Eine gesetzliche Vorschrift, die regelt, dass es nur bestimmte Kooperationsformen bei Ärzten geben kann, von denen die Tätigkeit des Honorararztes ausgeschlossen wäre, gibt es nicht. Es lässt sich feststellen, dass es kein gesetzliches Verbot für die honorarärztliche Tätigkeit gibt, sondern nach dem Willen des Gesetzgebers, der in unterschiedlichen Regelungen zum Ausdruck kommt, vielmehr geschlussfolgert werden kann, dass die honorarärztliche Tätigkeit von diesem positiv gewollt ist und demnach auch gefördert wird. Die Tätigkeit eines Arztes kann demnach sowohl als selbständige wie auch als abhängige Beschäftigung ausgeübt werden. Ein Vorrangverhältnis gibt es nicht, so dass die Auffassung der Deutschen Rentenversicherung Bund abzulehnen ist, die die honorarärztliche Tätigkeit regelmäßig als abhängige Beschäftigung und nur in Ausnahmefällen als selbständige Tätigkeit einordnen will.

---

720 Vgl. hierzu noch ausführlich unter 4. Kapitel III. 2. c) cc).

721 BSG, Urt. v.14.09.1989 – 12 RK 64/87, juris.

722 BSG, Urt. v.14.09.1989 – 12 RK 64/87, juris.

723 Für die selbständige Tätigkeit: SG Berlin-Brandenburg, Urt. v.10.02.2012 - S 208 KR 102/09, juris; SG Berlin, Urt. v.26.02.2014 - S 208 KR 2118/12, juris; gegen die selbständige Tätigkeit: LSG Baden-Württemberg, Urt. v.19.04.2013 - L 5 R 3755/11, juris.

Obgleich die überwiegende Rechtsprechung – insbesondere die arbeitsgerichtliche – die honorarärztliche Tätigkeit grundsätzlich als zulässig erachtet, gibt es sozialgerichtliche Entscheidungen, die die honorarärztliche Tätigkeit bereits als rechtlich unzulässig ablehnen. Diese Auffassung ist aber mit verfassungsrechtlichen Grundsätzen nicht vereinbar, da ein Verstoß gegen Art. 12 GG vorliegt. Der Eingriff in den Schutzbereich der Berufsfreiheit wäre nicht gerechtfertigt, da es eine gesetzliche Regelung, die die selbständige Tätigkeit der Honorarärzte ausschließt – wie aufgezeigt – nicht gibt.

Wie bei jedem anderen Vertragsverhältnis hängt es demnach von der konkreten Ausgestaltung der Tätigkeit ab, ob eine abhängige Beschäftigung bzw. ein Arbeitsverhältnis vorliegt oder nicht.[724] Da es auch keine gesetzliche Regelung gibt, wann eine abhängige Beschäftigung im Bereich der ärztlichen Leistungen vorliegt[725], ist die Abgrenzung nach den allgemeinen gesetzlichen Regelungen, insbesondere des § 7 SGB IV, unter Berücksichtigung der Besonderheiten der Tätigkeit eines Honorararztes vorzunehmen. Unter Umständen könnte sich durch die angedachten politischen Vorhaben für nebenberufliche Honorarnotärzte eine Erleichterung ergeben, wenn eine gesetzliche Regelung zu deren Sozialversicherungsfreiheit tatsächlich in Kraft tritt.[726]

2. Abgrenzungskriterien für die Tätigkeit des Honorararztes

a) Besonderheiten der Tätigkeit eines Honorararztes

aa) Allgemeines

Wie bei jeder anderen Tätigkeit sind im Rahmen der Gesamtabwägung und der Prüfung der Abgrenzungskriterien also auch bei der Tätigkeit des Honorararztes die Besonderheiten einer jeden Tätigkeit zu berücksichtigen. Die Tätigkeit eines Honorararztes ist vielfältig, sei es aufgrund der Fachrichtung oder der Ausgestaltung der Tätigkeit. So finden sich Honorarärzte im Bereich von Kliniken, aber auch Notärzte oder ärztliche Gutachter auf Honorarbasis, um nur einige Beispiele zu nennen. Dabei können in jedem Einzelfall je nach Ausgestaltung und Fachrichtung weitere Besonderheiten zu berücksichtigen sein.

---

724 Vgl. LAG Thüringen, Beschl. v.29.04.2010 – 1 Ta 29/10, juris.

725 So auch Schäfer/*Willems*, S. 21; auch SG Duisburg, Beschl. v.22.03.2013 – S 21 R 1532/12 ER, juris (nachgehend: LSG Nordrhein-Westfalen, Beschl. v.30.12.2013 – L 8 406/13 B ER, welche die Frage offen lies, ob eine abhängige Beschäftigung vorlag oder nicht, da die Anforderungen an einen Summenbeitragsbescheid nicht erfüllt wurden).

726 Vgl. dazu die Ausführungen unter 4. Kapitel I 3.c).

bb) Konkrete Besonderheiten beim Honorararzt

Gemeinsam ist den Honorarärzten, dass diese allesamt aufgrund ihrer ärztlichen Berufsfreiheit keinen fachlichen Weisungen unterliegen (vgl. § 1 Abs. 2 Bundesärzteordnung). Darüber hinaus wird ein Honorararzt in der Regel in den Räumlichkeiten des Auftraggebers tätig – zumeist einer Klinik –, da sich dort die zu behandelnden Patienten befinden. Daraus wird bereits ersichtlich, dass einige von der Rechtsprechung zu § 7 SGB IV entwickelten Abgrenzungskriterien zwischen selbständiger Tätigkeit und abhängiger Beschäftigung für die Einstufung der Tätigkeit eines Honorararztes entweder ohne oder zumindest von geringerer Bedeutung sind.[727]

Denn aufgrund der Umstände, die die Tätigkeit prägen, haben bestimmte Abgrenzungskriterien beispielsweise bei der Notarzttätigkeit keine Aussagekraft dafür, ob die Tätigkeit in Abhängigkeit oder als Selbständiger erbracht wird. Nach Auffassung des LSG Berlin-Brandenburg ist demnach ein etwaiges Unternehmerrisiko, die Eingliederung in eine fremde Arbeitsorganisation und das Nutzen fremder Arbeitsmittel nicht aussagekräftig für die Statusbewertung eines Notarztes.[728] Die Notarzttätigkeit im Rettungsdienst ist also davon geprägt, dass Vorsorge vor allgemeinen Notfällen und für Katastrophenfälle geleistet und im Notfall geholfen wird. Er ist von der Bereitschaft und der Erbringung von Notfalleinsätzen geprägt.[729] Weiter können sich bestimmte Gegebenheiten und Vorgaben auch aus gesetzlichen Vorschriften ergeben, so dass dies ebenfalls zu berücksichtigen ist, da dieser Sachverhalt dann nicht Ausfluss einer Weisungsgebundenheit oder persönlichen Abhängigkeit ist, sondern sich allein aus den gesetzlichen Regelungen ergibt.

cc) Stellungnahme

Diese Besonderheiten müssen allesamt immer von der Rechtsprechung bei der Abgrenzung berücksichtigt werden[730], was teilweise gelingt, teilweise aber auch nicht. In manchen Fällen werden zwar Besonderheiten der Tätigkeit aufgezeigt, jedoch im Rahmen der gebotenen Gesamtabwägung ohne Berücksichtigung der Besonderheiten der Honorararzttätigkeit falsch gewichtet. Insofern ist es entscheidend, die Abgrenzungskriterien, die für die Tätigkeit des Honorararztes entscheidend sind, herauszuarbeiten und diese zu präzisieren.[731]

---

727 LSG Berlin-Brandenburg, Urt. v.20.03.2015 – L 1 KR 105/13, juris; auch Uffmann, ZfA 2012, 1, 18.

728 LSG Berlin-Brandenburg, Urt. v.20.03.2015 – L 1 KR 105/13, juris; für den Honorararzt generell Uffmann, ZfA 2012, 1, 19.

729 LSG Berlin-Brandenburg, Urt. v.20.03.2015 – L 1 KR 105/13, juris.

730 So auch Goetzke, S. 183 unter Bezugnahme auf die Rechtsprechung des BAG.

731 So auch Hanau, MedR 2015, 77, 79.

b) *Weisungsgebundenheit*

aa) *Weisungsgebundenheit in zeitlicher Hinsicht*

(1) Regelmäßige Ausgestaltung

Die Leistungen des Honorararztes werden grundsätzlich zwischen den Parteien individualvertraglich vereinbart. Dabei steht es dem Honorararzt frei, wann er tätig werden will und wann nicht. Bietet er seine Dienste an, so ist die Vereinbarung einer bestimmten Zeit zur Leistungserbringung Inhalt des freien Dienstvertrags. Diese vereinbarte Zeit kann ggf. auch in einem Dienstplan notiert werden, nachdem zuvor eine Vereinbarung mit dem Honorararzt erfolgte. Ein essentieller und entscheidender Unterschied zu angestellten Ärzten ist, dass letztere von der Klinikleitung im Rahmen ihres Arbeitsvertrages zu Diensten einseitig eingeteilt werden können, die Honorarärzte jedoch nicht. Darin ist der Unterschied zu den Selbständigen zu sehen, da diese ihre Tätigkeit freiwillig erbringen und nicht gegen ihren Willen zu bestimmten honorarärztlichen Tätigkeiten einseitig verpflichtet werden können. Die Honorarärzte können Dienste ablehnen, ohne mit Konsequenzen rechnen zu müssen, anders als ein angestellter Arzt, der im Weigerungsfalle mit arbeitsrechtlichen Konsequenzen zu rechnen hat.[732] Gewisse zeitliche Vereinbarungen finden sich auch aus organisatorischen Gründen. Dies wird in weiten Teilen von der Rechtsprechung auch so bestätigt, auch wenn die arbeitsgerichtliche Rechtsprechung hierbei den Vorzug verdient.

(2) Rechtsprechung der Arbeitsgerichte

(i) BAG

Das BAG betonte in einer Entscheidung zur Beurteilung der Tätigkeit eines ärztlichen Gutachters, dass es einer zeitlichen Weisungsfreiheit nicht entgegenstehe, wenn der Gutachter bei der Gestaltung seiner Arbeitszeit auf die Öffnungszeiten eines etwaigen Servicezentrums Rücksicht zu nehmen hatte, seine Arbeitszeit also wegen der Nutzung der Räumlichkeiten des Auftraggebers sowie der Tätigkeit der Sekretärinnen anpassen musste. Entscheidend war für das BAG vorliegend, dass der Gutachter selbst bestimmen konnte, an welchen Tagen er eine Tätigkeit für den Auftraggeber durchführen wollte oder nicht und ob er überhaupt tätig werden wollte.[733] Dies sei der Unterschied zu einem Arbeitnehmer, der diese Freiheiten nicht besitzt. Die organisatorische Bindung an Öffnungszeiten des Servicezentrums begründete nach Auffassung des BAG kein ausreichendes zeitliches Weisungsrecht des Auftraggebers.[734] Es sei nämlich auch für Selbständige üblich, dass diese ihre Dienstleistungen im Rahmen der organisatorischen Gegebenheiten des Auftraggebers zu

732 So auch SG Detmold, Urt. v.17.11.2009 – S 8 (2) R 219/06, juris.
733 BAG, Urt. v.21.07.2015 – 9 AZR 484/14, BeckRS 2016, 65025.
734 BAG, Urt. v.21.07.2015 – 9 AZR 484/14, BeckRS 2016, 65025.

erbringen haben. Er konnte also nicht gegen seinen Willen eingesetzt werden, was für das BAG ausreichend war, um eine wesentliche zeitliche Freiheit anzunehmen.[735]

(ii) Instanzgerichte

Bei der Erbringung eines ärztlichen Bereitschaftsdienstes durch einen niedergelassenen Arzt wurde vom LAG Rheinland-Pfalz eine selbständige Tätigkeit angenommen und hervorgehoben, dass der Selbständige grundsätzlich frei war in der zeitlichen Einteilung, da er von der Klinik nur im Rahmen der vom Selbständigen zuvor geäußerten Wunschtermine und maximal im Umfang seiner Vorgaben „eingeteilt" wurde.[736] Ein Dienstplan, der die von den in der Luftrettung eingesetzten Ärzten benannten Einsatzwünsche und Einsatzmöglichkeiten koordiniert und ein allseitiges Einverständnis voraussetzt, also nicht einseitig aufgestellt wird, stelle genau das Gegenteil einer Weisung dar und spreche für die selbständige Tätigkeit.[737] Die Tatsache, dass verlangt wird, dass zugesagte und vereinbarte Termine auch eingehalten werden, stelle keine Besonderheit für ein Arbeitsverhältnis dar. Im Übrigen sei das Festhalten in einem Dienstplan auch zur Koordinierung der einzelnen Personen und der Dienste erforderlich.[738]

(3) Rechtsprechung der Sozialgerichte

(i) Dienstplan

In der sozialgerichtlichen Rechtsprechung wird die Einteilung in einem Dienstplan hingegen teilweise anders beurteilt. So verneinen manche eine zeitliche Weisungsfreiheit, wenn für den Arzt nach Einteilung auf dem Dienstplan und Übernahme des Dienstes die Verpflichtung besteht, den Dienst anzutreten und er einen bereits begonnenen Dienst nicht abbrechen kann. Sie wollen lediglich auf die Verhältnisse nach Annahme des einzelnen Auftrags abstellen, so dass ein Ablehnungsrecht unbeachtlich sei.[739]

---

735 BAG, Urt. v.21.07.2015 – 9 AZR 484/14, BeckRS 2016, 65025.

736 LAG Rheinland-Pfalz, Beschl. v.03.05.2010 – 11 Ta 163/09, juris.

737 LAG Hamm, Urt. v.06.09.2007 – 8 Sa 802/07, juris; SG Detmold, Urt. v.17.11.2009 – S 8 (2) R 219/06, juris; für die Beurteilung einer Pflegetätigkeit auch LSG Nordrhein-Westfalen, Urt. v.09.09.2009 – L 8 R 200/06, juris.

738 LAG Hamm, Urt. v.06.09.2007 – 8 Sa 802/07, juris; auch LSG Rheinland-Pfalz, Urt. v.20.04.2016 – L 4 R 318/14, juris (Übernahme von Notdiensten einer Gemeinschaftspraxis).

739 So etwa ausdrücklich, LSG Niedersachsen-Bremen, Urt. v.18.12.2013 – L 2 R 64/10, juris (unter Bezugnahme auf BSG, Urt. v.25.04.2012 – B 2 KR 24/10, juris); ähnlich auch LSG BW, Urt. v.20.08.2015 – L 4 R 1001/15, juris; LSG Mecklenburg-Vorpommern, Urt. v.28.04.2015 – L 7 R 60/12, juris (Nichtzulassungsbeschwerde abgelehnt durch BSG (Az. B 12 R 19/15 B)); für die Beurteilung einer Pflegetätigkeit auch LSG Baden-Württemberg, Urt. v.19.10.2012 – L 4 R 761/11, juris; auch LSG Nordrhein-Westfalen, Urt. v.30.09.2015 – L 8 R 584/11, juris.

Dies kann aus mehreren Gründen nicht überzeugen, da ein Notarzt bereits aufgrund der Natur der Tätigkeit keinen Einfluss auf Einsatzart, -ort- und –zeit nehmen kann, da die Notfälle nicht planbar und vorhersehbar sind, und zwar von niemandem, so dass damit auch kein Weisungsrecht einhergeht bzw. dieser Umstand nicht für eine Weisungsgebundenheit sprechen kann.[740]

Andere hingegen erkennen richtigerweise die Weisungsfreiheit und die eigenen Entscheidungsmöglichkeit des Honorararztes an, wenn dieser selbst entscheiden kann, wann er tätig werden will, so dass es danach unerheblich ist, wenn nach entsprechender Vereinbarung auch eine Aufnahme in den Dienstplan erfolgt.[741] Darüber hinaus seien die gesamten Umstände einer Tätigkeit zu berücksichtigen, also auch die Möglichkeit eines Arztes, Aufträge ohne Weiteres ablehnen zu können. Dies ist ein entscheidender Unterschied zu einer abhängigen Beschäftigung, da diesem vom Arbeitgeber Weisungen gegeben werden können, also auch Tätigkeiten zugewiesen, die er nicht ohne rechtliche Konsequenzen ablehnen kann.

(ii) Zugesagte Dienste

Auch in der sozialgerichtlichen Rechtsprechung erkennen manche, dass die Einhaltung vereinbarter zeitlicher Vorgaben typisch für Schuldverhältnisse aller Art sei, also unabhängig vom Vertragstyp, so dass dies nicht gegen eine selbständige Tätigkeit spreche.[742]

Auch die Pflicht, beispielsweise eines Notarztes bzw. des ärztlichen Dienstes, den Dienst generell gewissenhaft und vollständig zu erbringen, einen zugesagten Dienst also nicht nach freier Entscheidung zwischenzeitlich abzubrechen, ergibt sich ebenfalls nicht aus einem Weisungsrecht, sondern aus standesrechtlichen, strafrechtlichen und gefahrenabwehrenden Vorschriften.[743] So spielt hierbei vor allem die besondere Garantenstellung des Arztes im Dienst eine Rolle. Dadurch ist er bereits gesetzlich verpflichtet, jeden Patienten im Dienst zu behandeln und kann sich nicht etwa die Patienten aussuchen. Dennoch kann die Wahl der Patienten innerhalb eines zugesagten Dienstes kein Argument gegen eine selbständige Tätigkeit sein, da der Arzt sich sonst strafbar machen würde. Den Umstand, dass der Rettungsdienst gerade davon geprägt ist, dass die Notärzte ihren Dienst bis zur letzten Minute gewissenhaft und vollständig erbringen, erkennt auch das LSG

---

740 So auch, Hörtz/Tacou, NZS 2015, 175, 177.

741 LSG Baden-Württemberg, Urt. v.19.04.2016 – L 11 R 2428/15, juris.

742 SG Duisburg, Beschl. v.22.03.2013 – S 21 R 1532/12 ER, juris (nachgehend: LSG Nordrhein-Westfalen, Beschl. v.30.12.2013 – L 8 406/13 B ER, welche die Frage offen lies, ob eine abhängige Beschäftigung vorlag oder nicht, da die Anforderungen an einen Summenbeitragsbescheid nicht erfüllt waren); SG Mannheim, Urt. v.16.06.2011 – S 15 R 2545/09, juris (nachgehend LSG Baden-Württemberg, Urt. v.17.04.2013 – L 5 R 3755/11, juris); SG Detmold, Urt. v.17.11.2009 – S 8 (2) R 219/06, juris.

743 So auch Hörtz/Tacou, NZS 2015, 175, 177.

Niedersachen-Bremen an, schlussfolgert aber daraus, dass dies generell gegen die selbständige Tätigkeit spreche.[744]

(iii) Weitere Beispiele aus der Rechtsprechung

In einem Fall des LSG Baden-Württemberg ging es um einen flugbegleitenden Arzt im Rettungsdienst, der diese Tätigkeit neben seiner Angestelltentätigkeit im Krankenhaus erbrachte.[745] Dort erfolgten bei Versäumung eines Dienstes Mitarbeitergespräche oder eine Ermahnung, was für das Gericht Indiz für eine abhängige Beschäftigung war, ebenso wie die Verpflichtung bei kurzfristiger Verhinderung des Arztes dies dem für den Dienstplan verantwortlichen Arzt anzuzeigen. Die Möglichkeit, dass der Arzt Einfluss auf die Erstellung der Dienstpläne nehmen konnte, führte nach Auffassung des Gerichts nicht zur Annahme der Selbständigkeit, da dies dem Umstand geschuldet sei, dass die Ärzte nebenberuflich als flugbegleitende Ärzte tätig waren, so dass dies in Einklang zur hauptberuflichen Tätigkeit gebracht werden müsse.[746] Aus diesen Gründen wurde eine versicherungspflichtige Beschäftigung angenommen.

Das SG Braunschweig zieht in seiner Entscheidung zu einem im Krankenhaus tätigen Honorararzt einen Vergleich zur selbständigen Tätigkeit eines Handwerkers und führt aus, dass auch dieser sich mit dem Betriebsablauf im Auftragsunternehmen arrangieren muss, also sich dort ggf. auch integrieren müsse, so dass es unerheblich sei, wenn der Arzt in den Dienstplänen der Klinik auftaucht oder nicht. Der Dienstplan diene nicht der Kontrolle, sondern auch der Information der anderen in der Klinik tätigen Personen.[747]

Unter anderem aufgrund der zeitlichen Weisungsgebundenheit nahm das Sozialgericht Dortmund[748], bestätigt durch das LSG Nordrhein-Westfalen[749], bei einem Honorarfacharzt für Neurologie und Psychiatrie an, dass eine abhängige Beschäftigung bei der Tätigkeit in einer Rehabilitationsklinik für Abhängigkeitskranke vorliegt. Begründet wurde dies mitunter damit, dass der Facharzt zeitlich in die Organisation der Klinik eingebunden gewesen sei, weil er regelmäßig zwei bis drei Nachmittage pro Woche in der Klinik tätig wurde.[750]

Hingegen führte das BSG in einer Entscheidung aus dem Jahre 1973 zu einem Arzt, der für die Polizeibehörde Blutproben zur Bestimmung der Blutalkoholkonzentration an bestimmten Terminen entnahm, aus, dass es nicht gegen eine selbständige

---

744 LSG Niedersachsen-Bremen, Urt. v.18.12.2013 – L 2 R 64/10, juris; auch LSG Niedersachsen-Bremen, Urt. v.16.12.2015 – L 2 R 516/14, juris.

745 LSG Baden-Württemberg, Urt. v.29.07.2014 – L 9 U 4701/11, juris.

746 LSG Baden-Württemberg, Urt. v.29.07.2014 – L 9 U 4701/11, juris.

747 SG Braunschweig, Urt. v.25.07.2014 – S 64 KR 412/13, juris.

748 SG Dortmund, Urt. v.12.01.2006 – S 10 RJ 307/03, juris.

749 LSG Nordrhein-Westfalen, Urt. v.29.11.2006 – L 11 (8) R 50/06, juris.

750 SG Dortmund, Urt. v.12.01.2006 – S 10 RJ 307/03, juris; LSG Nordrhein-Westfalen, Urt. v.29.11.2006 – L 11 (8) R 50/06, juris.

Tätigkeit spreche, dass der Arzt nur auf Anordnung eines Polizeibeamten und nicht von sich aus tätig wurde. Denn auch bei seiner beruflichen Tätigkeit als niedergelassener Arzt könne er regelmäßig nicht von sich aus tätig werden, sondern nur auf Grund eines entsprechenden Auftrags vom Patienten, ggf. auch verbunden mit der Aufforderung, ihn in seiner Wohnung aufzusuchen. Dadurch werde aber ebenfalls kein abhängiges Beschäftigungsverhältnis begründet. Insofern können die Umstände, dass der Arzt vorliegend auf Abruf durch einen zuständigen Polizeibeamten tätig wurde sowie die Tatsache, dass er die Blutentnahmen auf der Polizeiwache durchführte, keine geeigneten Kriterien darstellen, ob der Arzt aufgrund einer abhängigen Beschäftigung oder selbständigen Tätigkeit tätig geworden ist.[751]

Auch beim Bereitschaftsdienst wurde bereits entschieden, dass eine Eingliederung hinsichtlich Ort und Zeit der Arbeitsverrichtung allein nicht zur Annahme einer abhängigen Beschäftigung führt, weil die Festlegung dieser Arbeitsbedingungen sich bei der Arbeit im Bereitschaftsdienst aus der Sache heraus ergebe.[752] In diesem Fall ging es allerdings um einen Arzt im Praktikum, der als Bereitschaftsdienstarzt tätig wurde. Er unterlag in inhaltlicher Hinsicht den Weisungen des diensthabenden Werksarztes, so dass im Ergebnis keine selbständige Tätigkeit angenommen wurde.[753]

(4) Stellungnahme

Insgesamt stellt vor allem die arbeitsgerichtliche Rechtsprechung richtigerweise grundsätzlich auf die zeitliche Weisungsfreiheit als das maßgebliche und entscheidende Kriterium bei der Tätigkeit des Honorararztes ab.[754] Allerdings werden insbesondere von der sozialgerichtlichen Rechtsprechung Auswirkungen einer zeitlichen Weisungsfreiheit falsch gewertet und beurteilt, vor allem was die Aufnahme in einen Dienstplan anbelangt oder aber auch die Möglichkeit der Ablehnung von Aufträgen und damit einhergehend die zeitliche Freiheit, zu entscheiden, wann und ob der Honorararzt tätig werden will. Lediglich auf die Umstände nach Annahme eines vereinbarten Dienstes abzustellen, ist nach hier vertretener Auffassung nicht korrekt, da es auf die gesamten Umstände der Tätigkeit ankommt, also auch auf die Art und Weise der Vereinbarung zum Tätigwerden.

Teilweise tritt das entscheidende Kriterium der zeitlichen Weisungsfreiheit bei einigen Entscheidungen auch in nicht korrekter Weise bei der Gesamtbetrachtung hinter anderen – unerheblichen – Kriterien zurück, so dass sich auch daraus juristisch nicht korrekte Entscheidungen ergeben.

Das BSG hatte in seiner früheren Entscheidung aus dem Jahr 1973 bereits richtig erkannt, dass sich aufgrund der Besonderheiten der Tätigkeit eines Arztes auch in bestimmten Fällen eine zeitliche Einschränkung ergeben kann, wie etwa durch

---

751 BSG, Urt. v.22.02.1973 – 2 RU 110/71, juris.

752 Vgl. LSG Hessen, Urt. v.25.01.2007 – L 8 KR 148/05, L 8 KR 165/05, juris.

753 Vgl. LSG Hessen, Urt. v.25.01.2007 – L 8 KR 148/05, L 8 KR 165/05, juris.

754 So auch Uffmann, ZfA 2012, 1, 18.

den Abruf der Tätigkeit, weil zu einem bestimmten Zeitpunkt eine Blutentnahme erforderlich ist. Die Arzttätigkeit hat gerade durch die Notfälle und besonderen Gegebenheiten, dem Einfluss Dritter, nämlich der Patienten, eine gewisse zeitliche Einschränkung, die aber nicht gegen eine selbständige Tätigkeit spricht, weil sie nicht Ausfluss eines zeitlichen Weisungsrechtes ist, sondern sich aus den Gegebenheiten des Lebens und des Alltags ergibt. Jüngst hat auch das LSG Baden-Württemberg in einer Entscheidung die erhebliche Bedeutung der fehlenden zeitlichen Weisungsgebundenheit bei der ärztlichen Tätigkeit erkannt und ausdrücklich hervorgehoben.[755]

bb) Weisungsgebundenheit in Bezug auf den Ort

(1) Regelmäßige Ausgestaltung

Die Tätigkeit des Honorararztes wird in der Regel in der Klinik oder einer Praxis bei den Patienten erbracht. Bei Notärzten spielen auch die Notarzteinsatzorte eine große Rolle, die durch den Ort des Notfalles bedingt sind, so dass der Honorararzt in der Regel nicht frei entscheiden kann, wo er seine Tätigkeit verrichtet.

(2) Rechtsprechung der Sozial- und Arbeitsgerichte

(i) Allgemeines

Die örtliche Gebundenheit der Tätigkeit des Honorararztes im Krankenhaus oder der Praxis kann der Selbständigkeit nach richtiger Auffassung nicht entgegen stehen, da die Tätigkeit des Honorararztes naturgemäß nur in den Räumlichkeiten der Klinik o.ä. erbracht werden kann.[756] Hierzu wurde in der Rechtsprechung bereits zahlreich entschieden, dass es Tätigkeiten geben kann, die nur an einem bestimmten Ort bzw. am Ort des Auftraggebers erbracht werden können und somit vertragsimmanent sind.[757] Dann besagt die Bindung an einen bestimmten Ort nichts über die persönliche Abhängigkeit.[758]

(ii) Arbeitsgerichtliche Rechtsprechung

Auch das BAG hat in seiner Entscheidung vom 21.07.2015 bei der Beurteilung der Tätigkeit eines Gutachters betont, dass die Bindung an bestimmte Räumlichkeiten des Auftraggebers nichts über eine persönliche Abhängigkeit aussage, wenn dieser Arbeitsort für die Tätigkeit typisch bzw. der Ort der Dienstleistung von der

---

755 LSG Baden-Württemberg, Urt. v.19.04.2016 – L 11 R 2428/15, juris (unter Bezugnahme auf Powietzka/Bölz, KrV 2012, 137, 139).

756 So auch Uffmann, ZfA 2012, 1, 19.

757 Vgl. etwa BAG, Urt. v.09.03.2005 – 5 AZR 493/04, NJOZ 2005, 3765; SG Braunschweig, Urt. v.25.07.2014 – S 64 KR 412/13, juris; auch BSG, Urt. v.22.02.1973 – 2 RU 110/71, juris; LSG Baden-Württemberg, Urt. v.19.04.2016 – L 11 R 2428/15, juris.

758 So auch LAG Hamm, Urt. v.11.01.1999 – 17 Sa 1615/98, juris; auch Powietzka/Bölz, KrV 04/12, S. 137, 139.

geschuldeten Tätigkeit abhängig ist.[759] Dies sei gerade bei ärztlichen Tätigkeiten der Fall, wie auch das BAG erkannte. Im Falle des Gutachters, der Untersuchungstätigkeiten durchführte, müssten die Patienten dann zu unterschiedlichen Orten, je nachdem welcher Gutachter bestellt würde und die hygienischen Bedingungen der Räume wären möglicherweise nicht ausreichend, so dass dies vorliegend nicht statusentscheidend sein könne.[760] Insofern kann dies für die Rechtsnatur des Vertragsverhältnisses nicht entscheidend sein.

Das LAG Hamm zieht in solchen Fällen vor allem die Parallele zu Beleghebammen oder Belegärzten, die ebenfalls ihre Tätigkeiten vor Ort in der Klinik erbringen, die Einrichtungen des Krankenhauses nutzen und mit anderen Mitarbeitern des Krankenhauses zusammenarbeiten, und gleichwohl keine Arbeitnehmer sind.[761] Die Nutzung der Räumlichkeiten und des Hilfspersonals im Rahmen eines Not-Bereitschaftsdienstes ergeben sich aus der Natur der Sache und sprächen nicht zwingend für ein Arbeitsverhältnis.[762]

Auch wenn der Ort vertraglich vereinbart ist, wie beispielsweise bei einem Schiffsarzt an Bord eines Kreuzfahrtschiffes, spricht dies nicht gegen eine selbständige Tätigkeit, weil es dann für die Abgrenzung des Arbeitnehmers vom Selbständigen keinen Aussagewert hat.[763]

(iii) Sozialgerichtliche Rechtsprechung

Andere Gerichte – insbesondere die Sozialgerichte – führen zur örtlichen Weisungsgebundenheit nichts aus oder betonen sogar, dass die Räume der Klinik integraler und funktioneller Bestandteil für die Ausübung der Tätigkeit sei, was gegen die selbständige Tätigkeit spreche.[764] Das BSG hat in seiner Entscheidung zu Betriebsärzten aus dem Jahre 1981 aber zutreffend erkannt, dass zwar grundsätzlich auch die Tätigkeit in den Räumlichkeiten des Auftraggebers für eine abhängige Beschäftigung spricht. Dieses Merkmal habe jedoch bei betriebsärztlichen Tätigkeiten ein geringeres Gewicht, da die Tätigkeit ihrer Art nach notwendigerweise überwiegend im Betrieb stattfinden muss.[765]

---

759 BAG, Urt. v.21.07.2015 – 9 AZR 484/14, BeckRS 2016, 65025; für die Unerheblichkeit der örtlichen Bindung auch LAG Rheinland-Pfalz, Beschl. v.03.05.2010 – 11 Ta 163/09, juris; LAG Hamm, Beschl. v.07.02.2011 – 2 Ta 505/10, juris; SG Braunschweig, Urt. v.25.07.2014 – S 64 KR 206/12, juris.

760 BAG, Urt. v.21.07.2015 – 9 AZR 484/14, BeckRS 2016, 65025.

761 LAG Hamm, Beschl. v.07.02.2011 – 2 Ta 505/10, juris unter Bezugnahme auf BAG, Beschl. v.21.02.2007 – 5 AZB 52/06, NZA 2007, 699; so auch LAG Hessen, Urt. v.14.01.2013 – 16 Sa 1213/12, juris.

762 LAG Rheinland-Pfalz, Urt. v.03.05.2010 – 11 Ta 163/09, juris.

763 LAG Hamm, Beschl. v.02.07.2012 – 2 Ta 71/12, juris.

764 SG Dortmund, Urt. v.12.01.2006 – S 10 RJ 307/03; LSG Nordrhein-Westfalen, Urt. v.29.11.2006 – L 11 (8) R 50/06, juris.

765 BSG, Urt. v.09.12.1981 – 12 RK 4/81, juris.

(3) Stellungnahme

Die Tatsache, dass dem Honorararzt in der Regel keine freie Entscheidung über den Ort der Tätigkeit obliegt, ist bei dieser Tätigkeit richtigerweise nicht statusentscheidend, da es sich aus der Natur der Tätigkeit ergibt. Dies erkennt vor allem die arbeitsgerichtliche Rechtsprechung und führt konkret aus, dass eine Weisungsfreiheit hinsichtlich des Ortes beim Honorararzt keine Rolle spielt bzw. die Vorgabe des Ortes nicht gegen die selbständige Tätigkeit spricht. Die jüngste sozialgerichtliche instanzgerichtliche Rechtsprechung hingegen verkennt häufig diese Besonderheit und führt aus, dass der Gesichtspunkt, dass die Räumlichkeiten der Klinik genutzt werden, also der Ort der Tätigkeit vorgegeben ist, gegen eine selbständige Tätigkeit spreche. Dem ist nicht zuzustimmen, sondern vielmehr mit dem BSG anzunehmen, dass sich der Ort der Tätigkeit aus der Art der Tätigkeit ergibt und demnach nicht statusentscheidend sein kann.

cc) Weisungsgebundenheit in fachlicher Hinsicht

(1) Regelmäßige Ausgestaltung

Bei der Tätigkeit des Arztes muss beachtet werden, dass dieser bereits aufgrund berufsrechtlicher Sonderregelungen frei in seiner Tätigkeit ist und nicht durch Weisungen zur Durchführung einer bestimmten Heilbehandlungsmethode gezwungen werden kann.[766] Ungeachtet dessen können aber auch innerhalb des hierarchisch aufgebauten Dienstes fachliche Weisungen von Ärzten an untergeordnete Ärzte erfolgen, wobei der Honorararzt aus dieser Hierarchieebene ausgeschlossen ist, so dass im Falle des Honorararztes die freiberufliche Tätigkeit im Vordergrund steht und keine fachlichen Weisungen gegeben werden können. Nach § 1 Abs. 2 Bundesärzteordnung handelt es sich bei der ärztlichen Tätigkeit um eine freiberufliche Tätigkeit, so dass ein fachliches Weisungsrecht weniger in Frage kommt. Auch nach der Rechtsprechung ist dieses Kriterium bei Diensten höherer Art – wie der des Honorararztes – weniger gewichtig, wird gleichwohl auch in diesem Zusammenhang diskutiert.

(2) Rechtsprechung der Sozial- und Arbeitsgerichte

(i) Allgemeines

Die arbeitsgerichtliche Rechtsprechung hat inzwischen festgestellt, dass der Gesichtspunkt der fachlichen Weisungen – wie das Beispiel des Chefarztes zeige – für die Abgrenzung von Arbeitsverhältnissen und freier Mitarbeit für die ärztliche Tätigkeit nicht geeignet sei.[767] Das BSG betont dagegen, dass die Freiheit in der Ausführung der Tätigkeit bei Honorarärzten nicht für die selbständige Tätigkeit

---

766 Schäfer/*Willems*, S. 23.

767 LAG Hamm, Urt. v.06.09.2007 – 8 Sa 802/07, juris.

spreche, da das Weisungsrecht vornehmlich bei Diensten höherer Art eingeschränkt sein könne.[768]

(ii) Beispiele aus der Rechtsprechung

Bei der Beurteilung des Status einer Betriebsärztin war für das BSG ausschlaggebend, dass diese keinen Weisungen unterlag. Zwar sah das BSG auch in diesem Fall, dass es durchaus Tätigkeiten geben kann, die aufgrund ihrer inhaltlich weitgehend weisungsfreien Tätigkeit auch abhängig Beschäftigte sein können, dann müssten aber andere, in das betriebliche Weisungsgefüge einbezogene Aufgaben mit der weisungsfreien Tätigkeit verbunden sein oder zusätzlich übernommen werden.[769] Insofern hatte auch das BAG bei einem in seiner ärztlichen Tätigkeit ebenfalls weisungsfreien Chefarzt als Indiz für eine abhängige Beschäftigung die Tatsache angesehen, dass er in organisatorisch-verwaltungsmäßiger Hinsicht bei der Leitung seiner Krankenhausabteilung dem Weisungsrecht seines Vertragspartners, insbesondere in der Ausübung von Aufsichtsbefugnissen unterlag.[770] Dies war bei dem vom BSG entschiedenen Fall aber nicht gegeben, so dass eine selbständige Tätigkeit angenommen wurde.[771] Andere für eine abhängige Beschäftigung sprechende Kriterien traten aufgrund der völligen Weisungsfreiheit, die nach Auffassung des BSG so bestimmend für das Gesamtbild der Tätigkeit war, dahinter zurück.[772]

Hinsichtlich der Weisungsfreiheit ist es nach Auffassung des SG Braunschweig nicht schädlich, wenn ein gewisses Letztentscheidungsrecht, beispielsweise des Chefarztes, hinsichtlich der Art der Ausführung besteht, sofern kein durchsetzbares Weisungsrecht hinsichtlich Zeit und Dauer der Ausführung besteht. In diesen Fällen läge nämlich kein umfassendes Weisungs- und Kontrollrecht vor, so dass der Arzt noch im Wesentlichen frei sei, was für die Selbständigkeit spreche.[773] Andere wiederum bejahen eine Weisungsgebundenheit in Fällen, in denen der Chefarzt beispielsweise ein fachliches Letztentscheidungsrecht hat – unabhängig davon, ob und wie oft er dieses ausgeübt hat – und in dem Vertrag zum Ausdruck kommt, dass der Honorararzt aber zumindest fachliche und organisatorische Vorgaben der Klinik zu beachten habe. Dann seien die Vereinbarungen in der vertraglichen Grundlage nicht ernstlich gewollt.[774]

---

768 LSG Baden-Württemberg, Urt. v.29.07.2014 – L 9 U 4701/11, juris; auch SG München, Urt. v.10.03.2016 – S 15 R 1782/15, juris.
769 BSG, Urt. v.09.12.1981 – 12 RK 4/81, juris.
770 BAG, Urt. v.27.07.1961 – 2 AZR 255/60, NJW 1961, 2085.
771 BSG, Urt. v.09.12.1981 – 12 RK 4/81, juris.
772 BSG, Urt. v.09.12.1981 – 12 RK 4/81, juris.
773 SG Braunschweig, Urt. v.25.07.2014 – S 64 KR 412/13, juris.
774 So LSG Niedersachsen-Bremen, Urt. v.16.12.2015 – L 2 R 516/14, juris.

(iii) Fachliche Weisungsgebundenheit durch Zuweisung von Patienten?

Im Zusammenhang mit einer fachlichen Weisungsgebundenheit wird auch diskutiert, ob diese durch die Zuweisung der Patienten durch die Klinik gegeben sein könnte. Dies spreche nach Auffassung des SG Dortmund bzw. LSG Nordrhein-Westfalen auch für die persönliche Abhängigkeit des Honorararztes, da er sich die Patienten nicht aussuchen könne und auch nicht die Möglichkeit habe, mehr Patienten zu untersuchen, um ggf. auch mehr Umsätze zu erzielen.[775] Das LAG Thüringen hingegen sieht hierin kein Indiz für eine persönliche Abhängigkeit, ebenso wenig wie die Tatsache, dass die Tätigkeit eines Arztes im Klinikbetrieb im Fließzusammenhang der Arbeitsteilung innerhalb des Krankenhauses nicht außerhalb der anderen vollzogen werden kann.[776] Auch das LAG Rheinland-Pfalz betonte beim ärztlichen Bereitschaftsdienst, dass es an der Freiheit der Gestaltung der Tätigkeit nicht fehle, weil der Arzt verpflichtet sei, alle Patienten, die den Notdienst aufzusuchen, zu behandeln. Dies folge vielmehr aus der Natur des Notdienstes.[777]

(3) Stellungnahme

Wie die arbeitsgerichtliche und auch die höchstrichterliche Rechtsprechung des BSG zeigt, hat die fachliche Weisungsfreiheit bei der Abgrenzung der selbständigen von der abhängigen Tätigkeit eines Arztes keine Bedeutung, da dieser bereits aus berufsrechtlichen Grundsätzen keinen Weisungen in fachlicher Hinsicht unterliegt. Instanzgerichtliche Rechtsprechung, die dies anders beurteilt, ist nicht mit der höchstrichterlichen Rechtsprechung in Einklang zu bringen und abzulehnen, da es sich nicht um eine korrekte juristische Einordnung handelt.

Hinsichtlich der Zuweisung von Patienten ergibt sich kein Indiz für eine abhängige Beschäftigung, da andernfalls nur schwer vorstellbar wäre, wie Honorarärzte in selbständiger Tätigkeit in einer Klinik tätig werden könnten. Dort werden die Patienten in der Regel zugewiesen und im Übrigen ergibt sich auch aus der berufsrechtlichen Pflicht eines Arztes die Notwendigkeit, jeden Patienten zu behandeln. Insofern stünde eine andere Ansicht auch im Widerspruch zu Sinn und Zweck der ärztlichen Versorgung.[778]

c) Eingliederung in den Betrieb des Auftraggebers

aa) Regelmäßige Ausgestaltung

Der Honorararzt wird somit in der Regel nicht in seinen eigenen Räumlichkeiten tätig, sondern erbringt seine Dienstleistung in der Klinik bzw. den Räumlichkeiten seines Auftraggebers, so dass die Eingliederung in den Betrieb des Auftraggebers

775 SG Dortmund, Urt. v.12.01.2006 – S 10 RJ 307/03; LSG Nordrhein-Westfalen, Urt. v.29.11.2006 – L 11 (8) R 50/06, juris.
776 LAG Thüringen, Beschl. v.29.04.2010 – 1 Ta 29/10, juris.
777 LAG Rheinland-Pfalz, Beschl. v.03.05.2010 – 11 Ta 163/09, juris.
778 Vgl. auch Hanau, MedR 2015, 77, 89.

einer ganz genauen Betrachtung bedarf. Die Erbringung einer Dienstleistung in den Räumlichkeiten des Auftraggebers schließt aber die Selbständigkeit nicht aus.

Darüber hinaus ist es teilweise aus unterschiedlichen Gründen und Motiven erforderlich, dass der Honorararzt mit den Betriebsmitteln, etwa medizinischen Geräten oder Medikamenten des Auftraggebers seine Tätigkeit erbringt und teilweise auch mit Personal der Klinik, etwa Pflegepersonal, zusammenarbeitet bzw. zumindest Abstimmungen mit diesen stattfinden.

Bei der honorarärztlichen Tätigkeit ergibt sich bereits aus zahlreichen gesetzlichen Reglungen eine gewisse Zusammenarbeit mit anderen Personen. So kann etwa ein Einsatz im Rettungsdienst nur dann effektiv durchgeführt werden, wenn die an dem Notfall beteiligten Personen, wie etwa Fahrer, Sanitäter und Notarzt, zusammenwirken.

bb) Rechtsprechung zur Tätigkeit im Betrieb des Auftraggebers

(1) Generelles zur Eingliederung aufgrund der Tätigkeit beim Auftraggeber

Das BAG hat generell bei der Abgrenzung ausgeführt, dass der Einsatz von Fremdarbeitskräften, sei es aufgrund eines Dienst- oder Werkvertrages, auf dem Betriebsgelände des Auftraggebers allein noch nicht zu ihrer Eingliederung führe, selbst wenn die von ihnen zu erbringende Dienst- oder Werkleistung hinsichtlich Art, Umfang, Güte, Zeit und Ort in den betrieblichen Arbeitsprozess eingeplant ist. Um eine Eingliederung in dem Sinne anzunehmen, dass ein Arbeitsverhältnis vorliegt, müssten diese so in den fremden Betrieb eingegliedert sein, dass deren Inhaber die für ein Arbeitsverhältnis typischen Entscheidungen über den Arbeitseinsatz des Fremdpersonals trifft.[779] Da es generell im arbeitsteiligen Wirtschaftsleben nicht erforderlich ist, dass ein Unternehmer sämtliche zur Erreichung eines bestimmten Arbeitsergebnisses erforderlichen Arbeiten durch eigene Arbeitnehmer erbringen lässt, er vielmehr die Möglichkeit hat, Teilleistungen von Dritten im Rahmen eines freien Dienst- oder Werkvertrages einzukaufen, ist nicht allein deshalb eine Eingliederung in den Betrieb des Auftraggebers im Sinne eines Arbeitsverhältnisses anzunehmen, weil der Auftragnehmer im Betrieb des Auftraggebers tätig wird und die von ihm zu erbringende Dienstleistung oder das von ihm zu erstellende Werk hinsichtlich Art, Umfang, Güte, Zeit und Ort in den betrieblichen Arbeitsprozess eingeplant ist.[780]

(2) Konkretisierung im Bereich der Honorarärzte

Allein die Einbindung in die Organisation der Klinik kann für die Annahme einer abhängigen Beschäftigung eines Arztes nach Auffassung des LAG Thüringen nicht ausschlaggebend sein, da innerhalb der betrieblichen Abläufe die Leistung auf die

779 BAG, Beschl. v.13.05.2014 – 1 ABR 50/12, NZA 2014, 1149, 1150.
780 LAG Rheinland-Pfalz, Urt. v.18.10.2005 – 5 Sa 64/05, juris.

ein oder andere Weise erbracht werden könne.[781] Insofern könne auch bei Fachärzten in einem Krankenhaus, die nicht in einem räumlich abgrenzbaren Bereich tätig werden, die Möglichkeit bestehen, dass diese selbständig tätig sind.[782] Auch hier hänge es von der Ausgestaltung der Tätigkeit im Einzelnen ab, wobei aber die Einbindung in die Klinikorganisation nach Auffassung des SG Duisburg[783] allein ebenfalls nicht ausschlaggebend sein könne.[784] Es hänge vielmehr davon ab, in welcher Art und Weise eine Einbindung erfolgt. Es müsste sich um eine so intensive Einbindung in den Klinikalltag handeln, dass von einer fremdbestimmten Tätigkeit gesprochen werden kann, die in einer von Dritten vorgegebenen Ordnung aufgeht.[785] Bei der Beurteilung dessen müssten die verschiedenen Fachdisziplinen berücksichtigt werden, weil bei der konkreten Zuordnung der zu verrichtenden ärztlichen Tätigkeit erhebliche Unterschiede bereits aus der Natur der Tätigkeit denkbar sind.[786]

(3) Beispiele aus der Rechtsprechung

Das BSG hatte im Falle einer Betriebsärztin eine Weisungsfreiheit festgestellt und die für eine abhängige Beschäftigung sprechenden Indizien dahinter zurücktreten lassen, da die Weisungsfreiheit vorliegend entscheidend war.[787] Das galt besonders für die „Eingliederung" der Betriebsärzte in den Betrieb des Auftraggebers. Eine gewisse organisatorische „Einbindung" der Aufgaben in den Betrieb begründe allein noch nicht eine abhängige Beschäftigung, weil bestimmte Teilaufgaben eines Betriebes auch an Selbständige vergeben werden können. Dies gelte auch dann, wenn diese Aufgaben nach der Art nur im Betrieb des Vertragspartners verrichtet werden können. Es hänge dann davon ab, ob genügend Freiraum für eine selbständige Tätigkeit verbleibt. Bei einem Betriebsarzt sei das dann der Fall, wenn ihm hinsichtlich

---

781 LAG Thüringen, Beschl. v.29.04.2010 - 1 Ta 29/10, juris; a.A. SG Dortmund, Urt. v.20.02.2015 – S 34 R 2153/13, juris.

782 LAG Thüringen, Beschl. v.29.04.2010 - 1 Ta 29/10, juris; a.A. SG Mannheim, Urt. v.16.06.2011 – S 15 R 2545/09, juris.

783 SG Duisburg, Beschl. v.22.03.2013 – S 21 R 1532/12 ER, juris (nachgehend: LSG Nordrhein-Westfalen, Beschl. v.30.12.2013 – L 8 406/13 B ER, welche die Frage offen lies, ob eine abhängige Beschäftigung vorlag oder nicht, da die Anforderungen an einen Summenbeitragsbescheid nicht erfüllt wurden).

784 Unter Bezugnahme auf LAG Thüringen, Beschl. v.29.04.2010 – 1 Ta 29/10, juris; LAG Hamm, Beschl. v.07.02.2011 – 2 Ta 505/10, juris.

785 SG Duisburg, Beschl. v.22.03.2013 – S 21 R 1532/12 ER, juris (nachgehend: LSG Nordrhein-Westfalen, Beschl. v.30.12.2013 – L 8 406/13 B ER, welche die Frage offen lies, ob eine abhängige Beschäftigung vorlag oder nicht, da die Anforderungen an einen Summenbeitragsbescheid nicht erfüllt waren).

786 SG Duisburg, Beschl. v.22.03.2013 – S 21 R 1532/12 ER, juris (nachgehend: LSG Nordrhein-Westfalen, Beschl. v.30.12.2013 – L 8 406/13 B ER, welche die Frage offen lies, ob eine abhängige Beschäftigung vorlag oder nicht, da die Anforderungen an einen Summenbeitragsbescheid nicht erfüllt waren).

787 BSG, Urt. v.09.12.1981 – 12 RK 4/81, juris.

Art, Umfang und Zeit der Durchführung der gesetzlich vorgesehenen Aufgaben eine ausreichende Dispositionsfreiheit verbleibt und ihm andere weisungsgebundene Aufgaben nicht übertragen werden.[788]

Auch der BGH hat im Falle eines Notarztes im Rahmen eines Rettungsauftrags entschieden, dass der Umstand, dass der Notarzt sich bei dieser Tätigkeit in gewissem Umfang in die rettungsdienstliche Organisation einfügt, die Annahme eines Abhängigkeitsverhältnisses nicht rechtfertige. Eine derartige Einordnung finde auch in Fällen unabhängiger Dienstverträge statt, die stets Rechte und Pflichten zwischen den Beteiligten begründen, ohne dass deshalb die Rechtsbeziehung als unselbständiges Beschäftigungsverhältnis anzusehen ist.[789]

Einige Sozialgerichte nehmen hingegen eine abhängige Beschäftigung aufgrund einer Eingliederung in den Betrieb des Auftraggebers an, weil die Honorarärzte in der Klinik tätig werden.[790]

cc) Rechtsprechung zur „Zusammenarbeit" mit anderen Personen

Auch durch eine Zusammenarbeit mit anderen Personen im medizinischen Bereich wird eine Eingliederung in den Betrieb des Auftraggebers diskutiert, so dass unterschiedliche Auffassungen in der Rechtsprechung bestehen, die im Folgenden aufgezeigt werden.

(1) Kein Indiz für eine abhängige Beschäftigung

Bei Notärzten hatte das SG Duisburg klar zum Ausdruck gebracht, dass durch gesetzliche Regelungen bereits eine gewisse Zusammenarbeit mit anderen Personen vorgeschrieben ist und auch die Nutzung etwaiger Betriebs- und Arbeitsmittel.[791] Es ist der Auffassung, dass die durch gesetzliche Regelungen vorgeschriebene Organisation und Durchführung des Rettungsdienstes, inklusive der geregelten Nutzung und Bereitstellung von Räumlichkeiten, Betriebsmitteln u. ä. in der gesetzlich geregelten Art und Weise erfolgen und organisiert werden müsse. Dies wiederum bedeute aber keine Eingliederung in einen fremden Betrieb und keine Einordnung in eine vom Auftraggeber vorgegebenen Ordnung. Da sich diese Organisation aus gesetzlichen Regelungen ergibt, könne keine Unterordnung der im Rettungsdienst

788 BSG, Urt. v.09.12.1981 – 12 RK 4/81, juris.

789 BGH, Urt. v.21.03.1991 – III ZR 77/90, NZV 1991, 347, 348.

790 So beispielsweise LSG Niedersachsen-Bremen, Urt. v.16.12.2015 – L 2 R 516/14, juris.

791 SG Duisburg, Beschl. v.22.03.2013 – S 21 R 1532/12 ER, juris (nachgehend: LSG Nordrhein-Westfalen, Beschl. v.30.12.2013 – L 8 406/13 B ER, welche die Frage offen lies, ob eine abhängige Beschäftigung vorlag oder nicht, da die Anforderungen an einen Summenbeitragsbescheid nicht erfüllt waren).

tätigen Personen bestehen.[792] Es gibt also Entscheidungen, die die Zusammenarbeit mit anderen Personen in der Weise richtig bewerten, dass dies keine echte Zusammenarbeit in dem Sinne darstellt, dass von einer Eingliederung gesprochen werden kann, sondern dass allenfalls fachliche Weisungen des Honorararztes gegenüber Pflegepersonal gegeben werden können, die er bei den honorarärztlichen Tätigkeiten hinzuzieht. Dadurch werde er aber nicht Teil der Organisation, so dass von einer Eingliederung in eine Organisation die Rede sein könne. Organisatorische oder personelle Weisungsbefugnisse stünden dem Honorararzt nämlich nicht zu, was entscheidend sei und demnach auch keine Eingliederung in die Betriebsorganisation des Auftraggebers angenommen werden könne.[793]

Auch das LAG Rheinland-Pfalz betonte, dass die Nutzung der Räumlichkeiten und des Hilfspersonals im Rahmen eines Bereitschaftsdienstes sich aus der Natur der Sache ergebe und insofern nicht zwingend für die Annahme eines Arbeitsverhältnisses spreche.[794] Eine räumliche und organisatorische Eingliederung des Arztes in die Klinik und die Zusammenarbeit mit dem Team spricht auch nach Auffassung des LAG Hessen nicht für eine Arbeitnehmereigenschaft, da die Tätigkeit eines Honorararztes regelmäßig nur in den Räumlichkeiten und mit dem Hilfspersonal des Dienstgebers erbracht werden kann. Dies ergebe sich insoweit aus dem Inhalt des Vertragsgegenstandes, so dass es nicht statusbegründend sein könne.[795]

(2) Indiz für eine abhängige Beschäftigung

Andere Auffassungen hingegen sehen gerade in dem auf Schnelligkeit und Effizienz geprägten Rettungsdienst die Notwendigkeit, dass sich die daran teilnehmenden Personen in die Organisation strikt einzugliedern haben[796], so dass eine selbständige Tätigkeit nach deren Auffassung faktisch ausscheidet, auch wenn diese betonen, dass es sich jeweils um eine Einzelfallentscheidung handele.

Die Zusammenarbeit mit angestellten Personen, insbesondere fest angestellten Mitarbeitern der Klinik, war für das LSG Niedersachsen-Bremen bei der Beurteilung der Tätigkeit einer Gynäkologin ebenfalls ein Indiz für die abhängige Beschäftigung.[797]

---

792 SG Duisburg, Beschl. v.22.03.2013 – S 21 R 1532/12 ER, juris (nachgehend: LSG Nordrhein-Westfalen, Beschl. v.30.12.2013 – L 8 406/13 B ER, welche die Frage offen lies, ob eine abhängige Beschäftigung vorlag oder nicht, da die Anforderungen an einen Summenbeitragsbescheid nicht erfüllt waren).

793 LSG Baden-Württemberg, Urt. v.19.04.2016 – L 11 R 2428/15, juris.

794 LAG Rheinland-Pfalz, Beschl. v.03.05.2010 – 11 Ta 163/09, juris.

795 LAG Hessen, Urt. v.30.11.2015 – 16 Sa 583/15, juris; auch LAG Rheinland-Pfalz, Beschl. v.03.05.2010 – 11 Ta 163/09, juris.

796 So etwa LSG Niedersachsen-Bremen, Urt. v.18.12.2013 – L 2 R 64/10, juris.

797 LSG Niedersachsen-Bremen, Urt. v.16.12.2015 – L 2 R 516/14, juris.

dd) *Rechtsprechung zur Nutzung von Arbeits- und Betriebsmitteln des Auftraggebers*

Insbesondere im Bereich des Rettungsdienstes hat man sich mit der Nutzung der Betriebsmittel bei der Statusentscheidung auseinandergesetzt. So ist das SG Duisburg der Auffassung, dass die Durchführung etwaiger Notarzttätigkeiten auf dem vom Auftraggeber bereitzustellenden Notarzt-Einsatzfahrzeug ebenfalls nicht zu einer persönlichen Abhängigkeit führe, da sich die Bereitstellung aus gesetzlichen Vorschriften ergibt, so dass die Tätigkeit nur auf einem bereitgestellten Fahrzeug erbracht werden könne.[798] Der Notarzt nutzt die Betriebsmittel des Auftraggebers in der Regel, ohne jedoch einem Weisungsrecht in Bezug auf die Nutzung der Betriebsmittel zu unterliegen.[799] Wenn die Bereitstellung durch den Träger des Rettungsdienstes gesetzlich vorgeschrieben ist, kann nach Auffassung des BSG nur entscheidend sein, inwieweit der Arzt bei der Inanspruchnahme von Räumen, Geräten und Personal Einschränkungen unterliegt.[800]

Auch das LSG Berlin-Brandenburg hob in seiner Entscheidung vom 20.03.2015[801] bei der Beurteilung der Tätigkeit eines Notarztes hervor, dass der Umstand, dass die Vorgaben des Rettungsdienstgesetzes des jeweiligen Landes zu beachten sind, nicht zu einer abhängigen Beschäftigung führten. Denn eine Weisungsbefugnis bedürfe vielmehr einer gesonderten rechtlichen Grundlage, wofür es aber nicht ausreiche, dass bei der Ausübung der Dienstleistung bestimmte öffentlich-rechtliche Vorgaben zu beachten seien.[802] Das LSG Baden-Württemberg erkannte jüngst auch richtigerweise, dass die Honorarärzte im Regelfall hauptsächlich ihre Arbeitskraft zur Verfügung stellen und weniger Kapital einsetzen, dass es sich also um eine betriebsmittelarme Tätigkeit handelt, so dass der Einsatz von Betriebsmitteln aufgrund der Besonderheit der Tätigkeit nicht statusentscheidend sein könne.[803]

Das LSG Niedersachsen-Bremen hingegen sieht in der Aufenthaltspflicht in der Rettungswache sowie der Tatsache, dass sich der Notarzt mit einem von anderen vorgegebenen Notarzteinsatzfahrzeug, gesteuert von einem Mitarbeiter des Auftraggebers, zum Unfallort zu begeben hat, eine Eingliederung des Notarztes in den Betrieb des Auftraggebers.[804]

---

798 So LAG Hamm, Urt. v.11.01.1999 – 17 Sa 1615/98, juris.

799 Für diese Differenzierung auch SG Detmold, Urt. v.17.11.2009 – S 8 (2) R 219/06, juris.

800 BSG, Urt. v.09.12.1981 – 12 RK 4/81, juris; BSG, Urt. v.09.12.1981 – 12 RK 34/81, juris.

801 LSG Berlin-Brandenburg, Urt. v.20.03.2015 – L 1 KR 105/13, juris.

802 LSG Berlin-Brandenburg, Urt. v.20.03.2015 – L 1 KR 105/13, juris.

803 LSG Baden-Württemberg, Urt. v.19.04.2016 – L 11 R 2428/15, juris.

804 LSG Niedersachsen-Bremen, Urt. v.18.12.2013 – L 2 R 64/10, juris.

ee) Sonstige Anhaltspunkte aus der Rechtsprechung für eine Eingliederung

Als Indiz für eine abhängige Beschäftigung beim Honorararzt und damit für eine Eingliederung in den Betrieb des Auftraggebers könnte allerdings sprechen, wenn dieser über die Berufsordnung hinausgehende Berichtspflichten hätte oder er über seine honorarärztliche Tätigkeit hinaus weitere Funktionen oder Ämter in der Klinik begleiten würde.

So entschied das LSG Nordrhein-Westfalen bei einem Facharzt für Neurologie und Psychiatrie, der an drei Nachmittagen in der Woche Aufnahme- und Entlassungsuntersuchungen durchführte, dass eine abhängige Beschäftigung vorlag.[805] Begründet wurde dies vor allem damit, dass der Honorararzt an der Zeiterfassung und an Dienstbesprechungen der Klinik teilnahm sowie auch vom Klinikpersonal konsultiert wurde. Er sei demnach nach Auffassung des LSG Nordrhein-Westfalen Teil der Gesamtorganisation innerhalb des laufenden Geschäfts und damit eingegliedert gewesen.[806]

Das BAG hatte in dem Fall eines medizinischen Gutachters demgegenüber entschieden, dass eine persönliche Abhängigkeit sich auch nicht daraus ergebe, dass er während eines Einsatzes Vertretungstätigkeiten wahrnahm. Die Übernahme dieser Tätigkeit habe ebenfalls nicht auf einer Weisung beruht, sondern wie bei Selbständigen üblich, aufgrund einer vertraglichen Vereinbarung.[807] Es hat demnach auch bei Vertretungstätigkeiten in diesem Fall eine Eingliederung verneint.

ff) Stellungnahme

(1) Bedeutung der Eingliederung in den Betrieb des Auftraggebers beim Honorararzt

Richtigerweise muss gesehen werden, dass der Honorararzt zwar seine Tätigkeit in der Regel in den Räumlichkeiten des Auftraggebers erbringt, er deshalb aber keineswegs so in den Betrieb der Klinik, also eine fremde Arbeitsorganisation eingegliedert sein muss, dass er persönlich abhängig ist. Zwar ist die korrekte Beurteilung bei der Tätigkeit des Honorararztes besonders kritisch und diffizil, gleichwohl muss diese Differenzierung gemacht werden, da nur dann sachgerechte und juristisch korrekte Entscheidungen ergehen können. Eine gewisse Einbindung und Absprache mit anderen Personen ist bei der honorarärztlichen Tätigkeit Ausdruck der geschuldeten Tätigkeit, nicht jedoch Ausdruck einer Unselbständigkeit und persönlichen Abhängigkeit des Tätigen.[808]

---

805 LSG Nordrhein-Westfalen, Urt. v.29.11.2006 – L 11 (8) R 50/06, juris.

806 LSG Nordrhein-Westfalen, Urt. v.29.11.2006 – L 11 (8) R 50/06, juris.

807 BAG, Urt. v.21.07.2015 – 9 AZR 484/14, BeckRS 2016, 65025.

808 So auch Uffmann, ZfA 2012, 1, 19.

(2) Anwendung durch die Rechtsprechung und Vergleich mit anderen Berufsgruppen

Leider werden vielfach diese Facetten von den Instanzgerichten nicht berücksichtigt und vorschnell eine Eingliederung des Honorararztes in den Betrieb der Klinik angenommen, was wiederum von einigen zur Annahme einer abhängigen Beschäftigung führt. Dies ist jedoch nicht zulässig, da auch dieser Gesichtspunkt nur einer von vielen ist und die Weisungsfreiheit insbesondere in zeitlicher Hinsicht als entscheidend anzusehen ist. Andere Auffassungen und Abwägungen würden der Tätigkeit des Honorararztes nicht gerecht und wären mit den Gesetzen nicht vereinbar. Auch ein Vergleich zu Belegärzten und Beleghebammen unterstützt diese Auffassung, da auch diese die Einrichtung des Auftraggebers nutzen und sich ggf. mit anderen Personen abstimmen müssen, folgerichtig dann auch eingegliedert und abhängig beschäftigt wären. Dies wird aber nach einhelliger Meinung nicht angenommen.[809] Generell wäre dies auch mit der Rechtsprechung des BAG, insbesondere zu Rundfunkmitarbeitern und Lehrkräften nicht vereinbar, da dort ebenfalls eine gewisse Zusammenarbeit erfolgt und diese auf Geräte und Equipment angewiesen sind, was aber einer selbständigen Tätigkeit nicht entgegensteht.[810] Insofern ist die teilweise bestehende Rechtsprechung, die allein durch eine Eingliederung des Honorararztes eine abhängige Beschäftigung annehmen will, mit den Grundsätzen der höchstrichterlichen Rechtsprechung nicht vereinbar.

(3) Stellungnahme zur Zusammenarbeit mit anderen Personen

Dass der Arzt ggf. mit anderen Personen im Rahmen der Patientenbehandlung zusammenarbeitet, kann nicht automatisch zu einer abhängigen Beschäftigung führen. Andernfalls könnte eine selbständige Tätigkeit nie vorliegen, wenn auch nur in geringstem Maße eine Zusammenarbeit bzw. Absprache mit anderen Personen durch die Tätigkeit bedingt ist. Allein aus diesem Grunde eine abhängige Beschäftigung anzunehmen, ist insbesondere vor dem Hintergrund der freien Berufsausübung nach Art. 12 GG kritisch zu bewerten.[811]

Im Übrigen ergibt sich bei vielen Tätigkeiten eines Honorararztes, so insbesondere beim Notarzt, aus gesetzlichen Regelungen eine gewisse Zusammenarbeit mit anderen Personen. Diese bilden dann quasi eine medizinische Einheit, die bereits aufgrund gesetzlicher Regelungen gefordert wird. Dabei kann aber nicht von einer betrieblichen Organisation gesprochen werden, da sich diese Einheit auf den Notfall beschränkt und damit nur von kurzer Dauer ist.[812] Die Tätigkeit wird in diesem Zusammenhang in generell-abstrakter Weise durch Normen geregelt, schränkt aber

809 Vgl. auch BAG, Beschl. v.31.05.1990 – 2 AZR 13/90, juris.

810 Vgl. dazu etwa BAG, Urt. v.30.11.1994 – 5 AZR 704/93, NZA 1995, 622; auch oben unter 3. Kapitel IV. 2. c) cc) (4).

811 Schäfer/*Willems*, S. 23.

812 So auch Hörtz/Tacou, NZS 2015, 175, 177.

die Weisungsfreiheit nicht derart ein, dass eine abhängige Beschäftigung anzunehmen wäre.

(4) Stellungnahme zum Einsatz eigener Betriebsmittel

Entscheidend kann auch nicht sein, ob der Honorararzt seine eigenen Betriebsmittel verwendet oder nicht, vor allem nicht bei Tätigkeiten, in denen – wie zumeist – hauptsächlich die spezielle Fachkenntnis des Honorararztes gefragt ist. Im Übrigen handelt es sich bei medizinischen Geräten häufig um sehr teure und sensible Geräte, die der Honorararzt aus verschiedenen Gründen – sei es aus rechtlichen oder wirtschaftlichen – nicht beschaffen kann. Würde man die Nutzung eigener Betriebsmittel voraussetzen, so wäre bereits aus hygienischen und tatsächlichen Gründen die öffentliche Daseinsvorsorge stark gefährdet. Auch bei Rundfunkmitarbeitern hat das BAG in seiner Entscheidung vom 30.11.1994 ausdrücklich die vorherige Rechtsprechung aufgehoben und klargestellt, dass programmgestaltende Rundfunk- und Fernsehmitarbeiter nicht allein deswegen Arbeitnehmer seien, weil sie von Apparat und Team des Senders abhängig sind.[813] Ein Vergleich zu anderen Berufsgruppen der höchstrichterlichen Rechtsprechung zeigt somit, dass diese Besonderheiten auch beim Honorararzt gelten müssen, so dass es auch auf den Einsatz eigener Betriebsmittel nicht entscheidend ankommen kann.

d) Unternehmerrisiko

aa) Regelmäßige Ausgestaltung

Da Honorarärzte in der Regel überwiegend mit den Betriebsmitteln der Klinik arbeiten und nur wenige eigene Arbeits- und Betriebsmittel vorhalten, wie etwa Dienstkleidung oder ein Stethoskop, wird oftmals ein Unternehmerrisiko verneint. Sie haben aber in der Regel gleichwohl Aufwendungen für ihre Tätigkeit, sei es die Unterhaltung einer eigenen Haftpflichtversicherung oder aber die ständige Fortbildung, die sie häufig auf eigene Kosten vornehmen. Darüber hinaus werden nur die geleisteten Dienste vergütet, sie haben also in Ausfallzeiten aufgrund von Krankheit oder Urlaub keine Einkünfte. Schließlich können sie die Umsätze auch selbst steuern, in dem sie sich um verschiedene Auftraggeber und Aufträge bemühen.

bb) Rechtsprechung

(1) Arbeitsgerichtliche Rechtsprechung

Die arbeitsgerichtliche Rechtsprechung betont auch im Zusammenhang mit den Honorarärzten konsequent, dass ein Unternehmerrisiko für den Arbeitnehmerstatus unerheblich ist, so dass es auf Feststellungen zu einem etwaigen Unternehmerrisiko

---

813 BAG, Urt. v.30.11.1994 – 5 AZR 704/93, NZA 1995, 622; zum Bild- und Toningenieur, vgl. LSG Berlin-Brandenburg, Urt. v.23.01.2009 – L 1 KR 26/08, juris.

nicht ankommt. Ungeachtet dessen sei aber ein Zeithonorar auch im Rahmen einer freiberuflichen Tätigkeit nicht unüblich.[814]

(2) Sozialgerichtliche Rechtsprechung

(i) Allgemeines

Die sozialgerichtliche Rechtsprechung stellt hingegen auch bei der Statusentscheidung eines Honorararztes grundsätzlich darauf ab, ob dieser ein Unternehmerrisiko trägt oder nicht.[815]

(ii) Beispiel aus der Rechtsprechung, die ein Unternehmerrisiko nicht als entscheidend ansahen

Das LSG Baden-Württemberg betonte bei der Tätigkeit eines Honorararztes jedoch, dass der Einsatz eigenen Kapitals bzw. eigener Betriebsmittel nicht notwendige Voraussetzung für eine selbständige Tätigkeit sei, weil andernfalls geistige oder generell betriebsmittelarme Tätigkeiten nie selbständig ausgeübt werden könnten.[816]

(iii) Beispiele aus der Rechtsprechung, die ein Unternehmerrisiko als entscheidend ansahen

Bei einem in einer Gemeinschaftspraxis tätigen Zahnarzt hob das LSG Baden-Württemberg andererseits entscheidend darauf ab, dass kein wesentliches ins Gewicht fallendes Unternehmerrisiko getragen wurde, da er weder eigenes Kapital einbrachte noch ein wirtschaftliches Risiko trug, da ihm eine Vergütung garantiert war. Auch Arbeitsmittel und die Benutzung der Praxisräume wurden ihm unentgeltlich zur Verfügung gestellt.[817]

Auch das LSG Nordrhein-Westfalen betonte in seiner Entscheidung vom 29.11.2006 neben der Tatsache, dass dem Honorararzt Patienten zugewiesen waren, den Umstand, dass dieser kein Unternehmerrisiko getragen habe, da er aufgrund der Zuweisung der Patienten keine Möglichkeit hatte, mehr oder weniger Gewinn zu generieren und im Übrigen auch kein Kapital mit dem Risiko des Verlustes einsetzte.[818] Das LSG stellte hierbei gewichtig auf ein etwaig fehlendes Unternehmerrisiko ab, und lies die zeitliche Weisungsfreiheit dahinter zurückstehen, was mit der gängigen

---

814 LAG Rheinland-Pfalz, Urt. v.03.05.2010 – 11 Ta 163/09, juris.

815 Vgl. etwa LSG Nordrhein-Westfalen, Urt. v.29.11.2006 – L 11 (8) R 50/06, juris; LSG Baden-Württemberg, Urt. v.29.07.2014 – L 9 U 4701/11, juris; LSG Niedersachsen-Bremen, Urt. v.18.12.2013 – L 2 64/10 R, juris; LSG Baden-Württemberg, Urt. v.20.08.2015 – L 4 R 1001/15, juris.

816 LSG Baden-Württemberg, Urt. v.20.08.2015 – L 4 R 1001/15, juris (unter Bezugnahme auf BSG, Urt. v.30.10.2013 – B 12 R 3/12 R).

817 LSG Baden-Württemberg, Urt. v.12.12.2014 – L 4 R 1333/13, juris.

818 LSG Nordrhein-Westfalen, Urt. v.29.11.2006 – L 11 (8) R 50/06, juris.

Rechtsprechung und auch dem Wortlaut sowie der Entstehungsgeschichte des § 7 SGB IV nicht vereinbar sein dürfte.[819]

In einem Fall des LSG Niedersachsen-Bremen, in dem die Tätigkeit einer Gynäkologin statusrechtlich zu beurteilen war, stellte das Gericht ebenfalls maßgeblich darauf ab, dass die Honorarärztin kein Unternehmerrisiko getragen habe. Es sei hierbei nach der Rechtsprechung zu berücksichtigen, dass aus dem allgemeinen Risiko, außerhalb der Erledigung der einzelnen Aufträge zeitweise die eigene Arbeitskraft nicht verwerten zu können, noch kein unternehmerisches Risiko anzunehmen sei.[820] Vorliegend habe die Ärztin kein unternehmerisches Risiko getragen, da sie – wie für abhängig Beschäftigte typisch – für ihre Leistungen ein Stundenhonorar erhalten habe und eine Gewinn- und Verlustbeteiligung ausdrücklich nicht vorgesehen gewesen sei. Auch der Umstand, dass keine eigene Betriebsstätte vorgehalten wurde und bis auf eigene Arbeitskleidung kein eigenes Material eingesetzt wurde, sprach gegen ein Unternehmerrisiko.[821]

Das LSG Rheinland-Pfalz sah ein gewisses Unternehmerrisiko in der Haftung des Honorararztes, der für eine Gemeinschaftspraxis gelegentlich Notdienste verrichtete. Er trage demnach ein gewisses Unternehmerrisiko, da er für Behandlungsfehler persönlich hafte. Der Umstand, dass er dieses Risiko durch eine Haftpflichtversicherung verringerte, sprach nicht gegen das Unternehmerrisiko.[822]

cc) Stellungnahme

Auf ein Unternehmerrisiko kommt es – wie bereits dargestellt – aus juristischer Sicht nicht an, was die arbeitsgerichtliche Rechtsprechung zutreffenderweise auch im Bereich der Honorarärzte ausführt. Auch wenn es vereinzelt Entscheidungen der Sozialgerichte gibt, die dies ebenfalls annehmen, so führt die Mehrzahl der Entscheidungen der Sozialgerichte im Bereich der Honorarärzte ebenfalls zum Vorliegen eines Unternehmerrisikos als Indiz der selbständigen Tätigkeit aus. Dem ist aus den bereits genannten Gründen nicht zuzustimmen, insbesondere dann nicht, wenn dadurch die zeitliche Weisungsfreiheit weniger Bedeutung und Gewicht im Rahmen der Gesamtabwägung erlangt.

Darüber hinaus muss beachtet werden, dass es sich bei der Tätigkeit eines Honorararztes um eine Dienstleistung handelt, bei dem nicht die Betriebsmittel und zu verwendenden Arbeitsmittel im Vordergrund stehen, sondern vielmehr die fachliche Expertise des Selbständigen.[823] Auch aus diesem Grunde kann es keine Rolle spielen, inwieweit der Honorararzt erst Kapital einsetzt bzw. laufende Kosten ohne Garantie einer Vergütung hat. Zumindest aber darf ein etwaiges Unternehmerrisiko des Honorararztes im Rahmen der Gesamtabwägung nicht ein solches Gewicht einnehmen,

819 So auch Hanau, MedR 2015, 77, 89.
820 LSG Niedersachsen-Bremen, Urt. v.16.12.2015 – L 2 R 516/14, juris.
821 LSG Niedersachsen-Bremen, Urt. v.16.12.2015 – L 2 R 516/14, juris.
822 LSG Rheinland-Pfalz, Urt. v.20.04.2016 – L 4 R 318/14, juris.
823 Vgl. dazu auch Plagemann/Schafhausen, ArbRAktuell 2015, 440, 443.

dass es die Weisungsfreiheit überwiegen könnte. Dies widerspricht nicht nur den höchstrichterlichen Grundsätzen der Rechtsprechung, sondern ist auch mit dem Wortlaut und der Entstehungsgeschichte des § 7 SGB IV unvereinbar.[824]

e) (Weitere) für die Honorararzttätigkeit irrelevante Kriterien

aa) Allgemeines

Wie bereits ausgeführt, gibt es zahlreiche Kriterien, die aufgrund der Besonderheit der Tätigkeit eines Honorararztes nicht für die Statusentscheidung herangezogen werden können, so etwa eine örtliche Weisungsfreiheit. Darüber hinaus gibt es auch noch weitere, nach diesseits vertretener Ansicht ohnehin irrelevante Kriterien, die erst Recht aber beim Honorararzt keine Aussagekraft haben können. Teilweise erkennt die Rechtsprechung dies, teilweise aber auch nicht, so dass im Folgenden darauf kurz eingegangen wird.

bb) Rechtsprechung

(1) Die Vergütung

(i) Arbeitsgerichtliche Rechtsprechung

Zutreffenderweise hat das BAG festgestellt, dass die Art der Vergütung für die Beurteilung, ob eine abhängige Beschäftigung oder aber eine selbständige Tätigkeit vorliegt, keine Rolle spielt. Denn die persönliche Abhängigkeit bestimme sich danach, inwieweit die Ausführung der versprochenen Dienste weisungsgebunden und damit fremdbestimmt erfolgt. Entscheidend sind somit die Umstände der Dienstleistung, nicht aber die Modalitäten der Entgeltzahlung.[825]

(ii) Sozialgerichtliche Rechtsprechung

In der sozialgerichtlichen Rechtsprechung ist man sich hingegen uneinig, da dort einige auch auf die Art und Weise der gezahlten Vergütung abstellen wollen.[826]

So betonen einige Entscheidungen, dass es nicht gegen eine selbständige Tätigkeit spreche, wenn ein Stundenhonorar vereinbart sei[827], andere wiederum sehen in einer Stundenvergütungsvereinbarung ein Indiz für eine abhängige Beschäftigung.[828] So spricht nach letzt genannter Ansicht bei einer Notarzttätigkeit gegen

---

824 So auch Hanau, MedR 2015, 77, 89.

825 BAG, Urt. v.21.07.2015 – 9 AZR 484/14, BeckRS 2016, 65025; a.A. LAG Hamm, Beschl. v.29.04.2010 - 1 Ta 29/10, juris, welches in der Honorierung ein starkes Indiz für die Selbständigkeit des Arztes annahm.

826 So etwa auch LSG Hessen, Urt. v.25.01.2007 – L 8 KR 148/05, L 8 KR 165/05, juris.

827 So etwa SG Braunschweig, Urt. v.25.07.2014 – S 64 KR 206/12, juris.

828 LSG Baden-Württemberg, Urt. v.29.07.2014 – L 9 U 4701/11, juris; LSG Baden-Württemberg, Urt. v.20.08.2015 – L 4 R 1001/15, juris (wobei die Höhe der Vergütung keine ausschlaggebende Rolle spielen soll).

das Bestehen einer selbständigen Tätigkeit, wenn keine Vergütung pro Notarztbehandlung erfolgt, sondern eine Tagespauschale bzw. pauschale Stundenvergütung gezahlt wird, unabhängig davon, ob ein Einsatz erfolgte oder nicht.[829]

(2) Einsatz von Erfüllungsgehilfen

Der Einsatz von Dritten zur Erfüllung der vertraglichen Verpflichtung wird auch bei der Tätigkeit des Honorararztes von einigen Instanzgerichten als Abgrenzungskriterium herangezogen und bei fehlender Berechtigung als Indiz für eine abhängige Beschäftigung gewertet.[830]

(3) Stellungnahme

Die Art und Weise der Vergütung spielt nach hier vertretener Ansicht ohnehin keine Rolle für die Abgrenzung der selbständigen Tätigkeit von der abhängigen Beschäftigung, weil sie keinen Aufschluss darüber gibt, wie die Tätigkeit an sich ausgeübt wird.

Auch die Frage, ob Erfüllungsgehilfen eingesetzt werden können, spielt für die Abgrenzung keine Rolle. Erst Recht ist dies bei Honorarärzten irrelevant, da es in diesen Fällen – wie bei den jüngsten Erscheinungsformen der selbständigen Tätigkeit als Dienstleister – zumeist auf die besondere Fachkenntnis und Expertise des Honorararztes ankommt, so dass ein Einsatz von Erfüllungsgehilfen weniger in Betracht kommt.

f) Stellungnahme zu den maßgeblichen Abgrenzungskriterien

(1) Allgemeines

Im Ergebnis ist die Abgrenzung der Tätigkeit der Honorarärzte nach den allgemeinen Kriterien unter Abwägung der Gesamtumstände im Einzelfall vorzunehmen. Die honorarärztliche Tätigkeit ist wie jede andere Tätigkeit sowohl als abhängige Beschäftigung als auch als selbständige Tätigkeit möglich. Bei der Abgrenzung sind jedoch die Besonderheiten der honorarärztlichen Tätigkeit und sogar noch weiter, die fachspezifischen Besonderheiten der Tätigkeit immer herauszuarbeiten und entsprechend zu berücksichtigen. Dadurch können sich gewisse allgemeine Abgrenzungskriterien als zur konkreten Abgrenzung in diesem Bereich ungeeignet erweisen oder zumindest in anderer Ausprägung.

(2) Irrelevante Kriterien

So ist die örtliche Weisungsfreiheit nicht aussagekräftig, da die Tätigkeit des Honorararztes zwingend in den Kliniken und Praxen am Patienten zu erbringen ist. Die fachliche Weisungsfreiheit ist ebenfalls nicht von Bedeutung. Sie hat nach der

829 LSG Baden-Württemberg, Urt. v.29.07.2014 – L 9 U 4701/11, juris.
830 LSG Baden-Württemberg, Urt. v.20.08.2015 – L 4 R 1001/15, juris.

Rechtsprechung ohnehin eine nur untergeordnete Bedeutung, vorliegend besteht aber bereits aufgrund der berufsrechtlichen Normen für Ärzte eine Weisungsfreiheit (vgl. § 1 Abs. 2 der Berufsordnung für Ärzte). In disziplinarischer Hinsicht sind sie in der Regel ebenfalls weisungsfrei. Schließlich kann auch ein gewisses Unternehmerrisiko – sollte man es überhaupt als Abgrenzungskriterium ansehen wollen – nichts zur Abgrenzung bei Honorarärzten beitragen, da es sich dabei um eine betriebsmittelarme Tätigkeit handelt, die Tätigkeit also gerade nicht von einem umfassenden Kapitaleinsatz geprägt ist.

(3) Kritisches Kriterium der Eingliederung

Die Eingliederung in den Betrieb des Auftraggebers stellt im Bereich der honorarärztlichen Tätigkeit hohe Anforderungen an die Rechtsprechung und die Rechtsanwender, da eine differenziertere Betrachtung als bei anderen Fallgruppen erforderlich ist. So kann eine gewisse Einbindung in die Organisation der Klinik nicht ausschlaggebend sein, da sich dies zum einen aus gesetzlichen Regelungen ergibt, zum anderen aber auch aus der Natur der Tätigkeit. Allein der Umstand, dass die Honorarärzte in der Klinik tätig sind und gewisse Materialien, Räumlichkeiten oder Personal zur Ausführung ihrer Tätigkeit benötigen, kann vorliegend nach hier vertretener Auffassung ebenfalls nicht ausschlaggebend sein, um eine abhängige Beschäftigung der Honorarärzte anzunehmen. Andernfalls wären de facto keine selbständigen Tätigkeiten in diesem Bereich möglich, was aber dem Willen des Gesetzgebers widerspräche. In zahlreichen Gesetzen hat dieser die Möglichkeit der selbständigen Tätigkeit eines Honorararztes zum Ausdruck gebracht und ordnet auch die Nutzung von Räumlichkeiten, Personal oder Materialien gesetzlich an, wie etwa beim Notarzt. Im Übrigen würde das eine nicht gerechtfertigte massive Einschränkung der Berufsausübungsfreiheit bedeuten, so dass diese Auffassung auch aus verfassungsrechtlichen Gründen abzulehnen ist.

(4) Entscheidendes Kriterium der zeitlichen Weisungsfreiheit

Entscheidend bei der Abgrenzung im Bereich der Honorarärzte ist wiederum die zeitliche Weisungsfreiheit, wobei es auch für die Selbständigkeit spricht, wenn die Zeiten vertraglich festgelegt sind, da sie dann der Weisungsbefugnis einer Partei entzogen sind.[831] Die Arbeitszeit kann sich aber auch aus einer bestimmten Tätigkeit, wie etwa einer Operation eines bestimmten Patienten, ergeben, zu der der Honorararzt beauftragt wird. Insofern ist weiter entscheidend, dass es dem Honorararzt frei steht, diesen Auftrag anzunehmen oder abzulehnen.

(5) Bestätigung durch die frühere Rechtsprechung

Ungeachtet der Tatsache, dass eine höchstrichterliche Rechtsprechung zu der heute vorherrschenden Tätigkeit von Honorarärzten noch aussteht, hatte das BSG sich mit

---

831 So auch Hanau, MedR 2015, 77, 83.

selbständig tätigen Ärzten zumindest in wenigen Entscheidungen, wie oben dargestellt, zu befassen. Damals wurde vom BSG korrekterweise die Weisungsfreiheit in zeitlicher Hinsicht als entscheidend auch im ärztlichen Bereich angesehen, nicht hingegen eine bloß organisatorische Eingliederung.[832] Eine gewisse Eingliederung alleine führe in der Regel nicht dazu, eine abhängige Beschäftigung anzunehmen, da bestimmte Teilaufgaben eines Betriebes, vor allem wenn sie eine gehobene spezielle Fachkunde erfordern, auch an Selbständige vergeben werden können, ohne dass eine Scheinselbständigkeit gegeben ist. Die Abgrenzung der selbständigen Tätigkeit von der abhängigen Beschäftigung hänge in den Fällen, in denen die Tätigkeiten nur im Betrieb des Auftraggebers erbracht werden können dann davon ab, ob die Gestaltung der gegenseitigen Beziehung im Einzelnen noch einen für selbständig Tätige ausreichenden Freiraum lässt.[833] Die Weisungsfreiheit ist also auch beim Honorararzt das entscheidende und maßgebliche Kriterium, insbesondere ob er selbst bestimmen kann, wann und ob er Aufträge annimmt oder nicht und dadurch frei entscheiden kann, wann und wie lange er tätig wird.

3. Beurteilung der Tätigkeit der Honorarärzte im Bereich der Anästhesie

a) Tätigkeit der Honorarärzte im Bereich der Anästhesie

Da bei der Statusentscheidung wie dargelegt die Eigenart der Tätigkeit entscheidend berücksichtigt werden muss, ist es zunächst erforderlich, die Tätigkeit eines Anästhesisten näher zu beleuchten, um die Besonderheiten dieser Tätigkeit herauszuarbeiten, die dann auch Einfluss auf die Abgrenzungskriterien bezüglich ihrer Bewertung haben.

Ein Honorararzt im Bereich der Anästhesie kann in vielfacher Weise tätig werden. Generell beschäftigt sich die Anästhesiologie mit der Betäubung von körperlichen Regionen, die für einen Eingriff, eine Untersuchung oder eine Operation vorbereitet werden. Dabei werden wahlweise nur spezielle Körperteile betäubt (lokale Anästhesie) oder aber auch der ganze Patient, indem er eine Vollnarkose erhält.

aa) Tätigkeit in einer Klinik

So ist die klassische Anästhesie im Rahmen einer Operation zu sehen, in der der selbständige Anästhesist die Narkotisierung des Patienten übernimmt, auf unterschiedliche Art und Weise, je nachdem welche Art der Erkrankung bzw. Operation des Patienten vorliegt. Der Anästhesist bestimmt dabei in eigener Verantwortung die Art des Betäubungsverfahrens, allerdings abhängig von den sich für die Durchführung des geplanten Eingriffs geeigneten Betäubungsverfahren. Hinsichtlich der Lagerung des Patienten auf dem Operationstisch findet in der Regel eine fachliche

832 BSG, Urt. v.09.12.1981 – 12 AK 4/81, juris.
833 BSG, Urt. v.09.12.1981 – 12 AK 4/81, juris.

Abstimmung zwischen Operateur und Anästhesist statt, da beide Fachgebiete berücksichtigt werden müssen.[834] Während der Operation überwacht der Anästhesist die Vitalzeichen des Patienten über einen Tower. Dabei zeigen verschiedene Monitore die Daten des Patienten an, die der Anästhesist während der Operation eigenständig beobachtet, während der Operateur und das gesamte Operationsteam die Operation eigenständig durchführen. Es handelt sich bei der Tätigkeit des Anästhesisten also um einen klar abgegrenzten Tätigkeitsbereich, im Unterschied zu anderen ärztlichen Bereichen, so dass sie beispielsweise keine Station zu betreuen haben oder ähnliches.[835] Häufig, aber nicht zwingend, kümmert sich der Anästhesist auch darum, dass der Patient wieder wohlbehalten aufwacht, also um die postoperative Überwachung.

So existieren auch konkrete Vereinbarungen der verschiedenen Berufsverbände, die das Zusammenwirken des Chirurgen und des Anästhesisten im Rahmen der operativen Patientenversorgung regeln.[836] Diese stellen die Leitlinien der Zusammenarbeit dar, an die sich die Ärzte auch halten. Darin ist klar abgegrenzt, wer für welche Aufgaben zuständig ist und es wird dargestellt, dass es sich um eine präzise Aufgabenteilung handelt, also jeder der Beteiligten einen klaren Zuständigkeits- und Verantwortungsbereich hat. Weiter kommt darin zum Ausdruck, dass lediglich ein fachlicher Austausch stattfindet, jeder aber für seinen Verantwortungsbereich zuständig ist und insofern kein Weisungsrecht des einen gegenüber dem anderen besteht.[837] Angestellte Anästhesisten haben indessen innerhalb der hierarchischen Struktur der Anästhesieabteilung die Weisungsrechte des Chefarztes zu beachten. Dies ist ein entscheidender Unterschied zu Anästhesisten auf Honorarbasis, da diese völlig eigenständig und ohne an Weisungen gebunden zu sein, ihre Tätigkeit ausführen und in diesem Zusammenhang über ihre Tätigkeit auch das Letztentscheidungsrecht besitzen.

Der Honoraranästhesist ist auch nicht in die kontinuierliche Patientenversorgung eingebunden. Es obliegen ihm keine Berichtspflichten, die über das hinausgehen, was die Berufsordnung von ihm fordert.

---

834 Vereinbarung über die Zusammenarbeit bei der operativen Patientenversorgung, S. 11 (abrufbar unter https://www.bda.de/docman/523-vereinbarung-ueber-die-zusammenarbeit-bei-der-operativen-patientenversorgung/file.html, zuletzt abgerufen am 25.08.2016).

835 So auch Goetzke, S. 187.

836 Vereinbarung über die Zusammenarbeit bei der operativen Patientenversorgung (abrufbar unter https://www.bda.de/docman/523-vereinbarung-ueber-die-zusammenarbeit-bei-der-operativen-patientenversorgung/file.html, zuletzt abgerufen am 25.08.2016).

837 Vereinbarung über die Zusammenarbeit bei der operativen Patientenversorgung, S. 9 (abrufbar unter https://www.bda.de/docman/523-vereinbarung-ueber-die-zusammenarbeit-bei-der-operativen-patientenversorgung/file.html, zuletzt abgerufen am 25.08.2016).

bb) Mobiler Anästhesist und weitere Bereiche

Es besteht auch die Möglichkeit, dass Anästhesisten als sog. „mobile Anästhesisten" tätig werden und dabei mit ihrem eigenen Narkosegerät in Praxen fahren und dort Narkosen durchführen, beispielsweise bei zahnärztlichen Eingriffen.[838] Auch in der Intensivmedizin und der Notfallmedizin sowie in der Schmerztherapie kommt die mobile Anästhesie zum Einsatz.[839]

Im Fokus der Scheinselbständigkeitsproblematik stehen aber vor allem die in Kliniken tätigen Honorarärzte, so dass diese auch im Rahmen dieser Untersuchung entscheidend betrachtet werden.

cc) Betäubungsmittelgesichtspunkte

Bei der Beurteilung der Tätigkeit der Anästhesie muss im Rahmen der Gesamtbewertung beachtet werden, dass bei der Benutzung von Betriebsmitteln – den Narkosemitteln – auch betäubungs- bzw. arzneimittelrechtliche Belange eine Rolle spielen, da sich der Honorararzt in bestimmten Fällen bei einem nicht sachgerechten Umgang mit Betäubungsmitteln strafbar machen kann. Soweit es sich bei den Narkosemitteln also um Betäubungsmittel im rechtlichen Sinne handelt, sind die Vorschriften des Betäubungsmittelgesetzes und der Betäubungsmittelverschreibungsverordnung zu beachten. Sofern Narkosemittel benutzt werden, die zwar nicht unter das Betäubungsmittelgesetz fallen, kann die Arzneimittelverordnung anwendbar sein.

So ist es nicht für jeden Anästhesisten möglich, eigene Betäubungsmittel zu beschaffen, da diese teilweise nur patientenbezogen herausgegeben werden, zumindest aber immer nur nach Vorlage eines ausgefertigten Betäubungsmittelrezeptes für den Praxisbedarf oder für den Stationsbedarf nach Vorlage eines ausgefertigten Betäubungsmittelanforderungsscheines (vgl. § 1 Abs. 2 BtmVV). Je nach den Umständen des Falles kann es deshalb sein, dass der Anästhesist bereits aus rechtlichen Gründen auf die Arbeits- und Betriebsmittel der Klinik zurückgreift. Insofern kann es für die Statusentscheidung nicht entscheidend darauf ankommen, ob der Anästhesist seine eigenen Betäubungsmittel – Narkosemittel – mitbringt[840] oder diese über die Klinik bezieht, da er sich andernfalls unter Umständen einem strafrechtlichen Risiko aussetzen würde. Eine entgeltliche Zurverfügungstellung wäre im Übrigen ebenfalls nicht zielführend, da dies ggf. als strafrechtlich relevante Abgabe von Betäubungsmitteln anzusehen und damit ebenfalls strafbar wäre.

Vor dem Hintergrund der strengen betäubungsmittelrechtlichen Vorschriften, insbesondere des BtMG und BtMVV, wird es einem Honorararzt je nach

838 Fischer, Anästhesiol Intensivmed Notfallmed Schmerzther 2013, 170, 172 (abrufbar unter http://www.aoz-allgaeu.de/tl_files/downloads/TT_Der-niedergelassene-Anaesthesist-Fischer.pdf, zuletzt abgerufen am 25.08.2016).

839 Zur berufsrechtlichen Problematik des „Umherziehens" beschäftigt sich Goetzke, S. 56 f.

840 So aber SG Mannheim, Urt. v.16.06.2011 – S 15 R 2545/09, juris.

Umständen des Einzelfalls im Ergebnis nicht immer möglich sein, Narkosemittel selbst zu beschaffen, um sie dann in einer Klinik einzusetzen. Die Bereitstellung von Narkosemitteln durch die Klinik hat daher keine, jedoch allenfalls untergeordnete Bedeutung.[841]

dd) Stellungnahme

Wie aufgezeigt wurde, handelt es sich bei der Anästhesietätigkeit um einen selbständigen und abgrenzbaren Bereich, so dass der Honoraranästhesist eine eigenverantwortliche und abgrenzbare Tätigkeit ohne Weisungsbefugnisse anderer erbringen kann. Dass die Tätigkeit in den Räumlichkeiten der Klinik erbracht wird, ergibt sich aus der Natur der Tätigkeit, da dort die Patienten sind und dort auch die entsprechende Operation stattfindet, zu der die Anästhesie durchgeführt werden muss. Der Umstand, dass der Anästhesist unter Umständen nicht seine eigenen Narkosemittel mitbringt, hat neben hygienischen und missbrauchsrechtlichen Aspekten vor allem auch strafrechtliche Aspekte, ergibt sich demnach aus gesetzlichen Regelungen, da andernfalls ein strafrechtliches Risiko gegeben sein könnte.

b) Entscheidende Abgrenzungskriterien

Wie zuvor aufgezeigt, ist auch bei den Honorarärzten die Abgrenzung nach den allgemeinen Kriterien vorzunehmen, wobei die zeitliche Weisungsgebundenheit das maßgebliche Abgrenzungskriterium darstellt, so auch bei der Anästhesietätigkeit. Weisungsfreiheit hinsichtlich des Ortes ist hingegen nicht maßgeblich, da sich aus der Natur der Tätigkeit ergibt, dass die Tätigkeit nur in der Klinik erbracht werden kann, wie sich auch am Beispiel des Anästhesisten zeigt. Eine Weisungsgebundenheit in fachlicher Hinsicht ist auch nach der Rechtsprechung generell ein eher schwaches Indiz, umso mehr beim Honorararzt aufgrund seiner beruflichen Freiheiten. Die Eingliederung in eine fremdbestimmte Arbeitsorganisation ist beim Honorararzt genau zu untersuchen, da vielfach allein aufgrund der Tatsache, dass der Honorararzt in der Klinik mit Arbeitsmaterial und Personal der Klinik tätig wird, eine Eingliederung angenommen wird. Dies muss allerdings differenzierter gesehen werden, weil diese nicht immer zu einer Eingliederung in dem Sinne führt, dass eine persönliche Abhängigkeit vorliegt.[842] Da die Rechtsprechung dies vielfach übersieht, kam es bei honorarärztlichen Tätigkeiten im Bereich der Anästhesie in der Instanzrechtsprechung häufig zu divergierenden Entscheidungen, was die nachfolgende Auseinandersetzung aufzeigen soll.

841 Powietzka/Bölz, KrV 2012, 137, 140.

842 Kritisch dazu Goetzke, S. 185, die dann eine freie Mitarbeit für unwahrscheinlich hält.

c) *Divergierende Rechtsprechung zum Status des selbständig tätigen Anästhesisten*

aa) *Entscheidung des LSG Baden-Württemberg vom 17.04.2013, Vorinstanz SG Mannheim vom 16.06.2011*

(1) Entscheidung des LSG Baden-Württemberg vom 17.04.2014 – L 5 R 3755/11

(i) Sachverhalt

In der viel diskutierten Entscheidung des LSG Baden-Württemberg ging es um die Frage des rechtlichen Status eines selbständigen Anästhesisten.[843] Dieser war als Facharzt für Anästhesie in einem Krankenhaus auf Honorarbasis tätig, wobei er nicht niedergelassen war. Er erbrachte dabei die Leistungen nicht im eigenen Namen, sondern für das Krankenhaus. Die Tätigkeit reichte von anästhesiologischen Leistungen bei Operationen bis zu intensivmedizinischen Leistungen auf der Intensivstation, die er im Rahmen von verschiedenen Diensten erbrachte. Es handelte sich dabei um Leistungen, zu denen das Krankenhaus aufgrund ihres Versorgungsauftrags verpflichtet war. Daneben war er auch noch für weitere Auftraggeber tätig, wie etwa anderen Kliniken oder aber auch auf Honorarbasis in einer Anästhesiepraxis.[844]

(ii) Entscheidungsgründe

Das LSG hat vorliegend angenommen, dass bereits aus Rechtsgründen eine selbständige Tätigkeit des Honorararztes ausgeschlossen sei, da die streitige Tätigkeit jedenfalls von einem nicht niedergelassenen Arzt – wie vorliegend der Fall – aus rechtlichen Gründen nur als abhängige Beschäftigung ausgeübt werden dürfe.[845] Die Berechtigung eines Arztes zur stationären Behandlung von Krankenhauspatienten in einer Klinik als allgemeine Krankenhausleistung setze in der Regel eine abhängige Beschäftigung in der Klinik voraus. Als Ausnahme sei gesetzlich für eine stationäre Tätigkeit nur die Kooperation mit einem niedergelassenen Arzt oder für ambulante Tätigkeiten nur eine Kooperation mit einem niedergelassenen Vertragsarzt möglich. Das LSG Baden-Württemberg nimmt zur Begründung ihrer Auffassung unter anderem Bezug auf die allgemeinen Regelungen zum Versorgungsauftrag eines Krankenhauses und der in § 107 Abs. 1 Nr. 3 SGB V getroffenen Formulierung von „jederzeit verfügendem ärztlichen“ Personal.

Obgleich der Gesetzgeber in der Gesetzesbegründung klar ausgeführt hat, dass diese Vorgabe statusneutral ist, ist das LSG Baden-Württemberg ausdrücklich anderer Auffassung, da nach deren Meinung die jederzeitige Verfügung über die

843 LSG Baden-Württemberg, Urt. v.17.04.2013 – L 5 R 3755/11, juris.

844 LSG Baden-Württemberg, Urt. v.17.04.2013 – L 5 R 3755/11, juris.

845 LSG Baden-Württemberg, Urt. v.17.04.2013 – L 5 R 3755/11, juris; unter Bezugnahme darauf auch ausdrücklich, SG München, Urt. v.10.03.2016 – S 15 R 1782/15, juris.

Arbeitskraft von Mitarbeitern – hier also Ärzten – nur im Rahmen von Beschäftigungsverhältnissen denkbar sei. Für eine selbständige Tätigkeit sei es nämlich charakteristisch, dass ein Selbständiger nicht jederzeit verfügbar sei.[846]

Weiter unterstütze auch die vergütungsrechtliche Sichtweise die Auffassung des LSG. Die Tätigkeit eines Honorararztes sei nur in einer abschließend aufgeführten Ausnahmeregelung zulässig, die vorliegend nicht erfüllt sei. Im KHEntgG sei vom Regelfall der abhängigen oder beamteten Tätigkeit auszugehen, so dass § 2 Abs. 2 Satz 2 Nr. 2 KHEntgG, nämlich die vom Krankenhaus veranlassten Leistungen Dritter, die einzige Ausnahme darstelle, da sonst das Regel-Ausnahme-Verhältnis leer laufen würde. Insofern ist das LSG der Auffassung, dass nach dem KHEntgG davon auszugehen ist, dass diese Leistungen von einem wenigstens teilzeitig am Krankenhaus beschäftigten und sozialversicherten oder dort verbeamteten Arzt erbracht werden müssen.

Die gesetzliche Neuregelung des § 2 Abs. 1 KHEntgG ändere daran nichts. Der Gesetzgeber habe mit der ergänzenden Regelung in § 2 Abs. 1 KHEntgG und der Formulierung „durch nicht fest angestellte Ärzte" nicht zum Ausdruck bringen wollen, dass selbständige Tätigkeiten erlaubt seien, sondern dass die Ärzte in jedem Fall in irgendeiner Art und Weise angestellt sein müssten, wenn auch nicht fest angestellt.[847] Wenn es dabei auf befristet Beschäftigte oder in Abrufarbeit angestellte Ärzte abstellt, müsse gesehen werden, dass auch diese Ärzte „fest angestellt" sind, so dass es des Wortes „nicht fest angestellt" vom Gesetzgeber nicht bedurft hätte. Aus Wortlaut und Systematik des § 2 KHEntgG lasse sich nichts anderes herleiten, da die Regelung in § 2 Abs. 2 Nr. 2 KHEntgG als Ausnahme unverändert geblieben ist und nicht ersichtlich ist, dass in Abs. 1 eine erweiternde Regelung aufgenommen werden sollte. Aus der Gesetzesbegründung lasse sich die Auffassung, damit seien Selbständige gemeint, ebenfalls nicht entnehmen. Da nach Auffassung des LSG auch keine Ausnahmeregelung griff, auch weil der Arzt nicht niedergelassen war, war die Tätigkeit des Honorararztes im vorliegenden Fall bereits aus diesen Gründen nicht als selbständige möglich, so dass es eine abhängige Beschäftigung annahm.[848]

(2) Vorinstanz - Sozialgericht Mannheim vom 16.06.2011 – S 15 R 2545/09

(i) Sachverhalt und Gesichtspunkte für die selbständige Tätigkeit

Die Vorinstanz – das Sozialgericht Mannheim – hatte sich noch inhaltlich mit der Tätigkeit des Honorararztes auseinandergesetzt, jedoch nach seiner Abwägung eine abhängige Beschäftigung angenommen, obgleich eine unterschiedliche Ausgestaltung zwischen angestellten Anästhesisten und dem in Rede stehenden Honorararzt für Anästhesie festgestellt wurde. Der Honorararzt musste keine Neuaufnahme

846 LSG Baden-Württemberg, Urt. v.17.04.2013 – L 5 R 3755/11, juris; auch LSG Baden-Württemberg, Urt. v.27.04.2016 – L 5 R 852/14, juris (für Honorarärzte generell).

847 LSG Baden-Württemberg, Urt. v.17.04.2013 – L 5 R 3755/11, juris.

848 LSG Baden-Württemberg, Urt. v.17.04.2013 – L 5 R 3755/11, juris.

und keine Entlassungen übernehmen, ebenso wenig gehörte das Verfassen von Arztbriefen zu seinen Aufgaben.[849] An Fortbildungsangeboten musste er ebenfalls nicht teilnehmen. Für das Gericht war die vertragliche Gestaltung Ausgangspunkt der Prüfung, ob eine abhängige oder eine selbständige Tätigkeit vorlag. Diese sprach nicht für eine abhängige Beschäftigung, da die wesentlichen Elemente einer selbständigen Tätigkeit aufgeführt waren, insbesondere eine Weisungsfreiheit. Im Vertrag wurde die vertretungsweise und stundenweise Beauftragung von ärztlichen Leistungen eines Facharztes für Anästhesiologie vereinbart. Die jeweiligen konkreten Tätigkeiten sollten nach einer mündlichen Auftragsanfrage des Auftraggebers vereinbart werden. Es bestand kein Anspruch auf Erteilung von Einsätzen und der Honorararzt hatte das Recht zur Ablehnung von Aufträgen. Er setzte seine eigene Arztkleidung ein und hatte eine Berufshaftpflichtversicherung. Die Bezahlung erfolgte nach geleisteten Stunden, welche der Honorararzt in Rechnung stellte. Auch das Ablehnen von Aufträgen sprach nach Auffassung des Gerichts für eine selbständige Tätigkeit.

(ii) Gründe des Sozialgerichts für eine abhängige Beschäftigung

Gleichwohl überwogen nach Auffassung des Gerichts die Kriterien einer abhängigen Beschäftigung. Ausschlaggebend für eine abhängige Beschäftigung für das SG Mannheim war, dass der Honorararzt seine Tätigkeit in der Klinik innerhalb eines festen zeitlichen Rahmens ausübte, er also eingegliedert gewesen sei. Sobald er sich für einen Dienst entschieden hatte, musste er diesen auch erbringen, was aber korrekterweise vom SG als neutral angesehen wurde, da sich jeder – unabhängig vom Vertragstypus – an selbst gemachte Zusagen halten müsse.

Ebenfalls als Kriterium für eine abhängige Beschäftigung sah das SG an, dass kein Unternehmerrisiko getragen werde, da er kein eigenes Kapital eingesetzt habe und die Gewähr hatte, für die übernommenen Dienste auch eine Vergütung zu erhalten. Ihm habe die Möglichkeit gefehlt, den Patientenstrom zu steuern, da die in der Klinik zu behandelnden Patienten von ihm versorgt wurden.[850] Auch war entscheidend, dass der Honorararzt keinen abgrenzbaren Bereich im Krankenhaus hatte, der seiner Verfügungsgewalt unterlag und den er beispielsweise gemietet hätte und indem er auf eigene Rechnung fachärztliche Leistungen erbracht hätte. Insofern war die Tätigkeit in den Räumlichkeiten unter Nutzung der Betriebsmittel des Auftraggebers nach Auffassung des Gerichts Ausdruck einer von fremder Hand vorgegebenen Unternehmensorganisation, so dass eine Eingliederung des Honorararztes in den Betrieb der Klinik bejaht wurde. Das Gericht betonte, dass es aus diesen Gründen an einem gewichtigen Kriterium für die selbständige Tätigkeit fehlte, nämlich dem Vorhandensein einer eigenen Betriebsstätte. Ein Vergleich mit einem Handwerker könne nicht erfolgen, da dieser in der Regel eine Betriebsstätte habe und notwendige Betriebsmittel zur Verfügung stellen müsste. Für Dritte und

849 SG Mannheim, Urt. v.16.06.2011 – S 15 R 2545/09, juris.
850 SG Mannheim, Urt. v.16.06.2011 - S 15 R 2545/09, juris.

Außenstehende sei darüber hinaus auch nicht erkennbar gewesen, dass der Honorararzt als Selbständiger tätig werde. Das Gericht hat sogar zum Ausdruck gebracht, dass es sich nicht vorstellen könne, dass ein Anästhesist überhaupt selbständig in einem Krankenhaus tätig sein kann.[851]

(3) Stellungnahme

(i) Allgemeines

Nach dieser Auffassung wäre jede honorarärztliche Tätigkeit in einer Klinik oder Praxis als abhängige Beschäftigung zu werten, was aber sowohl der gesetzlichen Anerkennung honorarärztlicher Tätigkeit widerspricht wie auch der sonstigen Rechtsprechung der Arbeits- und Sozialgerichte zur Abgrenzung selbständiger und abhängiger Beschäftigung.[852] Sowohl die Entscheidung des Sozialgerichts Mannheim, die sich mit der tatsächlichen Abgrenzung befasst, als auch die Entscheidung des LSG Baden-Württemberg, die nur auf die rechtliche Zulässigkeit abstellt, überzeugen nicht.

(ii) Sozialgericht Mannheim

Das Sozialgericht Mannheim führte eine falsche Abwägung der Kriterien durch, da die entscheidenden Kriterien für eine selbständige Tätigkeit sprechen. So lag in dem Fall bereits nach den vertraglichen Regelungen eine selbständige Tätigkeit vor, was bei der Statusentscheidung zu berücksichtigen ist, da auch hier die Privatautonomie der Parteien eine Rolle spielt. Darüber hinaus war der Honoraranästhesist nicht an zeitliche Vorgaben gebunden, er war also im Wesentlichen zeitlich frei, seine Tätigkeit auszuüben. Dass er zugesagte Dienste erbringen musste, erkannte auch das SG Mannheim als neutral an, da dies jedem Schuldverhältnis immanent sei. Schließlich waren auch konkrete Unterschiede zur Tätigkeit angestellter Anästhesisten erkennbar, da der Honoraranästhesist sich auf seinen zugesagten Bereich eigenverantwortlich konzentrieren konnte und keine weiteren zusätzlichen Tätigkeiten zu übernehmen hatte. Das SG Mannheim verkennt insofern die Besonderheit der Tätigkeit eines Anästhesisten insgesamt. Das vom SG angenommene so gewichtige Kriterium einer eigenen Betriebsstätte ist für die Rechtsprechung nicht entscheidend, wie die vorstehende Analyse der Rechtsprechung gezeigt hat. Im Übrigen wäre auch bei einem Anästhesisten eine eigene Betriebsstätte aufgrund der Besonderheit der Tätigkeit nicht aussagekräftig. Auch der Einwand ist nicht korrekt, dass jeder selbständige Handwerker eine Betriebsstätte und Betriebsmittel vorhalten muss. Es gibt betriebsmittelarme Tätigkeiten und darüber hinaus auch Selbständige, die lediglich eine büroähnliche Ausstattung vorhalten, was aber keinen Zweifel an deren Selbständigkeit lassen kann. Insofern ist der pauschale Ausschluss dieses Vergleiches nicht überzeugend. Insgesamt hatte sich das Gericht nicht ausreichend

851 Vgl. dazu Weis in: BDAktuell JUS-Letter, September 2011, S. 727.

852 So auch Hanau, MedR 2015, 77, 89.

mit den Besonderheiten des Honorararztes im Bereich der Anästhesie beschäftigt und diese gewürdigt, sondern ergebnisbezogen eine Entscheidung getroffen.

(iii) LSG Baden-Württemberg

Das LSG Baden-Württemberg kann mit seiner rechtlichen Argumentation ebenfalls nicht überzeugen, wenn es ausführt, die Tätigkeit eines Honorararztes sei vorliegend schon rechtlich nicht als selbständige zulässig. Das LSG argumentiert gegen die Entscheidung des Gesetzgebers, der in der Gesetzesbegründung zur Neuregelung des § 2 Abs. 1 KHEntgG ausdrücklich den Honorararzt erwähnt hat. Auch die Gesetzesbegründung zu § 107 SGB V spricht davon, dass die Formulierung statusneutral ist, so dass auch in diesen Fällen im Widerspruch zur Auffassung des Gesetzgebers argumentiert wird. Der Wortlaut der Normen spricht ebenfalls gegen die Auffassung des LSG, weil gerade im deutschen Sprachgebrauch durch nicht fest angestellte Ärzte in KHEntgG klargestellt wurde, dass auch Honorarärzte gemeint sein sollen. Im Duden ist der Begriff „fest angestellt" als Alternative zur freien Mitarbeit genannt[853], so dass der Wortlaut für die vom Gesetzgeber beabsichtigte Auffassung spricht, auch wenn dieser einen konkreteren Wortlaut hätte wählen können.

Weiter ist auch der vom LSG gezogene Umkehrschluss nicht gerechtfertigt, dass durch die selbständige Tätigkeit kein ständig verfügbares Personal zur Verfügung stünde. Durch Vereinbarungen mit den Ärzten sind diese in dem von ihnen zugesagten Rahmen auch verpflichtet, die Dienste zu erbringen. Durch entsprechende Organisation kann so sichergestellt sein, dass ständig ärztliches Personal zur Verfügung steht. Nicht entscheidend im Sinne dieser Vorschrift ist, dass man einseitig über das Personal ständig verfügen können muss. Insofern hat der Gesetzgeber auch korrekterweise zum Ausdruck gebracht, dass die Vorschrift statusneutral ist.

Die Argumentation, dass § 2 Abs. 2 KHEntgG die Fälle der Hinzuziehung Dritter als Ausnahme konkret in § 2 Abs. 2 Nr. 2 KHEntgG regelt und demnach in § 2 Abs. 1 KHEntgG nicht die Honorarärzte gemeint sein könnten, geht ebenfalls fehl. § 2 Abs. 2 Nr. 2 KHEntgG zielt nämlich auf andere Fälle ab, insbesondere auf Konsiliarärzte, die also zur Beratung unterstützend hinzugezogen werden oder aber auch auf solche Fälle, in denen ein Patient kurzzeitig in ein anderes Krankenhaus verbracht wird, damit dort eine bestimmte Untersuchung durchgeführt werden kann. In den Fällen des § 2 Abs. 2 Nr. 2 KHEntgG überwacht das Krankenhaus selbst weiter das Leistungsgeschehen, verlagert die Verantwortung für die Gesamtbehandlung also nicht auf einen Dritten.[854]

Schließlich greift die Argumentation mit dem KHEntgG auch deshalb nicht durch, weil dieses ausschließlich vergütungsrechtliche Fragen regelt und insofern für die Statusentscheidung nicht – allenfalls nur mittelbar – herangezogen werden

853 Vgl. etwa www.duden.de, Stichwort „fest angestellt".
854 Spickhoff/*Kutlu*, § 2 KHEntgG Rn. 12.

kann.[855] Konsequenz wäre lediglich, dass ggf. keine Abrechnung des Krankenhauses erfolgen könnte, was aber auf das Vertragsverhältnis zwischen Arzt und Klinik grundsätzlich keinen Einfluss hat. Dies hat das LSG Baden-Württemberg in einer späteren Entscheidung im Übrigen auch selbst festgestellt und ausgeführt, dass das KHEntgG lediglich Vergütungsansprüche von Krankenhäusern regelt, es aber keine Aussagen zum sozialversicherungsrechtlichen Status von im Krankenhaus tätigen Personen enthalte.[856] Insofern revidiert das LSG in seiner späteren Entscheidung seine im Jahr 2013 getätigte Aussage wieder. Auch das LSG Nordrhein-Westfalen erkennt zumindest an, dass sich aus dem KHEntgG keine abgrenzungsrelevanten Punkte ergeben.[857]

bb) SG Berlin vom 10.02.2012 – S 208 KR 102/09

(1) Entscheidung des Sozialgerichts Berlin

(i) Sachverhalt und Gesichtspunkte für eine abhängige Beschäftigung

Auch das Sozialgericht Berlin musste sich mit der Statusfrage eines als Honorararzt tätigen nicht niedergelassenen Facharztes für Anästhesie beschäftigen. Hintergrund war dort die Anfrage eines Honorararztes im Rahmen des Statusfeststellungsverfahrens nach § 7 SGB IV, der feststellen lassen wollte, dass seine Tätigkeit als Anästhesist auf Honorarbasis im Krankenhaus selbstständig ist.[858] Dieser Honorararzt ist auch Betreiber und Eigentümer einer Ärztevermittlungsagentur und nimmt hierbei unregelmäßig auch selbst Aufträge an. Ungeachtet der Vermittlungsagentur handelte es sich um eine ähnliche Ausgestaltung wie bei dem Sachverhalt des SG Mannheim aus dem Jahr 2011.

Die vertraglichen Grundlagen sprachen vorliegend nicht zweifelsfrei für eine selbständige Tätigkeit, da zwar geregelt war, dass keine Weisungsgebundenheit bestehe, jedoch die Aufgabeneinweisung vor Ort erfolgte, im Vertrag also lediglich vereinbart war, dass der Honorararzt für Anästhesieleistungen beauftragt wird. Im Übrigen wurden Allgemeine Geschäftsbedingungen zwischen den Parteien vereinbart. Dies sprach nach Auffassung des Gerichts zunächst für ein Weisungsrecht. Auch die erfolgsunabhängige Bezahlung nach Stunden sah das Gericht als Indiz für eine abhängige Beschäftigung an, ebenso wie die Tatsache, dass dem Honorararzt die maßgeblichen Arbeitsmittel – bis auf einen Arztkittel und ein Stethoskop – von der Klinik zur Verfügung gestellt wurde und die Anästhesien auch in diesem Fall in den Räumlichkeiten der Klinik durchgeführt wurden. Ihm wurden also ebenso wie einem abhängig beschäftigten Anästhesisten Narkosemittel und die weiteren,

---

855 So mittlerweile auch ausdrücklich LSG Baden-Württemberg, Urt. v.19.04.2016 – L 11 R 2428/15, juris.

856 LSG Baden-Württemberg, Urt. v.20.08.2015 – L 4 R 1001/15, juris; a.A. SG München, Urt. v.10.03.2016 – S 15 R 1782/15, juris.

857 LSG Nordrhein-Westfalen, Urt. v.30.09.2015 – L 8 R 584/11, juris.

858 SG Berlin, Urt. v.10.02.2012 – S 208 KR 102/09, juris.

für eine Anästhesie erforderliche OP-Einrichtung sowie notwendige Arbeitsmittel zur Verfügung gestellt, so dass sich in diesem Punkt kein Unterschied zu einem angestellten Anästhesisten ergebe.[859]

(ii) Gründe des SG Berlins für die selbständige Tätigkeit

Gleichwohl lag für das Gericht nach einer Gesamtabwägung trotz der bestehenden Anhaltspunkte für eine abhängige Beschäftigung eine selbständige Tätigkeit des Honoraranästhesisten vor. Zu dieser Auffassung gelang das Gericht im Wesentlichen durch die Tätigkeitsbeschreibung während des Prozesses, da der Anästhesist konkret schilderte, dass er seine Tätigkeit weisungsfrei und eigenständig durchführte. Im Unterschied zu Chirurgen beispielsweise sei die Tätigkeit des Anästhesisten an sich hinsichtlich der durchzuführenden unterschiedlichen Operationen immer zumindest ähnlich beschaffen, so dass die Tätigkeit des Anästhesisten letztlich keiner weiteren Konkretisierung bedarf. Insofern war die vertragliche Regelung unschädlich, wonach Einzelheiten vor Ort besprochen wurden, da sich dies lediglich auf die Möglichkeiten der Auswahl eines OP-Saales oder auf die Bekanntmachung mit den fremden örtlichen Gegebenheiten der Klinik beschränkte. Damit gehe aber kein Weisungsrecht in dem Sinne einher, dass von einer persönlichen Abhängigkeit gesprochen werden könnte, so das SG Berlin.[860]

Das Gericht betonte, dass etwaige zeitliche Absprachen einer selbständigen Tätigkeit nicht entgegenstehen, da dies auch bei jedem Handwerker und anderen Selbständigen üblich und erforderlich sei. Im Ergebnis war für das Gericht aber entscheidend, dass der Anästhesist ohne weitere Konkretisierung seine Tätigkeit verrichtet hat, er den OP-Saal mit den entsprechend dafür eingetragenen Mitarbeitern des Auftraggebers frei wählen konnte, auch wenn er dann aber wie jeder andere Selbständige an seine eigenen Zusagen gebunden war. Sofern es Konflikte mit anderen Kollegen gab oder er die OP nicht begleiten wollte, konnte er sich einen anderen Saal aussuchen. Diese Freiheiten standen den angestellten Anästhesisten in dieser Form nicht zu. Er übernahm die Aufklärungsgespräche nicht selbst und auch keine sonstigen Aufgaben im Klinikbetrieb, so dass sich keine Eingliederung in dem Sinne ergab, dass von einer persönlichen Abhängigkeit die Rede wäre.

Auch der Umstand, dass der Arzt auf die Arbeitsmittel der Klinik zurückgriff, insbesondere was die Narkosemittel und die sonstigen für eine Anästhesie notwendigen Mittel anbelangt, lässt keinen Unterschied zu einem abhängig beschäftigten Anästhesisten erkennen, was für das Gericht aber nicht maßgebend war.

Die Stundenvergütung ist für das Gericht zwar zunächst ein Indiz für eine abhängige Beschäftigung, da keine Abrechnung pro Operation erfolgte, aber letzteres sei aufgrund der Besonderheit der Tätigkeit eines Anästhesisten auch nicht sachgerecht. Der Anästhesist führe die Narkose bei Operationen unterschiedlichster Fachrichtungen durch, mit der Folge, dass auch die Dauer der Operationen sehr

859 SG Berlin, Urt. v.10.02.2012 – S 208 KR 102/09, juris.
860 SG Berlin, Urt. v.10.02.2012 – S 208 KR 102/09, juris.

unterschiedlich seien, so dass eine Vereinbarung im Vorfeld, für jede Operation ein festgelegtes Honorar zu berechnen, dieser Situation nicht gerecht würde. Schließlich waren auch die Allgemeinen Geschäftsbedingungen unüblich für eine abhängige Beschäftigung und auch die Tatsache, dass die Haftpflichtversicherung des Honorararztes seine Leistungen abdeckte. Nach Auffassung des Gerichts überwogen somit die Kriterien einer selbständigen Tätigkeit.

(2) Stellungnahme

Das Sozialgericht Berlin hat sich mit den Besonderheiten des Facharztes für Anästhesie verstärkt auseinandergesetzt und diese auch bei der Statusentscheidung berücksichtigt. Eine Leistungserbringung in den Räumlichkeiten des Krankenhauses und nicht in einer eigenen Betriebsstätte ist in der Regel für jeden Honorararzt typisch, insbesondere im Bereich der Anästhesie, so dass dies nicht gegen die selbständige Tätigkeit sprechen kann, was das Gericht auch zutreffend erkannte. Auch dass Betriebsmittel des Krankenhauses genutzt werden, ist zum einen typisch, zum anderen aber auch geboten, sei es aus hygienischen, aber auch aus gesetzlichen Gründen. Das Krankenhaus muss gewisse Qualitätsstandards gewährleisten und schließlich dürfen Betäubungsmittel aus betäubungsmittelrechtlichen Gesichtspunkten nicht an jeden Arzt abgegeben werden. Auch diesen Gesichtspunkt erkannte das Gericht entsprechend. Schließlich ist auch der Umstand, dass eine gewisse Abstimmung mit anderen Beteiligten erfolgt, in der Regel typisch für die Tätigkeit und hat keine Weisungsgebundenheit oder Weisungsrechte im Sinne des § 7 SGB IV zur Folge.

Wenngleich das Gericht bei seiner Entscheidung einige Indizien herangezogen hat, die rechtlich in den Gesetzen keine Stütze finden, aber von der Rechtsprechung durchaus herangezogen werden – insbesondere die vergütungsrechtlichen Gesichtspunkte –, war die Feststellung der selbständigen Tätigkeit nach meinem Dafürhalten im Ergebnis korrekt.

Bereits die beiden soeben aufgezeigten Entscheidungen des SG Mannheim, nachfolgend LSG Baden-Württemberg, sowie des SG Berlin, denen ein gleichgelagerter Sachverhalt zugrunde lag, zeigen die divergierende Rechtsprechung im Bereich der honorarärztlichen anästhesiologischen Tätigkeit. Diese unterschiedlichen Auffassungen der Gerichte haben zu den großen Unsicherheiten in der Praxis maßgeblich beigetragen.

cc) SG Berlin vom 26.02.2014 – S 208 KR 2118/12

(1) Entscheidung des Sozialgerichts Berlin

(i) Sachverhalt und Grundsätze des Gerichts

Das Sozialgericht Berlin hatte sich abermals mit einem als – in diesem Fall niedergelassenen – Honorararzt tätigen Anästhesisten zu beschäftigen und blieb bei seiner grundlegenden Argumentationslinie, so dass auch dieser als selbständig angesehen wurde. Bei der dieser Entscheidung zugrunde liegenden Fallkonstellation ging es um einen mobilen Anästhesisten, der seine Leistungen überwiegend in Praxen und

Kliniken seiner Auftraggeber erbrachte. Konkret wurde er mit der selbständigen ärztlichen Betreuung und Behandlung von Patienten in der Abteilung für Anästhesie auf Honorarbasis beauftragt.

Das Gericht betonte, dass zwar auch gewichtige Indizien für eine abhängige Beschäftigung vorlägen, die der selbständigen Tätigkeit überwogen aber, so dass insgesamt nach Auffassung des Gerichts eine selbständige Tätigkeit gegeben war. Das Gericht führte hierbei zunächst aus, dass von der Möglichkeit einer selbständigen Tätigkeit auszugehen sei, da andernfalls dem Willen des Gesetzgebers, der in einigen das Krankenhaus betreffenden Gesetzesänderungen zum Ausdruck kommt, widersprochen würde.[861] Im Umkehrschluss heiße dies aber nicht, dass alle Ärzte mit Honorarvereinbarung auch selbständig tätig seien, sondern, dass wie in anderen Fällen auch im Wege einer Abwägung geprüft werden müsse, ob tatsächlich eine sozialversicherungsfreie selbständige Tätigkeit vorliegt.

(ii) Vertragliche Regelungen

Die vertraglichen Regelungen, die auch vorliegend Ausgangspunkt der Prüfung waren, sprachen für eine selbständige Tätigkeit. Hierbei betonte das Gericht, dass es zwar der besondere Schutzzweck der Sozialversicherung und ihre Natur als eine Einrichtung des öffentlichen Rechts ausschließen, über die rechtliche Einordnung allein nach dem Willen der Vertragsparteien, ihren Vereinbarungen oder ihren Vorstellungen hierüber zu entscheiden. Dem übereinstimmenden Willen der Vertragsparteien, kein sozialversicherungspflichtiges Beschäftigungsverhältnis zu wollen, komme aber jedenfalls dann indizielle Bedeutung zu, wenn dieser dem festgestellten sonstigen tatsächlichen Verhältnis nicht offensichtlich widerspreche und er durch weitere Aspekte gestützt werde, was vorliegend nach Auffassung des Gerichts der Fall war.[862]

(iii) Weisungsfreie Tätigkeit

Nach Auffassung des Gerichts war entscheidend, dass eine weisungsfreie Tätigkeit vorlag, auch wenn es auf den Zeitpunkt nach Annahme eines Auftrags abstellte, da allein ein Ablehnungsrecht etwaiger Aufträge noch nicht zur Annahme einer selbständigen Tätigkeit führen könne. Gleichwohl lag für das Gericht auch beim konkreten Auftrag eine weisungsfreie Tätigkeit vor, weil der Honorararzt sich sowohl den OP-Saal als auch das „Assistenzpersonal" aussuchen konnte. Der Honorararzt konnte auch konkrete Operationen, etwa die für die er nicht versichert war, wie die plastische Chirurgie, ablehnen. Das Gericht geht nicht davon aus, dass diese Möglichkeit durch Anwesenheit eines Chefarztes hätte eingeschränkt werden können. Da es aufgrund der konkret vereinbarten Dienstleistung keiner weiteren Anweisung mehr bedurfte und er die oben aufgezeigten Freiheiten besaß, war für das Gericht

861 SG Berlin, Urt. v.26.02.2014 – S 208 KR 2118/12, juris.
862 SG Berlin, Urt. v.26.02.2014 – S 208 KR 2118/12, juris.

eine Weisungsfreiheit gegeben. Die Tatsache, dass der Ort und nach Abstimmung auch die Zeit feststanden, spreche nicht gegen eine Weisungsfreiheit, da andernfalls ein Betrieb des Krankenhauses nicht möglich wäre und dies im Übrigen anderen klassischen selbständigen Tätigkeiten, wie im handwerklichen Bereich, ähnelt. Auch dort seien zeitliche Abstimmungen erforderlich.[863]

(iv) Keine Eingliederung in den Betrieb des Auftraggebers

Eine Eingliederung in dem Sinne, dass eine persönliche Abhängigkeit angenommen werden müsste, lag nach Auffassung des Gerichts ebenfalls nicht vor. Hierbei zog es einen Vergleich zu Lehrkräften, wonach bei diesen der Selbständigkeit ebenfalls nicht entgegenstehe, wenn der äußere Rahmen bzw. Ziele der Tätigkeit vorgegeben sind, aber die Art und Weise, wie er diese erreicht, dem Lehrer selbst überlassen bleibt. Diese Grundsätze sind nach Auffassung des Gerichts auf Ärzte im Krankenhaus übertragbar, da auch dort eine zeitliche und räumliche Abstimmung unabdingbar sei.[864]

(v) Indizien für eine abhängige Beschäftigung

Als Indizien für eine abhängige Beschäftigung hat das Gericht aber angesehen, dass Arbeitsmittel, wie etwa der Narkoseapparat oder auch Arbeitskleidung zur Verfügung gestellt wurden. Dies sei aber auch bei anderen freiberuflich Tätigen nicht ungewöhnlich, wie etwa bei „Mietköchen“ oder Dozenten.[865]

Auch die Stundenvergütung und damit einhergehend sowie generell ein geringes Unternehmerrisiko seien Indizien einer abhängigen Beschäftigung. Nach Auffassung des Gerichts treten diese aber hinter die gewichtigen Anhaltspunkte der selbständigen Tätigkeit zurück. Zum Unternehmerrisiko führt das Gericht aus, dass hierbei auch gesehen werden muss, dass es bei den neuen Formen der Selbständigkeit überwiegend um Dienstleistungen geht, die im Wesentlichen ohne den Einsatz sächlicher Produktionsmittel tätig sind, so dass das klassische Verständnis eines Unternehmerrisikos vorliegend nicht durchgreifen könne. Darunter verstand man hauptsächlich den Einsatz eigenen Kapitals, Arbeit, Geld oder sonstige Vermögenswerte bei der Ausführung der Tätigkeit mit dem Risiko des Verlustes bzw. dass das Unternehmerrisiko zumindest in erheblichem Umfang mitgetragen wird. Insofern könne bei einem Honorararzt – wie den übrigen neuen Selbständigen – nicht ohne Weiteres auf die frühere Begriffsbestimmung und Bedeutung zurückgegriffen werden. Das Gericht sah allerdings auch in der Haftung des Honorararztes zumindest im Innenverhältnis zum Krankenhaus ein gewisses Risiko.[866]

863 SG Berlin, Urt. v.26.02.2014 – S 208 KR 2118/12, juris.
864 SG Berlin, Urt. v.26.02.2014 – S 208 KR 2118/12, juris.
865 SG Berlin, Urt. v.26.02.2014 – S 208 KR 2118/12, juris.
866 SG Berlin, Urt. v.26.02.2014 – S 208 KR 2118/12, juris.

Neben der Weisungsfreiheit war auch die Möglichkeit der Leistungserbringung durch Dritte, keine Vergütung während Krankheits- und Urlaubszeiten sowie das Vorhandensein mehrerer Auftraggeber entscheidend für die selbständige Tätigkeit, so dass es im Ergebnis nach einer Gesamtabwägung aller Umstände des Einzelfalls eine Sozialversicherungsfreiheit feststellte.

(2) Stellungnahme

Das SG Berlin hat in dieser Entscheidung die Grundsätze und Besonderheiten der Honorarärzte generell und der Anästhesisten im Speziellen herausgearbeitet und erkannt sowie bei der Entscheidung und Abwägung der Gesamtumstände korrekt berücksichtigt. Es hat die Entscheidung – ggf. auch vor dem Hintergrund der divergierenden Rechtsprechung im Vergleich zu Baden-Württemberg – im Übrigen zum Anlass genommen, einige gewichtige Grundsätze und Leitlinien nochmals klar zum Ausdruck zu bringen. So etwa der Grundsatz, dass eine selbständige Tätigkeit bei Ärzten in Krankenhäusern rechtlich zulässig ist, dem Willen der Vertragsparteien zumindest indizielle Bedeutung zukommen muss, aber auch der Grundsatz, dass es sich bei den jüngst zu beurteilenden Selbständigkeitsfällen überwiegend um Dienstleistungen im akademischen Bereich handelt, so dass die Kriterien unter diesem Blickwinkel neues Gewand erfahren und anders gewertet werden müssen. Ungeachtet der Tatsache, dass das Unternehmerrisiko – wie das BAG in ständiger Rechtsprechung ausführt – ohnehin in rechtlicher Hinsicht keine entscheidende Rolle spielt, hat das SG Berlin dieses Kriterium im Hinblick auf die betriebsmittelarme Dienstleistung eines Anästhesisten ausgelegt und gewertet. Der Entscheidung ist zuzustimmen, da auch in diesem Fall auf das maßgebliche Kriterium der zeitlichen Weisungsfreiheit abgestellt wurde.

dd) SG Berlin vom 03.11.2015 – S 122 KR 2119/12

(1) Entscheidung des SG Berlin

(i) Grundsätzliche Erwägungen des Gerichts

Erst jüngst hatte sich das SG Berlin abermals mit einem niedergelassenen Arzt zu befassen, der als selbständiger Anästhesist Leistungen in einem Krankenhaus erbrachte und dessen Status festgestellt werden sollte. Auch in dieser Entscheidung bestätigte das Sozialgericht die Selbständigkeit der Tätigkeit und betonte nochmals seine grundsätzlichen Erwägungen in diesem Bereich, die es auch schon in den früheren Entscheidungen zum Ausdruck gebracht hat. So führte es aus, dass sich keinesfalls ein Grundsatz dergestalt herleiten lasse, wonach ärztliche Tätigkeiten innerhalb eines Krankenhauses stets nur in einem abhängigen Beschäftigungsverhältnis stattfinden könnten.[867]

867 SG Berlin, Urt. v.03.11.2015 – S 122 KR 2119/12, juris.

Im Unterschied zu den früheren Entscheidungen erwähnte das SG Berlin in dieser Entscheidung auch ausdrücklich die Entscheidung des LSG Baden-Württemberg vom 17.04.2013, lies aber offen, ob die dort vertretene Ansicht, Voraussetzung für eine wirksame Kooperation zwischen einem Honorararzt und einem Krankenhaus sei das Vorhandensein einer Niederlassung des Arztes, korrekt sei, da der in diesem Fall zu beurteilende Anästhesist niedergelassen war. Weiter hob das SG Berlin hervor, dass der Gesetzgeber davon ausgehe, dass eine Honorararzttätigkeit im Krankenhaus möglich ist und bezieht sich hierbei auf § 2 Abs. 1 Satz 1 KHEntgG. Die Kammer versteht unter dem dort aufgeführten „nicht angestellten Arzt" auch gerade den Honorararzt, so dass es der Auffassung des LSG Baden-Württemberg ausdrücklich widerspricht. Zur Begründung der Auffassung wird angeführt, dass sich dies aus der Gesetzesbegründung ergebe, auch wenn im KHEntgG grundsätzlich nur Abrechnungsfragen geregelt sind und insofern keine Aussage über den sozialversicherungsrechtlichen Status von in einem Krankenhaus tätigen Personen enthalten ist und darüber hinaus der Begriff „nicht festangestellter Arzt" nicht juristisch klar definiert sei.[868]

(ii) Sachverhalt und Gesichtspunkte für eine abhängige Beschäftigung

Nach Auffassung des SG Berlin hat die Abgrenzung somit nach den allgemeinen Abgrenzungskriterien unter Berücksichtigung der Besonderheiten der Tätigkeit eines Honorararztes im Bereich der Anästhesie zu erfolgen. Es sprach vorliegend bereits die vertragliche Grundlage als Ausgangspunkt der Prüfung für eine selbständige Tätigkeit, ebenso wie die tatsächliche Ausgestaltung der Tätigkeit. Für eine abhängige Beschäftigung sprach nach Auffassung des Gerichts allerdings der Umstand, dass der Honorararzt zur Nutzung der Einrichtungen des Krankenhauses verpflichtet war, wobei sich dies nach Auffassung des Gerichts neben der vertraglichen Verpflichtung auch aus dem Wesen seiner geschuldeten Tätigkeit als Anästhesist ergab. Darüber hinaus hatte der Anästhesist gewisse Dokumentationspflichten und musste einen Tätigkeitsnachweis führen. Schließlich sprach nach Überzeugung des Gerichts auch die Stundenvergütung für eine abhängige Beschäftigung, da er dadurch keinen Verdienstausfall zu befürchten habe.

(iii) Gründe des SG Berlins für die selbständige Tätigkeit

Gleichwohl überwogen die für eine selbständige Tätigkeit sprechenden Gesichtspunkte, so dass die Indizien für eine abhängige Beschäftigung dahinter zurücktraten.

So sah das Gericht insbesondere den Umstand als gewichtig an, dass der Anästhesist im Wesentlichen weisungsfrei tätig war, er also völlig eigenverantwortlich und allein handelnd auf seinem Fachgebiet tätig wurde. Dies habe sich bereits aus der tatsächlichen Gegebenheit ergeben, dass kein Chefarzt der Anästhesie existierte, der dem Honorararzt hätte Anweisungen geben können. Eine kollegiale Abstimmung

868 SG Berlin, Urt. v.03.11.2015 – S 122 KR 2119/12, juris.

sei für die Weisungsfreiheit unschädlich, da diese lediglich patientenbezogen und auf Augenhöhe erfolgten, also gerade nicht von einem Über-/Unterordnungsverhältnis – wie dies bei Weisungsgebundenheit der Fall wäre – geprägt waren. Wichtig war für das Gericht auch, dass keine Verpflichtung zur Tätigkeit bestand, der Anästhesist also frei entscheiden konnte, ob er tätig werden wolle oder nicht. Darüber hinaus betonte das Gericht auch, dass der Anästhesist nur soweit in den Krankenhausbetrieb eingegliedert gewesen sei, wie es die Ausübung seiner Tätigkeit dem Wesen nach mit sich brachte. Er war hingegen nicht in die organisatorischen Vorgänge eingebunden, vielmehr war eine Einteilung in den Dienstplan nur nach vorheriger Vereinbarung mit dem Honorararzt möglich. Optisch wurde diese fehlende Eingliederung nach Auffassung des Gerichts auch für seine selbständige Tätigkeit durch ein eigenes Namensschild geprägt.[869]

Das Gericht hob hervor, dass das Merkmal des Unternehmerrisikos im Lichte der ärztlichen Tätigkeit zu gewichten sei, wobei es bei dem Anästhesisten zumindest ein schwaches unternehmerisches Risiko darin sah, dass er sein eigenes berufliches Haftungsrisiko absichern und im Übrigen sich auch selbst aktiv um Aufträge bemühen musste.[870]

Das Gericht sah auch die Möglichkeit, die Tätigkeit durch Dritte erbringen zu lassen, als ein „ganz starkes Indiz“[871] für eine selbständige Tätigkeit an. Unerheblich sei hingegen, dass der Anästhesist in dem streitigen Zeitraum davon keinen Gebrauch gemacht hat. Maßgeblich sei allein, dass ihm dieses Recht eingeräumt wurde.[872]

(2) Stellungnahme

Das Sozialgericht Berlin erkennt die Besonderheit der Tätigkeit des Anästhesisten als Honorararzt auch in diesem Falle und beurteilt die von der Rechtsprechung entwickelten Abgrenzungskriterien unter Berücksichtigung dieser Besonderheiten, so dass es konsequenterweise beispielsweise nicht maßgeblich auf die Eingliederung oder die freie Wahl des Ortes der Tätigkeit ankomme, da sich dies aus der Natur der Tätigkeit ergibt.

Auch ist dem SG Berlin darin zuzustimmen, dass es der Entscheidung des LSG Baden-Württemberg aus 2013 entgegentritt, da der Gesetzgeber mit der Klarstellung in § 2 KHEntgG gerade auch die honorarärztliche Tätigkeit erfassen wollte. Zutreffenderweise stellt das SG Berlin bei der Beurteilung des Status des Anästhesisten maßgeblich auf dessen Weisungsfreiheit ab und stellt klar, dass eine gewisse Abstimmung mit anderen an der OP beteiligten Personen weder eine Weisungsabhängigkeit noch eine Eingliederung darstellt. Herausgearbeitet hat das SG Berlin auch, dass der Anästhesist einen eigenen abgrenzbaren Verantwortungsbereich hatte und eine fachliche Abstimmung mit Kollegen unschädlich sei.

869 SG Berlin, Urt. v.03.11.2015 – S 122 KR 2119/12, juris.
870 SG Berlin, Urt. v.03.11.2015 – S 122 KR 2119/12, juris.
871 SG Berlin, Urt. v.03.11.2015 – S 122 KR 2119/12, juris.
872 SG Berlin, Urt. v.03.11.2015 – S 122 KR 2119/12, juris.

ee) SG Darmstadt vom 16.11.2015 – S 8 KR 54/14

(1) Entscheidung des SG Darmstadt

(i) Grundsätze des Gerichts

Ferner hatte das Sozialgericht Darmstadt über den Status eines als Honorararzt tätigen Anästhesisten in einem Klinikum zu entscheiden. Das SG Darmstadt nahm eine abhängige Beschäftigung an. Begründet hatte es diese Entscheidung vor allem damit, dass nach Auffassung des Gerichts kaum eine stärkere Einbindung als bei einem Anästhesisten denkbar sei, da er nahezu ausschließlich mit den Arbeitsmitteln des Auftraggebers in dessen Räumlichkeiten arbeite. Ohne diese komplexe und teure Ausstattung der Klinik sei ihm die Tätigkeit nicht möglich gewesen.[873]

(ii) Eingliederung in den Betrieb des Auftraggebers

Nach Auffassung des Gerichts spricht auch der Umstand, dass das Krankenhaus sich des Honoraranästhesisten bedient hat, um seine eigenen gesetzlichen und vertraglichen Pflichten gegenüber den Patienten und deren Kostenträger zu erbringen, für eine abhängige Beschäftigung. Dies zeige, dass der Honorararzt seine Leistung in einer fremd vorgegebenen und übergeordneten Arbeitsorganisation erbracht habe. Weiter spricht nach Auffassung des Gerichts für die Eingliederung, dass der Honorararzt auch organisatorisch in den Ablauf eingegliedert war, weil die Parteien konkret abgesprochen haben, auf welchen Stationen und in welchen Schichten der Honorararzt tätig sein soll. Die Gegenargumentation im Prozess, dass die Eingliederung in der Natur der Tätigkeit liege, wurde vom Gericht unter Bezugnahme auf eine Entscheidung des BSG aus dem Jahre 2009 abgelehnt.[874]

Die Zusammenarbeit mit anderen Personen wurde vom Gericht ebenfalls als Indiz für eine abhängige Beschäftigung gewertet. So habe der Anästhesist beispielsweise absprechen müssen, welche Operationen er übernehmen wolle oder aber habe er mit einer angestellten Fachpflegekraft zusammenarbeiten arbeiten müssen, die einem Patienten etwa ein Medikament spritzte, während er gerade mit dem Beatmen des Patienten beschäftigt gewesen sei. Darüber hinaus lag nach Auffassung des Gerichts eine Zusammenarbeit mit dem „Operationsteam“ vor, so dass der Anästhesist nach Auffassung des SG Darmstadt „Teil“ eines Teams war. Gegenseitige Absprachen und ein gegenseitiger Austausch seien also unabdingbar gewesen.[875]

Weiter habe der Anästhesist auch einigen Weisungen unterlegen, was ebenfalls für die abhängige Beschäftigung spreche. Zwar seien bei hoch qualifizierten

---

873 SG Darmstadt, Urt. v.16.11.2015 – S 8 KR 54/14, juris.

874 SG Darmstadt, Urt. v.16.11.2015 – S 8 KR 54/14, juris unter Bezugnahme auf BSG, Urt. v.11.03.2009 – B 12 KR 21/07 R, juris (Das LSG habe nicht berücksichtigt, dass eine tatsächlich bestehende Eingliederung nicht deshalb in ihrer Bedeutung zurücktritt, weil sie (auch) in der Eigenart der zu erbringenden Leistung begründet ist).

875 SG Darmstadt, Urt. v.16.11.2015 – S 8 KR 54/14, juris.

Tätigkeiten inhaltliche und fachliche Weisungsbefugnisse eingeschränkt, so dass das Eingebundensein in einen fremden Betrieb nach dessen Auffassung in den Vordergrund trete.[876] Aufgrund der Tatsache, dass der Tätigkeitsort und die Tätigkeitsdauer durch den jeweiligen Auftrag bereits vorgegeben waren, habe kein Spielraum mehr für den Anästhesisten bestanden, seine Tätigkeit frei zu gestalten. Er sei an die vereinbarten Vorgaben gebunden gewesen, wenn er einen Auftrag angenommen habe.

(iii) Gesamtwürdigung durch das Gericht

Insgesamt war für das Gericht ausschlaggebend, dass eine Eingebundenheit in den Betrieb vorliegt und die sogenannte funktionsgerecht dienende Teilhabe in den Vordergrund trete, selbst wenn auch gewisse Anzeichen für eine selbständige Tätigkeit vorliegen. Auch der Umstand, dass der Anästhesist Aufträge ablehnen konnte, sprach nach Auffassung des Gerichts unter Bezugnahme auf die Entscheidung des LSG Baden-Württemberg vom 20.08.2015 nicht für eine selbständige Tätigkeit. Ergänzend dazu führte es an, dass auch die vereinbarte Vergütung nach Arbeitsstunden sowie die faktisch höchstpersönliche Leistungspflicht, ebenso wie die Tatsache, dass der Honorararzt nicht selbst für eine Vertretung zu sorgen hatte und er im Wesentlichen Aufgaben eines fest angestellten Anästhesisten übernahm, dafür, dass eine abhängige Beschäftigung vorliege. All dies seien Indizien für eine abhängige Beschäftigung. Auch ein fehlendes Unternehmerrisiko sprach vorliegend für das Gericht für eine abhängige Beschäftigung, da es sich bei den vom Anästhesisten zu tragenden Kosten, wie etwa die Berufshaftpflichtversicherung oder Kosten für Fortbildungsmaßnahmen um Kosten handele, die im Umfang her vernachlässigbar seien.[877]

(2) Stellungnahme

Der Auffassung des Gerichts ist nicht zuzustimmen. Es verkennt wesentliche Gesichtspunkte und insbesondere berücksichtigt es nicht zutreffend die Besonderheiten der Tätigkeit eines Anästhesisten. Wie bereits dargelegt, hat der Anästhesist einen eigenständigen und klar abgrenzbaren Bereich, in dem er weisungsfrei arbeiten kann, was letztlich entscheidend ist. Es kommt hingegen nicht darauf an, dass der Anästhesist auf die Betriebsmittel der Klinik zurückgreift, wie das Gericht verkennt. Schließlich wird das maßgebliche Kriterium der zeitlichen Weisungsfreiheit nicht in der Art und Weise berücksichtigt, wie es rechtlich geboten und gesetzlich vorgesehen ist. Stattdessen wird vielmehr ausschließlich auf eine Eingliederung des Tätigen abgestellt, was aber in der Ausgestaltung nicht korrekt erfolgt ist, da eine Eingliederung alleine nicht zu einer persönlichen Abhängigkeit führen kann, eine Weisungsgebundenheit darf vielmehr nicht vollständig entfallen. Hiermit hat sich das SG Darmstadt nicht ausreichend auseinandergesetzt.

---

876 SG Darmstadt, Urt. v.16.11.2015 – S 8 KR 54/14, juris.

877 SG Darmstadt, Urt. v.16.11.2015 – S 8 KR 54/14, juris.

Im Hinblick auf die Eingliederung hat das SG Darmstadt verkannt, dass es nicht für eine Eingliederung oder eine abhängige Beschäftigung sprechen kann, wenn ein Selbständiger in Erfüllung etwaiger Verpflichtungen des Auftraggebers tätig wird, da dies bei jedem Subunternehmer der Fall ist und in diesen Fällen gleichwohl auch eine Selbständigkeit bestehen kann.

Darüber hinaus ist auch der Gesichtspunkt, dass eine Eingliederung vorliegen soll, weil die Parteien die Leistung immer konkret abgesprochen und vereinbart haben, nicht korrekt, da dies gerade die Selbständigkeit ausdrückt, im Gegensatz zu einer für Arbeitsverhältnisse prägenden einseitigen Weisungsbefugnis und einer nur grob umrissenen Tätigkeitsbeschreibung. Das Gericht verkennt somit, dass es kein Ausdruck einer Weisungsgebundenheit des Auftraggebers ist, wenn Ort und Zeit der Tätigkeit gemeinsam vereinbart werden. Auch die Tatsache, dass ein Selbständiger an die von ihm selbst gemachten Zusagen gebunden ist, ist nach richtiger Ansicht in der Rechtsprechung kein Zeichen für eine abhängige Beschäftigung, sondern unabhängig von der Art des Schuldverhältnisses.[878] Auch dies verkennt das Gericht, so dass die Entscheidung aus mehreren Gründen abzulehnen ist.

ff) SG Augsburg vom 13.05.2016 – S 2 R 954/14

(1) Entscheidung des SG Augsburg

(i) Sachverhalt

Das SG Augsburg hatte über den Status der Tätigkeit eines Arztes für ein Krankenhaus zu entscheiden, der auf Grundlage eines Konsiliararztvertrages Anästhesie- und Notfallleistungen erbrachte. Nach dem Vertragstext wurde der Arzt im Fachgebiet Anästhesie und Notfallmedizin nach Absprache mit dem Krankenhaus jeweils zu konsiliarärztlichen Leistungen bei Patienten beauftragt, die stationär oder ambulant versorgt werden.[879] Die Tag- sowie Bereitschaftsdienste wurden zwischen den Beteiligten gemeinsam verabredet, dafür war eine Stundenvergütung vereinbart. Der Arzt hatte sich an organisatorische Regelungen der Klinik zu halten. Das Gericht nahm in diesem Fall eine selbständige Tätigkeit an und hob die Bescheide der Deutschen Rentenversicherung Bund auf, die zuvor eine abhängige Beschäftigung des Arztes beschieden hatten.[880]

(ii) Gründe des Gerichts für eine selbständige Tätigkeit

Nach Auffassung der Kammer überwogen im Rahmen der gebotenen Gesamtabwägung die Kriterien der selbständigen Tätigkeit. In den Entscheidungsgründen führt es auch zu Grundsätzlichem aus, so dass auch das SG Augsburg betont, dass das KHEntgG lediglich Vergütungsansprüche von Krankenhäusern regelt, jedoch

---

878 So bspw. BAG, Urt. v.09.10.2002 – 5 AZR 405/01, juris; BAG, Urt. v.22.08.2001 – 5 AZR 502/99, juris; auch SG Berlin, Urt. v.10.02.2012 – S 208 KR 102/09, juris.

879 SG Augsburg, Urt. v.13.05.2016 – S 2 R 954/14, juris.

880 SG Augsburg, Urt. v.13.05.2016 – S 2 R 954/14, juris.

keine Aussage zum sozialversicherungsrechtlichen Status von dem im Krankenhaus tätigen Personen trifft. Die Kammer ist davon überzeugt, dass der Gesetzgeber die selbständige Tätigkeit von Honorarärzten nicht ausschließen wollte, sie somit also zulässig ist.

Entscheidend für die selbständige Tätigkeit führte das Gericht an, dass sich die Tätigkeit des Arztes von der Tätigkeit festangestellter Ärzte unterschied, da die Einsätze des Arztes jeweils nur nach Vereinbarung zwischen den Beteiligten erfolgten, er also nicht einseitig zu einem Dienst herangezogen werden konnte. Insofern bestand kein wie für ein Arbeitsverhältnis typisches Über-/Unterordnungsverhältnis. Daraus folgerte das Gericht, dass hinsichtlich der Arbeitszeit und der Dauer der Tätigkeit keine Weisungsgebundenheit bestand. Zusätzlich sprach für die selbständige Tätigkeit, dass der Arzt auch in der Art und Weise der Tätigkeitsausübung frei war.[881]

Der Umstand, dass der Arzt sich an organisatorische Regeln der Klinik zu halten hatte, sprach nach Auffassung des Gerichts nicht gegen die Selbständigkeit, da in diesen Fällen eine strenge Unterscheidung zwischen allgemeinen Vorgaben und Vorgaben hinsichtlich der Art und Weise der Ausübung der ärztlichen Tätigkeit vorzunehmen sei. Da kein disziplinarisches Weisungsrecht bestand und auch keine Einbindung in die Entscheidungshierarchien der Klinik oder in sonstiger Weise vorlag, sei es durch Vertretungen angestellter Ärzte oder ähnliches, waren dadurch keine Indizien für eine abhängige Beschäftigung gegeben. Betont hatte das Gericht in diesem Zusammenhang weiter, dass der Arzt nur an medizinischen Besprechungen teilnahm, die für die ärztliche Behandlung notwendig waren.[882] Dieser Umstand sprach aber nicht gegen die Selbständigkeit, ebenso wenig wie die Notwendigkeit bei der ärztlichen Tätigkeit, in gewisser Weise in die Organisationsstruktur der Klinik eingebunden zu sein sowie dass der Ort der Tätigkeit vorgegeben ist. Diese Umstände ergeben sich nach Auffassung des Gerichts aus der Natur der Tätigkeit und tragen demnach nichts zur Abgrenzung zwischen selbständiger Tätigkeit und abhängiger Beschäftigung bei. Im Ergebnis betonte das SG Augsburg, dass auch die Tätigkeit eines Facharztes, der nicht in einem räumlich abgrenzbaren Bereich in einer Klinik tätig wird, als selbständige zu beurteilt werden kann.[883]

Zu dem von der sozialgerichtlichen Rechtsprechung für eine selbständige Tätigkeit angeführten Unternehmerrisiko führte die Kammer lediglich aus, dass dieses nicht zwingend vorliegen müsse, insbesondere nicht bei betriebsmittelarmen Tätigkeiten, wie dies beim Honorararzt der Fall ist.[884]

---

881 SG Augsburg, Urt. v.13.05.2016 – S 2 R 954/14, juris.
882 SG Augsburg, Urt. v.13.05.2016 – S 2 R 954/14, juris.
883 SG Augsburg, Urt. v.13.05.2016 – S 2 R 954/14, juris.
884 SG Augsburg, Urt. v.13.05.2016 – S 2 R 954/14, juris.

Besondere Bedeutung schenkte das Gericht auch ausdrücklich den vertraglichen Regelungen bei und hob hervor, dass sich daraus der Wille der Vertragsschließenden ergibt, der auch in der Statusbeurteilung maßgebend zu berücksichtigen ist.[885]

(2) Stellungnahme

Das SG Augsburg führt in seiner Entscheidung die maßgeblichen Besonderheiten der Tätigkeit eines Honorararztes aus. Durch Herausarbeiten der Eigenart der honorarärztlichen Tätigkeit werden die allgemeinen Kriterien der Rechtsprechung im Lichte dieser Besonderheiten ausgelegt, so dass es im Ergebnis zu einem juristisch korrekten Ergebnis gelangt. Zutreffenderweise hat es auf die Weisungsfreiheit als maßgebliches Kriterium abgestellt und den vertraglichen Regelungen der Parteien die entsprechende Bedeutung beigemessen. Auch bei der Frage der Eingliederung hat es sich differenzierter damit auseinandergesetzt und nicht pauschal eine Eingliederung in dem Sinne angenommen, die für eine abhängige Beschäftigung sprechen würde. Insofern ist der Entscheidung zuzustimmen, auch wenn grundsätzlich von konsiliarärztlichen Leistungen die Rede war. In einem solchen Falle wäre der Arzt nach dem hier verwendeten Begriffsverständnis[886] lediglich zu Beratungen und zum Vorschlag von Behandlungsmethoden hinzugezogen worden, hätte aber keine Tag- und Bereitschaftsdienste übernommen.

d) Stellungnahme zur Rechtsprechung und zum Status des Anästhesisten

Die Auseinandersetzung mit der Rechtsprechung zur Honorararzttätigkeit im Bereich der Anästhesie hat gezeigt, dass einige Entscheidungen – insbesondere die des SG Berlin – die Besonderheiten der Anästhesietätigkeit berücksichtigen und die Abgrenzungskriterien in diesem Lichte bewerten und abwägen, andere hingegen nehmen die Abgrenzung ohne Berücksichtigung der Besonderheiten vor und kommen so nach meinem Dafürhalten auch zu nicht vertretbaren Ergebnissen, da diese weder von den gesetzlichen Regelungen noch von dem gesetzgeberischen Willen gedeckt sind. Im Übrigen sind diese Entscheidungen deshalb auch unter verfassungsrechtlichen Gesichtspunkten besonders kritisch, da die Berufsausübungsfreiheit der honorarärztlich tätigen Anästhesisten in nicht zulässiger Weise eingeschränkt wird.

Durch die divergierenden Entscheidungen wurde in der Praxis eine große Unsicherheit hervorgerufen, die nach meinem Dafürhalten durch eine höchstrichterliche Rechtsprechung des BSG, welche sich mit den Besonderheiten der Tätigkeit und den maßgeblichen Abgrenzungskriterien sowie der vertraglichen Grundlage auseinandersetzt, behoben werden könnte. So wäre entscheidend, dass der zeitlichen Weisungsfreiheit der Anästhesisten und der Tatsache, dass es sich um einen klar abgrenzbaren Bereich handelt, in dem die Anästhesisten ihre Tätigkeit eigenverantwortlich erbringen, große Bedeutung beizumessen. Der persönliche Kontakt tritt bei

885 SG Augsburg, Urt. v.13.05.2016 – S 2 R 954/14, juris.
886 Vgl. Kapitel IV. II. 3. b).

der Anästhesie in den Hintergrund, so dass auch nach der Literatur diese Tätigkeit in rechtlich zulässiger Weise als honorarärztliche Tätigkeit erbracht werden kann.[887]

Der Umstand, dass die Tätigkeit vor Ort in der Klinik oder in Praxen zu leisten ist sowie auch der weitere Umstand, dass die Anästhesisten häufig auf Betriebsmittel des Auftraggebers zurückgreifen, ist vorliegend aus betäubungsmittelrechtlichen Gründen geboten und spielt – wie bei den übrigen honorarärztlichen Tätigkeiten – bei der Abgrenzung keine ausschlaggebende Rolle. Ebenso kann die Tätigkeit des Anästhesisten in der Regel naturgemäß nur unter Anwesenheit anderer Personen erfolgen, da zumindest im Regelfall der Operateur und das OP-Team anwesend sind, so dass dies kein Ausdruck einer Eingliederung in den Betrieb des Auftraggebers ist, sondern Teil der vereinbarten Leistung.[888] Dies wird in einigen bereits getroffenen Entscheidungen allerdings verkannt, obgleich die höchstrichterliche Rechtsprechung in anderen Bereichen, wie etwa bei der Lehrtätigkeit, Pilotentätigkeit oder im Rundfunkbereich bereits entschieden hat, dass es für die selbständige Tätigkeit nicht schädlich ist, wenn Betriebsmittel benutzt werden, die Tätigkeit in den Räumlichkeiten des Auftraggebers erbracht wird und in gewisser Weise auch ein Zusammenwirken mit anderen Personen erfolgt.

Entscheidend muss bei der Abgrenzung für eine selbständige Tätigkeit wie bei anderen Tätigkeiten auch eine im Wesentlichen weisungsfreie Tätigkeit vorliegen, die auch bei einem Honorararzt im Bereich der Anästhesie bestehen kann. Die allgemeinen Grundsätze sind wie aufgezeigt demnach auch auf die honorarärztliche Tätigkeit zu übertragen. Andere Auffassungen wären weder mit den grundgesetzlich garantierten Freiheiten, noch mit den Grundsätzen der höchstrichterlichen Rechtsprechung zu anderen Bereichen vereinbar und würden dem klaren Willen des Gesetzgebers wiedersprechen.

887 So vgl. ausdrücklich auch Roos/Gersch, DÄ 2010, 107.
888 LSG Baden-Württemberg, Urt. v.19.04.2016 – L 11 R 2428/15, juris offen gelassen, unter Bezugnahme auf Möller/Makoski, GesR 2012, 647, 651.

FÜNFTES KAPITEL: Zusammenfassende Ergebnisse und Schlussbetrachtung

Nach eingehender Untersuchung und Herausarbeiten der entscheidenden Abgrenzungskriterien zur Beurteilung, ob eine abhängige Beschäftigung oder aber eine selbständige Tätigkeit vorliegt sowie der weiteren Untersuchung der Tätigkeit eines Honorararztes, insbesondere im Fachbereich der Anästhesie unter Berücksichtigung der Besonderheiten dieser Tätigkeit lassen sich folgende Erkenntnisse als Thesen zusammenfassen:

1) Aufgrund des verfassungsrechtlichen Grundsatzes des Vorbehalt und Vorrang des Gesetzes müssen die gesetzlichen Regelungen immer Anknüpfungspunkt für die Abgrenzung der selbständigen Tätigkeit von der abhängigen Beschäftigung sein. Hierbei stellt sich vor allem § 84 Abs. 1 Satz 2 HGB sowie § 7 Abs. 1 Satz 2 SGB IV als maßgeblich heraus. Die Legaldefinition des Arbeitsvertrages in § 611a BGB, die ab 01.04.2017 in Kraft treten soll, ändert nichts an den bisherigen Anknüpfungskriterien, sondern betont besonders die Weisungsgebundenheit beim Arbeitsvertrag.
2) Es gibt de lege lata keine Tätigkeiten, die per se nur als abhängige Beschäftigung ausgeübt werden können. Jede Tätigkeit kann vielmehr – aus juristischer Sicht – sowohl im Rahmen einer selbständigen Tätigkeit als auch als abhängige Beschäftigung erbracht werden. Dies gilt auch für die honorarärztliche Tätigkeit generell und für den Honoraranästhesisten im Speziellen. Es gibt keine gesetzliche Regelung, die die selbständige Tätigkeit in diesem Bereich verbieten würde. Etwaige berufsrechtliche oder abrechnungsrelevante Regelungen sagen nichts über den Status des Honorararztes aus. Auch betäubungsmittelrechtliche Vorschriften bei der Tätigkeit des Anästhesisten stehen dem nicht entgegen. Die Tätigkeit ist demnach auch als selbständige rechtlich zulässig.
3) Es gibt kein Vorrangverhältnis des Arbeitsvertrages vor dem freien Dienstvertrag, beide stehen vielmehr gleichwertig nebeneinander. Entscheidend ist dabei die Ausgestaltung der Tätigkeit. Eine pauschale, von vornherein auf verschiedene Fallgruppen bezogene Aussage verbietet sich, zumal sich die Tätigkeiten und die damit verbundene Ausgestaltung ungeachtet der bestehenden Unterschiede im Einzelfall auch während der Zeit verändern können. Die Verwaltungspraxis sowie teilweise auch die instanzgerichtliche Rechtsprechung verstoßen durch eine pauschale und katalogartige Subsumtion von bestimmten Tätigkeitsgruppen gegen die rechtlichen Grundsätze, so auch im Bereich der Honorarärzte. Es bedarf immer einer Prüfung im Einzelfall, nicht zuletzt auch aufgrund der weitreichenden und massiven Konsequenzen, die die Scheinselbständigkeit vor allem für den Auftraggeber bzw. Arbeitgeber zur Folge hat.

4) Eine juristisch korrekte Abgrenzung in jedem Einzelfall unter Berücksichtigung der Besonderheiten einer jeden Tätigkeit ist somit unerlässlich und verfassungsrechtlich geboten. In diesem Zusammenhang hat die Rechtsprechung den vertraglichen Grundlagen der Parteien eine größere Bedeutung beizumessen, insbesondere wenn sich – wie beim Honorararzt der Fall – gleichberechtigte Vertragspartner gegenüberstehen und die Honorarärzte häufig ausschließlich auf selbständiger Basis tätig werden wollen. Auch wenn die soziale Schutzbedürftigkeit kein Abgrenzungskriterium darstellt, so ist sie in gewisser Weise zumindest mittelbar vor allem bei der vertraglichen Grundlage, der den Willen der Parteien zum Ausdruck bringt, stärker zu berücksichtigen.
5) Die Weisungsfreiheit – insbesondere in zeitlicher Hinsicht – ist das maßgebliche Abgrenzungskriterium zur Bestimmung, ob jemand persönlich abhängig ist oder nicht, welche auch durch die gesetzlichen Regelungen zum Ausdruck kommt. Dabei muss aber auf die Weisungen im Sinne des Arbeitsrechts bzw. des Sozialversicherungsrechts abgestellt werden. Maßgebend für eine persönliche Abhängigkeit sind demnach nur Weisungen im engeren Sinne. In der Praxis werden aber häufig Weisungen im vorgenannten Sinne vorschnell angenommen, weil eine trennscharfe juristische Auseinandersetzung unterbleibt und eine Differenzierung zu werkleistungsbezogenen Anweisungen oder Vereinbarungen der Parteien nicht stattfindet. Auch die Eingliederung in einen fremden Betrieb spielt nach den gesetzlichen Regelungen grundsätzlich eine Rolle, wobei bei genauerer Auseinandersetzung mit diesem Kriterium festzustellen ist, dass es sich nicht um ein eigenständiges Kriterium handelt, sondern Ausfluss der Weisungsgebundenheit ist. Ein Unternehmerrisiko kann für die Beurteilung der persönlichen Abhängigkeit nicht maßgeblich sein, wie das BAG zutreffender Weise feststellt.
6) Bei der Beurteilung der Tätigkeit des selbständigen Anästhesisten verkennt die Rechtsprechung oftmals die Besonderheiten der Tätigkeit. Auch in diesen Fällen ist die weisungsfreie Tätigkeit entscheidend, hingegen spielen andere von der Rechtsprechung entwickelte Abgrenzungskriterien keine oder zumindest nur eine untergeordnete Rolle. So ist etwa die Erbringung der Tätigkeit in den Räumlichkeiten des Auftraggebers ohne Aussagekraft. Die Benutzung fremder Betriebsmittel oder das gewisse Zusammenwirken mit anderen Personen kann nicht ohne Weiteres auf eine Eingliederung des Anästhesisten hindeuten, so dass von dessen persönlicher Abhängigkeit auszugehen wäre. Entscheidend ist demnach, dass der Anästhesist im Wesentlichen frei in der Tätigkeitserbringung ist, keinen Weisungen unterliegt und die Tätigkeit eigenverantwortlich ausführt, was in der Praxis regelmäßig zutrifft. Insofern ist die Tätigkeit der Honorarärzte, speziell der Anästhesisten nicht nur gesetzlich zulässig, sondern auch tatsächlich regelmäßig so ausgestaltet, dass bei Anwendung der zutreffenden Abgrenzungskriterien unter Berücksichtigung der Besonderheiten der medizinischen Tätigkeit eine selbständige Tätigkeit vorliegt. Die hier vertretene Auffassung der selbständigen Tätigkeit des Honorararztes, insbesondere im Bereich der Anästhesie, steht demnach mit den geltenden Gesetzen im Einklang und trägt

besonders dem Willen der Parteien sowie auch den grundgesetzlich geschützten Rechtspositionen der Vertragspartner ausreichend Rechnung.

7) Eine neue gesetzliche Regelung würde das Problem der Scheinselbständigkeit nicht lösen. Es ist zweifelhaft, ob mit einer gesetzlichen Regelung sämtliche unterschiedlichen Facetten und Besonderheiten einer jeden Tätigkeit berücksichtigt werden könnten. Nach meinem Dafürhalten müssten die Gerichte die entwickelten Kriterien entsprechend den Umständen und vor allem unter Berücksichtigung der Besonderheiten des Einzelfalles richtig anwenden und je nach Tätigkeit unterschiedlich gewichten. So müsste bei jeder Tätigkeit zunächst herausgearbeitet werden, welche Kriterien durch die Besonderheiten der Tätigkeit ggf. nur eingeschränkt oder weniger aussagekräftig sind als bei anderen Tätigkeiten. Orientiert an den Grundsätzen des SG Berlin wäre demnach eine höchstrichterliche Entscheidung des BSG zur Tätigkeit der honorarärztlichen Anästhesisten wünschenswert und könnte nach meinem Dafürhalten zu mehr Rechtssicherheit beitragen. Daran könnten sich sodann auch die Verwaltungsbehörden sowie die instanzgerichtliche Rechtsprechung orientieren, auch wenn höchstrichterliche Grundsätze die Instanzgerichte nicht von einer Einzelfallprüfung entbinden.

Literaturverzeichnis

Altendorfer, Reinhold / Heppenkausen, Christoph, Der niedergelassene Arzt als Honorararzt im Krankenhaus – rechtliche Rahmenbedingungen und Entwicklungstendenzen, NZS 2011, 493.

Arbeitsgemeinschaft berufsständischer Versorgungseinrichtungen e.V., abrufbar unter https://www.bundestag.de/blob/482902/5ed906d81fb6387001edbfe0b07c5d6b/18_14_0220-41-_hhvg_abv-data.pdf (zuletzt abgerufen am 26.01.2017).

Ausschussdrucksache Deutscher Bundestag, abrufbar unter https://www.bundestag.de/blob/482824/62eb1930634d17cc2e04984798c8083a/18_14_0226-1_aeae-koa_hhvg-data.pdf (zuletzt abgerufen am 26.01.2017).

Baeck, Ulrich / Winzer, Thomas / Hies, Dominic, Neuere Entwicklungen im Arbeitsrecht – Zweiter Referentenentwurf zur Änderung des Arbeitnehmerüberlassungsgesetzes und anderer Gesetze, NZG 2016, 415.

Bauer, Jobst-Hubertus / Baeck, Ulrich / Schuster, Doris-Maria, Scheinselbständigkeit – Kriterien und Auswege, Stuttgart, 2000.

Bauer, Jobst-Hubertus / Diller, Martin, Das Ende eines Alptraums?, NZA 1999, 745.

Bauer, Jobst-Hubertus / Diller, Martin / Lorenzen, Stefanie, Das neue Gesetz zur „Scheinselbständigkeit", NZA 1999, 169.

Bamberger, Heinz Georg / Roth, Herbert, Beck´scher Onlinekommentar zum BGB, 41. Edition, München, November 2016.

Baumbach, Adolf / Hopt, Klaus J., Kommentar zum HGB, 37. Auflage, München, 2016.

Becker, Silke, Scheinwerkverträge und Scheinselbstständigkeit – externe Dienstleistungen im Spannungsfeld zwischen Rechtssicherheit und Lebenswirklichkeit, DB 2015, 2267.

Berndt, Joachim, Sozialversicherungsrecht in der Praxis, 1. Auflage, Hamm, 2009.

Berufsverband Deutscher Anästhesisten und Berufsverband der Deutschen Chirurgen, Vereinbarung über die Zusammenarbeit bei der operativen Patientenversorgung, 1982, abrufbar unter https://www.bda.de/docman/alle-dokumente-fuer-suchindex/oeffentlich/empfehlungen/523-vereinbarung-ueber-die-zusammenarbeit-bei-der-operativen-patientenversorgung/file.html (zuletzt abgerufen am 25.08.2016).

Blümich / Heuermann, Bernd / Brandis, Peter (Hrsg.), Kommentar zum Einkommenssteuergesetz, Körperschaftssteuergesetz, Gewerbesteuergesetz, 134. EL, September 2016.

Boemke, Burkhard, Privatautonomie im Arbeitsvertragsrecht, NZA 1993, 532.

Boemke, Burkhard, Neue Selbständigkeit und Arbeitsrecht, ZfA 1998, 285.

Boemke, Burkhard, Scheinselbstständigkeit im Arbeitsrecht, DStR 2000, 1694.

Brand Jürgen, Die Behandlung des Problems „Scheinselbständigkeit" durch die Sozialgerichte, NZS 1997, 552.

Buchner, Herbert, Von Scheinselbständigen und Scheinlösungen - Das „Gesetz zur Förderung der Selbständigkeit", DB 1999, 2514.

Buchner, Herbert, Das Recht der Arbeitnehmer, der Arbeitnehmerähnlichen und der Selbständigen - jedem das Gleiche oder jedem das Seine?, NZA 1998, 1144.

Bundesärztekammer und Kassenärztliche Vereinigung, Honorarärztliche Tätigkeit in Deutschland – Positionspapier, April 2011, abrufbar unter http://www.bundesaerztekammer.de/fileadmin/user_upload/downloads/honoraraerzte_26052011.pdf (zuletzt abgerufen am 09.09.2016).

Bundesministeriums für Arbeit und Soziales, Mitteilung vom 01.06.2016, abrufbar unter http://www.bmas.de/DE/Presse/Pressemitteilungen/2016/pk-leiharbeit-werkvertraege.html (zuletzt abgerufen am 10.06.2016).

Bundesministerium für Arbeit und Sozialordnung, Scheinselbständige und Arbeitnehmerähnliche Selbständige, April 2000.

Bundesverband der Honorarärzte, Positionspapier des Bundesverbandes der Honorarärzte e.V. zum Bericht der Bundesregierung über die Lage der freien Berufe (Drucksache 17/13074), 2013, abrufbar unter https://www.bv-honoraraerzte.de/live/bv-honoraraerzte/content/e160/ e4316/e5582/Positionspapier_Lage_der_Freien_Berufe.pdf (zuletzt abgerufen am 09.09.2016).

Clausen, Tilmann, Die Änderung des § 2 KHEntgG – Beginnt jetzt die „große Freiheit" für Honorarärzte?, ZMGR 2012, 248.

Der Honorararzt, Spitzengespräch zu Selbständigkeit von Honorarärzten ohne Ergebnis, 30.07.2012, abrufbar unter http://www.derhonorararzt.de/long/?back=3&pos=145&start=0 (zuletzt abgerufen am 13.01.2016).

Deutsche Krankenhausgesellschaft, Selbständigkeit vs. Arbeitnehmerstellung bei Kooperationen zwischen Krankenhäusern und Ärzten, Rundschreiben Nr. 204/2011, abrufbar unter http://www.bkg-online.de/media/file/10265.dkg-arbeitspapier-kooperationen-stand26052011.pdf (zuletzt abgerufen am 09.09.2016).

Deutsches Krankenhausinstitut e.V. / Blum, Karl / Löffert, Sabine / Offermanns/ Matthias / Steffen, Petra (Hrsg.), Krankenhaus Barometer, Düsseldorf, 2013, abrufbar unter http://www.dkgev.de/media/file/16291.Umfrage_2013.pdf (zuletzt abgerufen am 11.01.2016).

Deutsche Rentenversicherung Bund, summa summarum, 2012, Ausgabe 4, abrufbar unter http://www.deutsche-rentenversicherung.de/cae/servlet/contentblob/263602/publicationFile/49484/ (zuletzt abgerufen am 09.09.2016).

Deutsche Rentenversicherung Bund, Auf den Punkt gebracht, 2016, abrufbar unter http://www.deutsche-rentenversicherung.de/Allgemein/de/Inhalt/3_

Infos_fuer_Experten/02_arbeitgeber_steuerberater/01a_summa_summarum/02_broschueren/versicherung.pdf?__blob=publicationFile&v=21 (zuletzt abgerufen am 09.09.2016).

Dieckmann, Stefanie, Der Status des Werkunternehmers als Beschäftigter im Sinne des § 7 SGB IV, NZS 2013, 647.

Dokumentation des Deutschen Arbeitgebertages 2015, abrufbar unter http://www.deutscher-arbeitgebertag.de/tl_files/dat/Dokumentation/DAT_2015_Dokumentation.pdf, S. 25 (zuletzt abgerufen am 11.08.2016).

Dörner, Klemens /Baeck, Ulrich, Die Vorschläge der Kommission „Scheinselbständigkeit" - Geht der Alptraum weiter?, NZA 1999, 1136.

Ebenroth/Boujong/Joost/Strohn / Joost, Detlev / Strohn, Lutz, Kommentar zum HGB, Band I, 3. Auflage, München, 2014.

Empfehlungen des Bundesverbandes der Honorarärzte für die Kooperation mit Honorarärzten, Stand 2011, abrufbar unter http://www.bv-honoraraerzte.de/live/bv-honoraraerzte/content/e3208/e3274/e3275/EmpfehlungBVH-Koop.pdf (zuletzt abgerufen am 11.01.2016).

Empirische Befunde zur „Scheinselbständigkeit", Zentrale Ergebnisse des IAB-Projekts „Freie Mitarbeiter und selbständige Einzelunternehmer mit persönlicher und wirtschaftlicher Abhängigkeit", NZA 1997, 590.

Erfurter Kommentar zum Arbeitsrecht / Müller-Glöge, Rudi / Preis, Ulrich / Schmidt, Ingrid (Hrsg.), Kommentar zum Arbeitsrecht, 17. Auflage, München, 2017.

Exner, Ulrike, Konsequenzen der Verkennung des arbeitsrechtlichen Status – Die Behandlung der Rechtsformverfehlung in arbeitsrechtlicher und sozialrechtlicher Sicht (Diss.), Hannover 2005.

Fischer, Thomas, Kommentar zum StGB mit Nebengesetzen, 64. Auflage, München, 2017.

Fischer, Guntram, Ambulante Anästhesie, Der niedergelassene Anästhesist, abrufbar unter http://www.aoz-allgaeu.de/tl_files/downloads/TT_Der-niedergelassene-Anaesthesist-Fischer.pdf (zuletzt abgerufen am 25.08.2016).

Flintrop, Jens, Honorararztwesen in Deutschland: Zeit für pragmatische Lösungen, Deutsches Ärzteblatt 2013, 2246.

Freckmann, Anke, Freie Mitarbeit wieder im Trend – Flucht aus der Leiharbeit, DB 2013, 459.

Gastell, Roland, Scheinselbständigkeit und Arbeitnehmerbegriff: Bekämpfung der Scheinselbständigkeit durch eine Neudefinition des Arbeitnehmerbegriffs? (Diss), 1999.

Gemeinsames Rundschreiben der Spitzenorganisationen der Sozialversicherung zum Gesetz zur Förderung der Selbständigkeit vom 20.12.1999, NZS 2000, 184.

Gemeinsamen Rundschreiben des GKV zur Statusfeststellung von Erwerbstätigen vom 13.04.2010, abzurufen unter http://www.deutsche-renten versicherung.de/Allgemein/de/Inhalt/3_Infos_fuer_Experten/02_arbeitgeber_steuerberater/01a_summa_summarum/04_rundschreiben/2010/april_rs_selbs taendigkeit_pdf.pdf?__blob=publicationFile&v=5 (zuletzt abgerufen am 09.09.2016).

Gerber, Claudia, Honorarkraft im Krankenhaus – Arbeitnehmer oder freier Mitarbeiter?, KHR 2009, 186.

Gersch, Sarah, Der Vertragsarzt in der Leistungserbringung zugelassener Krankenhäuser (Diss.), Hamburg, 2014.

Goetzke, Oda Christiane, Die Rechtsstellung des Honorararztes (Diss.), Düsseldorf, 2014.

Greiner, Stefan, Statusbegriff und Vertragsfreiheit im Arbeits- und Sozialversicherungsrecht, insbesondere im Falle der Freistellung von der Arbeitsleistung, NZS 2009, 657.

Greiner, Stefan, Das Beschäftigungsverhältnis im Sozial- und Arbeitsrecht, Schriftenreihe des Deutschen Sozialrechtsverbandes, SDSRV 62, 2012.

Griebeling, Gert, Die Merkmale des Arbeitsverhältnisses, NZA 1998, 1137.

Groeben, Hans von der / Schwarze, Jürgen / Hatje, Armin, Kommentar zum Europäischen Unionsrecht, 7. Auflage, 2015.

Gruler, Ulrich, Honorararzt: Ein unübersichtliches Feld, Deutsches Ärzteblatt 2014, 2.

Guntram Fischer, Ambulante Anästhesie – Der niedergelassene Anästhesist, Anästhesiol Intensivmed Notfallmed Schmerzther 2013, 170.

Hanau, Peter, Der rechtliche Status von Honorarärzten im Krankenhaus, MedR 2015, 77.

Hauck, Karl / Noftz, Wolfgang, Kommentar zum Sozialgesetzbuch IV, EL 115, Stand: März 2015.

Henrici, Horst, Der rechtliche Schutz für Scheinselbständige, Taunusstein, 2002.

Hilger, Marie Luise, Zum „Arbeitnehmer-Begriff", RdA 1989, 1.

Hohmeister Frank, Scheinselbständige und arbeitnehmerähnliche Selbständige in der Sozialversicherung, NZA 1999, 337.

Hörtz, Martin / Tacou, Theofanis, Kopf oder Zahl? – Von der Einzelfall(un)gerechtigkeit der aktuellen oberinstanzlichen Rechtsprechung zum sozialversicherungsrechtlichen Status Quo einer (Erwerbs-)Tätigkeit am Beispiel der Notarzttätigkeit, NZS 2015, 175.

Hromadka, Wolfgang, Arbeitnehmerbegriff und Arbeitsrecht, Zur Diskussion um die „neue Selbständigkeit", NZA 1997, 569.

Jahnke, Volker, Rechtsformzwang und Rechtsformverfehlung bei der Gestaltung privater Rechtsverhältnisse, ZHR 146 (1982), 595.

Kasseler Kommentar zum Sozialversicherungsrecht / Körner, Anne / Leitherer, Stephan / Mutschler, Bernd, Kommentar zum Sozialversicherungsrecht, 91. EL, München, 2016.

Knickrehm, Sabine / Kreikebohm, Ralf / Waltermann, Raimund, Kommentar zum Sozialrecht, 4. Auflage, 2015.

Koalitionsvertrag 2013, abrufbar unter https://www.cdu.de/sites/default/files/media/dokumente/koalitionsvertrag.pdf (zuletzt abgerufen am 10.06.2016).

Krauskopf / Wagner, Regine / Knittel, Stefan / Baier, Gerhard, Soziale Krankenversicherung, Pflegeversicherung - Kommentar, 92. EL, München, 2016.

Krebs Dieter, Die vermutete Scheinselbständigkeit nach § 7 Abs. 4 Satz 1 SGB IV – Bedeutungslose Beweislastregel jetzt oder in Zukunft?, DB 1999, 1602.

Kreikebohm, Ralf (Hrsg.), Kommentar zum SGB IV, 2. Auflage, München, 2014.

Landmann, Robert von / Rohmer, Gustav, Kommentar zur Gewerbeordnung, 73.EL, August 2016.

Leuchten Alexius / Zimmer, Mark, Das neue Gesetz zur „Scheinselbständigkeit“ – Probleme in der Praxis, DB 1999, 381.

Lieb, Manfred, Urteilsanmerkung zu BAG, Urt. v.14.02.1974 - 5 AZR 298/73, AP BGB § 611 Abhängigkeit Nr. 12.

Lilge, Werner, Berliner Kommentar zum Sozialrecht, SGB I, 4. Auflage 2016.

Lippert, Hans-Dieter, Der Honorar-(Vertretungs-)arzt – ein etwas anderer Freiberufler, GesR 2010, 665.

Maschmann, Fank, Fremdpersonaleinsatz im Unternehmen und die Flucht in den Werkvertrag, NZA 2013, 1305.

Medem von, Andreas, Bedeutung der „tatsächlichen Verhältnisse" bei Abgrenzung von selbständiger Tätigkeit und abhängiger Beschäftigung im Sozialversicherungsrecht, DStR 2013, 1436.

Moll, Wilhelm (Hrsg.), Münchener Anwaltshandbuch Arbeitsrecht, 4. Auflage, München, 2017.

Möllering, Jürgen, Dr., „Scheinselbständige“ und „Arbeitnehmerähnliche Selbständige“ – Die neuen Regeln des „Gesetz zur Förderung der Selbständigkeit“, 2. Auflage, Bonn, 2000.

Möller, Karl-Heinz / Makoski, Kyrill, Das Krankenhaus im Brennpunkt – Düsseldorfer Krankenhausrechtstag 2012, Der Honorararzt im Krankenhaus – Möglichkeiten und Grenzen, 2013, S. 28.

Mrozynski, Peter, Kommentar zum SGB I, 5. Auflage, 2014.

Musielak, Hans-Joachim / Hau, Wolfgang, Grundkurs BGB, 14. Auflage 2015.

Münchener Handbuch zum Arbeitsrecht / Richardi, Reinhard / Wißmann, Hellmut / Wlotzke, Otfried / Oetker, Hartmut, Handbuch zum Arbeitsrecht, Band I, 3. Auflage, München, 2009.

Münchener Kommentar zum Bürgerlichen Gesetzbuch / Säcker, Franz-Jürgen / Rixecker, Roland / Oetker, Hartmut / Limperg, Bettina (Hrsg.) Band 1, 7. Auflage, München, 2015.

Münchener Kommentar zum Bürgerlichen Gesetzbuch / Säcker, Franz-Jürgen / Rixecker, Roland / Oetker, Hartmut / Limperg, Bettina (Hrsg.), Band 4, 6. Auflage, München, 2012.

Neumann, Volker, Auswirkungen neuer Arbeitszeitmodelle auf die Versicherungspflicht, NZS 2001, 14.

Nikisch, Arthur, Arbeitsrecht Band I – Allgemeine Lehren und Arbeitsvertragsrecht, 3. erweiterte und völlig neubearbeitete Auflage, Tübingen, 1961.

Oetker, Hartmut, Kommentar zum HGB, 4. Auflage, München, 2015.

Plagemann, Hermann / Schafhausen, Martin, Scheinselbständig? Aktuelle Rechtsprechung zu verschiedenen Gesundheitsberufen (Teil 2), ArbRAktuell 2015, 440.

Porten, Stephan, Zur Sozialversicherungspflicht von ärztlichen „Freelancern" im Rettungsdienst, NZS 2016, 456.

Powietzka, Arnim, Bölz, Verena, Scheinselbstständigkeit von Honorarärzten in Kliniken, KrV 2012, S. 137.

Preis, Ulrich, Koordinationskonflikte zwischen Arbeits- und Sozialrecht, NZA 2000, 914.

Reinecke Gerhard, Der Kampf um die Arbeitnehmereigenschaft – prozessuale, materielle und taktische Probleme, NZA 1999, 729.

Reiserer, Kerstin, Honorarärzte in Kliniken: Sozialversicherungspflichtige Beschäftigung oder Selbständigkeit?, MedR 2012, 102.

Reiserer, Kerstin, Einsatz von Honorarärzten – Vorsicht ist geboten, Deutsches Ärzteblatt 2011, 2323.

Reiserer Kerstin, Wird durch die „Hartz"-Gesetze die Scheinselbständigkeit abgeschafft und die Selbständigkeit gefördert?, DStR 2003, 292.

Reiserer Kerstin, Endlich Schluss mit der „Scheinselbständigkeit"! Das neue Gesetz zur Förderung der Selbständigkeit, BB 2000, 94.

Reiserer Kerstin, „Schluss mit dem Missbrauch der Scheinselbständigkeit", BB 1999, 366.

Reiserer, Kerstin / Freckmann, Anke, Freie Mitarbeit und Mini-Jobs nach der Hartz-Reform, 2003.

Reiserer, Kerstin / Weiss-Bölz, Verena, Aufregung um Scheinselbständigkeit von Honorarnotärzten – Das BSG trifft keine klare Entscheidung, DStR 2016, 2535.

Richardi, Reinhard, Der Arbeitsvertrag im Licht des neuen § 611a BGB, NZA 2017, 36.

Richter, Ronald, Blick ins Sozialversicherungsrecht, DStR 2014, 1179.

Ricken, Oliver, Ärztliche Drittleistungen im Rahmen der stationären Versorgung, NZS 2011, 881.

Robbers, Jörg, Vorwort, Der Krankenhaus-Justiziar intensiv 2013, 5.

Rolfs, Christian / Giesen, Richard / Kreikebohm, Ralf / Udsching, Peter, Beck´scher Onlinekommentar zum Sozialrecht, 43. Edition, München, 2017.

Roos, Christoph / Gersch, Sarah, Honorararztverträge: Vielseitig einsetzbar, Deutsches Ärzteblatt 2010, 107.

Röller, Jürgen (Hrsg.), Küttner Personalbuch 2016, 22. Auflage, München, 2016.

Rumpenhorst, Elmar, Personalunion zwischen Arbeitnehmer und Selbständigem im gleichen Unternehmen?, NZA 1993, 1067.

Schaub, Günter, Arbeitsrechtshandbuch, 16. Auflage, München, 2015.

Schäfer, Nicolai, Bundesverband der Honorarärzte, Fakten-Daten-Meilensteine, Honorarärzte in Deutschland, Januar 2014 – Update 2016, abrufbar unter https://www.bv-honoraraerzte.de/live/bv-honoraraerzte/content/e160/e6323/160724UpdateFAKTENHA.pdf (zuletzt abgerufen am 09.09.2016).

Schäfer, Nicolai, Presseinfo des BV-H – 112 – Notarzt in Not!, abrufbar unter https://www.bv-honoraraerzte.de/live/bv-honoraraerzte/content/e160/e8465/PresseinformationMVkurz.pdf zuletzt abgerufen am 09.09.2016).

Schäfer, Nicolai (Hrsg.), Honorararzt – Flexibilität und Freiberuflichkeit, 2. Auflage, 2014.

Schäfer, Nicolai, Honorararztwesen in Deutschland: Die Qualitätsfrage, Deutsches Ärzteblatt 2012, 2290.

Schiefer, Bernd, Gesetz zu Korrekturen in der Sozialversicherung und zur Sicherung der Arbeitnehmerrechte, DB 1999, 48.

Schmidt, Bettina, Sozialversicherungsrecht in der arbeitsrechtlichen Praxis, 3. Auflage, München, 2015.

Schmidt, Bettina / Schwerdtner, Peter, Scheinselbständigkeit: Arbeitsrecht – Sozialrecht, 2. Auflage, München, 2000.

Schmidt Bettina, Das Gesetz zur Förderung der Selbständigkeit und seine Folgen für die Praxis, NZS 2000, 57.

Schnapp Friedrich E., Methodenprobleme des § 7 Abs. 1 SGB IV – Unmöglichkeit der Rechtssicherheit?, NZS 2014, 41.

Seel Henning-Alexander, Selbständig oder doch Arbeitnehmer? – Eine Analyse der sozial- und steuerrechtlichen Behandlung von Beschäftigten, NZS 2011, 532.

Seiler, Christoph, Der Honorararzt in der stationären Versorgung, NZS 2011, 410.

Sommer, Thomas, Das Ende der Scheinselbstständigkeit? Zur Neufassung des § 7 Abs. 4 SGB IV ab. 1.1.2003 als Folge der „Ich-AG" nach § 421 Abs. I SGB III, NZS 2003, 169.

Spickhoff, Andreas, Kommentar zum Medizinrecht, 2. Auflage, 2014.

Stoffels, Markus, Statusvereinbarungen im Arbeitsrecht, NZA 2000, 690.

Stollman, Frank, Honorararztverträge im Krankenhaus – Steuerungsmöglichkeiten der Länder, NZS 2011, 684.

Terbille, Michael / Clausen, Tilamn/ Schroeder-Prinzten, Jörn, Müchener Anwaltshandbuch Medizinrecht, 2. Auflage, München 2013.

Teske, Alexander, Honorararztstudie: Mehr Geld und mehr Flexibilität, Deutsches Ärzteblatt 2010, 953.

Thüsing, Gregor, Von der Quadratur einer gesetzlichen Arbeitnehmerdefinition zur Zwangssolidarisierung der Leiharbeitnehmer, NZA 2015, 1478.

Uffmann, Katharina, Vertragstypenzuordnung zwischen Rechtsformzwang und Privatautonomie im Bereich der „neuen Selbständigkeit" – dargestellt am Beispiel der Honorarärzte, ZfA 2012, 1.

Vorschläge der Kommission „Scheinselbständigkeit", NZA 1999, 1145.

Waltermann, Raimund, Welche arbeits- und sozialrechtlichen Regelungen empfehlen sich im Hinblick auf die Zunahme Kleiner Selbstständigkeit? RdA 2010, 162.

Wank, Rolf, § 7 Abs. 1 und 4 SGB IV - Was bleibt für Sozialrecht und Arbeitsrecht? (Teil 1), AuR 2001, 291.

Wank, Rolf, Arbeitnehmer und Selbständige, (Habil.), München, 1988.

Wank, Rolf, Die neue „Selbständigkeit", DB 1992, 90.

Weber, Dana, Honorarärzte – unverzichtbar, aber problematisch, Ärzteblatt Thüringen 2012, 224.

Weis, Evelyn, SG Mannheim Honorararzt ist scheinselbständig, BDAktuell, 2011, JUS-Letter, Ausgabe 2, 727.

Zieglmeier, Christian, Werkverträge und Arbeitnehmerüberlassung im Lichte des AÜG 2017, DStR 2016, 2858.

Zöllner, Wolfgang / Loritz, Karl-Georg / Hergenröder, Curt Wolfgang, Arbeitsrecht, 7.Auflage, München, 2015.

Zwischenbericht der Kommission „Scheinselbständigkeit", NZA 1999, 1145.

www.ingramcontent.com/pod-product-compliance
Ingram Content Group UK Ltd.
Pitfield, Milton Keynes, MK11 3LW, UK
UKHW021934290926
8980IPUK00016B/1622

9 783631 769553